城市轨道交通
电工电子技术

主　编　付全立　王素立　朱占峰
副主编　张　丽　孟大帅　安　政
参　编　翟　爽　李忱典　许　阳　陈慧慧
　　　　关布星　王英豪　关强强　赵良永
　　　　李丹丹　高　雅　江　雨

机械工业出版社

本书是城市轨道交通类专业、机械类专业的专业基础教材之一，共分为7个项目，包括电工基础知识的认知、电气控制知识的认知、安全用电的认知、模拟电路的认知、数字电路的认知、轨道交通基本测量工具的认知与使用、防雷设备的认知。全书以“必需”和“够用”为度，对电工与电子技术的基本概念、基本原理和基本分析方法进行详述，并对电气控制、安全用电、常用的仪表、城市轨道防雷基本知识进行介绍。

本书可作为城市轨道交通类技术人员基础培训、技能鉴定的培训教材，也可以作为城市轨道交通职业院校学生的教学用书。

为方便教学，本书配有电子课件、电子教案等资源。凡选用本书作为授课教材的教师均可登录www.cmpedu.com，以教师身份注册后下载，或来电咨询，咨询电话：010-88379201。

图书在版编目（CIP）数据

城市轨道交通电工电子技术/付全立，王素立，朱占峰主编. —北京：机械工业出版社，2024. 5

ISBN 978-7-111-75513-5

Ⅰ. ①城… Ⅱ. ①付… ②王… ③朱… Ⅲ. ①城市铁路－轨道交通－电工技术 ②城市铁路－轨道交通－电子技术 Ⅳ. ①U239.5

中国国家版本馆 CIP 数据核字（2024）第 067447 号

机械工业出版社（北京市百万庄大街22号 邮政编码100037）

策划编辑：师 哲　　责任编辑：师 哲

责任校对：王荣庆 张 薇　　封面设计：张 静

责任印制：任维东

河北鑫兆源印刷有限公司印刷

2024年6月第1版第1次印刷

210mm×285mm · 14印张 · 368千字

标准书号：ISBN 978-7-111-75513-5

定价：44.00 元

电话服务　　网络服务

客服电话：010-88361066　　机 工 官 网：www.cmpbook.com

010-88379833　　机 工 官 博：weibo.com/cmp1952

010-68326294　　金 书 网：www.golden-book.com

封底无防伪标均为盗版　　机工教育服务网：www.cmpedu.com

前 言

轨道交通（含铁路交通和城市轨道交通）是国家的重要基础设施，是目前人们出行的主要交通工具之一，在社会经济发展中扮演着重要角色，因此需要大量的轨道交通行业相关专业的技术技能型人才。

“轨道交通电工电子技术”作为高等职业院校轨道交通相关专业开设的一门专业基础课程，在课程体系中占有十分重要的地位，为学生学习轨道交通所涉及的电学课程提供了必要的基础知识。

本书以培养技术技能型人才为目标，对教学内容进行了设计，去除了复杂的公式推导过程，侧重实用、够用。编者在编写本书的过程中调研了行业发展趋势，并与郑州地铁有限公司、北京地铁有限公司、深圳地铁有限公司达成合作，结合岗位和后续专业课程的需要，共同确定了本书的内容。同时，为提高人才培养质量，本书还融入了素质教育元素。

本书由郑州轨道工程职业学院付全立、王素立、朱占峰任主编，张丽、孟大帅、安政任副主编，翟爽、李忱典、许阳、陈慧慧、关布星、王英豪、关强强、赵良永、李丹丹、高雅、江雨参加了编写。编者在编写本书的过程中，参考了许多专家的研究成果和有关文献资料，在此谨向相关专家和作者表示衷心的感谢。

由于编者水平有限，书中难免存在疏漏之处，诚请广大读者批评指正，以便对本书加以修正，使之不断完善。

编 者

二维码清单

名称	图形	名称	图形
角频率		基本逻辑运算	
正弦交流电的有效值		组合逻辑电路的分析	
正弦交流电的表示方法		组合逻辑电路的设计	
RLC 串联谐振概念		译码器	
RLC 串联谐振		时序逻辑电路的分析方法	
RLC 并联谐振		同步时序电路设计实例	
数制及数制转换		计数器	
逻辑门电路		寄存器	

目　录

项目一
电工基础知识的认知

学习目标

知识目标：

1. 了解电路的组成。

2. 理解参考方向、电动势、电位、电能、电流、电压和电功率的基本概念，并能进行简单计算。

3. 掌握直流电路常用的分析方法。

4. 了解电阻串并联的实际应用，进一步熟悉欧姆定律的应用。

5. 理解基尔霍夫定律、叠加定理、戴维南定理的内容，并初步掌握其应用。

6. 了解正弦交流电的产生及定义。

7. 掌握正弦量的三要素及其相量表示。

8. 掌握两正弦交流电的相位差物理意义及判定方法。

9. 掌握交流电串、并联电路中电压、电流的关系。

10. 掌握电路中发生串联谐振和并联谐振时的条件及特征。

11. 理解电路中瞬时功率、有功功率、无功功率和视在功率的物理概念，理解功率三角形和电路的功率因子，了解提高功率因子的意义及方法。

技能目标：

1. 能够用直流电路的基础知识分析、计算复杂电路。

2. 能够用交流电路的基础知识分析、计算复杂电流。

3. 能够用功率表测量功率。

素养目标：

1. 树立勇于探索、追求真理的职业精神。

2. 养成坚持不懈、刻苦钻研的工作作风。

学习重点：

1. 电路基本元件的特性。

2. 直流电路常用的分析方法。

3. 正弦交流电的基本概念。
4. R、L、C 串联电路的电压和电流的关系。
5. 瞬时功率、有功功率、无功功率和视在功率的物理概念。

学习难点：

1. 电路的基本物理量及计算。
2. 基尔霍夫定律、叠加定理、戴维南定理的内容及分析应用。
3. R、L、C 串联电路中电压与电流的关系及功率计算。
4. 电路中发生串联谐振和并联谐振时的条件及特征。

项目引言

手机已成为人们的生活必需品，不同品牌的手机所适配的充电器也不尽相同。手机充电器将 220V 交流电转换成低压直流电为手机蓄电池充电。

在日常生活中，直流电路的应用随处可见。除上述情况外，直流电路还有哪些应用场合？如何测量直流电路的电压呢？

本项目主要介绍电路的基本知识以及复杂电路的分析方法。

任务一　分析直流电

一、电路的基本概念

1. 电路的组成及功能

电路是指电流的通路，它是为满足一定需要，由各种电路元件按一定方式组合起来的。电路既可用于传输、分配和转换电能，又可用于传递和处理信号。

手电筒的电路如图 1-1 所示，闭合开关，电流从蓄电池的正极流出，经过导线、开关和灯泡流向负极，形成电流通路并使灯泡发光；断开开关，电流便被阻断，灯泡熄灭。

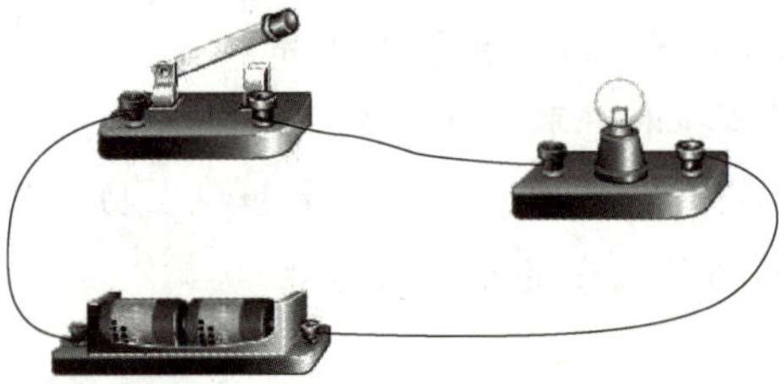

图 1-1　手电筒的电路

（1）电路的组成　电路就是电流流过的路径，它是由各种元器件按照一定方式组成的导电回路。任何一个完整的电路，无论其具体用途和功能怎样，也不管其复杂程度如何，一般都可以看成是由电源、导线、开关和负载组成的闭合回路。

1）电源是指电路中将其他形式的能转化成电能的装置，常见的电源有干电池、锂电池和发电机等，如图 1-2 所示。

2）导线是指在电源和负载之间用来把电能从电源输送到负载的金属线，工业上也指电线，一般由铜或铝制成，也有用银制成的。

a)　　　b)　　　c)　　　d)

图 1-2　常见电源图

a）蓄电池　b）干电池　c）锂电池　d）发电机

3）开关是指可以控制电路闭合或断开的电子元件。常见的开关有刀开关和按钮等。

4）负载即用电器，它可以把电能转化成各种形式的能，例如，电扇将电能转化成动能。

（2）电路的功能　实际电路的种类繁多，形式和结构也各不相同，但根据其功能的不同，通常可分为两种应用电路：一是电力系统的应用电路，一般由发电机、变压器、开关、电动机等元器件用导线连接而成，主要功能是对发电厂发出的电能进行传输、分配和转换等；二是电子技术的应用电路，常由电阻、电容、二极管、晶体管、集成芯片等元器件用导线连接而成，主要功能是实现对各种电信号的传输、存储和处理等。

小知识

电力系统的应用电路是用来传送电能的强电电路，特征是电源波形较单一且频率低、容量大；电子技术的应用电路是产生、处理或传送信号的弱电电路，其特征是信号波形复杂且频率高、容量小。

2. 电路模型

为了便于对实际电路进行分析，通常用由统一规定符号表示的理想电路元件替代实际电路元件，建立实际电路的模型，即对实际电路进行“模型化”处理。这些由理想电路元件组成的电路称为电路模型，本项目所介绍的电路均是指电路模型。画出的电路图称为电路模型图或电路原理图，简称电路图。

电路的各个组成部分由国家标准统一规定的图形符号来表示。常用的电路元器件名称及图形符号见表 1-1。

表 1-1　常用的电路元器件名称及图形符号

名称	图形符号	名称	图形符号	名称	图形符号
电阻		电灯		电流表	A
电位器		开关		电压表	V
电容		电池		接地	
电感		熔断器		二极管	

图 1-3a 所示为手电筒的实际电路，其由干电池、小灯泡、开关和导线组成。

图 1-3b 所示为手电筒的电路模型，电阻 R_L 是小灯泡的模型，理想电压源 U_S 和与其相串联的电阻 R_0 是干电池的模型，导线和开关 S 是中间环节。

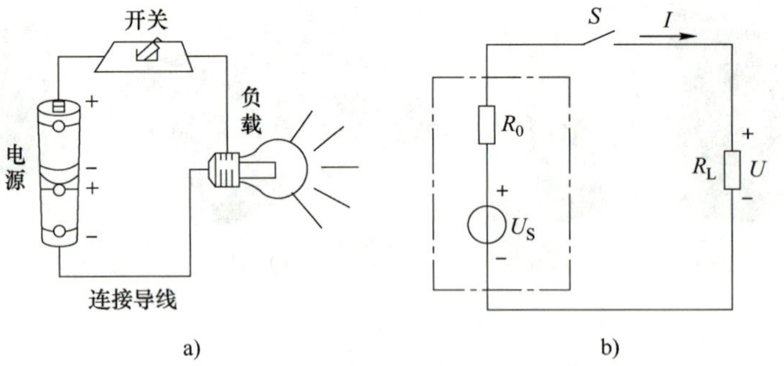

图 1-3 手电筒的实际电路与电路模型图

a）手电筒的实际电路 b）手电筒的电路模型

3. 电路的工作状态

电路的状态通常包括开路、短路和通路 3 种，如图 1-4 所示。

（1）开路 开路又称为断路，是指电路某处断开连不成回路，如图 1-4a 所示。

（2）短路 短路是指电路某一部分原来存在电压的两端意外导通，如图 1-4b 所示。由于发生短路的电路电流很大，会在很短的时间内产生大量的热量，不但会损坏电源装置和元器件，还可能导致火灾，所以短路是最危险的状态，必须加以避免。

（3）通路 通路是指电路处处相通形成回路，如图 1-4c 所示。

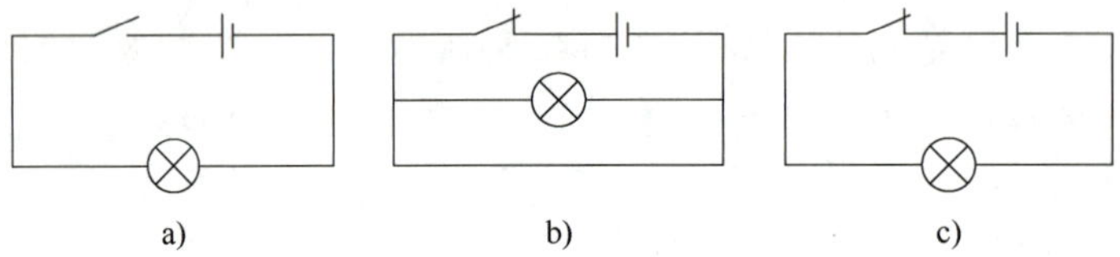

图 1-4 电路的工作状态

a）开路 b）短路 c）通路

二、电路的基本物理量

1. 电流

在一般情况下，导体内存在大量的自由电子，这些电子运动通常是无规则且不定向的，如图 1-5a 所示。

当在导体两端加上电压形成闭合电路时，这些电子会在电压的作用下发生定向移动，从而形成电流，如图 1-5b 所示。

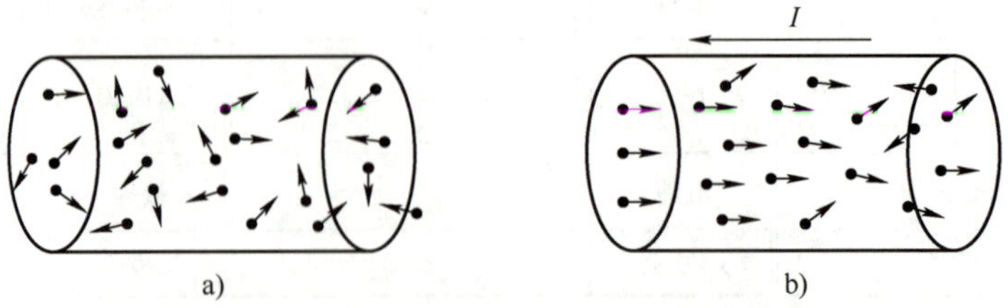

图 1-5 导体内自由电子的运动方向

电荷的定向移动形成电流。规定单位时间内流过导线某一横截面的电荷量称为电流强度，简称电流，用字母 I 表示，电流的公式为

$$I=\frac{Q}{t}$$

式中　I——电流，单位为 A；

　　Q——通过导线某一横截面的电荷量，单位为 C；

　　t——电荷通过导体的时间，单位为 s。

在国际单位制中，电流的单位为安培（A），常用的电流单位还有毫安（mA）和微安（μA）。它们之间的换算关系为

$$1\text{A}=10^3\text{mA}=10^6\mu\text{A}$$

虽然电流是导体内带负电荷的电子流动，但习惯上规定正电荷的流动方向为电流的方向。因此，在进行电路分析时，电流的方向是从电源的正极流向负极。对于较复杂的电路，如果一时难以确定电流的实际方向，可以先任意假设一个方向，称为电流的参考方向。若此后计算出的结果为正值，说明电流的参考方向与实际方向一致；若计算的结果为负值，说明电流的参考方向与实际方向相反。图 1-6 所示为电流的方向。

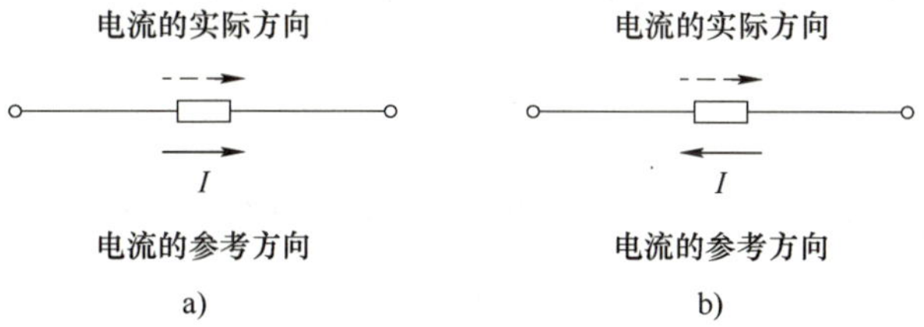

图 1-6　电流的方向

a）I 为正值，参考方向与实际方向一致　b）I 为负值，参考方向与实际方向相反

2. 电位与电压

（1）电位　电位是电荷在电场中具有的能量（位能）大小。在电场的不同位置，电荷所处的能量（状态）是不相同的。电位就好像水位一样，高处与低处的能量大小各异。在相同电路中，电子的流动在各个位置的能量大小也不相同。

为了表示这种位能的不同，通常把单位正电荷在电路中某一点所具有的位能称为电位，单位为伏特（V）。

电位的大小是相对的，它与所选的参考点有关。就像水位高低也要有一个参考面一样。在电路分析与计算中，通常也要选一个电位参考点，令其为零，电路中其他各点的电位通过与此零电位参考点相比较而得到，比参考电位高的是正电位，比参考电位低的是负电位。

【例题 1-1】　求图 1-7 中各点的电位。

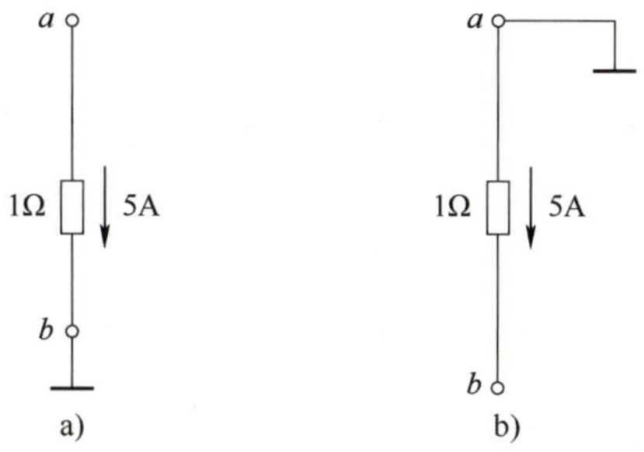

图 1-7　例题 1-1

解：

在图 1-7a 中，a 点的电位 $V_a=5V$，b 点的电位 $V_b=0$。

在图 1-7b 中，a 点的电位 $V_a=0$，b 点的电位 $V_b=-5V$。

（2）电压　电压就是电路中两点之间的电位差。电流和水流一样，只有在两点中存在着电位差或水位差时，电或水才能流动。电路中 a、b 两点之间的电位差即电压可表示为

$$U_{ab}=V_a-V_b$$

式中的物理含义是：电路中 a、b 两点间的电压在数值上等于电场力把电荷由 a 点移动到 b 点所做的功与被移动电荷的电荷量 Q 的比值，即其定义式为

$$U_{ab}=\frac{W_{ab}}{Q}$$

式中　U_{ab}——电压，单位为 V；

W_{ab}——功，单位为 J；

Q——电荷量，单位为 C。

在国际单位制中，电压的单位是伏特（V），简称伏，常用的电压单位还有千伏（kV）和毫伏（mV），它们之间的换算关系为

$$1kV=10^3V=10^6mV$$

规定电压的方向为从高电位到低电位，即电位降低的方向。在电路图中可以用箭头表示电压的指向，即从高电位指向低电位，也可以把高电位用“+”表示，把低电位用“-”表示。

与电流类似，如果一时判断不出电位的高低，可以先任意假设电压的参考方向，若按这个方向计算的结果为正值，说明电压的参考方向与实际方向相同，否则相反。图 1-8 所示为电压的方向。

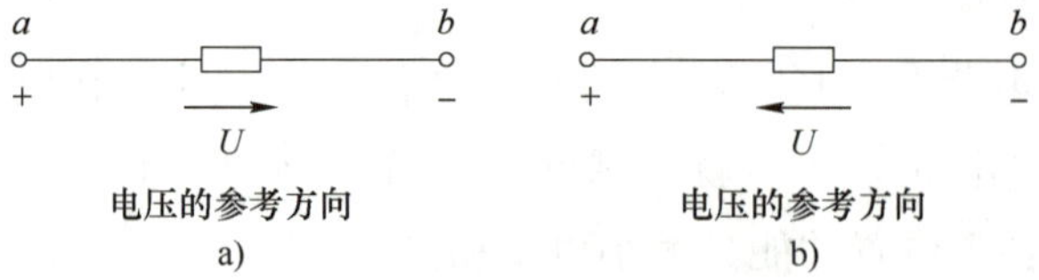

图 1-8　电压的方向

a）U 为正值，参考方向与实际方向一致　b）U 为负值，参考方向与实际方向相反

3. 电动势

电动势是衡量电源把其他形式的能转换成电能的本领的物理量。在电源内部，电源力把正电荷从低电位端移到高电位端时要对电荷做功，这个做功的物理过程是产生电源电动势的本质，如图 1-9a 所示。所以，电源内部的电动势方向与外部电源两端电压方向是相反的，如图 1-9b 所示。

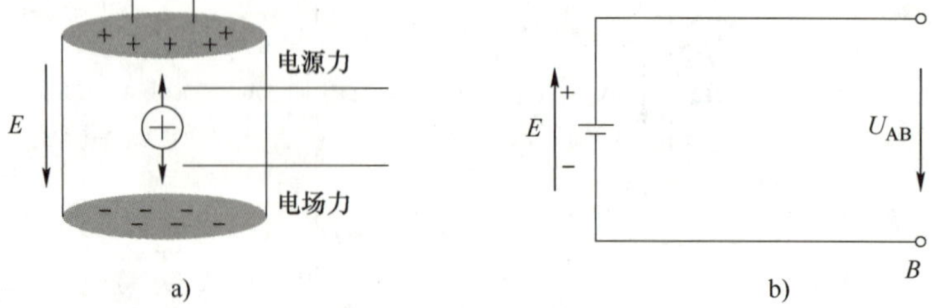

图 1-9　电动势

电动势用 E 表示，单位是伏特（V），其大小等于电源力把正电荷从低电位处（负极）移到高电位处（正极），克服电场力所做的功与被移动电荷的电荷量的比值，即

$$E=\frac{W}{Q}$$

式中　E——电源电动势，单位为 V；

W——电源力移动正电荷所做的功，单位为 J；

Q——被移动电荷的电荷量，单位为 C。

为了使电路中的电流能够持续流动，电源内部就必须有一种力将正电荷从低电位端移到高电位端，这种力被称为电源力。电源力是由电源提供的，如电池中由化学能转化的电能及风力发电机中由风能转化的电能等。

4. 电能与电功率

阅读角

我国的电资源

电力是国家经济发展的重要基础，现代科技的发展离不开电能，人们的日常生活离不开电能，自改革开放以来，我国经济保持较快发展，电力工业取得了巨大的发展成就，电力发展规模、能力、装备水平均已居世界先进行列。我国地大物博，资源丰富，发电装机容量持续增长，风电、核电以及太阳能发电等装机规模增速较快。根据中国电力企业联合会的统计，截至 2021 年年底，全国发电装机容量为 237 692 万 kW，同比增长 7.9%。其中，火电为 129 678 万 kW，同比增长 4.1%；水电为 39 092 万 kW，同比增长 5.6%；风电为 32 848 万 kW，同比增长 16.6%；核电为 5 326 万 kW，同比增长 6.8%；太阳能发电为 30 656 万 kW，同比增长 20.9%。

（1）电能　电能是能量的一种形式，日常生活中使用的电能是由其他各种形式的能量（如热能、风能、水能、核能、太阳能、化学能等）转化而来的，电能是指电路元件在电路工作过程中吸收或消耗的电能量，用 W 表示，它可用一定时间内电场力对电荷所做的功来描述，有

$$W=UIt$$

式中　W——电能，单位为 J；

U——电路两端的电压，单位为 V；

I——电路中的电流，单位为 A；

t——通电时间，单位为 s。

电能的国际单位是焦耳（J），简称焦，常用单位是度，又称为千瓦时，符号是 kW · h，在实际应用中，通常用千瓦时（kW · h）作为单位，它们之间的换算关系为

$$1\text{ 度}=1\text{kW}\cdot\text{h}=1000\text{W}\times3600\text{s}=3.6\times10^6\text{J}$$

【例题 1-2】　有一 220V、85W 的 4U 型节能灯，将其接在 220V 的电源上，求其电流大小。若平均每天使用 6h，每度电的费用是 0.5 元，求每月（按 30 天计）应支付的电费。

解：

因为 $P=UI$，所以电流大小为

$$I=\frac{P}{U}=\frac{85}{220}\text{A}\approx0.39\text{A}$$

每月用电时间为

$$6\times30\text{h}=180\text{h}$$

每月消耗的电能为

$$W=Pt=0.085\times180\text{kW}\cdot\text{h}=15.3\text{kW}\cdot\text{h}$$

每月应支付的电费为

$$0.5\times15.3\text{ 元}=7.65\text{ 元}$$

实验证明，电流通过导体产生的热量，与电流的平方、导体的电阻和通电时间成正比，这就是焦耳定律。用公式表示为

$$Q=I^2Rt$$

式中 Q——导体产生的热量，单位为 J；

I——通过导体的电流，单位为 A；

R——导体的电阻，单位为 Ω；

t——导体的通电时间，单位为 s。

（2）电功率 电功率是指单位时间内电流所做的功（即电路消耗的电能），即

$$P=\frac{W}{t}$$

式中 P——电功率，单位为 W；

W——电流所做的功，单位为 J；

t——电流做功所用的时间，单位为 s。

将式“$W=UIt$”代入上式可得

$$P=\frac{W}{t}=\frac{UIt}{t}=UI$$

式中 U——电路两端的电压，单位为 V；

I——电路中的电流，单位为 A。

电功率常用的单位还有千瓦（kW）和毫瓦（mW）等，它们之间的换算关系为

$$1\text{kW}=10^3\text{W}=10^6\text{mW}$$

电路在工作状态下总伴随着能量的转换，而电功率反映了电路元件进行电能转换的能力。在计算电路某部分的功率时，可令 U、I 为关联参考方向，并通过 P 的正、负来区分电路或电路元件的性质。

【例题 1-3】 1）房间内有一 40W 的节能灯，其工作一天（按 8h 计算）消耗多少度电？

2）1 度电可供 1000W 的空调工作多长时间？

解：

1）根据电功计算公式，40W 节能灯工作一天消耗的电能为

$$W=UIt=Pt=40\times10^{-3}\times8\text{kW}\cdot\text{h}=0.32\text{kW}\cdot\text{h}$$

2）1 度电可供 1000W 的空调工作的时间为

$$t=\frac{W}{P}=\frac{1}{1000\times10^{-3}}\text{h}=1\text{h}$$

【例题 1-4】 手机充电器的输出电压为 5V，输出电流为 1A，则手机充电器的输出功率是多少？

解：

根据功率计算公式，手机充电器的输出功率为

$$P=UI=5\times1\text{W}=5\text{W}$$

三、认识电路的基本元件

电路元件一般可分为无源元件和有源元件。其中，无源元件是指无须外接能量源就能够实现其本身功能的元件，如电阻元件、电感元件及电容元件等；有源元件是指需要外接能量源才能够实现本身功能的元件，如电源等。

1. 无源元件

(1) 电阻　任何物体在运动中都会受到各种阻碍作用，电流也不例外。当自由电子在导体中移动形成电流时也会受到各种各样的阻力，这些阻力降低了电荷的运动速度。把自由电子在电路中移动时所受到的阻碍作用称为电阻。所以，日常生产和生活中常见的电炉、电阻器、白炽灯等均可用电阻元件来模拟。

电阻用字母 R 表示，单位是欧姆（Ω），简称欧，常用的单位还有千欧（kΩ）和兆欧（MΩ）等，它们之间的换算关系为

$$1\text{M}\Omega=10^3\text{k}\Omega=10^6\Omega$$

实验证明，当温度不变时，一定材料制成的均匀导体，其电阻跟它的长度成正比，跟它的截面面积成反比。这个实验规律称为电阻定律，用公式表示为

$$R=\rho\frac{l}{S}$$

式中　R——电阻，单位为 Ω；

ρ——导体电阻率，其值由导体材料的性质决定，单位为 Ω · m；

l——导体的长度，单位为 m；

S——导体的截面面积，单位为 m^2。

电阻是一种耗能元件，可分为线性电阻和非线性电阻两种，它们的特性有所不同。

线性电阻在电路中的图形符号如图 1-10a 所示。线性电阻两端的电压与通过其内部的电流成正比，即

$$U=IR \text{ 或 } u=iR$$

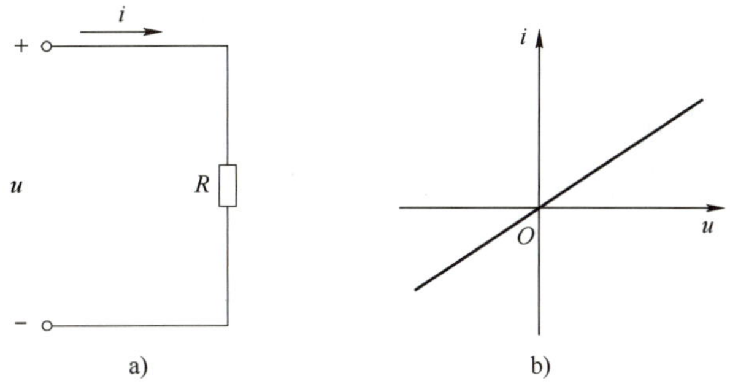

图 1-10　线性电阻

a）图形符号　b）伏安特性曲线

这种电压与电流的关系称为欧姆定律。其中，线性电阻是一个与电压和电流无关的常数，其伏安特性曲线（即电压与电流的关系曲线）是一条通过原点的直线，图 1-10b 所示为伏安特性曲线。

非线性电阻在电路中的图形符号如图 1-11a 所示。非线性电阻不遵循欧姆定律，其两端的电压与通过其内部的电流不成正比关系。非线性电阻不是一个常数，它随电压和电流的变化而

变化，其伏安特性曲线是一条通过原点的曲线，图 1-11b 所示为伏安特性曲线。

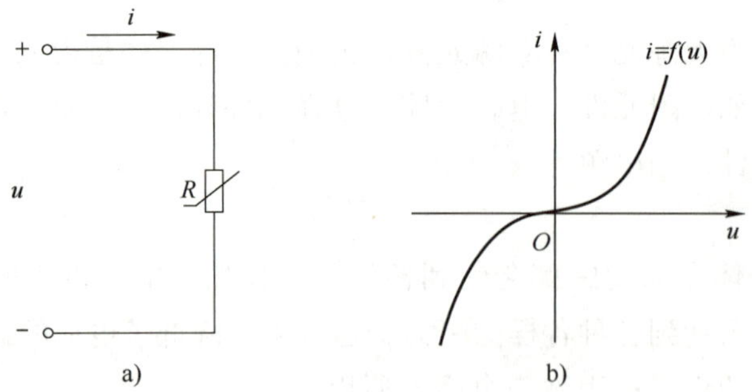

图 1-11 非线性电阻

a）图形符号 b）伏安特性曲线

（2）电感 电感元件工作时，能够将电能转换为磁场能量储存起来，它是一种储能元件。如图 1-12a 所示，电感元件是由导线绕制而成的，它在电路中的符号如图 1-12b 所示。设电感线圈有 N 匝，当线圈通过电流 i 时，在线圈内部将产生磁通 Φ。磁通与线圈匝数的乘积称为磁通链，用 Ψ 表示，$\Psi=N\Phi$。在国际单位制中，磁通 Φ 与磁通链 Ψ 的单位都为韦伯（Wb）。

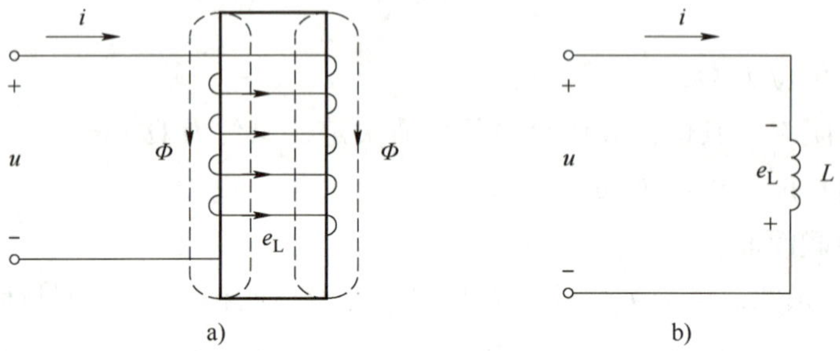

图 1-12 电感元件

当磁通 Φ 与磁通链 Ψ 的参考方向与电流 i 的参考方向之间符合右手螺旋定则时，有

$$\Psi=Li$$

式中 Ψ——磁通链，单位为 Wb；

L——电感，单位为 H。

当磁通链发生变化时，电感中产生的感应电压为

$$u_L=-N\frac{d\Phi}{dt}=-\frac{d\Psi}{dt}$$

式中 u_L——感应电压，单位为 V。

代入可得

$$u_L=-L\frac{di}{dt}$$

由上式可以看出，电感的感应电压与电流的变化率成正比，只有当电流发生变化时，电感才会产生感应电压。在直流电路中，电流不随时间变化，此时 $u_L=0$，电感相当于短路。

电感在 $0\sim t$ 时间内所储存的磁场能为

$$W_L=\int_0^t p\mathrm{d}t=\int_0^t ui\mathrm{d}t=\int_0^t Li\frac{\mathrm{d}i}{\mathrm{d}t}\mathrm{d}t=L\int_0^i i\mathrm{d}i=\frac{1}{2}Li^2$$

由上式可以看出，当电感 L 一定时，磁场能随电流的增大而增大。

当电路中各电感的磁场彼此隔离且互不干涉时，若将两个电感串联，则串联后的等效电感为

$$L=L_1+L_2$$

若将两个电感并联，则并联后的等效电感为

$$L=\frac{L_1L_2}{L_1+L_2}$$

在工矿企业车间里，常常会看到许多电力电容并联在一起，形成一个庞大的电容器组；当打开一个电子仪器时，首先映入眼帘得是五颜六色的电解、聚苯乙烯、云母、纸介等微型电容器。电容器种类繁多，制造材料各不相同，但其结构原理基本相同，它由两块互相靠近的导体（称为极板）以及这两块导体中间夹隔的绝缘介质构成。

（3）电容　电容元件工作时，能够将电能转换为电场能量储存起来，它也是一种储能元件。电容元件在电路中的图形符号如图 1-13 所示。

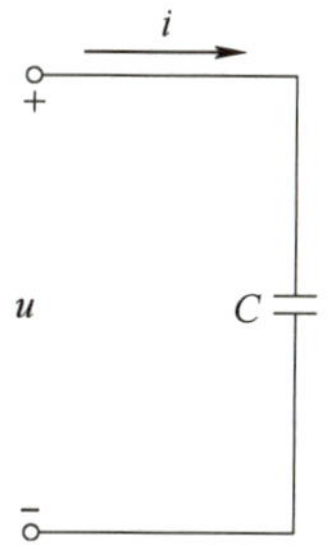

图 1-13　电容元件在电路中的图形符号

电容储存的电荷 q 与电容两端的电压 u 成正比，即

$$C=\frac{q}{u}$$

式中　C——电容，单位为 F。

在国际单位制中，电容的单位为法（F），常用的单位还有微法（μF）和皮法（pF），它们之间的换算关系为

$$1\text{F}=10^6\mu\text{F}=10^{12}\text{pF}$$

当电容两端的电压 u 与流入正极板的电流 i 的参考方向为关联参考方向时，有

$$i=\frac{\mathrm{d}q}{\mathrm{d}t}=C\frac{\mathrm{d}u}{\mathrm{d}t}$$

由上式可知，电容中电流 i 与电压 u 的变化率成正比，只有当电容两端的电压发生变化时，电容的两极板之间才有电流。在直流电路中，电容两端的电压不发生变化，电容相当于开路。

电容在 $0\sim t$ 时间内所储存的电能为

$$W_\text{C}=\int_0^t p\mathrm{d}t=\int_0^t ui\mathrm{d}t=\int_0^t Cu\frac{\mathrm{d}u}{\mathrm{d}t}\mathrm{d}t=C\int_0^u u\mathrm{d}u=\frac{1}{2}Cu^2$$

由上式可以看出，当 C 一定时，电能随电压的增大而增大。

若将若干电容串联，串联后等效电容的倒数等于各电容的倒数之和，即

$$\frac{1}{C}=\frac{1}{C_1}+\frac{1}{C_2}+\cdots+\frac{1}{C_n}$$

若将若干电容并联，并联后的等效电容等于各电容之和，即

$$C=C_1+C_2+\cdots+C_n$$

2. 有源元件

在电路中，常用来表示实际电源的模型有两种：一种是理想电压源串联内阻的模型，称为电压源模型；另一种是理想电流源并联内阻的模型，称为电流源模型。

（1）电压源　电压源是理想电压源的简称，是从实际电源抽象出来的一种模型。电压源两端总能保持一定的电压，且与通过它的电流无关。

由于实际电源存在内阻，因此理想电压源在现实中是不存在的。但是，如果一个电压源在

电流变化时，其两端电压的波动不明显，通常可认为它是一个理想电压源。

输出电压较稳定的电源（如发电机、干电池和蓄电池等）通常用电压源来表示，如图 1-14所示。

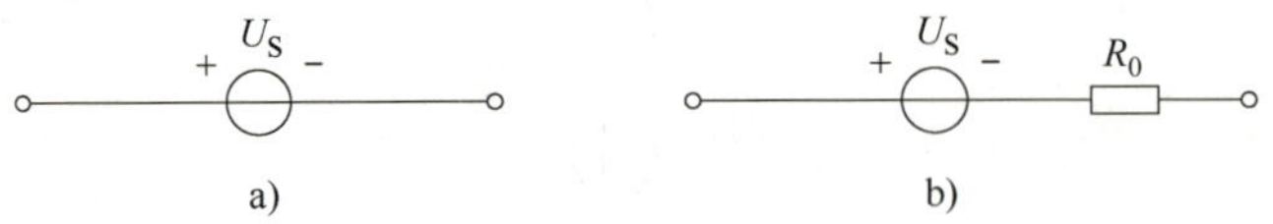

图 1-14 电压源模型

a）理想电压源 b）实际电压源

图 1-15 所示为实际电压源与理想电压源的外特性曲线。由图可知，当实际电压源中有电流通过时，必然会在内阻上产生电压降。因此实际电压源的输出电压（即端电压）U 可表示为

$$U=U_S-IR_0$$

式中，U_S、R_0 为常数。如果输出电流 I 增大，内阻 R_0 上的电压降 IR_0 会增大，输出电压 U 就会减小。因此，要求实际电压源的内阻越小越好。

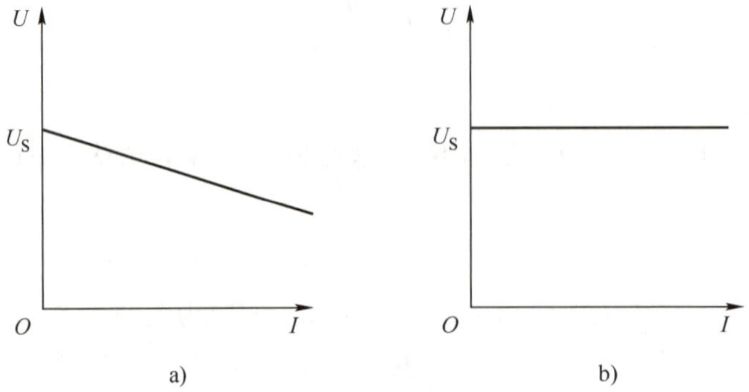

图 1-15 实际电压源与理想电压源的外特性曲线

a）实际电压源的外特性 b）理想电压源的外特性

（2）电流源 电流源是理想电流源的简称，它也是从实际电源抽象出来的一种模型。电流源总能向外输出一定的电流，且与其两端的电压无关。理想电流源在现实中也是不存在的，如果一个电流源在电压变化时，输出电流的波动不明显，通常可认为它是一个理想电流源。

输出电流较稳定的电源（如光电池或晶体管的输出端等）通常用电流源来表示，如图 1-16所示。

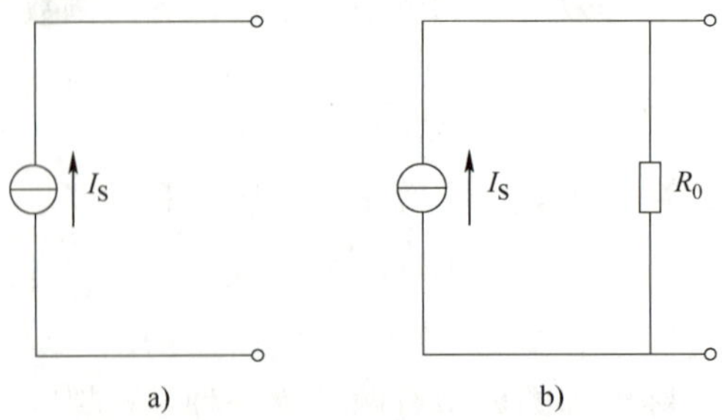

图 1-16 电流源模型

a）理想电流源 b）实际电流源

图 1-17 所示为实际电流源与理想电流源的外特性曲线。由图可知，实际电流源的输出电

流总是小于恒定电流 I_S，输出电流 I 可表示为

$$I=I_S-I_0=I_S-\frac{U}{R_0}$$

式中，I_S、R_0 为常数。如果输出电压 U 增大，内阻 R_0 上的分流 $I_0=\frac{U}{R_0}$ 会增大，输出电流 I 就会减小。因此，要求实际电流源的内阻越大越好。

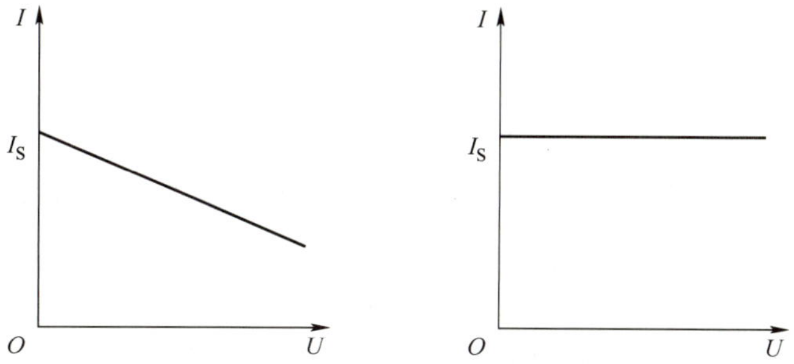

a)　　b)

图 1-17　实际电流源与理想电流源的外特性曲线

a）实际电流源的外特性　b）理想电流源的外特性

(3) 两种电源的等效变换　电压源以输出电压的形式向外电路供电，电流源以输出电流的形式向外电路供电，两者在一定条件下可以进行等效变换（即变换后对外电路不发生任何影响）。

电压源与电流源进行等效变换的条件为 $I_S=\frac{U_S}{R_0}$ 或 $U_S=I_SR_0$，如图 1-18 所示。

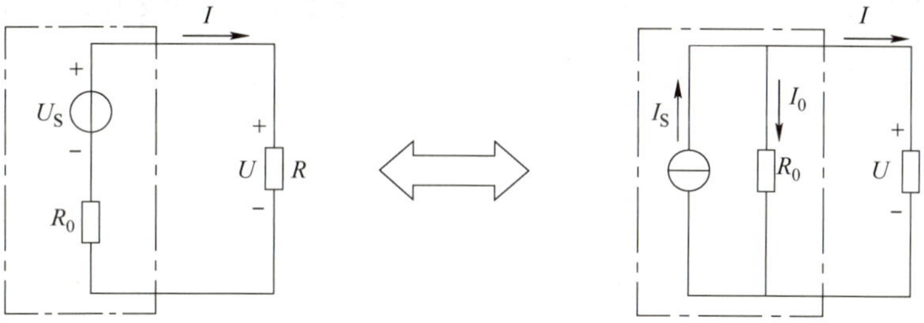

图 1-18　电压源与电流源的等效变换

四、电阻的串、并、混联电路

1. 串联电路

(1) 串联的概念　在电路中，将两个或两个以上的电阻依次首尾相连，组成中间无分支的电路，这种电阻连接方式称为电阻的串联，这种电路称为串联电路，如图 1-19a 所示。

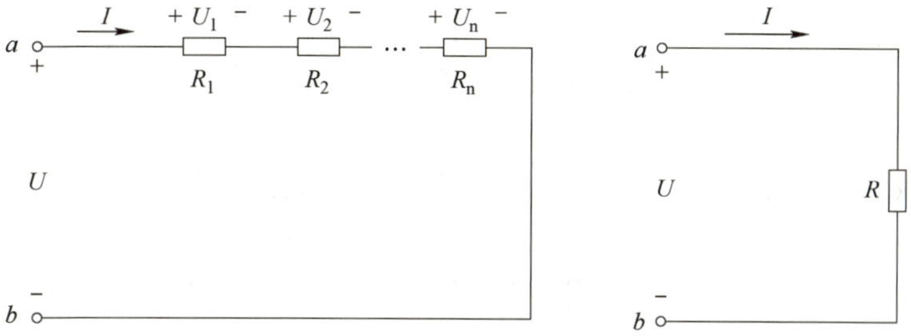

a)　　b)

图 1-19　串联电路

分析电路时，常用一个电阻来表示几个串联电阻的总电阻，这个电阻被称为等效电阻，图 1-19b所示为图 1-19a 的等效电路。

（2）串联电路的特点

1）电路中的电流处处相等，即

$$I=I_1=I_2=\cdots=I_n$$

2）电路两端的总电压等于各电阻两端的电压之和，即

$$U=U_1+U_2+\cdots+U_n$$

3）电路的等效电阻（总电阻）等于各串联电阻之和，即

$$R=R_1+R_2+\cdots+R_n$$

4）电路中消耗的总功率等于各个电阻消耗功率的和，各个电阻消耗的功率与其阻值成正比，即

$$P=UI=I^2R_1+I^2R_2+\cdots+I^2R_n=I^2R$$

5）电路中各电阻的电压与自身电阻值成正比，即

$$U_1=IR_1, U_2=IR_2, \cdots, U_n=IR_n$$

如果两个电阻串联，它们各自两端的电压分别为

$$U_1=\frac{R_1}{R_1+R_2}U,\ U_2=\frac{R_2}{R_1+R_2}U$$

此式被称为串联电路的分压公式。

2. 并联电路

（1）并联的概念　在电路中，将两个或两个以上的电阻的一端连接在一起，另一端也连接在一起，这种电阻连接方式称为电阻的并联，这种电路称为并联电路，如图 1-20a 所示。图 1-20b所示为图 1-20a 的等效电路。

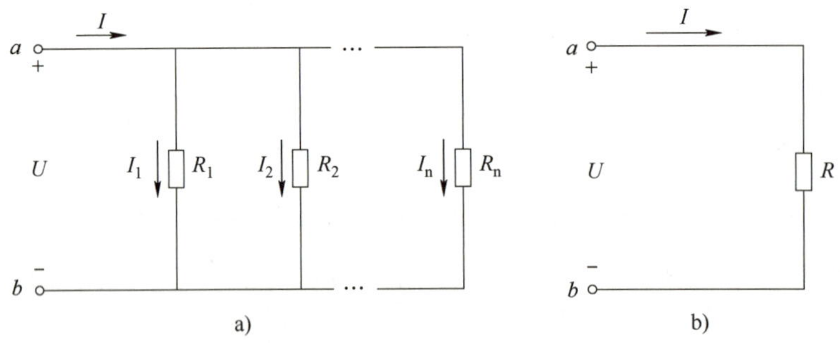

图 1-20　并联电路

（2）并联电路的特点

1）电路中并联电阻两端的电压相同，即

$$U=U_1=U_2=\cdots=U_n$$

2）电路两端的总电流等于各电阻两端的电流之和，即

$$I=I_1+I_2+\cdots+I_n$$

3）电路的等效电阻（总电阻）的倒数等于各并联电阻的倒数和，即

$$\frac{1}{R}=\frac{1}{R_1}+\frac{1}{R_2}+\cdots+\frac{1}{R_n}$$

4）电路中消耗的总功率等于各个电阻消耗功率的和，各个电阻消耗的功率与其阻值成反比，即

$$P=UI=\frac{U^2}{R_1}+\frac{U^2}{R_2}+\cdots+\frac{U^2}{R_n}=\frac{U^2}{R}$$

5）电路中各电阻电流与自身电阻值成反比，即

$$I_1=\frac{U}{R_1},\ I_2=\frac{U}{R_2},\cdots,\ I_n=\frac{U}{R_n}$$

如果两个电阻并联，它们各自两端的电流分别为

$$I_1=\frac{R_2}{R_1+R_2}I,\ I_2=\frac{R_1}{R_1+R_2}I$$

此式称为并联电路的分流公式。

想一想

家中灯具安装一般用并联电路，它不但可以单独控制灯具，而且如果一个灯具坏了也不会影响其他灯具的工作。

3. 混联电路

在实际应用中，经常会遇到既有元件串联又有元件并联的电路，这种电路称为混联电路。常见的电阻混联电路如图 1-21 所示。

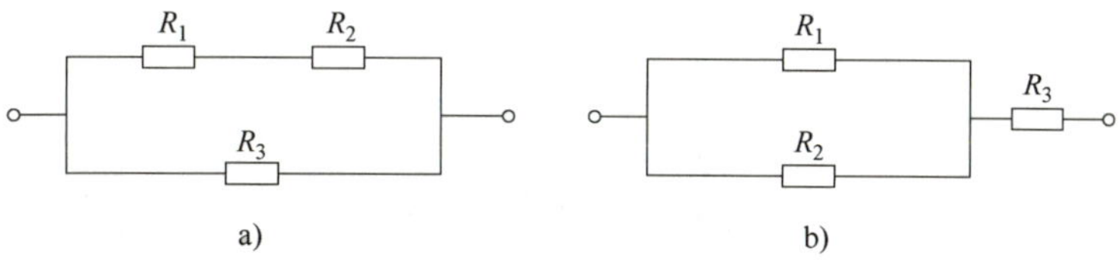

图 1-21　常见的电阻混联电路

混联电路的分析和计算一般可采用等效变换法。对于内部结构不同的两个电路，若它们的外接端子或端口处电压和电流的关系相同（即外特性相同），则称这两个电路是相互等效的。相互等效的两个电路对外电路的作用相同，两者互相代替不影响外电路的工作状态。将复杂电路等效变换为简单电路，可使分析和计算工作变得简单。

混联电路的分析和计算大体上可分为以下几个步骤：

1）首先理清电路中电阻的串、并联关系，必要时重新画出串、并联关系明确的电路图。例如，在图 1-22a 所示电路中，支路上的两个电阻串联，但整体结构上是并联；而图 1-22b 相反。

2）利用串、并联等效电阻公式计算出电路总的等效电阻。

3）利用已知条件确定和计算电路的端电压与总电流。

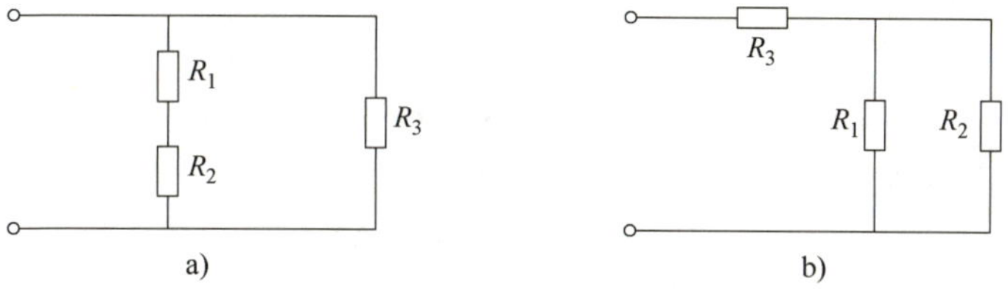

图 1-22　混联电路

a）支路串联，整体并联　b）支路并联，整体串联

【例题 1-5】 在图 1-23 所示电路中，已知电阻 $R_1=R_2=8\Omega$，$R_3=R_4=6\Omega$，$R_5=R_6=4\Omega$，$R_7=R_8=24\Omega$，$R_9=16\Omega$；电压 $U=224V$。

求：1）电路总的等效电阻 R_{ab} 与总电流 I。

2）电阻 R_9 两端的电压 U_9 与通过它的电流 I_9。

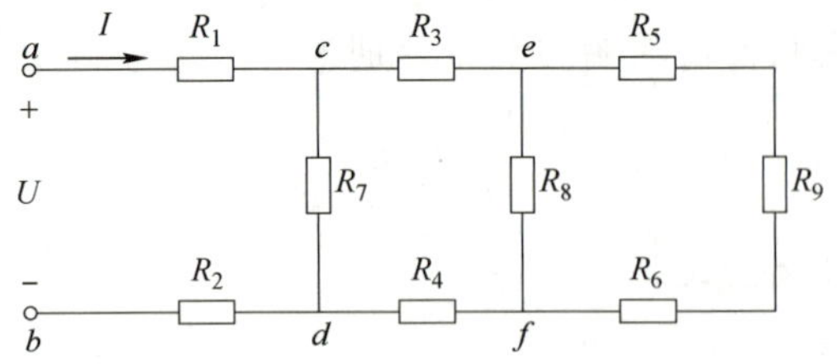

图 1-23 电路图

解：

1）从最右边看，R_5、R_9、R_6 3 者串联后，再与 R_8 并联，故 e、f 两端的等效电阻为

$$\frac{1}{R_{ef}}=\frac{1}{R_8}+\frac{1}{R_5+R_9+R_6}$$

代入相应数值后，可解得

$$R_{ef}=12\Omega$$

再从 c、d 两端往右看，相当于 R_{ef} 和 R_3、R_4 串联后，再与 R_7 并联，故 c、d 两端的等效电阻为

$$\frac{1}{R_{cd}}=\frac{1}{R_7}+\frac{1}{R_3+R_{ef}+R_4}$$

代入相应数值后，可解得

$$R_{cd}=12\Omega$$

这样，求 a、b 两端的电阻就比较简单了，它由 3 个电阻 R_1、R_{cd}、R_2 串联而成，即电路总的等效电阻为

$$R_{ab}=R_1+R_{cd}+R_2=(8+12+8)\Omega=28\Omega$$

故电路的总电流为

$$I=\frac{U}{R_{ab}}=\frac{224}{28}A=8A$$

2）先求出 c、d 两端的电压

$$U_{cd}=IR_{cd}=8\times12V=96V$$

再利用分压关系求出 e、f 两端的电压

$$U_{ef}=\frac{R_{ef}}{R_3+R_{ef}+R_4}U_{cd}=\frac{12}{6+12+6}\times96V=48V$$

故通过电阻 R_9 的电流为

$$I_9=\frac{U_{ef}}{R_5+R_9+R_6}=\frac{48}{4+16+4}A=2A$$

电阻 R_9 两端的电压为

$$U_9=I_9R_9=2\times16V=32V$$

五、分析复杂电路

凡不能用电阻串并联等效变换化简的电路，一般称为复杂电路。对于复杂电路，尤其是多

条支路、多个电源组成的复杂电路，可利用支路电流法、叠加定理、戴维南定理等进行分析。

在实际电路中，如图 1-24 所示。这种复杂直流电路包含多个电源和多个电阻，所以无法直接用欧姆定律求解，如何对其进行分析呢？

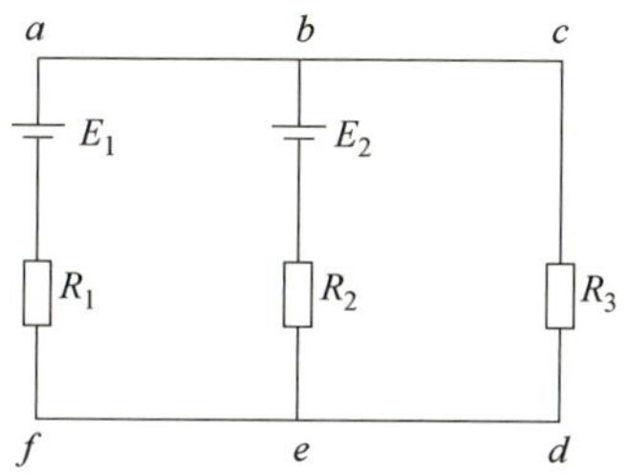

图 1-24　电路图

1. 基尔霍夫定律

阅读角

基尔霍夫

古斯塔夫·罗伯特·基尔霍夫（Gustav Robert Kirchhoff，1824 年 3 月 12 日—1887 年 10 月 17 日），德国物理学家，出生于柯尼斯堡（现加里宁格勒）。他提出了稳恒电路网络中电流、电压、电阻关系的两条电路定律，即著名的基尔霍夫电流定律（KCL）和基尔霍夫电压定律（KVL）。

1845 年，年仅 21 岁还是大学生的基尔霍夫发表了他人生中第一篇论文，提出并建立了物理学上意义重大的基尔霍夫电流定律和基尔霍夫电压定律两大电路定律。

两大定律是基于电路中电的流动和分布的研究，解决了电器设计中电路方面的难题，具有广泛意义，基尔霍夫由此被称为“电路求解大师”。

他的一生，在光学、电学、化学和天文学等各方面都贡献诸多。在海德堡，他贡献了大半岁月，用严谨和细心、精密和爱心，充实了科学之路，为后人书写最好的表率。

基尔霍夫定律包括基尔霍夫电流定律和基尔霍夫电压定律，前者应用于电路中的节点，后者应用于电路中的回路。

基尔霍夫定律是电路理论中最基本、最重要的定律之一。

（1）基本概念　在介绍基尔霍夫定律之前，首先引入几个相关的名词。

1）支路。电路中的每一分支称为支路，支路中通过的电流称为支路电流。图 1-25 电路中有 3 条支路，分别为 *acb*、*adb* 和 *ab*。其中，支路 *acb* 和 *adb* 中含有电源，称为有源支路；支路 *ab* 中不含电源，称为无源支路。

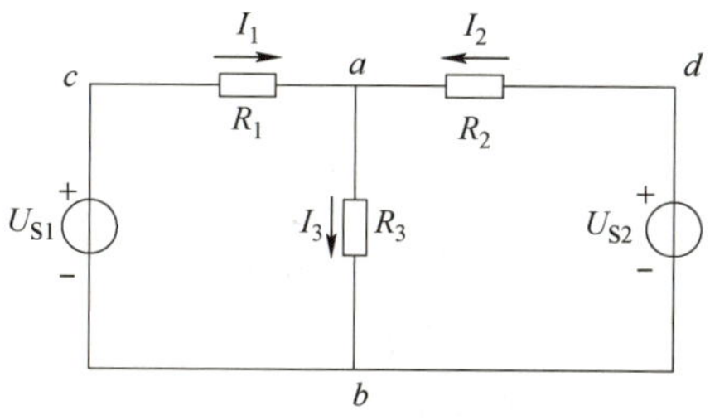

图 1-25　电路图

2）节点。电路中 3 条及 3 条以上支路的连接点称为节点。图 1-25 电路中有两个节点，分别为 a 和 b。

3）回路。电路中的任一闭合路径称为回路。图 1-25 电路中有三个回路，分别为 $abca$、$abda$ 和 $adbca$。

4）网孔。将电路画在平面上，内部不含有任何支路的回路称为网孔。图 1-25 电路中有两个网孔，分别为 $abca$ 和 $abda$。

（2）基尔霍夫电流定律　基尔霍夫电流定律又称为节点电流定律，其内容为：在任一时刻，电路中流入任一节点的电流之和等于流出该节点的电流之和，用公式表示为

$$\sum I_{入} = \sum I_{出}$$

式中　$\sum I_{入}$——流入节点的电流之和，单位为 A；

$\sum I_{出}$——流出节点的电流之和，单位为 A。

例如，对于图 1-26 中的节点 a 有

$$I_1+I_2=I_3+I_4+I_5 \text{或} I_1+I_2+(-I_3)+(-I_4)+(-I_5)=0$$

如果规定流入节点的电流为正，流出节点的电流为负，基尔霍夫电流定律也可以用公式表示为

$$\sum I=0$$

即在任一时刻，电路中某一节点上的电流的代数和等于零。

例如，在图 1-27 电路中，各节点的电流情况如下：

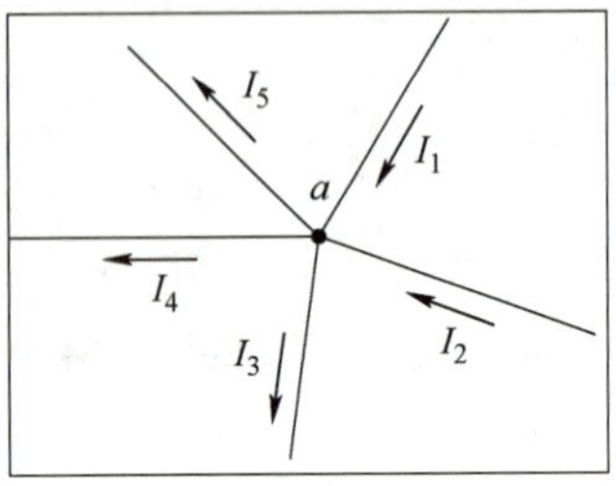

图 1-26　节点电流示意图

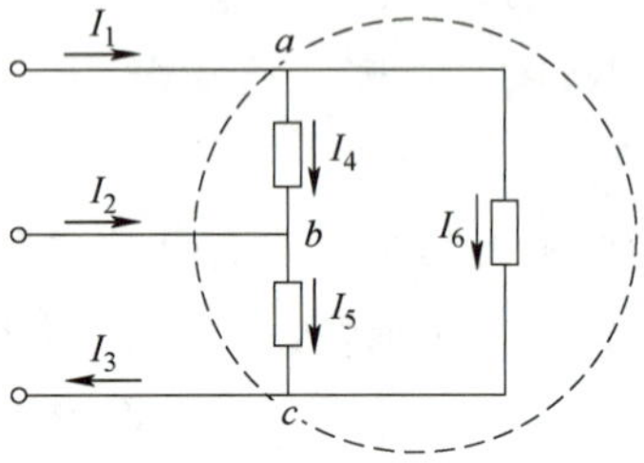

图 1-27　电路图

节点 a：$I_1-I_4-I_6=0$

节点 b：$I_2+I_4-I_5=0$

节点 c：$-I_3+I_5+I_6=0$

将以上三式相加，得

$$I_1+I_2-I_3=0$$

因此，基尔霍夫电流定律还可以推广应用于任意假定的封闭面（称为广义节点），即不管封闭面内的电路结构如何，在任一时刻，通过封闭面的电流的代数和等于零。

对于图 1-28 电路中的虚线框而言，在任一时刻都有 $I_C+I_B-I_E=0$，即上面三式相加的结果。

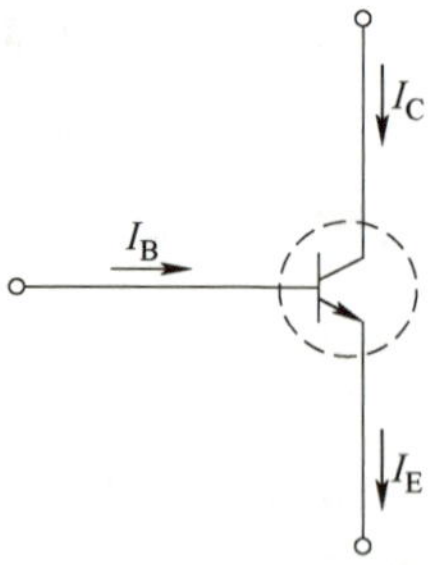

图 1-28　电路图

在列节点电流方程时，可先假定未知电流的参考方向，计算结果为正值，说明实际电流方向与预先假定的参考方向相同；计算结果为负值，说明实际电流方向与预先假定的参考方向相反。

【例题 1-6】　图 1-29a 所示为一电桥电路，已知 $I=8\text{A}$，$I_1=15\text{A}$，$I_2=3\text{A}$，求其余各支路的电流。

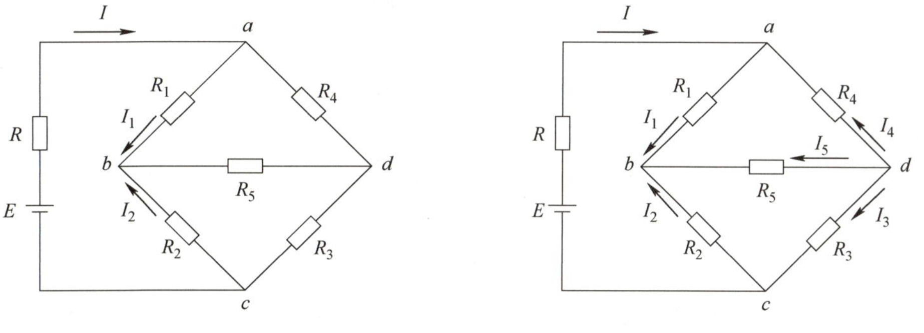

a)　　b)

图 1-29　电桥电路图

解：

先任意标出图中未知支路电流 I_3、I_4、I_5 的参考方向，如图 1-29b 所示。对于节点 a 应用基尔霍夫电流定律，列出节点电流方程为

$$I-I_1+I_4=0$$

求得

$$I_4=-I+I_1=(-8+15)\text{A}=7\text{A}$$

对于节点 b 应用基尔霍夫电流定律，列出节点电流方程为

$$I_1+I_2+I_5=0$$

求得

$$I_5=-(I_1+I_2)=-(15+3)\text{A}=-18\text{A}$$

同理，对于节点 c 应用基尔霍夫电流定律，有

$$I_3-I_2-I=0$$

求得

$$I_3=I_2+I=(3+8)\text{A}=11\text{A}$$

I_3、I_4 为正值，说明它们的实际电流方向与预先假定的参考方向相同；I_5 为负值，说明它的实际电流方向与预先假定的参考方向相反。

小知识

应用基尔霍夫电流定律时，应注意以下几点：

1）在列节点电流方程时，必须先设定电流的参考方向，然后依据电路图中标定的电流参考方向，正确列出相应的方程。

2）基尔霍夫电流定律不但适用于线性电路，还适用于非线性电路。

3）基尔霍夫电流定律不但适用于电路中的节点，还适用于电路中任一假设的闭合面，即在任一时刻，通过电路中任一假设闭合面的电流代数和等于 0。

（3）基尔霍夫电压定律　基尔霍夫电压定律又称为回路电压定律，其内容为：在任一时刻，沿着电路中任一闭合回路绕行一周，回路中各段电压的代数和等于零，用公式表示为

$$\sum U=0$$

例如，在图 1-30 所示回路中，若取图中顺时针方向绕行一周，根据电压和电流的参考方向可列出回路电压方程为

$$-U_1-E_1+U_2+U_3+U_4+E_2=0$$

即

$$-I_1R_1-E_1+I_2R_2-I_3R_3+I_4R_4+E_2=0$$

整理后得

$$-I_1R_1+I_2R_2-I_3R_3+I_4R_4=E_1-E_2$$

因此，基尔霍夫电压定律也可以用公式表示为

$$\sum IR=\sum E$$

即在任一时刻，沿着电路中任一闭合回路绕行一周，回路中各电阻上电压降的代数和等于回路中各电源电动势的代数和。

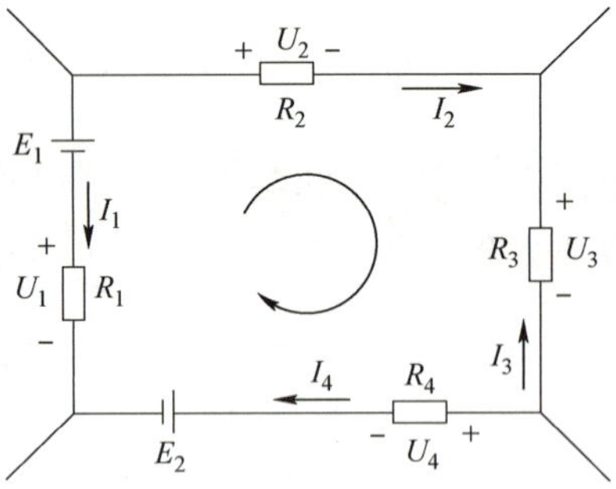

图 1-30 基尔霍夫电压定律应用电路图

基尔霍夫电压定律还可以推广到应用于一段不闭合的假想回路。例如，在图 1-31 假想闭合回路中，只要把 a、b 两点间的电压同电阻上的压降一样看待即可。若取逆时针方向，则有

$$U_1+E+U_2-U_{ab}=0$$

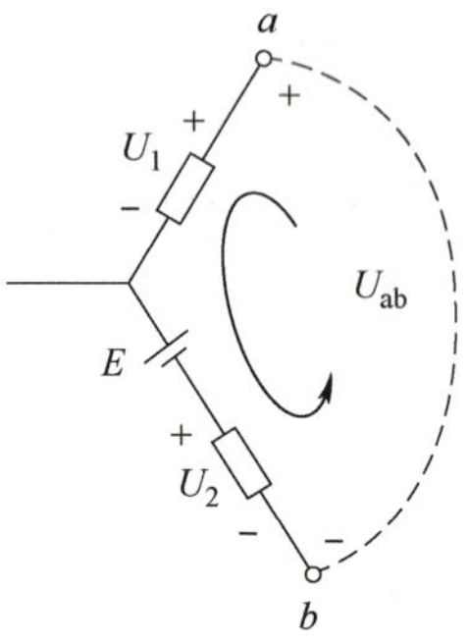

图 1-31 假想闭合回路

列回路电压方程的一般步骤如下：

1）任意假定回路中各未知支路电流的参考方向。

2）为回路选定一个绕行方向（顺时针或逆时针），以公式中少出现负号为宜。

3）确定回路中电源电动势的正负号。当绕行方向从电源的“+”极到“-”极时，电动势取正号，反之取负号。

4）确定回路中电阻压降的正负号。当电阻中电流的参考方向与绕行方向一致时（即电阻电压的参考方向从“+”极到“-”极），电阻压降取正号，反之取负号。

5）根据基尔霍夫电压定律 $\sum U=0$ 列出回路电压方程。

应用基尔霍夫电压定律时，应注意以下几点：

1）在列回路电压方程前，必须先标出各元件的端电压、各支路电流的参考方向及回路的参考绕行方向，然后依据电路图中标定的参考方向，正确列出相应的回路电压方程。

2）与基尔霍夫电流定律相同，基尔霍夫电压定律不但适用于线性电路，还适用于非线性电路。

【例题 1-7】 如图 1-32a 所示电路，已知 $E_1=3\text{V}$，$E_2=2\text{V}$，$E_3=5\text{V}$，$R_1=1\Omega$，$R_2=4\Omega$，求各支路电流。

解：

先任意标出各支路电流 I、I_1、I_2 的参考方向，并为两个回路选定绕行方向，如图 1-32b 所示。

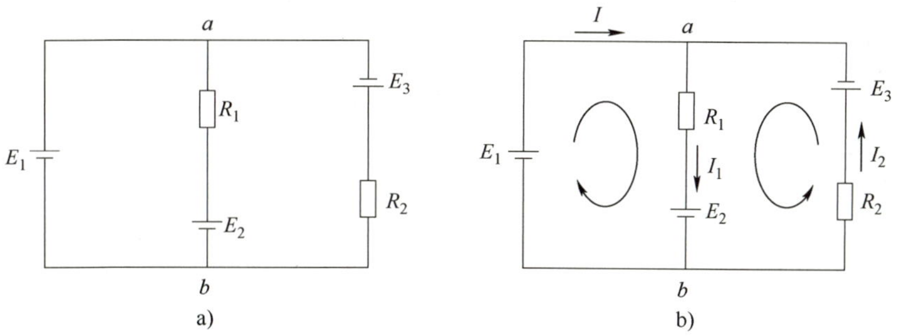

图 1-32　电路图

对第一个回路 $E_1R_1E_2E_1$ 应用基尔霍夫电压定律，列出回路电压方程为

$$-E_1+I_1R_1+E_2=0$$

求得

$$I_1=\frac{E_1-E_2}{R_1}=\frac{3-2}{1}\text{A}=1\text{A}$$

对第二个回路 $R_1E_2R_2E_3R_1$ 应用基尔霍夫电压定律，列出回路电压方程为

$$I_1R_1+E_2+I_2R_2+E_3=0$$

求得

$$I_2=\frac{-(I_1R_1+E_2+E_3)}{R_2}=\frac{-(1\times1+2+5)}{4}\text{A}=-2\text{A}$$

对于节点 a 应用基尔霍夫电流定律，列出节点电流方程为

$$I-I_1+I_2=0$$

求得

$$I=I_1-I_2=[1-(-2)]\text{A}=3\text{A}$$

I_2 为负值，说明它的实际电流方向与图中假定的参考方向相反。

2. 支路电流法

对于复杂电路，可以用基于霍夫电流定律和基于霍夫电压定律推导出各种分析方法，支路电流法就是其中之一。支路电流法的内容为：以电路中各支路电流为未知量，应用基于霍夫电流定律和基于霍夫电压定律分别对节点和回路列出所需要的方程组，然后解出各支路电流。

对于任何一个复杂电路，如果以各支路电流为未知量，应用基于霍夫电流定律和基于霍夫电压定律列方程组，必须先在电路图上标出未知支路电流和电压的参考方向。

运用支路电流法解题的一般步骤如下：

1）选定各支路电流为未知量，先标出各电流的参考方向。

2）按基尔霍夫电流定律，若电路中有 n 个节点，则要列出 $n-1$ 个节点电流方程。

3）指定回路绕行方向，按基尔霍夫电压定律，若电路中有 m 条支路，则可列出 $m-(n-1)$ 个回路电压方程。

4）代入已知条件，解联立方程组，求出各支路电流。

5）确定各支路电流的实际方向。

【例题 1-8】　如图 1-33a 所示电路，已知 $U_{S1}=6\text{V}$，$U_{S2}=2\text{V}$，$R_1=R_2=R_3=1\Omega$，$R_4=R_5=R_6=2\Omega$，运用支路电流法求各支路电流。

解：

首先对电路进行分析。该电路中有 $n=4$ 个节点，可列出 $n-1=3$ 个节点电流方程；有 $m=6$

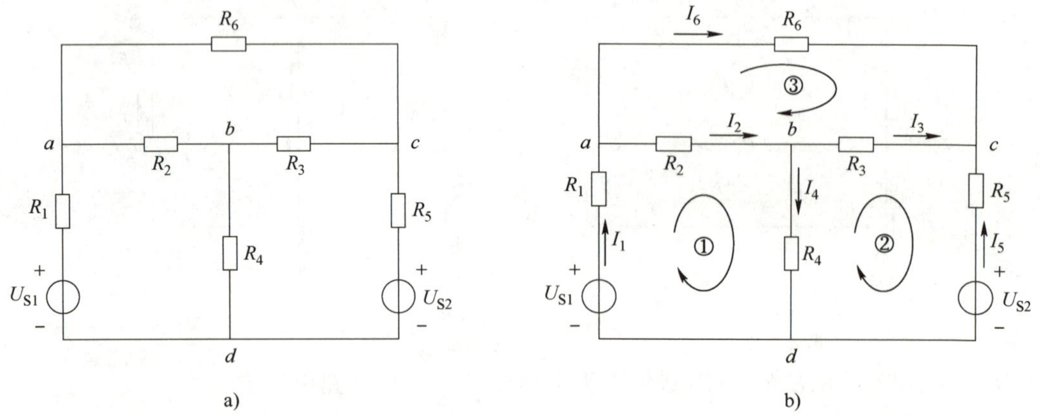

图 1-33 电路图

条支路，可列出 $m-(n-1)=3$ 个回路电压方程。这样，6 个未知支路电流可通过求解联立方程组（6 个独立方程）得出。

先任意标出各支路电流的参考方向和回路的绕行方向，如图 1-33b 所示。

节点电流方程为

节点 a：$I_1-I_2-I_6=0$

节点 b：$I_2-I_3-I_4=0$

节点 c：$I_3+I_5+I_6=0$

回路电压方程为

回路①：$I_1R_1+I_2R_2+I_4R_4-U_{S1}=0$

回路②：$-I_4R_4+I_3R_3-I_5R_5+U_{S2}=0$

回路③：$I_6R_6-I_3R_3-I_2R_2=0$

将数据代入并求解由以上 6 个方程组成的联立方程组

$$\begin{cases} I_1-I_2-I_6=0 \\ I_2-I_3-I_4=0 \\ I_3+I_5+I_6=0 \\ I_1+I_2+2I_4-6=0 \\ -2I_4+I_3-2I_5+2=0 \\ 2I_6-I_3-I_2=0 \end{cases}$$

最后得到

$$I_1=\frac{32}{17}\text{A}\approx 1.88\text{A} \qquad I_2=\frac{22}{17}\text{A}\approx 1.29\text{A} \qquad I_3=-\frac{2}{17}\text{A}\approx -0.12\text{A}$$

$$I_4=\frac{24}{17}\text{A}\approx 1.41\text{A} \qquad I_5=-\frac{8}{17}\text{A}\approx -0.47\text{A} \qquad I_6=\frac{10}{17}\text{A}\approx 0.59\text{A}$$

其中，I_3、I_5 为负值，说明它们的实际电流方向与图中假定的参考方向相反。

从上面的例子中可以看出，前 3 个节点电流方程比较简单。因此，用支路电流法解题时，一般先用基尔霍夫电流定律列出节点电流方程，不够时再用基尔霍夫电压定律回路电压方程加以补充。

3. 叠加定理

叠加定理是分析和求解线性电路的一个最基本的定理，其内容为：在由线性电阻和若干电源组成的线性电路中，任一支路中的电流（或电压）都等于各个电源单独作用时在此支路中所产生的电流（或电压）的代数和。

叠加定理中各个电源单独作用是指当某一个电源作用时，将其余电源都除去（即将理想电压源用短路代替；将理想电流源开路；若是实际电源，则要保留内阻）。

运用叠加定理解题的一般步骤如下：

1）在原电路中标出各支路电流的参考方向。

2）画出各个电源单独作用时的等效分电路（图 1-34），分别求出各个电源单独作用时分电路的各支路电流。

3）将各分电路中计算的各支路电流进行叠加，求出最后结果。

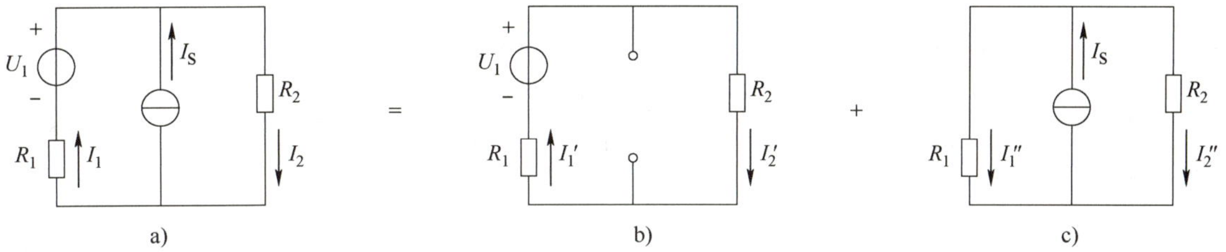

图 1-34　电路图

a）原电路　b）电压源 U_1 单独作用时，$I_S=0$　c）电流源 I_S 单独作用时，$U_1=0$

叠加定理是线性电路分析中的一个重要定理。应用叠加定理时，应注意以下几点：

1）叠加定理只适用于线性电路。

2）线性电路的电流和电压均可用叠加定理计算，但功率不能用叠加定理计算。

3）不作用的电源应进行适当处理。

4）计算时，要先标出各支路电流和电压的参考方向。若电流分量和电压分量与原电路中电流和电压的参考方向相反，叠加时相应项的前面要带负号。

5）应用叠加定理时，可以把电源分组计算，即单独作用的电源个数可以大于 1。

4. 戴维南定理

戴维南定理是计算复杂电路常用的一个定理，适用于计算电路中某一支路的电流。

在介绍戴维南定理之前，首先引入几个相关的名词。

线性是指电路的输入和输出之间是一种线性函数关系。

电路也称为电网络或网络。具有两个引出端与外电路相连的网络称为二端网络。含有独立电源的二端网络称为有源二端网络，否则称为无源二端网络。

例如，在图 1-35 中，若从 a、b 两点看，左边是有源二端网络（见图 1-35b），右边是无源二端网络（见图 1-35c）。

由若干电阻组成的无源二端网络可以等效成一个电阻，这个电阻称为二端网络的输入电阻。有源二端网络两个端点之间开路时的电压称为该二端网络的开路电压。

戴维南定理指出：任何一个线性有源二端网络，就其对外电路的作用而言，可以用一个理想电压源和一个内电阻的串联支路来代替。理想电压源的电动势 E_0 等于待求支路断开时有源二端网络两端点间的开路电压 U_{ab}，内阻 R_0 等于待求支路断开时有源二端网络两端的等效电阻（即输入电阻）R_{ab}，图 1-36 所示为戴维南定理图解。

应用戴维南定理的步骤一般如下：

1）把待求支路从电路中断开，其余部分即形成一个有源二端网络，求其等效电路的 U_0 和 R_0。

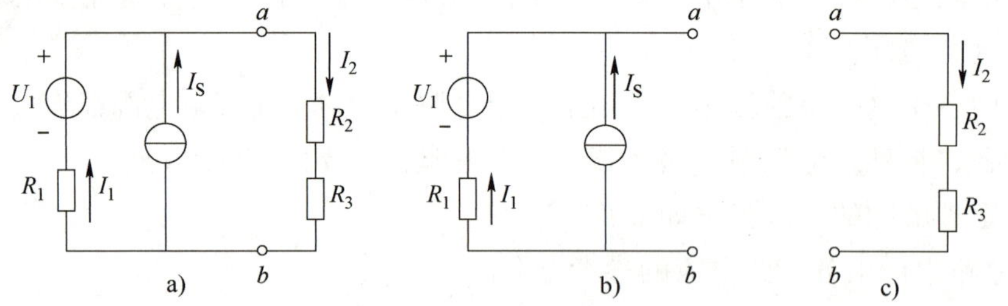

图 1-35 电路网络

a）原电路网络 b）有源二端网络 c）无源二端网络

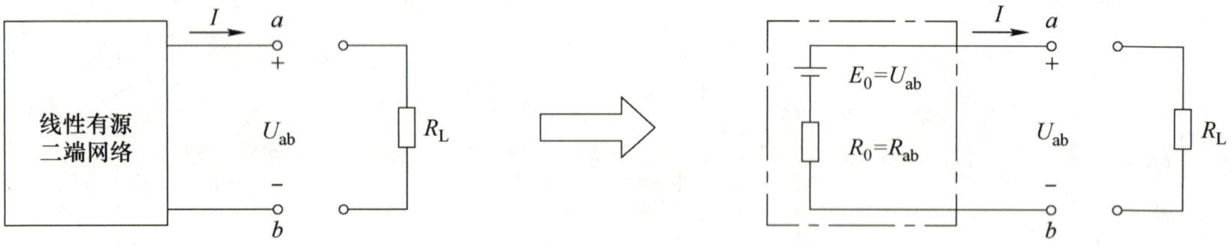

图 1-36 戴维南定理图解

2）用此等效电路代替原电路中的有源二端网络，求出待求支路电流。

【例题 1-9】 如图 1-37 所示电路，已知 $U_{S1}=140V$，$U_{S2}=90V$，$R_1=20\Omega$，$R_2=5\Omega$，$R_3=6\Omega$，试用戴维南定理求支路电流 I_3。

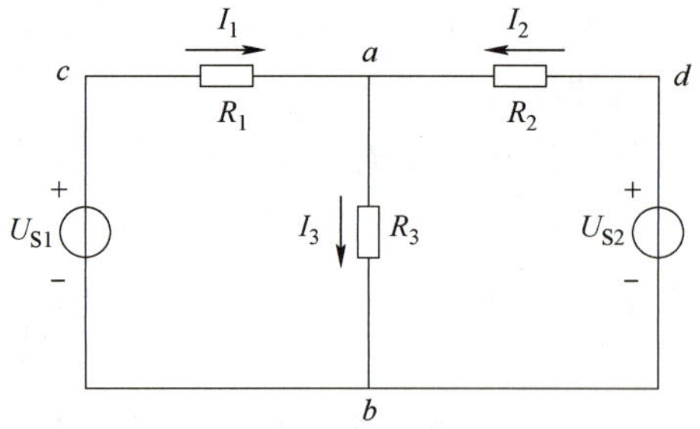

图 1-37 例题 1-9 电路图 1

解：

根据戴维南定理，将 R_3 支路以外的部分用电压源和电阻串联等效代替，如图 1-38 所示。如图 1-39 所示，R_3 支路断开后，等效电路中的电流 I 为

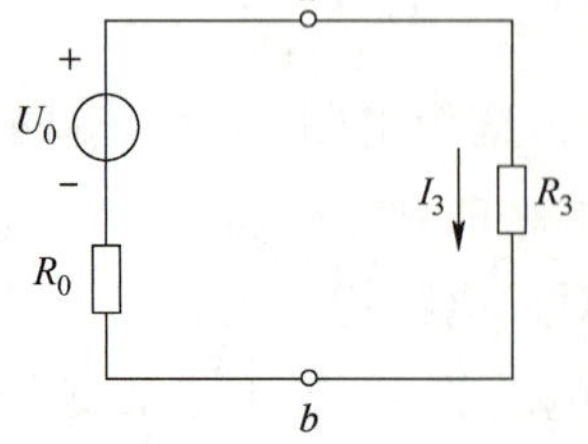

图 1-38 例题 1-9 电路图 2

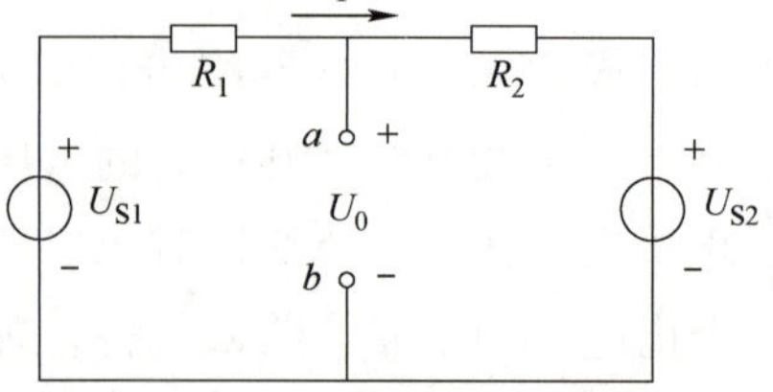

图 1-39 例题 1-9 电路图 3

$$I=\frac{U_{S1}-U_{S2}}{R_1+R_2}=\frac{140-90}{20+5}A=2A$$

等效电路的开路电压 U_0 为

$$U_0=U_{S1}-IR_1=(140-2\times20)\text{V}=100\text{V}$$

如图 1-40 所示，等效电阻 R_0 为

$$R_0=\frac{R_1R_2}{R_1+R_2}=\frac{20\times5}{20+5}\Omega=4\Omega$$

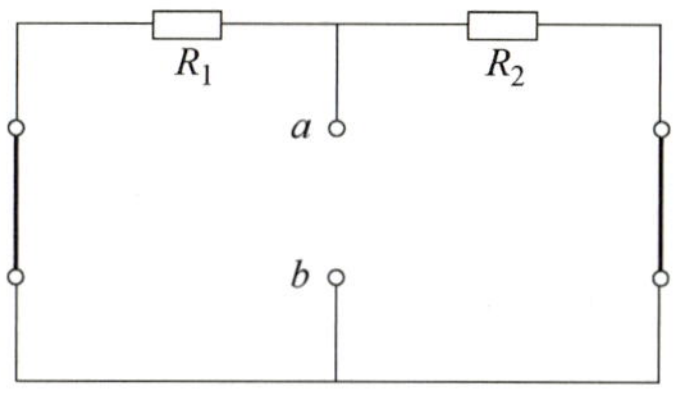

图 1-40　例题 1-9 电路图 4

由图 1-38 所示等效电路，可得支路电流 I_3 为

$$I_3=\frac{U_0}{R_0+R_3}=\frac{100}{4+6}\text{A}=10\text{A}$$

任务二　分析交流电

一、交流电概述

在任务一中，讨论的是直流电，其电压和电流的大小和方向都是不随时间变化的。而实际工程技术中遇到的电压和电流，在多数情况下，其大小和方向都是随时间而变化的，称为交流电。若电压和电流随时间按正弦规律周期变化，称为正弦交流电。

交流电可分为周期性交流电和非周期性交流电，周期性交流电又可分为正弦交流电和非正弦交流电。直流电、正弦交流电、非正弦交流电和非周期交流电如图 1-41 所示。

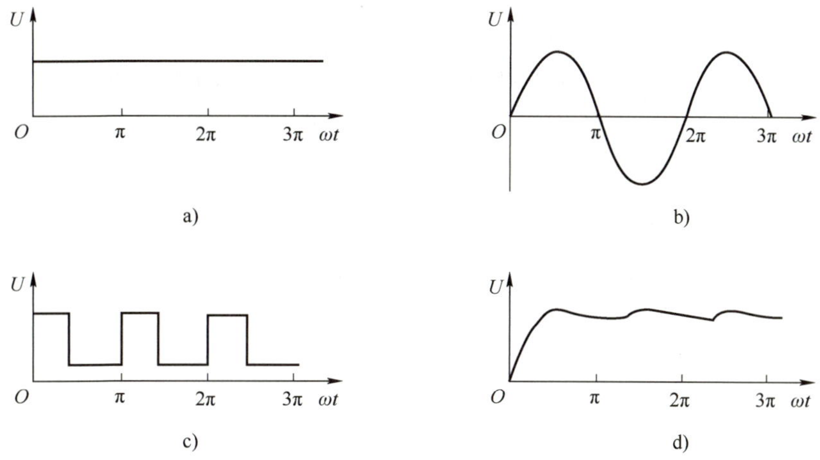

图 1-41　几种不同的电流

a）直流电　b）正弦交流电　c）非正弦交流电　d）非周期交流电

正弦交流电容易产生，易于进行电压变换，便于远距离输电和安全用电，有利于电气设备的运行，所以，在实践中得到了广泛的应用。工程中一般所说的交流电通常都是指正弦交流电。

1. 正弦交流电的产生

如图 1-42 所示，用手摇式发电机连接小灯泡，演示单相交流电的产生。当手柄摇动的转速较慢或较快时，灯泡分别会发生什么现象？这是为什么？

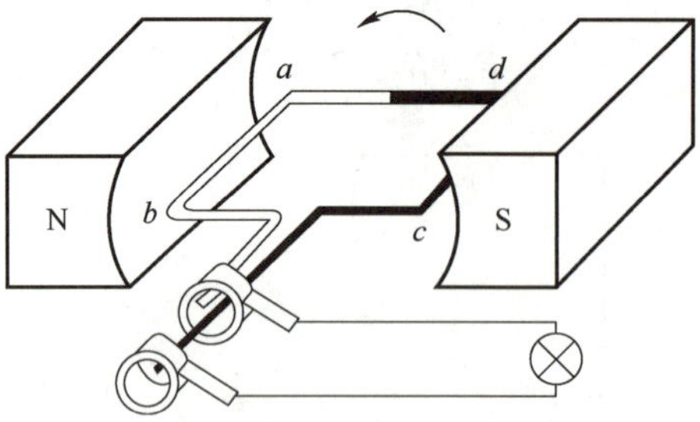

图 1-42 单相交流发电机

当手摇式发电机转速较慢时，灯泡会闪烁，转速较快时则不会，这是由于手摇式发电机产生的电是“交流电”。其实生活中点亮的电灯也是一闪一闪的，只不过每秒闪 50 次的频率，人们用肉眼无法察觉。

想一想

将发电机模型中的灯泡取下，连接上电流表，慢慢旋转手摇式发电机，可以看到电流表指针忽大忽小、忽左忽右地摆动，这说明什么？

当矩形线圈 *abcd* 在匀强磁场中旋转时，由于电磁感应现象而在线圈中产生感应电动势 e，当电路闭合时，就会产生感应电流 i，负载（灯泡）两端就会出现电压 u，灯泡就会发光。当矩形线圈在匀强磁场中以固定的角速度 0 旋转时，产生的感应电动势 e、流过负载的感应电流 i 都是按正弦规律变化的，即

$$e=E_{\mathrm{m}}\sin(\omega t+\varphi_{e0})$$

$$i=I_{\mathrm{m}}\sin(\omega t+\varphi_{i0})$$

$$u=U_{\mathrm{m}}\sin(\omega t+\varphi_{u0})$$

由于正弦交流电的大小和方向随时间按正弦规律变化，比直流电复杂得多，因此需要从交流电变化的快慢、范围和起始时间 3 方面来完整地描述正弦交流电。

2. 正弦交流电的变化快慢

正弦交流电的电压、电流和功率等物理量统称为正弦量，如图 1-43 所示。

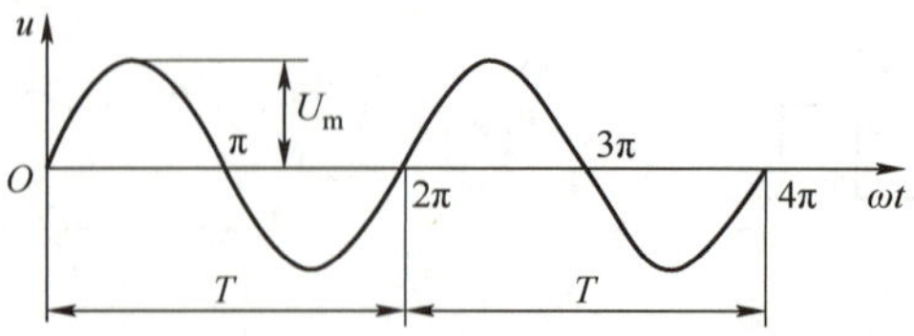

图 1-43 正弦交流电波形

（1）周期　周期是指正弦量变化一次所需要的时间，用 T 表示，单位是 s。周期常用的单位还有 ms 和 μs，它们之间的关系为

$$1\,\mathrm{s}=10^{3}\,\mathrm{ms}=10^{6}\,\mu\mathrm{s}$$

（2）频率　频率是指正弦量每秒钟内变化的次数，用 f 表示，单位是赫兹（Hz）。周期和

频率互为倒数，即

$$f=\frac{1}{T}$$

频率的常用单位还有千赫（kHz）和兆赫（MHz），它们之间的关系为

$$1\text{MHz}=10^3\text{kHz}=10^6\text{Hz}$$

（3）角频率　角频率是指交流电在1s内变化的电角度，用字母 ω 表示，单位是弧度/秒（rad/s）。交流电每变化一次，发电机的转子就转动一圈，即交流电的电角度变化了 2π 弧度或360°。角频率与周期、频率之间的关系为

$$\omega=2\pi f=\frac{2\pi}{T}$$

目前，我国电力系统的工业供电频率为50Hz，这种频率称为工频。对于工频为50Hz的交流电，其周期为0.02s，角频率为314rad/s。美国和日本等少数国家使用60Hz工频。

【例题1-10】　某正弦交流电在0.2s内变化5次，求周期、频率和角频率分别为多少？

解：

根据正弦交流电周期的定义，先求出周期，再根据频率、角频率与周期的关系求出频率和角频率。

由题中描述可知，$T=0.2/5\text{s}=0.04\text{s}$，则

$$f=\frac{1}{T}=\frac{1}{0.04}\text{Hz}=25\text{Hz}$$

$$\omega=2\pi f=2\pi\times 25\text{rad/s}=157\text{rad/s}$$

科学小传

赫　兹

1888年，赫兹（德国物理学家，1857—1894年）（图1-44）通过试验验证了麦克斯韦的理论，证实了无线电波的存在，证明了无线电辐射具有波的所有特性，并发现电磁场方程可以用偏微分方程表达。此外，他也做了一系列实验，发现电磁波与光有相同的速度，而且对电磁波的波长和频率做了定量的测定。

赫兹还发现了电磁波发射和接收的方法，可以称得上是无线通信的“鼻祖”。由于他对电磁学有很大的贡献，故频率的国际单位制单位“赫兹”以他的名字命名。

图1-44　赫兹头像

3. 正弦交流电的变化范围

（1）最大值　最大值是指交流电最大的瞬时值，也被称为正弦交流电的振幅、幅值或峰值，用带m下标的大写字母表示，如电动势、电压和电流的最大值分别用 E_m、U_m 和 I_m 表示。

$$E_m=\sqrt{2}E$$

$$U_m=\sqrt{2}U$$

$$I_m=\sqrt{2}I$$

(2) 有效值　交流电 i 通过电阻 R 在一个周期时间内产生的热量与直流电 I 通过电阻 R 在一个周期时间内产生的热量相等，这个直流电 I 的数值被称为交流电的有效值，如图 1-45 所示。

图 1-45　交流电的有效值

即

$$I^2RT = \int_0^T i^2 R\mathrm{d}t$$

则有效值表达式为

$$I = \sqrt{\frac{1}{T}\int_0^T i^2 \mathrm{d}t}$$

交流电的有效值理论和实验证明：正弦交流电最大值与有效值之间的关系，即交流电流的有效值等于它的方根均值。

$$I = \sqrt{\frac{1}{T}\int_0^T i^2 \mathrm{d}t} = \frac{I_m}{\sqrt{2}} = 0.707I_m$$

同理

$$E = \sqrt{\frac{1}{T}\int_0^T e^2 \mathrm{d}t} = \frac{E_m}{\sqrt{2}} = 0.707E_m$$

$$U = \sqrt{\frac{1}{T}\int_0^T u^2 \mathrm{d}t} = \frac{U_m}{\sqrt{2}} = 0.707U_m$$

最大值在工程上具有实际意义。例如，电容器的额定工作电压是指它能够承受的最大电压，把它接在交流电路中，其额定工作电压应大于交流电的最大值，否则就有被击穿的可能。

在工程上，一般所说的正弦电流或正弦电压，若无特别说明，都是指有效值而言的。交流电表上指示的电压和电流，电气设备铭牌上标注的额定值都是有效值。

【例题 1-11】　我国动力用电和照明用电的电压分别为 380V、220V，它们的最大值分别是多少?

解：

$$\text{动力用电的最大值 } U_{m1} = \sqrt{2}U_1 = \sqrt{2}\times 380\text{V} = 537\text{V}$$

$$\text{照明用电的最大值 } U_{m2} = \sqrt{2}U_2 = \sqrt{2}\times 220\text{V} = 311\text{V}$$

(3) 平均值　在一些实际问题中有时要用到平均值，由于正弦交流电一个周期内的平均值为零，所以取半个周期的平均值为正弦交流电的平均值。在图 1-46 所示正弦交流电压波形中，U_{av} 就是电压的平均值。

理论和实验证明：正弦交流电最大值与平均值之间有以下关系

$$\text{平均值}(E_{av}, U_{av}, I_{av}) = \frac{2}{\pi}\times\text{最大值}(E_m, U_m, I_m)$$

对于图 1-46 所示来说，电压平均值可表示为

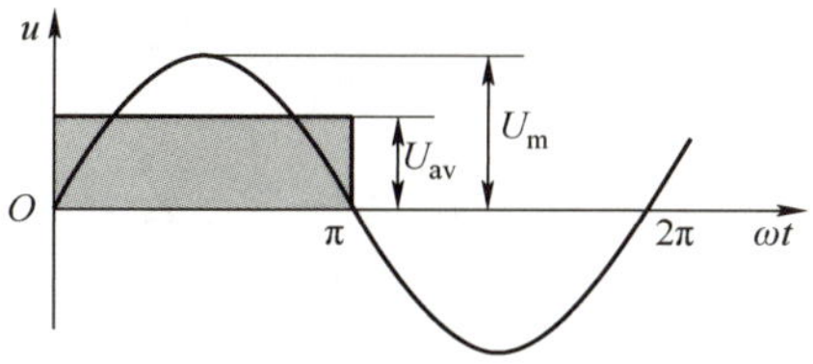

图 1-46　正弦交流电平均值用半波表示

$$U_{av}=\frac{2}{\pi}\times U_m$$

正弦交流电半波平均值可以这样理解：正弦交流电半波与横轴包围的面积变形为半周期长（π）的矩形，则矩形的宽（U_{av}）就是平均值，下标 av 指 average。

说明如下：

1）用数字万用表测量正弦交流电压时要选择交流电压档，测量的结果是电压的有效值；若不慎错用直流档，则显示为零。如图 1-47 所示，用直流 1000V 档测量市电显示为零。

2）用数字万用表测量直流电压时要选择直流电压档，测量的结果是电压平均值；若不慎错用交流档，则显示为零。如图 1-48 所示，用交流 20V 档测量直流电压约为 9V 的叠层电池显示为零。

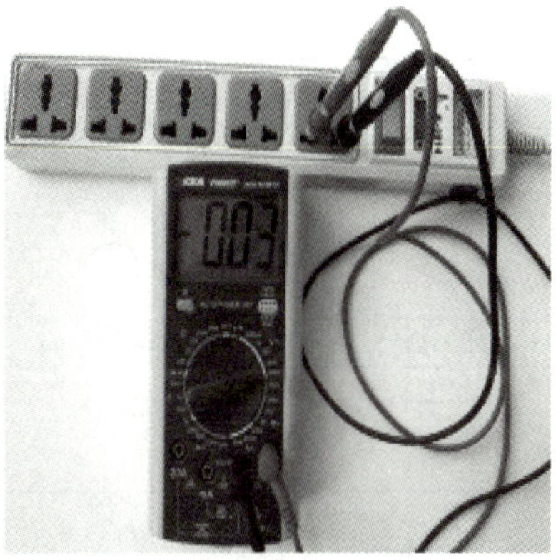

图 1-47　用直流 1000V 档测量市电

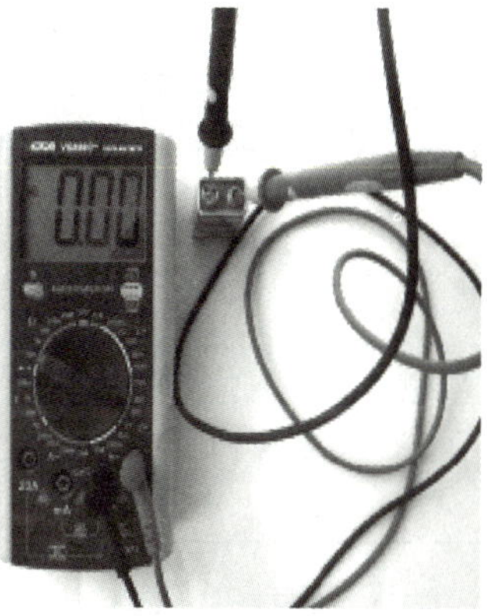

图 1-48　用交流 20V 档测量叠层电池

4. 正弦交流电的起始时间

（1）相位　由电压解析式 $u=U_m\sin(\omega t+\varphi)$ 可知，电压的瞬间值 u 是由振幅 U_m 和正弦函数 $\sin(\omega t+\varphi)$ 共同决定的，把 t 时刻线圈平面与中性面的夹角（$\omega t+\varphi$）称为正弦交流电的相位（或相角）。

当 $t=0$ 时，相位 φ 称为初相。初相可以为正值，也可以为负值。

若 $t=0$ 时，正弦量的瞬时值为正值，则初相为正，如图 1-49a 所示；若 $t=0$ 时，正弦量的瞬时值为负值，则初相为负，如图 1-49b 所示。

初相反映的是正弦交流电的计时起点。初相位的单位可以用弧度或度来表示。度与弧度之间关系为：度 $=\frac{180°}{\pi}\times$ 弧度，规定初相位在 $|\varphi|\leqslant\pi$ 的范围内取值。

如 $u=U_m\sin(\omega t+260°)$ V 应记为 $u=U_m\sin(\omega t-100°)$ V。

（2）相位差　相位差是指两个同频率的交流电相位之差。注意，频率不同不能比较。

为了比较两个同频率的正弦量在变化过程中的相位关系和先后顺序。设第一个正弦量的相

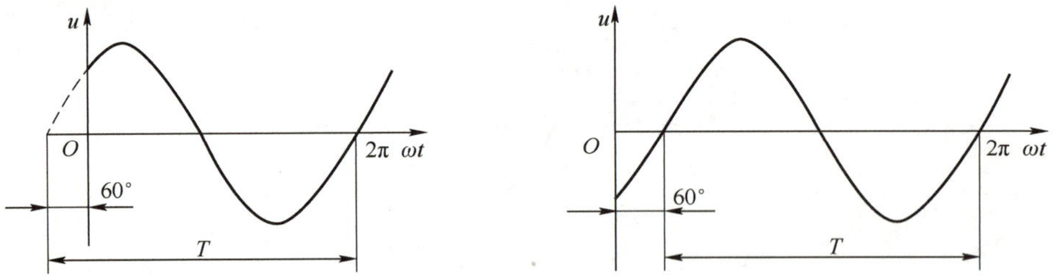

图 1-49　交流电初相位

a）初相为正角　b）初相为负角

角为 $\omega t+\varphi_1$，第二个正弦量的相角为 $\omega t+\varphi_2$，则它们的相位差为

$$\Delta\varphi=(\omega t+\varphi_1)-(\omega t+\varphi_2)=\varphi_1-\varphi_2$$

可见，相位差等于它们的初相之差，并规定相位差不得超过±π。需要指出的是，只有同频率的正弦量才能比较相位。

根据相位差的正、负可以定义两个正弦量的超前和滞后关系。如果相位差为正值，称其为超前；如果相位差为负值，称其为滞后。当 φ 取 0°、±180°和±90°时，分别称其为同相、反相和正交，见表 1-2。

表 1-2　两个正弦量相位关系的特别情况

序号	项目描述	$\Delta\varphi_{12}=\varphi_1-\varphi_2$	波形图
1	e_1超前于 e_2	$\Delta\varphi_{12}>0°$	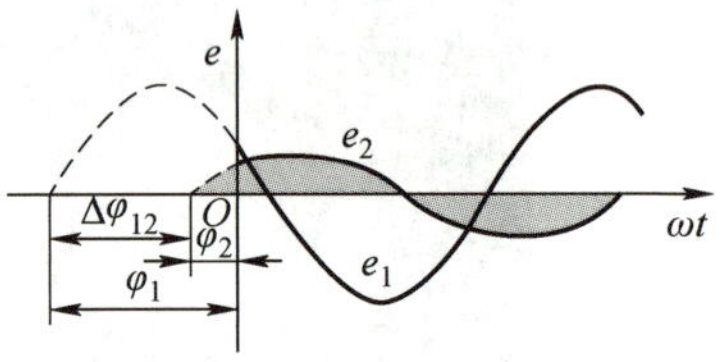
2	e_2滞后于 e_1	$\Delta\varphi_{12}<0°$	
3	e_1和 e_2同相	$\Delta\varphi_{12}=0°$	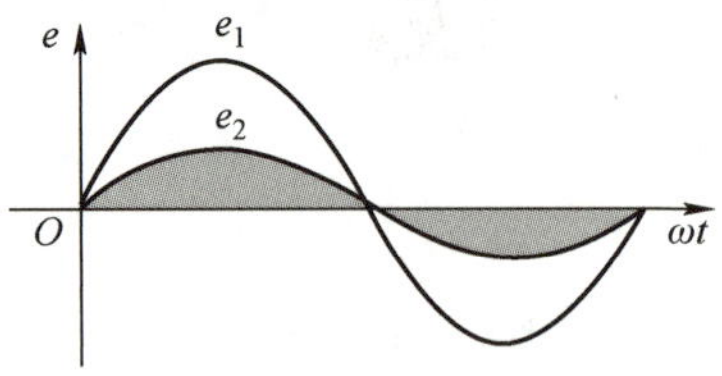
4	e_1和 e_2反相	$\Delta\varphi_{12}>180°$	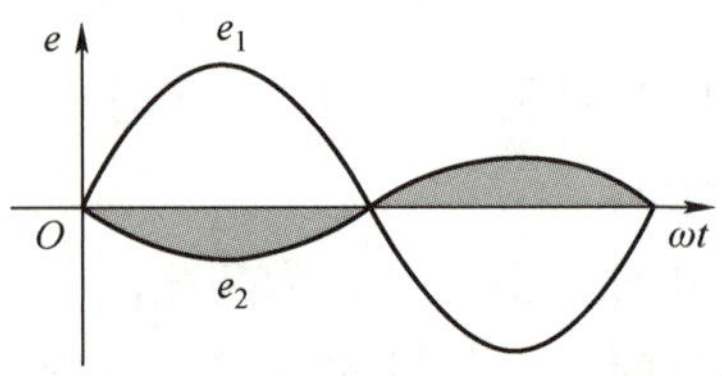
5	e_1和 e_2正交	$\Delta\varphi_{12}>90°$	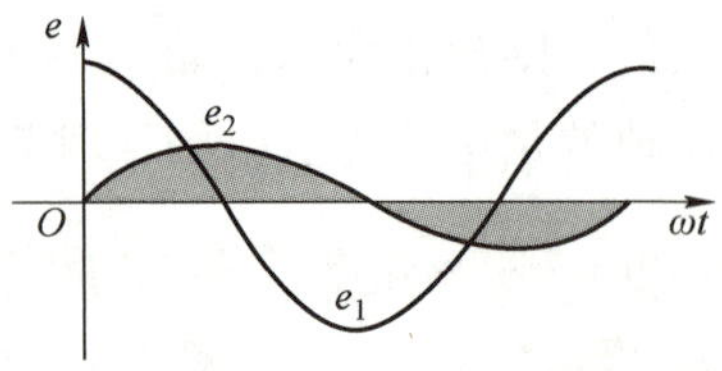

综上所述，正弦交流电的周期（或频率、角频率）反映了正弦量的变化快慢，最大值反映了正弦量的变化范围，初相位反映了正弦量的起始状态。它们是表征正弦交流电的 3 个重要

参数，知道了这 3 个参数就可以确定一个交流电，写出其瞬时值表达式，因此工程上把最大值（或有效值）、频率（或周期、角频率）、初相位称为交流电的 3 要素。

【例题 1-12】 已知两正弦交流电电压：$u_1=200\sqrt{2}\sin(100\pi t+150°)$，$u_2=65\sqrt{2}\sin(100\pi t+25°)$。

求：1）各电压的有效值和最大值。

2）频率和周期。

3）相位、初相位和相位差。

4）试画出波形图。

解：

1）最大值为

$$U_{m1}=200\sqrt{2}\text{V}$$

$$U_{m2}=65\sqrt{2}\text{V}$$

有效值为

$$U_1=\frac{200\sqrt{2}}{\sqrt{2}}\text{V}=200\text{V}$$

$$U_2=\frac{65\sqrt{2}}{\sqrt{2}}\text{V}=65\text{V}$$

2）频率为

$$f_1=f_2=\frac{\omega}{2\pi}=\frac{100\pi}{2\pi}\text{Hz}=50\text{Hz}$$

周期

$$T_1=T_2=\frac{1}{50}0.02\text{s}$$

3）u_1 的相位为（$100\pi t+150°$），初相位为 $\varphi_1=150°$

u_2 的相位为（$100\pi t+25°$），初相位为 $\varphi_2=25°$

相位差 $\Delta\varphi_{12}=\varphi_1-\varphi_2=150°-25°=125°$

4）两正弦交流电压波形见表 1-2 中的第 1 图。

【例题 1-13】 已知交流电压 $u=220\sqrt{2}\sin314t\text{V}$。求：1）有效值 U 和幅值 U_m。

2）角频率 ω、频率 f 和周期 T。

3）第一次出现最大值的时刻 t_1 以及当 $t_2=\frac{1}{300}\text{s}$、$t_3=15\text{ms}$ 时的瞬时值。

解：

1）$U=220\text{V}$，$U_m=220\sqrt{2}\text{V}=311\text{V}$

2）$\omega=314\text{rad/s}$、$f=\frac{\omega}{2\pi}=50\text{Hz}$，$T=\frac{1}{f}=0.02\text{s}=20\text{ms}$

3）当 $\omega t_1=\frac{\pi}{2}$时，u 第一次出现最大值，所以 $t_1=\frac{\pi}{2\omega}=0.005\text{s}=5\text{ms}$

$$t=t_2=\frac{1}{300}\text{s},u=220\sqrt{2}\sin314\times\frac{1}{300}\times57.3°\text{V}=269.3\text{V}$$

$$t=t_3=0.015\text{s},u=220\sqrt{2}\sin314\times\frac{15}{1000}\times57.3°\text{V}=-311\text{V}$$

二、正弦交流电的表示方法及运算

1. 解析式表示法

用正弦函数来表示交流电的方法被称为瞬时表达式或解析式。比如，前面提到过的正弦交流电的电动势、电压和电流的解析式分别为

$$i=I_m\sin(\omega t+\varphi_{i0})$$

$$e=E_m\sin(\omega t+\varphi_{e0})$$

$$u=U_m\sin(\omega t+\varphi_{u0})$$

式中　i、u、e——电流、电压、电动势的瞬时值；

I_m、U_m、E_m——电流、电压、电动势的最大值；

ω——电流、电压、电动势的角频率；

φ_{i0}、φ_{u0}、φ_{e0}——电流、电压、电动势的初相。

任何一个正弦量都可以用解析式来表示。例如，已知某正弦交流电的最大值 $I_m=10A$，频率是 50Hz，初相是 30°，则它的解析式为

$$i=I_m\sin(\omega t+\varphi_i)=10\sin(314t+30°)$$

【例题 1-14】 已知一正弦交流电的电压为 220V，在 $t=0$ 时的瞬时值为 $110\sqrt{2}$V，频率为 50Hz，试写出其交流电电压的解析式。

解：

这里的 220V 指的是有效值，要转换成最大值。从 $t=0$ 时的瞬时值可求出初相，再由频率即可求出角频率。

正弦交流电电压的最大值为

$$U_m=\sqrt{2}U=220\sqrt{2}\text{V}$$

当 $t=0$ 时，电压的瞬时值为 $110\sqrt{2}$V，得

$$110\sqrt{2}=220\sqrt{2}\sin\varphi_{u0}$$

即

$$\sin\varphi_{u0}=\frac{1}{2}$$

得

$$\varphi_{u0}=30°\text{或 }\varphi_{u0}=150°$$

由此得该正弦交流电电压的角频率为

$$\omega=2\pi f=2\pi\times50\text{rad/s}\approx314\text{rad/s}$$

最后得到的交流电电压表达式为

$$u_1=311\sin(314t+30°),u_2=311\sin(314t+150°)$$

2. 波形图表示法

波形图是用图像来表示交流电的方法，如图 1-49 和图 1-50 所示。画波形图时需要注意以下两点：

1）横坐标以 t 为变量，单位为 s；以 ω 为变量，单位为 rad/s。

2）初相为正角，起点在坐标原点左侧，如图 1-49a 所示；初相为负角，起点在坐标原点右侧，如图 1-49b 所示。

3. 相量图表示法

如果要对正弦交流电进行加、减运算，无论是运用解析式还是波形图都很不方便。为此，

引入正弦交流电的相量图。那么，怎样用相量图来表示正弦交流电呢？现以正弦电动势 $e=E_m\sin(\omega t+\varphi_0)$ 为例进行说明。

如图 1-50 所示，在直角坐标系内，做一相量 OA，其长度为 e 的最大值 E_m，起始位置与 x 轴正方向的夹角等于初相角 φ_0，并以角频率 ω 逆时针匀速旋转，在任一瞬间旋转相量与 x 轴的夹角为电动势的相位 $\omega t+\varphi_0$，它在 y 轴上的投影为电动势的瞬时值。

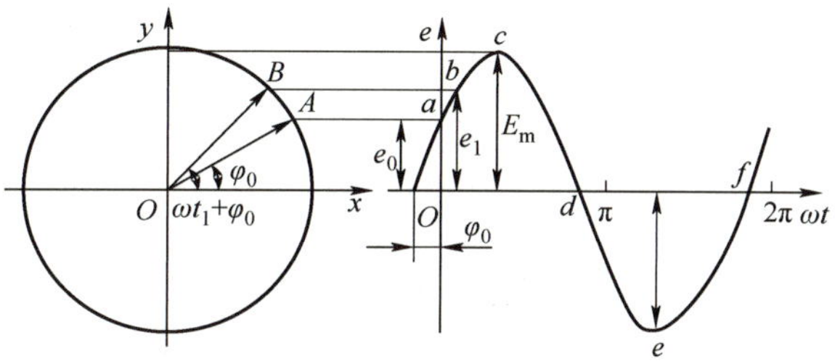

图 1-50　旋转相量与波形图的对应关系

例如，当 $t=0$ 时，旋转相量在 y 轴上的投影为 e_0，对应图 1-50 中电动势波形的 a 点。以此类推，当 t 为其他数值时，旋转相量在 y 轴上的投影将对应正弦波的不同电动势，见表 1-3。

表 1-3　旋转相量在 y 轴上的投影对应的相角和电动势

描述 时间	旋转相量与 x 轴正方向的夹角 （正弦电动势的相角）	旋转相量在 y 轴上的投影 对应正弦波形图位置及相量值（电动势）
$T=0$	φ_0	a 点，相量值为 e_0
$t=t_1$	$\omega t+\varphi_0$	b 点，相量值为 e_1
$t=\dfrac{0.5\pi-\varphi_0}{\omega}$	0.5π	c 点，相量值为 E_m
$t=\dfrac{\pi-\varphi_0}{\omega}$	π	d 点，相量值为 0
$t=\dfrac{1.5\pi-\varphi_0}{\omega}$	1.5π	e 点，相量值为 $-E_m$
$t=\dfrac{2\pi-\varphi_0}{\omega}$	2π	f 点，相量值为 0

相量每旋转一周都与该正弦交流电一个周期的波形恰好对应。可见，旋转相量能完全反映正弦交流电的 3 要素及变化规律。正弦交流电的相量用 $\dot{E}_m$、$\dot{U}_m$、$\dot{I}_m$ 表示。由于实际应用中更多用到的是有效值，因此一般将有向线段的长度定为正弦量的有效值，相应的符号则为 $\dot{E}$、$\dot{U}$、$\dot{I}$。

相量图一方面能表示正弦量的大小和初始相位，另一方面还可以直观地表示各正弦量相位的超前与滞后情况。应用相量图时要注意以下 3 点：

1）在同一相量图中，相同单位的相量应按相同比例画出。

2）一般取直角坐标轴的水平正方向为参考方向，逆时针转动的角度为正，反之为负。

3）用相量图表示正弦交流电后，它们的加、减运算可按平行四边形法则或三角形法则进行。

4. 复数表达法

（1）表达方式

1）代数式。复数 Z 一般由实部和虚部组成，其代数形式为

$$Z=a+bj$$

其中，j 为虚数单位，$j^2=1$。复数的模为

$$|Z|=\sqrt{a^2+b^2}$$

复数的幅角为

$$\varphi=\arctan\frac{b}{a}$$

已知极坐标形式 $Z=|Z|\angle\varphi$，则代数形式中

$$a=|Z|\cos\varphi$$

$$b=|Z|\sin\varphi$$

2）复数的三角函数形式。代数式转为三角函数式

$$Z=a+bj=|Z|(\cos\varphi+j\sin\varphi)$$

3）复数的指数形式。三角函数式转为指数式

$$Z=|Z|(\cos\varphi+j\sin\varphi)=|Z|e^{j\varphi}$$

4）复数的极坐标形式。指数式转为极坐标式

$$Z=|Z|e^{j\varphi}=|Z|<\varphi$$

（2）复数的运算

1）加、减法运算。复数的代数形式便于进行加减运算。复数相加减时，将复数的实部和虚部分别相加减。如有两个代数形式表示的复数 $Z_1=a_1+b_1j$，$Z_2=a_2+b_2j$，两者相加、减，得

$$Z_1\pm Z_2=(a_1\pm a_2)+(b_1\pm b_2)j$$

2）乘、除法运算。极坐标形式便于乘除运算。两个复数相乘时，将模相乘而幅角相加；两个复数相除时，将模相除而幅角相减。

【例题 1-15】 已知正弦电量的瞬时值表达式分别为

$$e=180\sqrt{2}\sin(\omega t+60°),\ i=10\sqrt{2}\sin(\omega t+30°),\ u=120\sqrt{2}\sin(\omega t-30°)$$

写出各正弦量对应的最大值相量和有效值相量，画出各正弦量对应相量的相量图。

解：

1）最大值相量为

$\dot{E}_{\mathrm{m}}=180\sqrt{2}\angle 60°\mathrm{V}$，$\dot{I}_{\mathrm{m}}=10\sqrt{2}\angle 30°\mathrm{A}$，$\dot{U}_{\mathrm{m}}=120\sqrt{2}\angle -30°\mathrm{V}$

有效值相量为

$$\dot{E}=180\sqrt{2}\angle 60°\mathrm{V},\ \dot{I}=10\sqrt{2}\angle 30°\mathrm{A},\ \dot{U}=120\sqrt{2}\angle -30°\mathrm{V}$$

2）最大值相量图：取相量的长度分别为正弦电量的最大值，在复平面上画出各正弦量对应的最大值相量图，如图 1-51a 所示。

有效值相量图：取相量的长度分别为正弦电量的有效值，在复平面上画出各正弦量对应的有效值相量图，如图 1-51b 所示。

省略复平面的有效值相量图：作相量图时复平面通常省略不画，只画出实轴所表示的参考方向，如图 1-51c 所示。

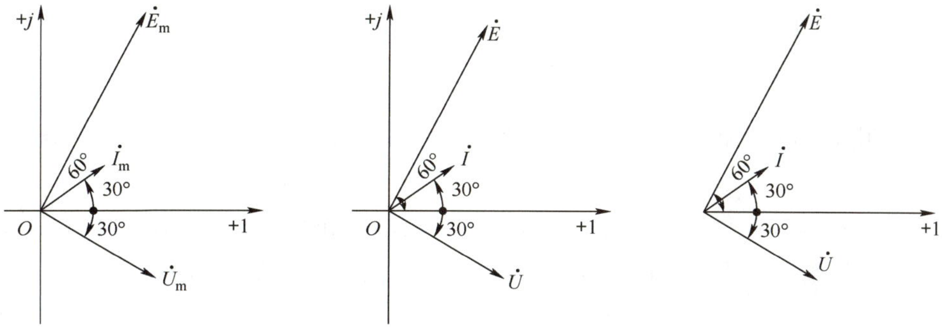

a)　　b)　　c)

图 1-51　正弦交流电的相量图

a）最大值相量图　b）有效值相量图　c）省略复平面的有效值相量图

【例题 1-16】　已知 $i_1=5\sin(314t+60°)$，$i_2=-10\cos(314t+30°)$，试做出两个正弦电流的相量图。

解：

$i_1=5\sin(314t+60°)$

$i_2=-10\cos(314t+30°)=10\cos(-314t-210°)=10\sin(314t-60°)$，相量图如图 1-52 所示。

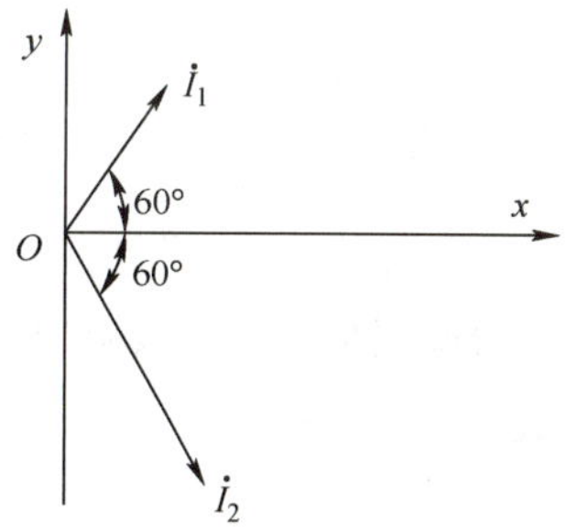

图 1-52　例题 1-16 图

【例题 1-17】　已知两个正弦电压：$u_1=4\sqrt{2}\sin(314t)$，$u_2=3\sqrt{2}\sin(314t+90°)$。

1）做出两个电压的相量图 $\dot{U}_1$、$\dot{U}_2$，用平行四边形法则做出 $\dot{U}_1+\dot{U}_2$、$\dot{U}_1-\dot{U}_2$ 的相量图。

2）计算数值 $|\dot{U}_1+\dot{U}_2|$、$|\dot{U}_1-\dot{U}_2|$。

解：

1）做 $\dot{U}_1$ 和 $\dot{U}_2$ 的相量图，用平行四边形法则做 $\dot{U}_1+\dot{U}_2$ 的相量图，如图 1-53a 所示。因为 $\dot{U}_1-\dot{U}_2=\dot{U}_1+(-\dot{U}_2)$ 做出 $\dot{U}_1$ 的反相量 $-\dot{U}_2$，然后用平行四边形法则与做出相量图，如图 1-53b 所示。

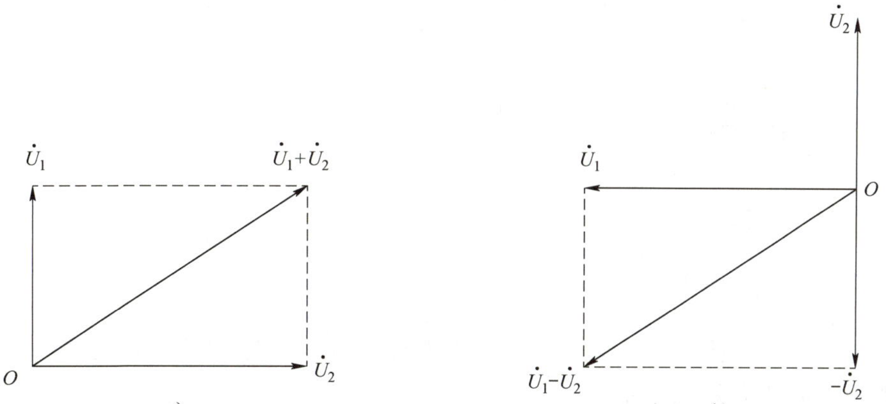

a)　　b)

图 1-53　例题 1-17 图

2）由于 $\varphi_1=0°$，$\varphi_2=90°$，则相位差 $\Delta\varphi_{12}=-90°$，即电压相量 $\dot{U}_1$ 和 $\dot{U}_2$ 垂直，根据三角法则可得

$$U=\sqrt{U_1^2+U_2^2}=\sqrt{3^2+4^2}\text{ V}=5\text{V}$$

即 $|\dot{U}_1+\dot{U}_2|$ 和 $|\dot{U}_1-\dot{U}_2|$ 的数值相等，都是 5V。

三、单一参数的交流电器

1. 纯电阻电路

只含有电阻元件的交流电路被称为纯电阻交流电路，如白炽灯、电炉、电烙铁等就是纯电阻交流电路。

(1) 电压与电流的相位关系　纯电阻元件的交流电路如图 1-54a 所示。设加在电阻 R 两端的正弦交流电电压瞬时值为 $u_R=U_{Rm}\sin\omega t$，则通过该电阻的电流瞬时值为

$$i_R=\frac{u_R}{R}=\frac{U_{Rm}}{R}\sin\omega t=I_{Rm}\sin\omega t$$

由上式可知，电阻元件上的电压和电流最大值之间的数量关系为

$$I_{Rm}=\frac{U_{Rm}}{R}$$

把等式两边同除以$\sqrt{2}$，可得到电压和电流有效值之间的数量关系为

$$I_R=\frac{U_R}{R}$$

由式 $I_{Rm}=\frac{U_{Rm}}{R}$和式 $I_R=\frac{U_R}{R}$可知，电阻元件上的电压和电流的最大值、有效值均符合欧姆定律。电压和电流波形如图 1-54b 所示，电阻元件上电路的电压和电流同时为零，同时达到最大值，即瞬时值也符合欧姆定律。电阻元件上的电压与电流的上述关系还可以用图 1-54c 所示的相量图表示。

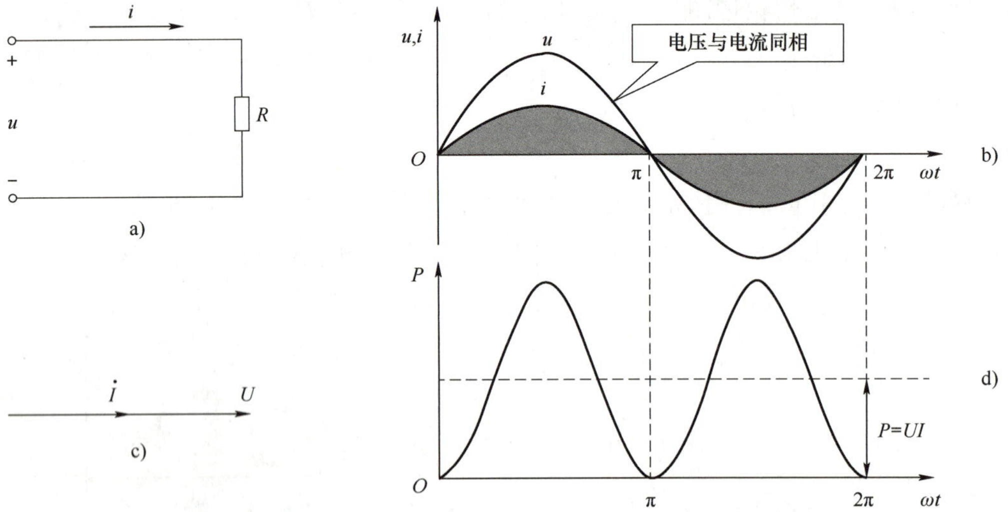

图 1-54　纯电阻电路及电压和电流波形、相量图、功率波形

a) 纯电阻元件的交流电路　b) 电压和电流波形　c) 相量图　d) 功率波形

(2) 电路的功率　在任意时刻，电阻元件中电流瞬时值与电阻端电压瞬时值的乘积，被称为电阻消耗的瞬时功率，用 p_R表示，即

$$\begin{aligned}p_R&=u_Ri_R=U_{Rm}\sin\omega tI_{Rm}\sin\omega t\\&=U_{Rm}I_{Rm}\sin^2\omega t\\&=\sqrt{2}U_R\sqrt{2}I_R\frac{1-\cos2\omega t}{2}\end{aligned}$$

瞬时功率 p_R随时间变化的规律如图 1-54d 所示。由于电流和电压同相，因此两者之积 p_R在

任意时刻的数值都大于或等于零，这说明电阻是一种耗能元件。

在一般情况下，很少在意交流电路中电阻的瞬时功率，而是关注电阻的额定功率。在纯电阻交流电路中，电阻消耗的瞬时功率在一个周期内的平均值被称为平均功率，用 P_R 表示，单位是 W。用公式表示为

$$P_R = U_R I_R = I_R^2 R = U_R^2 / R$$

由上式可以看出，平均功率 P_R 的计算与直流电路相同。通常，交流电气设备铭牌上标示的额定功率就是平均功率，平均功率也称为有功功率。所谓有功，实际上指的是在能量转换过程中电阻元件上消耗的能量。

【例题 1-18】　将一个阻值为 1210Ω 的灯泡接到电压 $u=220\sqrt{2}\sin(\omega t+30°)$ 的电源上。求：

1）通过灯泡的电流为多少？写出电流的解析式。

2）灯泡消耗的功率为多少？

解：

由 $u=220\sqrt{2}\sin(\omega t+30°)$ 可知，电源电压有效值 $U=220\text{V}$，初相 $\varphi_0=30°$。

通过灯泡的电流有效值为

$$I_R = \frac{U_R}{R} = \frac{220}{1210}\text{A} = 0.182\text{A}$$

因此，灯泡电流的解析式为

$$i_R = 0.182\sqrt{2}\sin(\omega t+30°)$$

灯泡消耗的功率为

$$P_R = U_R I_R = 220 \times 0.182\text{W} \approx 40\text{W}$$

2. 纯电感电路

纯电感电路是指只含有电感线圈的负载电路，如图 1-55a 所示。纯电感电路是理想电路，实际的电感线圈都有一定的阻值，当阻值很小时，电感线圈电路可看作纯电感电路。

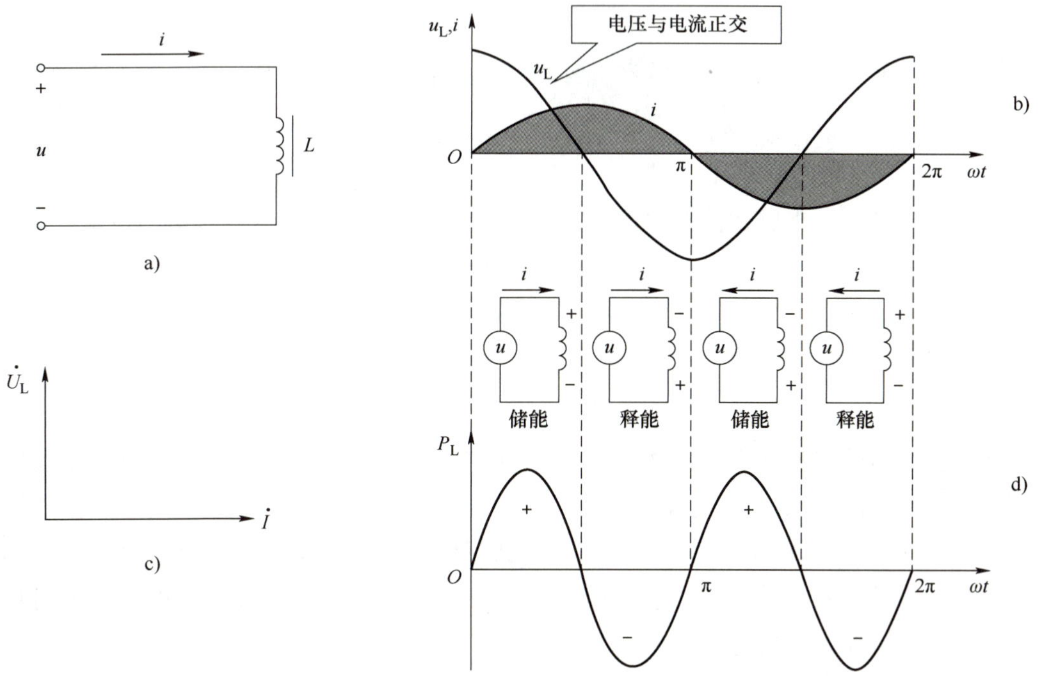

图 1-55　纯电感电路及电压和电流波形、相量图、功率波形

a）纯电感电路　b）电压和电流波形　c）相量图　d）功率波形

(1) 感抗　当交流电通过电感线圈时，电流时刻在变。变化的电流产生变化的磁场，电感线圈中必然产生自感电动势阻碍电流的变化，这样就形成了电感对电流的阻碍作用。把电感对交流电的阻碍作用称为电感的电抗，简称感抗，用符号 X_L 表示，单位是 Ω。

理论和实验证明：电感器感抗的大小与所加信号的频率成正比，与线圈的电感成正比，用公式表示为

$$X_L = \omega L = 2\pi f L$$

式中　X_L——电感的感抗，单位为 Ω；

f——交流电源的频率，单位为 Hz；

L——线圈的电感，单位为 H。

电感对交流电的阻碍作用可以简单地概括为通直流、阻交流，通低频、阻高频，因此电感也被称为低通元件。

(2) 电流与电压的关系　理论分析证明：在纯电感正弦交流电路中，电压超前于电流 90°，或者说电流滞后于电压 90°，即 $\Delta\varphi_{ui} = 90°$。电压与电流的波形如图 1-55b 所示。电感元件上电压和电流的上述关系还可以用图 1-55c 所示的相量图表示。

在图 1-55a 所示的纯电感交流电路中，设加在电感 L 两端的交流电电压解析式为

$$u_L = U_{Lm}\sin(\omega t + 90°)$$

则通过电感 L 的电流为

$$i_L = I_{Lm}\sin\omega t$$

在纯电感交流电路中，电流与电压成正比，与感抗成反比，即

$$I_L = \frac{U_L}{X_L}$$

这就是纯电感交流电路欧姆定律的表达式。

提示

感抗 X_L 只是电压与电流最大值或有效值的比值 $\left(X_L = \frac{U_L}{I_L} \text{或} X_L = \frac{U_{Lm}}{I_{Lm}}\right)$，而不是电压与电流瞬时值的比值，即 $X_L \neq u/i$，这是因为 u 与 i 不同相。

(3) 电路的功率　电感元件上的瞬时功率等于电压瞬时值与电流瞬时值的乘积，即

$$\begin{aligned} P_L = u_L i_L &= U_{Lm}\sin(\omega t + 90°) I_{Lm}\sin\omega t \\ &= U_{Lm} I_{Lm}\cos\omega t\sin\omega t \\ &= \sqrt{2}U_L \times \sqrt{2}I_L\cos\omega t\sin\omega t \\ &= U_L I_L \sin 2\omega t \end{aligned}$$

显然，电感的瞬时功率是以 2 倍于电压（或电流）的频率关系按正弦规率变化的，如图 1-55d 所示。由图可见，交流电第一、三个 1/4 周期的电压与电流方向关联，瞬时功率 P_L 为正值，说明电感从电源吸收的能量转换为磁场能储存起来。第二、四个 1/4 周期的电压与电流方向非关联，瞬时功率 P_L 为负值，说明电感又将磁场能转换为电能回馈给电源，瞬时功率在一个周期内吸收与释放的能量相等。

由上述可知，纯电感交流电路不消耗能量（有功功率为零），说明电感是一种储能元件。通常用瞬时功率的最大值来反映电感与电源之间能量转换的规模，用 Q_L 表示，即无功功率

$$Q_L=U_LI_L=I_L^2X_L=\frac{U_L^2}{X_L}$$

为了区别于有功功率，无功功率单位用乏（W）计量。

提示

无功功率并不是“无用功率”，“无功”两字的实质是指元件间发生了能量的互逆转换，而元件本身没有消耗电能。实际上，许多具有电感性质的电动机和变压器等设备都是根据电磁转换原理利用“无功功率”工作的。

【例题 1-19】　已知某线圈的电感量 $L=0.127\text{H}$，不计元件的内阻。

1）若将它接在 120V/50Hz 的交流电上，试求流过线圈电流的有效值和无功功率。

2）若将它接在 120V/400Hz 的交流电上，试求流过线圈电流的有效值和无功功率。

解：

由于两种交流电源的电压不变，只是频率改变，故设电源电压为 U_L。

先求线圈接在 50Hz 电源上的感抗 X_{L1} 为

$$X_{L1}=2\pi f_1L=6.28\times50\times0.127\Omega\approx40\Omega$$

则流过线圈的电流 I_{L1} 为

$$I_{L1}=\frac{U_L}{X_{L1}}=\frac{120}{40}\text{A}=3\text{A}$$

线圈电感的无功功率 Q_{L1} 为

$$Q_{L1}=U_LI_{L1}=120\times3\text{W}=360\text{W}$$

同理，有

$$X_{L2}=2\pi f_2L=6.28\times400\times0.127\Omega\approx319\Omega$$

$$L_{L2}=\frac{U_L}{X_{L2}}=\frac{120}{320}\text{A}=0.375\text{A}$$

$$Q_{L2}=U_LI_{L2}=120\times0.375\text{W}=45\text{W}$$

由此可见，电源频率增高，感抗增大，流过线圈的电流和无功功率都相应减小。

3. 纯电容电路

纯电容电路是只有电容负载的电路，如图 1-56a 所示。

（1）容抗　交流电通过电容时，电流时刻在变，电源和电容器之间不断地充电和放电，电容器也会对交流电有阻碍作用。把电容器对交流电的阻碍作用称为电容的容抗，简称容抗，用符号 X_C 表示，单位是 Ω。

理论和实验证明：电容器容抗的大小与所加信号的频率成反比，与电容的容量成反比，用公式表示为

$$X_C=\frac{1}{\omega C}=\frac{1}{2\pi fC}$$

式中　X_C——电容器的容抗，单位为 Ω；

f——交流电源的频率，单位为 Hz；

C——电容器的电容，单位为 F。

电容对交流电的阻碍作用可以简单地概括为阻直流、通交流，阻低频、通高频，因此电容也被称为高通元件。

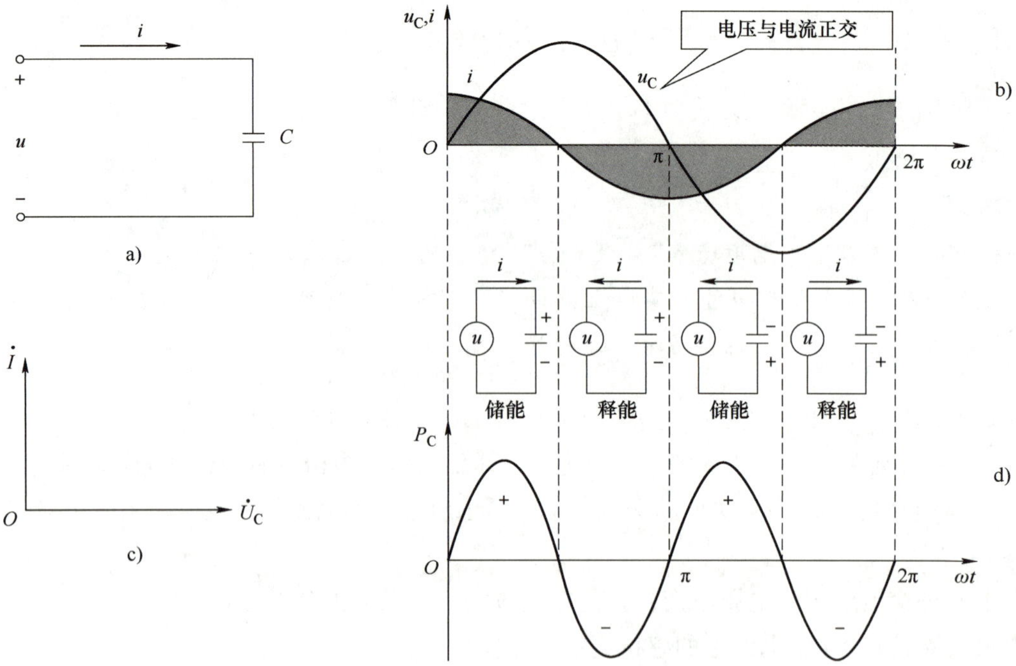

图 1-56 纯电容电路及电压和电流波形、相量图、功率波形

a）纯电容电路 b）电压和电流波形 c）相量图 d）功率波形

(2) 电流与电压的关系 理论分析证明：在纯电容正弦交流电路中，电流超前于电压 90°，或者说电压滞后于电流 90°，即 $\Delta\varphi_{iu}=90°$。电压与电流的波形如图 1-56b 所示，电容元件上电压和电流的关系还可以用图 1-56c 所示的相量图表示。

在图 1-56a 所示的纯电容交流电路中，设加在电容 C 两端的交流电压解析式为

$$u_C=U_{Cm}\sin\omega t$$

则通过电容 C 的电流为

$$i_C=I_{Cm}\sin(\omega t+90°)$$

在纯电容交流电路中，电流与电压成正比，与容抗成反比，即

$$I_C=\frac{U_C}{X_C}$$

这就是纯电容交流电路欧姆定律的表达式。

提示

容抗 X_C 只是电压与电流最大值或有效值的比值$\left(X_C=\frac{U_C}{I_C}\text{或}X_C=\frac{U_{Cm}}{I_{Cm}}\right)$，而不是电压与电流瞬时值的比值，即 $X_C=\frac{u}{i}$，这是因为 u 与 i 不同相。

(3) 电路的功率 电容元件上的瞬时功率等于电压瞬时值与电流瞬时值的乘积，即

$$\begin{aligned}P_C&=u_Ci_C=U_{Cm}\sin\omega tI_{Cm}\sin(\omega t+90°)\\&=U_{Cm}I_{Cm}\sin\omega t\cos\omega t\\&=\sqrt{2}U_C\times\sqrt{2}I_C\sin\omega t\cos\omega t\\&=U_CI_C\sin2\omega t\end{aligned}$$

显然，电容的瞬时功率是以 2 倍于电压（或电流）的频率关系按正弦规率变化的，如

图 1-56d所示。由图可见，交流电第一、三个 1/4 周期的电压、电流方向关联，瞬时功率 P_C 为正值，说明电容在这两段时间内吸收电能，并将吸收的能量转换为电场能储存在元件中。第二、四个 1/4 周期的电压、电流方向非关联，瞬时功率 P_C 为负值，说明电容在这两段时间内释放电场能，并将释放的能量转换为电能回馈给电源。瞬时功率在一个周期内吸收与释放的能量相等。

由前面可知，纯电容交流电路不消耗能量（有功功率为零），说明电容是一种储能元件。电容的无功功率用 Q_C 表示，即

$$Q_C = U_C I_C = I_C^2 X_C = \frac{U_C^2}{X_C}$$

【例题 1-20】　已知某电容器的电容量 $C=159\mu F$，不计元件的内阻。

1）若将它接在 120V/50Hz 的交流电上，试求流过电容器电流的有效值和无功功率。

2）若将它接在 120V/400Hz 的交流电上，试求流过电容器电流的有效值和无功功率。

解：

由于两种交流电源的电压不变，只是频率改变，故设电源电压为 U_C。

先求电容器接在 50Hz 电源上的容抗 X_{C1} 为

$$X_{C1} = \frac{1}{2\pi f_1 C} = \frac{10^6}{6.28\times50\times159}\Omega \approx 20\Omega$$

则流过电容器的电流 I_{C1} 为

$$I_{C1} = \frac{U_C}{X_{C1}} = \frac{120}{20}A = 6A$$

电容器的无功功率 Q_{C1} 为

$$Q_{C1} = U_C I_{C1} = 120\times6W = 720W$$

同理，有

$$X_{C2} = \frac{1}{2\pi f_2 C} = \frac{10^6}{6.28\times400\times159}\Omega \approx 2.5\Omega$$

$$I_{C2} = \frac{U_C}{X_{C2}} = \frac{120}{2.5}A = 48A$$

$$Q_{C2} = U_C I_{C2} = 120\times48W = 5760W$$

由此可见，电源频率增高，容抗减小，流过电容器的电流和无功功率都相应增大。

四、RLC 串联电路

1. RLC 串联电路的计算

由电阻、电感和电容串联组成的电路称为 RLC 串联电路，如图 1-57所示。

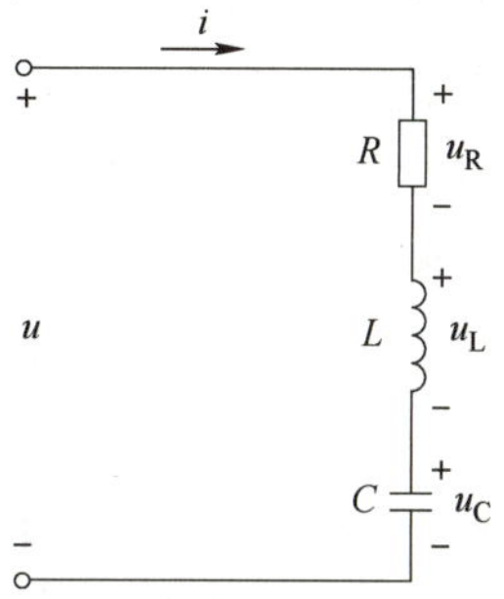

图 1-57　RLC 串联电路

u 为正弦交流电压。这 3 个元件流过同一电流 i，电流与各元件电压参考方向如图 1-57 所示。

设电流的解析式为

$$i = I_m \sin\omega t$$

则电阻、电感和电容两端的电压分别为

$$u_R = RI_m \sin\omega t$$

$$u_L = X_L I_m \sin\left(\omega t + \frac{\pi}{2}\right)$$

$$u_C = X_C I_m \sin\left(\omega t - \frac{\pi}{2}\right)$$

电路总电压的瞬时值等于各个元件上电压瞬时值之和，即

$$u = u_L + u_C + u_R$$

以电流$\dot{I}$为参考相量（想一想：为什么?）做出 RLC 串联交流电路的相量图，如图 1-58 所示。

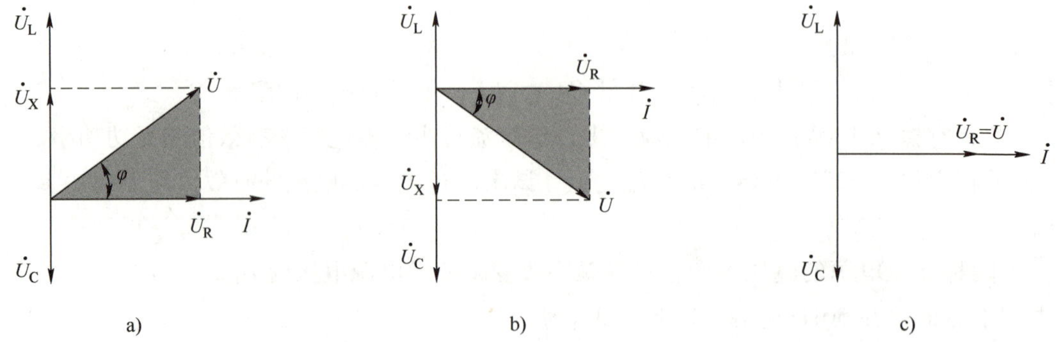

图 1-58 RLC 串联交流电路的相量图

a）$U_L>U_C$ b）$U_L<U_C$ c）$U_L=U_C$

由图 1-58 可以看出，电路的总电压与各个分电压构成直角三角形，这个直角三角形被称为电压三角形。假设感抗大于容抗，电压三角形可得总电压和分电压之间的关系为

$$U=\sqrt{U_R^2+(U_L-U_C)^2}$$

总电压与电流的相位差 φ，即阻抗角为

$$\varphi = \arctan\frac{U_L-U_C}{U_R}$$

由上式可知

$$U=\sqrt{U_R^2+(U_L-U_C)^2}=\sqrt{(IR)^2+[I(X_L-X_C)]^2}=I\sqrt{R^2+(X_L-X_C)^2}=I|Z|$$

即 RLC 串联电路的电压与电流数量关系为

$$I=\frac{U}{|Z|}$$

其中，$|Z|$为阻抗模，其大小为

$$|Z|=\sqrt{R^2+(X_L-X_C)^2}=\sqrt{R^2+X^2}$$

其中，$X=X_L-X_C$称为电抗，是电感和电容共同作用的结果；$Z=\sqrt{R^2+X^2}$ 被称为交流电路阻抗，是电阻和电抗共同作用的结果。电抗和阻抗的单位都是 Ω。

阻抗角为

$$\varphi = \arctan\frac{X_L-X_C}{R}$$

2. RLC 串联电路的性质

把电压三角形各边同时除以电流 I，可得到由阻抗 Z、电阻 R 和电抗 X 构成的直角三角形，称其为阻抗三角形，如图 1-59 所示。

阻抗三角形的 φ 被称为阻抗角。阻抗角的大小取决于电路参数 R、L、C 及电源频率 f。电抗 X 决定电路的性质。

1）当 $X_L>X_C(U_L>U_C)$ 时，$\varphi>0°$，此时电压超前于电流 φ 角，电路呈感性，如图 1-58a 所示。

2）当 $X_L<X_C(U_L<U_C)$ 时，$\varphi<0°$，此时电压滞后于电流 φ 角，电路呈容性，如图 1-58b 所示。

3）当 $X_L=X_C(U_L=U_C)$ 时，$\varphi=0°$，此时电压与电流同相，电路呈阻性，如图 1-58c 所示，电路的总阻抗最小，这种状态被称为串联谐振。

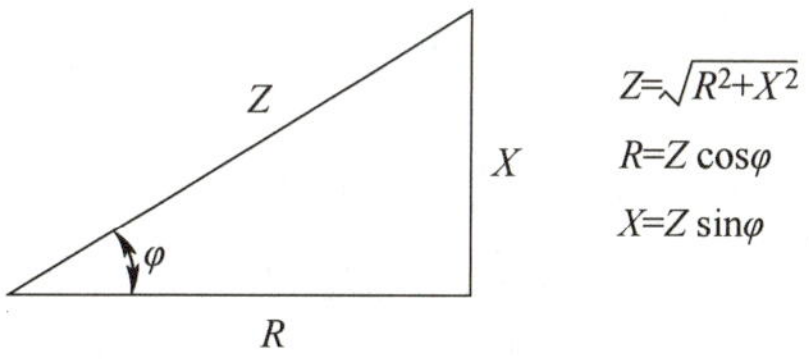

图 1-59　阻抗三角形

五、RLC 并联电路

如图 1-60 所示，将电阻、电感、电容并联构成了 RLC 并联电路。

在图 1-60 中，加在各元件的电压相同，电感的电流滞后电压 90°，电容的电流超前电压 90°，电阻的电流与电压同相位。以电压为参考相量，$u=\sqrt{2}U\sin\omega t$，可画出电压与电流的相量图，如图 1-61 所示。

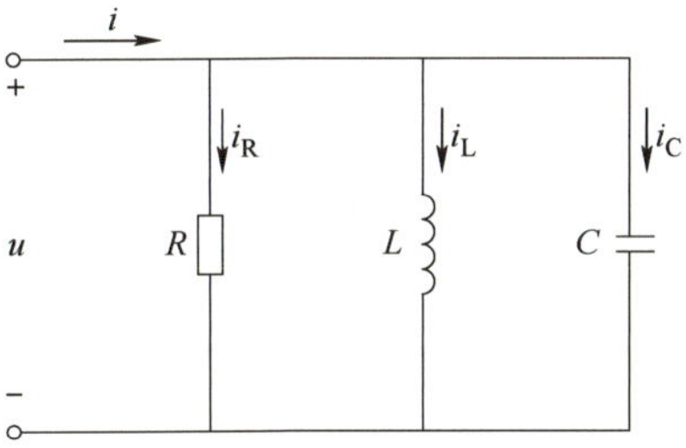

图 1-60　RLC 并联电路

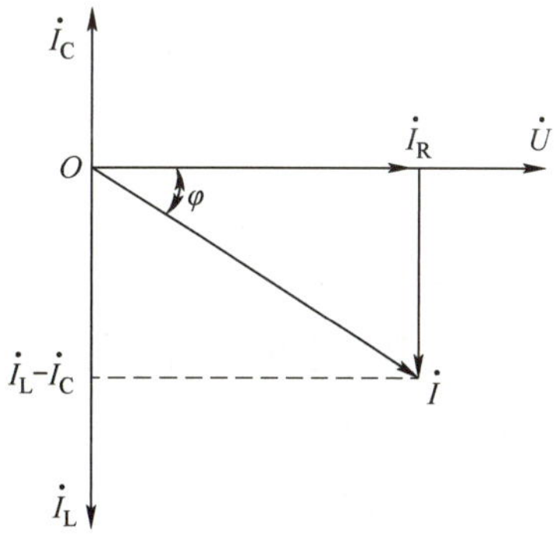

图 1-61　RLC 并联电路相量图

假设感抗大于容抗，根据相量相加的平行四边形法则，可以得到总电流 I 与各元件电流的数量关系为

$$I=\sqrt{I_R^2+(I_L-I_C)^2}$$

端电压和电流间的相位差，即阻抗角为

$$\varphi=\arctan\frac{I_L-I_C}{I_R}$$

在 RLC 并联电路中，各元件的端电压是相等的，电阻的电流和电压同相位，电感端电压超前电流 90°，电容端电压滞后电流 90°（电感的电流和电容的电流反相），因此，端电压和总电流间的相位关系就由 I_L 和 I_C 的大小（即 X_L 和 X_C 的大小）来确定，根据

$$\varphi=\arctan\frac{I_L-I_C}{I_R}=\arctan\frac{\frac{1}{X_L}-\frac{1}{X_C}}{\frac{1}{R}}$$

将电路性质分成以下 3 类：

1）$X_L<X_C$ 时，$\varphi>0°$，电压超前电流，电路呈感性。

2）$X_L>X_C$ 时，$\varphi<0°$，电压滞后电流，电路呈容性。

3）$X_L=X_C$ 时，$\varphi=0°$，电压与电流同相，电路呈阻性，此时电路处于并联谐振状态。

六、RLC 串、并联电路的谐振

在具有电阻 R、电感 L 和电容 C 元件的交流电路中，若电路两端的电压与电流同相，此时整个电路呈现为纯电阻性，这种现象称为谐振。谐振时电路中的有功功率和视在功率相等，无功功率为零。按电路连接方式的不同，有串联谐振和并联谐振两种。

1. RLC 串联谐振

串联谐振时，容抗 X_C 与感抗 X_L 相等，即 $X_C=X_L$，此时电路的阻抗最小，$|Z|=R$ 电路呈阻性；而此时电压一定，故电路中的谐振电流最大，即

$$I_0=\frac{U}{Z}=\frac{U}{R}$$

最大；谐振时电感和电容的端电压等值异号，均等于总电压的 Q 倍，因此串联谐振又称为电压谐振。此时电源只提供能量给电阻元件消耗，电感、电容吸收等值异号的无功功率，能量恰好能够完全相互转换，使电路吸收的无功功率为零。此时谐振频率为

$$f_0=\frac{1}{2\pi\sqrt{LC}}$$

式中 L——电感，单位为 H；

C——电容，单位为 F；

f_0——谐振频率。

RLC 串联电路发生串联谐振时具有以下几个特点：

1）电路的总阻抗最小，等于 R，电流达到最大。

2）电路对电源呈阻性。

3）$U_L=U_C$ 且相位相反，相互抵消。

4）有功功率 $P=U_RI=UI$，而无功功率 $Q=0$。

RLC 串联电路谐振时，电感与电容上的电压大小相等、相位相反，其数值是电源电压的 Q 倍，因此串联谐振也被称为电压谐振。通常把 U_L 或 U_C 与电源（或信号源）电压 U 的比值称为品质因数，用 Q 表示，即

$$Q=\frac{U_L}{U}=\frac{X_L}{R} \text{或} Q=\frac{U_C}{U}=\frac{X_C}{R}$$

Q 值越大，表明串联谐振时电感和电容两端的电压越高，甚至会远远大于电源（或信号源）的电压。在电子技术中，由于外来信号微弱，因此常常利用串联谐振来获得一个与信号源频率相同、振荡幅度大很多倍的电压，这就是串联谐振的选频作用。

【例题 1-21】 已知在某 LC 串联电路中，电感为 $L=1\text{mH}$，电容为 $1000\mu\text{F}$，求串联谐振频率为多少？

解：

由公式 $f_0=\dfrac{1}{2\pi\sqrt{LC}}$，得

$$f_0=\frac{1}{2\pi\sqrt{LC}}=\frac{1}{2\times3.14\sqrt{10^{-3}\times1000\times10^{-6}}}\text{Hz}\approx159\text{Hz}$$

2. RLC 并联谐振

并联谐振时，容抗 X_C 与感抗 X_L 相等，即 $X_C=X_L$，所以谐振时电路的复阻抗 $Z=R$，为电阻

性，其值最大；而此时电压一定，故电路中的谐振电流最小，即

$$I_0=\frac{U}{Z}=\frac{U}{R}$$

最小；谐振时电感和电容的电流等值异号，均等于总电流的 Q 倍，因此并联谐振又称为电流谐振。此时电源只提供能量给电阻元件消耗，电感、电容吸收等值异号的无功功率，能量恰好能够完全相互转换，使电路吸收的无功功率为零。此时谐振频率为

$$f_0\approx\frac{1}{2\pi\sqrt{LC}}$$

并联谐振电路与串联谐振电路近似相等，具有以下几个特点：

1）电路的总阻抗最大，电流为最小值。

2）电路对电源呈阻性。

3）电感和电容的电流近似相等（$I_L\approx I_C$），且远大于总电流。

4）有功功率 $P=U_RI=UI$，而无功功率 $Q=0$。

RL 与 C 并联电路谐振时，电感与电容的电流大小近似相等，其数值是电源电流的 Q 倍，因此并联谐振也被称为电流谐振。通常把 I_L或 I_C与电源电流 I 的比值称为品质因数，用 Q 表示，即

$$Q=\frac{I_L}{I}=\frac{X_L}{R}\text{或 }Q=\frac{I_C}{I}=\frac{X_C}{R}$$

Q 值越大，表明并联谐振时电感和电容支路的电流越大，甚至会远远大于电源（或信号源）的电流。

七、交流电路的功率及功率因数的提高

1. 有功功率、无功功率、视在功率和功率因数

将电压三角形的三边乘上 I，可得

$$UI=\sqrt{(IU_R)^2+(IU_L-IU_C)^2}$$

设

$$S=UI$$

则

$$S=\sqrt{P^2+(Q_L-Q_C)^2}=\sqrt{P^2+Q^2}$$

把 S 称为交流电路的视在功率，视在功率表示电源提供的总功率（包括有功功率和无功功率），单位为伏·安（V·A）。它不代表电路中消耗的功率，表示电源设备的容量。视在功率 S、有功功率 P、无功功率 Q 构成的直角三角形被称为功率三角形，如图 1-62 所示。

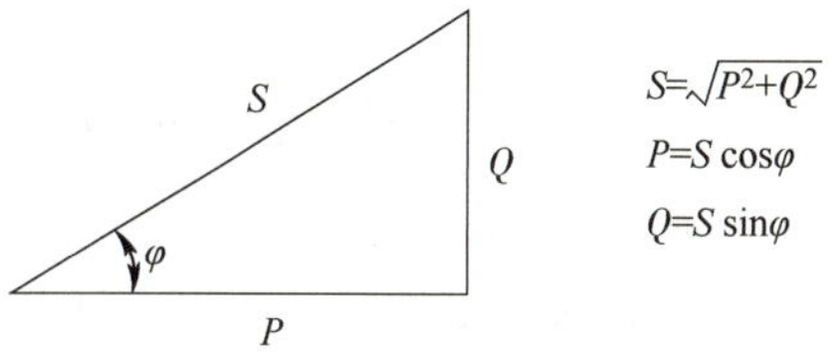

图 1-62　功率三角形

交流电的有功功率 P 为

$$P=UI\cos\varphi$$

交流电的无功功率 q 为

$$q=UI\sin\varphi$$

在 RLC 串联电路中，既有耗能元件电阻，又有储能元件电感和电容。因此，电源提供的总功率只有一部分被电阻消耗（有功功率），另一部分被电感和电容与电源交换（无功功率）。有功功率与视在功率的比值被称为功率因数，即

$$\cos\varphi = \frac{P}{S}$$

功率因数还可表示为

$$\cos\varphi = \frac{U_R}{U} \text{或} \cos\varphi = \frac{R}{Z}$$

功率因数是高压供电系统的重要运行指标之一，表示电源被利用的程度。

【例题 1-22】 某 RLC 串联电路，当接入 50Hz/50V 正弦交流电时，$R=4\Omega$，$X_L=5\Omega$，$X_C=2\Omega$。求：1）电路的总阻抗和电流有效值。

2）各元件的压降。

3）画出电压和电流相量图，此时电路呈何种属性。

4）电路的有功功率、无功功率、视在功率及功率因数。

5）当接入 400Hz/50V 正弦交流电时，电路的总阻抗和电流。

解：

1）由总阻抗 $Z=\sqrt{R^2+(X_L-X_C)^2}$ 可得

$$Z=\sqrt{R^2+(X_L-X_C)^2}=\sqrt{4^2+(5-2)^2}\,\Omega=5\Omega$$

因此有

$$I=\frac{U}{Z}=\frac{50}{5}\text{A}=10\text{A}$$

2）电阻的压降为

$$U_R=IR=10\times4\text{V}=40\text{V}$$

电感的压降为

$$U_L=IX_L=10\times5\text{V}=50\text{V}$$

电容的压降为

$$U_C=IX_C=10\times2\text{V}=20\text{V}$$

3）由于 U_L、U_C 和 U_R 的相位不同，因此 $U\neq U_L+U_C+U_R$。

电压和电流相量图如图 1-63 所示。

显然，此时电路呈感性。

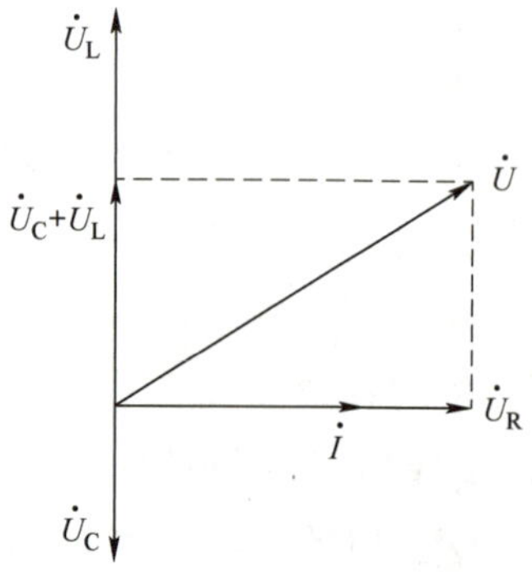

图 1-63 例题 1-22 图

4）有功功率为

$$P=U_RI=40\times10\text{W}=400\text{W}$$

无功功率为

$$Q=Q_L-Q_C=(U_L-U_C)I=(50-20)\times10\text{W}=300\text{W}$$

视在功率为

$$S=\sqrt{P^2+Q^2}=\sqrt{400^2+300^2}\text{V}\cdot\text{A}=500\text{V}\cdot\text{A}$$

功率因数为

$$\cos\varphi=P/S=400/500=0.8$$

5）已知 $f=50\text{Hz}$ 时，$X_L=5\Omega$，$X_C=2\Omega$，若接入 400Hz/50V 正弦交流电，即电源频率增大到原来的 8 倍，由于 $X_L=\omega L$，$X_L=\frac{1}{\omega C}$，则

感抗为

$$X'_L=8X_L=5\times8\Omega=40\Omega$$

容抗为

$$X'_C=\frac{X_C}{8}=\frac{2}{8}\Omega=0.25\Omega$$

因此，电路的总阻抗为

$$Z'=\sqrt{R^2+(X'_L-X'_C)^2}=\sqrt{4^2+(40-0.25)^2}\ \Omega\approx40\Omega$$

电路中的电流为

$$I'=\frac{U}{Z'}=\frac{50}{40}\text{A}=1.25\text{A}$$

2. 功率因数的提高

功率因数过低会造成供电设备的容量得不到充分利用。在供电设备的容量（即视在功率）S 一定的情况下，由 $P=S\cos\varphi$ 可知，$\cos\varphi$ 越低，有功功率 P 越小，设备的容量越得不到充分利用。例如，某大型电网所带负载的功率因数过低，若不设法提高负载的功率因数，解决的方法只有增加发电设备容量，建造更大的发电厂，显然这不是有效的方法。

功率因数过低还会增加供电设备和输电电路的功率损耗。电源设备的视在功率 $S=UI$ 代入 $P=S\cos\varphi$ 可得

$$P=UI\cos\varphi$$

即

$$I=\frac{P}{U\cos\varphi}$$

在负载消耗有功功率 P 和电压 U 一定的情况下，功率因数 $\cos\varphi$ 越低，供电电路电流 I 越大。电流 I 增大的部分是由于无功功率增大与电源交换能量的电流分量，使供电设备和输电电路的功率损耗增大，这部分功率将以热能的形式散发掉，而得不到利用。

由于日常生活和生产用电设备中，属于电感性负载占很大比例，所以提高它们的功率因数就显得十分必要。提高功率因数常用的方法是给感性负载并联上合适的电容器，利用电容器的无功功率和电感所需无功功率相互补偿，以达到提高功率因数的目的。

由于纯电感只消耗无功功率，而电阻性负载消耗有功功率，所以在电感性负载交流电路中，衡量电能转化成有功功率的程度用功率因数 $\cos\varphi$ 来表示。功率因数 $\cos\varphi$ 是供电系统的重要技术指标。无功功率表面上看是电感与电源之间相互交换的，不损耗功率，但电感在吞吐无功功率过程中的电流在电路电阻上会引起相应的损耗，因而降低无功功率（或提高功率因数）仍是提高效率的重要方法。对电感性负载并联适当的电容可以提高功率因数，以提高电源设备的利用率，减少电路损耗。

八、非正弦周期电路

前面讨论的交流电压和电流都是按正弦规律变化的。但在实际中，还经常遇到不按正弦规律做周期性变化的电压或电流波形，如方波、三角波和锯齿波等，称为非正弦周期波。

非正弦周期波 $f(t)$ 一般可分解为

$$f_t=A_0+A_{1m}\sin(\omega t+\varphi_{01})+A_{2m}\sin(2\omega t+\varphi_{02})+\cdots+A_{km}\sin(k\omega t+\varphi_{0k})+\cdots$$

式中　A_0——不随时间变化，称为零次谐波（直流分量）；

$A_{1m}\sin(\omega t+\varphi_{01})$——频率与 $f(t)$ 的频率相同，称为基波或一次谐波（交流分量）；

$A_{2m}\sin(2\omega t+\varphi_{02})$——频率为 $f(t)$ 频率的二倍，称为二次谐波（交流分量）；

$A_{km}\sin(k\omega t+\varphi_{0k})$——频率为 $f(t)$ 频率的 k 倍，称为 k 次谐波（交流分量）。

当电网中的电压或电流波形不是理想的正弦波时，即说明其中含有频率高于50Hz的电压或电流成分，将频率高于50Hz的电压或电流成分称为谐波。当谐波频率为工频的整数倍时，称其为整数次谐波。

项目小结

1）电路是由电源、导线、开关和负载组成的闭合回路。由理想电路元件组成的电路称为实际电路的电路模型。

2）电路的基本物理量包括电流、电位、电压、电动势、电能和电功率。

3）电路有3种状态，分别是通路、开路和短路。

4）电阻元件是一种消耗电能的元件，它可分为线性电阻和非线性电阻。电感元件是一种能够储存磁场能量的元件。电容元件是一种能够储存电场能量的元件。

5）如果电路中有 n 个电阻顺序相接，中间没有分支，这样的连接形式称为电阻的串联，串联电路的特点是通过每个电阻的电流都相同，总电压等于各串联电阻的电压之和；如果电路中有 n 个电阻连接在两个公共点之间，这样的连接形式称为电阻的并联，并联电路的特点是每个电阻两端的电压都相等，总电流等于流过各个并联电阻的电流之和。

6）基尔霍夫电流定律的表述为：在任一瞬时，流入某一节点的电流之和应等于流出该节点的电流之和，或通过某一节点的电流的代数和恒等于零。

7）基尔霍夫电压定律的表述为：在任一瞬时，从电路中任一点出发，沿任一闭合路径绕行一周，在绕行方向上，电位降之和应等于电位升之和，或回路中各段电压的代数和恒等于零。

8）叠加定理是线性电路普遍适用的基本定理，它反映了线性电路的基本性质，其内容为：对于线性电路，任何一条支路中的电流，都可以看成是由电路中各个电源分别作用时，在此支路上所产生的电流的代数和。

9）正弦交流电的解析表达式（瞬时值表达式）为

$$u=U_{m}\sin(\omega t+\varphi) \text{ 或 } u=U_{m}\sin(2\pi f+\varphi)$$

10）正弦交流电的3要素为最大值（或有效值）、频率（或周期、角频率）和初相位。

周期为

$$T=\frac{1}{f}$$

角频率为

$$\omega=2\pi f$$

有效值为

$$\text{有效值}=\frac{1}{\sqrt{2}}\times\text{最大值}$$

平均值为

$$\text{平均值}=\frac{2}{\pi}\times\text{最大值}$$

11）单一元件交流电路有纯电阻、纯电感和纯电容电路，单一元件交流电路比较见表1-4。

表 1-4　单一元件交流电路比较

特性名称		纯电阻	纯电感	纯电容
阻抗特性	阻抗	电阻 R	感抗 $X_L=\omega L$ 感抗与频率成正比	容抗 $X_C=\dfrac{1}{\omega C}$ 容抗与频率成反比
	直流特性	呈现一定的阻碍作用	通直流（相当于短路）	隔直流（相当于开路）
	交流特性	呈现一定的阻碍作用	通低频，阻高频	通高频，阻低频
伏安特性	大小关系	$U_R=RI_R$	$U_L=X_LI_L$	$U_C=X_CI_C$
	相位关系（$\varphi_u-\varphi_i$）	$\Delta\varphi_{ui}=0°$	$\Delta\varphi_{ui}=90°$	$\Delta\varphi_{ui}=-90°$
功率		耗能元件，存在有用功率 $P_R=U_RI_R$	储能元件（$P_L=0$），存在无功功率 $Q_L=U_LI_L$	储能元件，（$P_C=0$）存在无功功率 $Q_C=U_CI_C$

12）RLC 串联电路比较见表 1-5。

表 1-5　RLC 串联电路比较

电路		RLC 串联电路			RL 串联电路	RC 串联电路
阻抗		$Z=\sqrt{R^2+(X_L-X_C)^2}$			$Z=\sqrt{R^2+X_L^2}$	$Z=\sqrt{R^2+X_C^2}$
电压与电流关系	数量关系	$I=U/Z$				
	相位关系	$\varphi=\arctan\dfrac{X_L-X_C}{R}$			$\varphi=\arctan\dfrac{X_L}{R}$	$\varphi=\arctan\dfrac{X_C}{R}$
	相量图	$X_L>X_C$	$X_L<X_C$	$X_L=X_C$	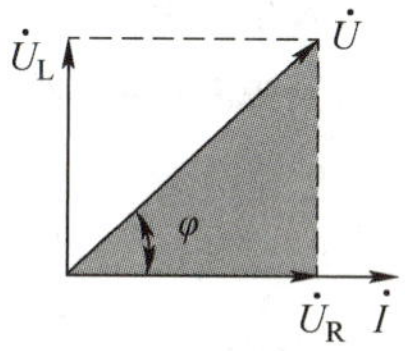	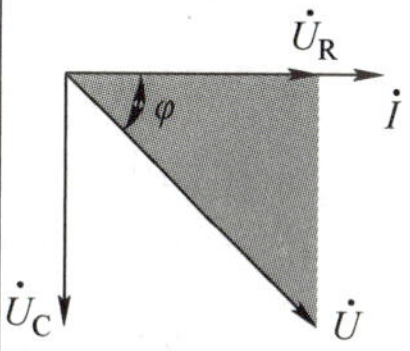
		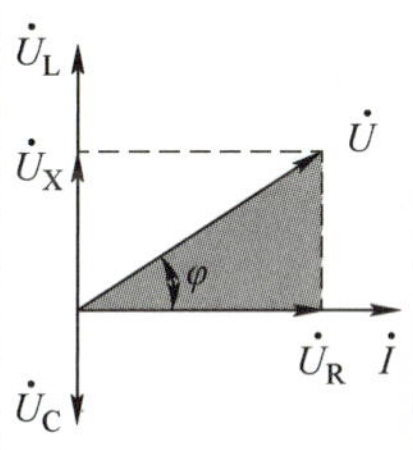	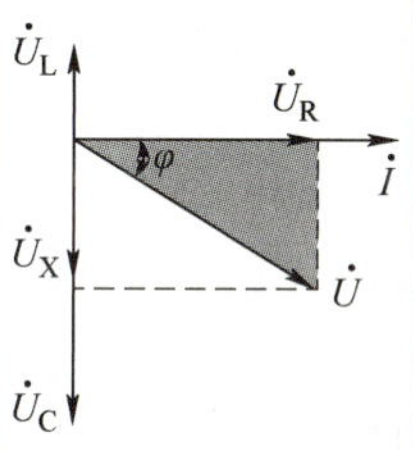	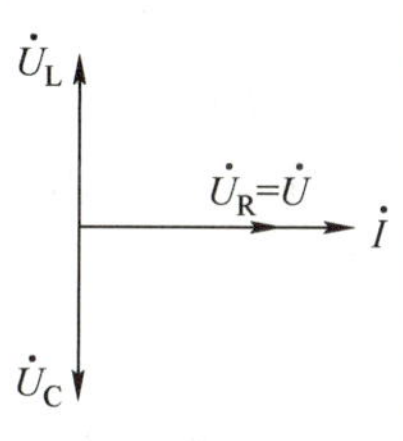		
		电压超前电流，电路呈感性	电压滞后电流，电路呈容性	电压与电流同相，电路呈阻性		

13）LC 串、并联电路发生谐振的特点见表 1-6。

谐振频率为

$$f_0\approx\frac{1}{2\pi\sqrt{LC}}$$

表 1-6　LC 串、并联电路发生谐振的特点

项目 / 分类	阻抗	电压或电流	品质因数
串联谐振	总阻抗最小，呈阻性	总电流最大	$Q=\dfrac{U_L}{U}=\dfrac{X_L}{R}$或 $Q=\dfrac{U_C}{U}=\dfrac{X_C}{R}$
并联谐振	总阻抗最大，呈阻性	总电流最小	$Q=\dfrac{I_L}{I}=\dfrac{X_L}{R}$或 $Q=\dfrac{I_C}{I}=\dfrac{X_C}{R}$

14）交流电流功率和功率因数见表 1-7。

表 1-7　交流电流功率和功率因数

电路		RLC 串联电路	RL 串联电路	RC 串联电路
功率	有功功率	$P=UI\cos\varphi$		
	无功功率	$Q=(U_L-U_C)I=UI\sin\varphi$	$Q=U_LI$	$Q=U_CI$
	视在功率	$S=UI=\sqrt{P^2+Q^2}$		
功率因数		$\cos\varphi=P/S=U_R/U=R/Z$		

思考与练习

一、填空题

1. 电荷的定向移动形成________。

2. 电路通常由________、________、________和________组成。

3. 已知 A 点的对地电位为 50V，B 点的对地电位为 20V，则 $U_{AB}=$________。

4. 电流沿电压降低的方向取向称为________方向，这种方向下计算的功率为正值时，说明元件________电能；电流沿电压升高的方向取向称为________方向，这种方向下计算的功率为正值时，说明元件________电能。

5. 线性电阻元件上的电压和电流的关系，任意瞬间都受________定律的约束；电路中各支路电流任意时刻均遵循________定律；回路上各电压之间的关系则受________定律的约束。

二、判断题

1. 电路分析中描述的电路都是实际中的应用电路。（　）
2. 电源内部的电流方向总是由电源负极流向电源正极。（　）
3. 电源的电动势的大小由电源本身的性质决定，与外电路无关。（　）
4. 实际电压源和电流源的内阻为零时，即为理想电压源和理想电流源。（　）
5. 电路中两点的电位都很高，这两点间的电压也一定很大。（　）
6. 大小和方向随时间变化的量被称为正弦量。（　）
7. 正弦量 $u_1=\sqrt{2}\sin(\omega t+30°)$ 与 $u_2=\sqrt{2}\sin(2\omega t+30°)$ 同相。（　）
8. 由于电阻元件通过的电流 i 和其两端的电压 u 在一个周期内的平均值为零，所以电流和电压瞬时值的乘积 $P=ui$ 也为零。（　）
9. 感抗是电感中自感电动势对交流电流的阻碍作用。（　）
10. 无功功率是表示电感元件与外电路进行能量交换的瞬时功率的最大值。（　）
11. RLC 串联交流电路功率因数的大小，由有功功率和视在功率决定。（　）
12. 串联谐振也被称为电压谐振，并联谐振也被称为电流谐振。（　）

三、选择题

1. 千瓦时（kW·h）是________的单位。

A. 电压　　B. 电能　　C. 电功率　　D. 电位

2. 电流源开路时，该电流源内部________。

A. 有电流，有功率损耗

B. 无电流，无功率损耗

C. 有电流，无功率损耗

3. 已知电路中 A 点的对地电位是 65V，B 点的对地电位是 35V，则 $U_{BA}=$________。

A. 100 V　　B. −30V　　C. 30V

4. 通常电路中的能耗元件是指________。

A. 电阻元件　　B. 电容元件

C. 电感元件　　D. 电源元件

5. 如图 1-64 所示，I=________。

A. 1A　　B. 2A　　C. −1A　　D. −2A

6. 某一正弦交流电波形如图 1-65 所示，其瞬时值表达式为（　　）。

A. $u=5\sin\left(\omega t-\frac{\pi}{4}\right)$　　B. $u=5\sin\left(\omega t+\frac{\pi}{4}\right)$

C. $u=5\sqrt{2}\sin\left(\omega t-\frac{\pi}{4}\right)$　　D. $u=5\sin\left(\omega t-\frac{\pi}{4}\right)$

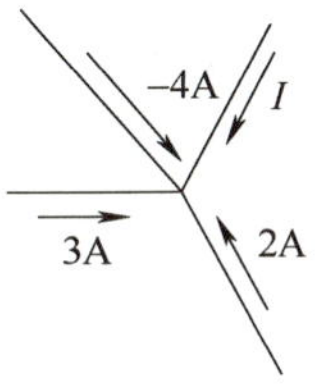

图 1-64　选择题 5 图

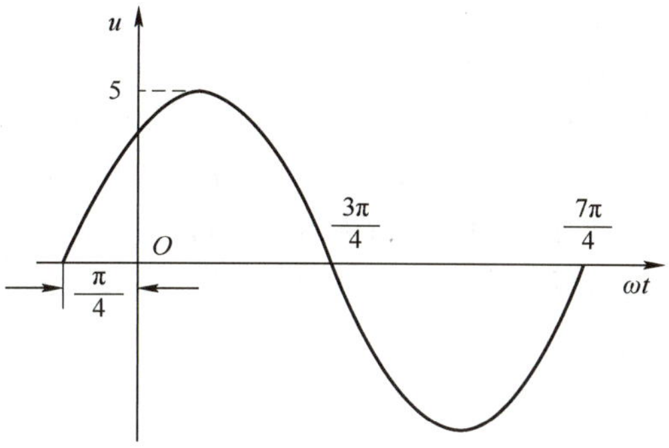

图 1-65　选择题 6 图

7. 已知正弦交流电路如图 1-66 所示。其中，$i_1=5\sqrt{2}\sin(\omega t)$，$i_2=5\sqrt{2}\sin(\omega t-90°)$，则总电流 i 等于（　　）。

A. $i=10\sin\left(\omega t-\frac{\pi}{4}\right)$　　B. $i=10\sqrt{2}\sin\left(\omega t-\frac{\pi}{4}\right)$

C. $i=10\sin\left(\omega t+\frac{\pi}{4}\right)$　　D. $i=10\sqrt{2}\sin\left(\omega t+\frac{\pi}{4}\right)$

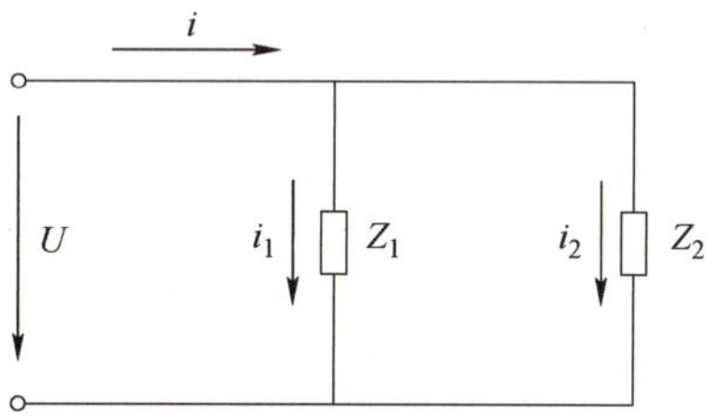

图 1-66　选择题 7 图

8. 若 $t=0$ 时，某电压的相量如图 1-67 所示，此时电压有效值为 10V，那么电压的解析式是（　　）。

A. $u=10\sin\left(\omega t+\frac{\pi}{4}\right)$　　B. $u=10\sin\left(\omega t-\frac{\pi}{4}\right)$

C. $u=10\sqrt{2}\sin\left(\omega t+\frac{\pi}{4}\right)$　　D. $u=10\sqrt{2}\sin\left(\omega t-\frac{\pi}{4}\right)$

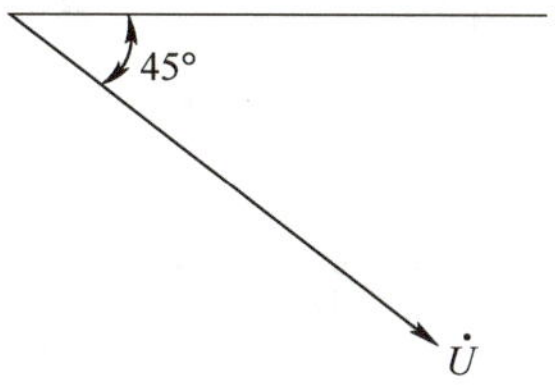

图 1-67　选择题 8 图

9. 在 RLC 串联正弦交流电路中，当电感短路，电路变成如图 1-68 所示。若 $U=15V$，$U_R=12V$，则 U_C等于（　　）。

A. 27V　　B. 15V　　C. 9V　　D. 8V

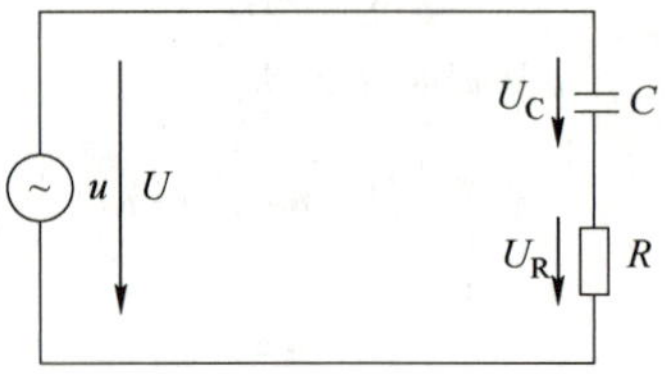

图 1-68　选择题 9 图

10. 在 RLC 串联正弦交流电路中，当电源频率由低到高变化时，下列正确的是（　　）。

A. 频率较低时，电路呈容性，随着频率的升高电路变为阻性，进而变为感性

B. 频率较低时，电路呈感性，随着频率的升高电路变为阻性，进而变为感性

C. 频率较低时，电路呈容性，随着频率的升高电路变为阻性，进而再变为容性

D. 频率较低时，电路呈感性，随着频率的升高电路变为阻性，进而再变为感性

11. 电路的视在功率表示的是（　　）。

A. 实际消耗的功率　　B. 设备的容量

C. 随时间交换的状况　　D. 做功情况

12. 在 RLC 串联正弦交流电路中，已知 $R=5\Omega$，$X_L=40\Omega$，$X_C=40\Omega$，总电压有效值为 100V，则电容两端的电压为（　　）。

A. 0　　B. 40V　　C. 100V　　D. 800V

四、计算题

1. 在图 1-69 所示电路中，已知电流 $I=10mA$，$I_1=6mA$，$R_1=3k\Omega$，$R_2=1k\Omega$，$R_3=2k\Omega$，求电流表 A_4 和 A_5 的读数是多少？

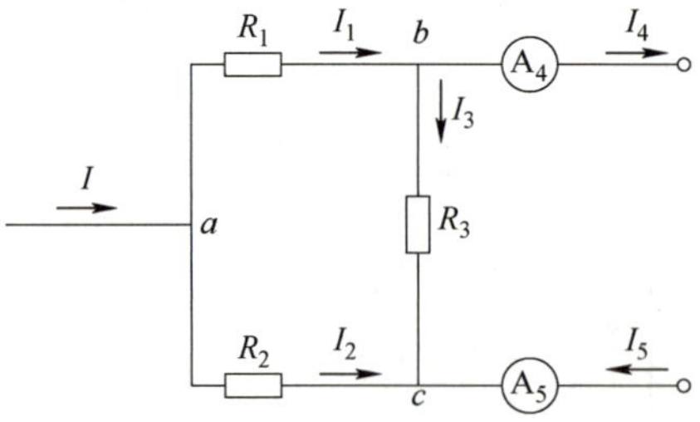

图 1-69　计算题 1 图

2. 在图 1-70 所示电路中，有几条支路？几个节点？U_{ab}和 I 各等于多少？

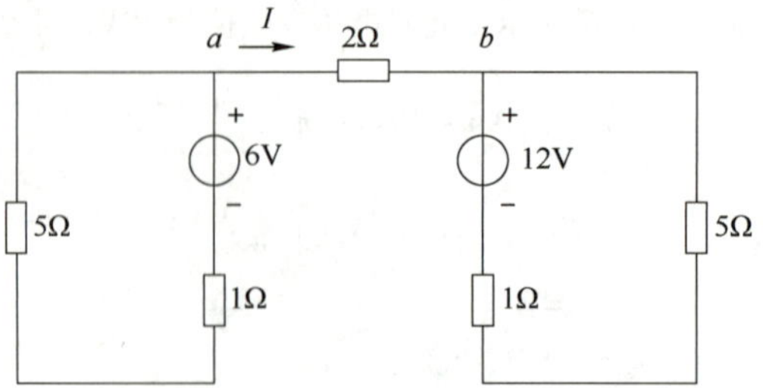

图 1-70　计算题 2 图

3. 分别用叠加定理和戴维南定理求解图 1-71 所示电路中的电流 I_3。设 $U_{S1}=30V$，$U_{S2}=40V$，$R_1=4\Omega$，$R_2=5\Omega$，$R_3=2\Omega$。

4. 某正弦电压波形如图 1-72 所示，试根据波形图写出该正弦电压的最大值、有效值、角频率、频率、周期、初相位和电压解析式。

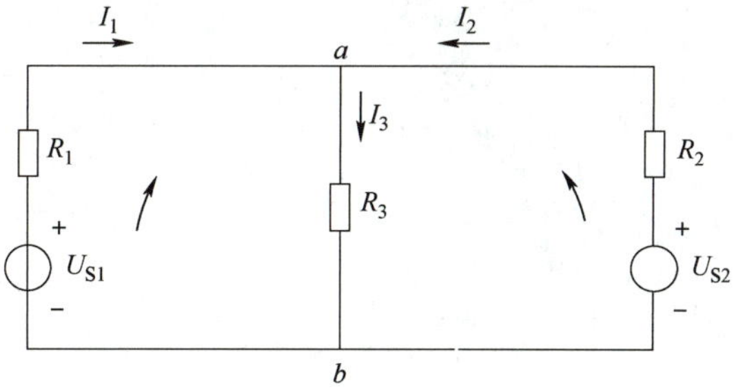

图 1-71　计算题 3 图

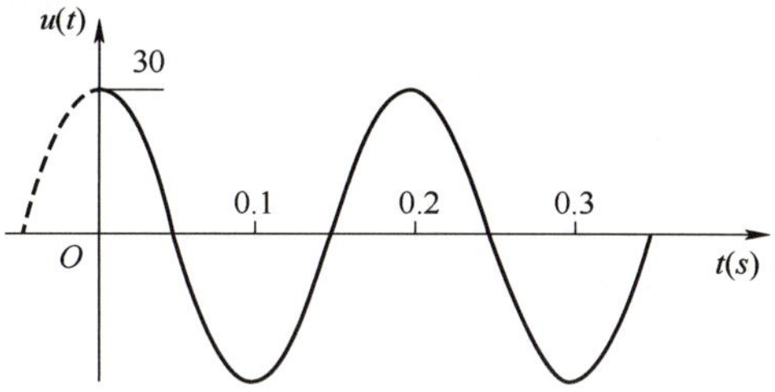

图 1-72　计算题 4 图

5. 标识“60W/220V”的灯泡接在 $u=220\sqrt{2}\sin(314t+60°)$ 电源上。

求：1）灯泡的电流。

2）写出电流的瞬时表达式。

3）画出电压和电流的相量图。

6. 将一纯电感器接入电压 $u=100\sqrt{2}\sin(314t+45°)$ 的交流电路上，用数字万用表交流档测得流过电感器的电流为 2A。

试求：1）电感的感抗 X_L。

2）电感器的电感量 L。

3）写出电流的瞬时表达式。

4）画出电压和电流的相量图。

7. 将某电容器接在 220V 的工频交流电源上，通过它的电流为 1.1A。

试求：1）电容器的容抗。

2）电容器的电容量。

3）无功功率。

项目二

电气控制知识的认知

学习目标

知识目标：

1. 熟悉三相电路电源和接线方式。
2. 了解三相负载的连接和三相电路的功率。
3. 熟悉磁路和互感的基本概念。
4. 掌握变压器的原理、三相异步电动机的机械结构与转动原理。
5. 了解三相异步电动机的运行和控制方法、三相异步电动机的选择与使用。

技能目标：

1. 掌握三相电路的连接与使用，能根据实际情况选用连接方式。
2. 理解变压器的原理，能合适地选用变压器。
3. 掌握三相异步电动机的原理与操作，能正确选择和使用三相异步电动机。

素养目标：

1. 培养认真负责、敢于求知的精神。
2. 具有对新知识、新技能的学习能力和创新能力。
3. 具有团队精神和组织协调能力。

学习重点：

1. 不同联结方式的对称三相电路。
2. 变压器的结构、基本原理及其应用。
3. 三相异步电动机的工作原理及其控制方法。

学习难点：

1. 三相对称负载的星形、三角形联结的特点。
2. 变压器的基本原理。
3. 三相异步电动机的结构及其应用。

项目引言

随着2018年6月13日我国自主研发的首列商用中速磁浮列车在株洲成功下线，最高运行时速在160~200km之间的中速磁浮成了市域铁路、市郊铁路以及城际铁路的一种全新选择，国内已有多个城市开始规划中速磁浮线路。然而，中速磁浮列车只是中速磁浮交通系统的一部分，其他子系统如第三轨受流系统，国内成功应用的工程案例最高仅为120km/h，现有技术无法与中速磁浮列车相匹配。

本项目主要学习三相电路的分析、变压器的原理及三相异步电动机的选择与使用。

任务一　认知三相电路

一、三相电源

为三相交流电路提供电能的装置是三相交流电源。

1. 对称三相电源

三相交流电是通过三相交流发电机获得的。三相交流发电机与单相交流发电机的结构相似，由定子和转子组成。定子有3个结构相同的绕组，3个绕组在定子的位置彼此相隔120°，3个绕组的始端分别以U_1、V_1、W_1来表示，末端分别以U_2、V_2、W_2来表示，如图2-1所示。当转子匀速旋转时，3个绕组由于切割磁感线而产生3个不同相位的三相交流电，如图2-2所示。

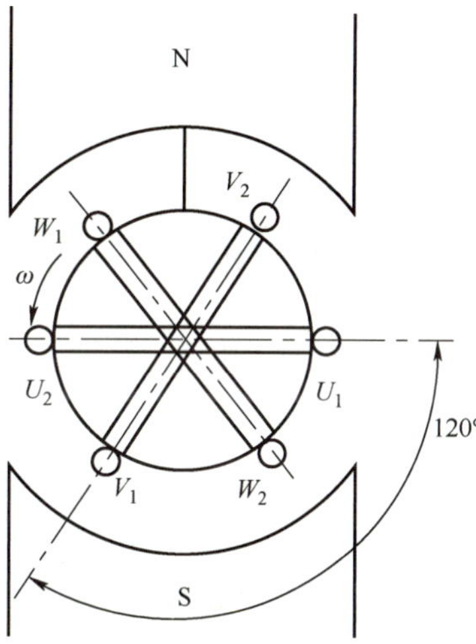

图2-1　三相交流发电机示意图

在工程上，最大值相等、频率相同、相位互差120°的3个正弦电动势，称为三相对称电动势。如果以U_U为参考正弦量，那么各相电动势的瞬时值表达式为

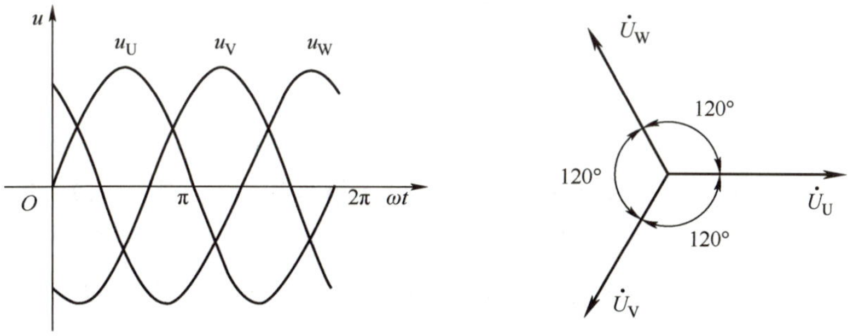

a)　b)

图2-2　三相交流电的波形图和相量图

a）波形图　b）相量图

$$U_U = E_m \sin\omega t$$
$$U_V = E_m \sin(\omega t - 120°)$$
$$U_W = E_m \sin(\omega t + 120°)$$

2. 三相电源的相序

三相电动势随时间按正弦规律变化，它们到达最大值（或零值）的先后次序，称为相序。由图2-2b所示相量图可以看出，3个电动势按顺时针方向的次序到达最大值（或零值），即按*U-V-W-U*的顺序，称为正序或顺序；若按逆时针方向的次序达到最大值（或零值），即按*U-W-V-U*的顺序，称为负序或逆序。

二、三相电源的连接

1. 对称三相电源的连接

三相电路中，电源（电压源或电流源）与负载均为三相，三相之间存在两种联结方式，分别为Y形（星形）联结与△（三角形）联结，电源与负载的联结并不要求统一，两种联结之间可以相互等效变换。但是不同的联结，电路中的参数关系互不相同。

三角形联结与星形联结在三相电路中起着不同的作用，三角形联结能使3倍频谐波在闭环内形成环流，避免3倍频谐波对电路的影响，采用星形联结并使中性点接地时，可以使零序电路构成通路，在电缆以及长距离三相高压输电的继电保护中起着零序保护的关键作用。

2. 对称三相电源星形联结

将3个电源绕组的末端接在一起，从3个始端 U、V、W 引出3根输电线，这种联结方式称为三相电源的星形联结。

把三相电源绕组的末端 U_2、V_2、W_2 连在一起向外引出一根输电线 N，由三相电源始端 U_1、V_1、W_1 分别向外引出3根输电线 U、V、W，如图2-3a所示。

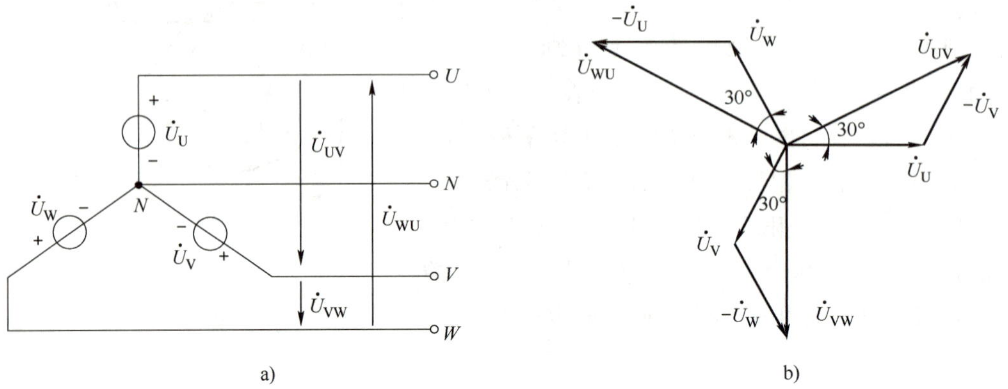

图2-3 星形联结

a）三相绕组星形联结 b）电压相量图

从3个始端引出的3根输电线称为端线或相线（俗称相线）。连接末端的公共节点 N 称为中性点，从中性点引出的导线称为中性线（或零线）。由三根相线和一根中性线组成的输电方式称为三相四线制（通常在低压配电中采用）。无中性线的输电方式称为三相三线制（通常在高压输电中采用）。

对称电源的线电压和相电压的相量图如图2-3b所示。从相量图中可以看出，线电压是对称的，各线电压之间的相位差也是120°，且各线电压超前各对应的相电压30°。可以计算出线电压为相电压有效值的$\sqrt{3}$倍，即

$$U_L=\sqrt{3}\,U_P$$

电源星形联结特点总结如下：

1）线电压和相电压各自对称，各线电压和各相电压之间的相位差均为120°。

2）线电压为相电压有效值的$\sqrt{3}$倍，且各线电压超前各对应的相电压30°。

由于电源的星形联结可以输出两种电压，所以使用范围很广。我国低压供电中通常所说的380V、220V就是指电源星形联结时线电压和相电压的有效值。

3. 对称三相电源三角形联结

将三相发电机3个绕组依次首尾相连，接成一个闭合回路，从3个连接点引出3根导线

（又称为端线），这种联结方式称为三相电源的三角形联结，如图 2-4a 所示。

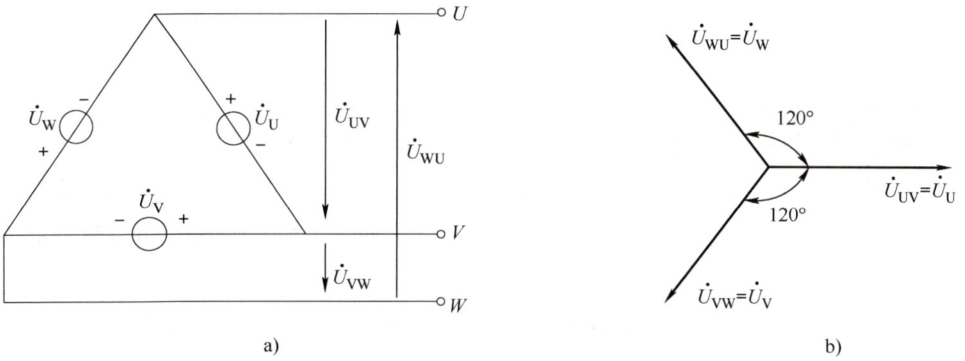

图 2-4　三角形联结

a）三相绕组三角形联结　b）电压相量图

三相电源为三角形联结时，只能是三相三线制，线电压等于相电压。

由图 2-4b 相量图可知，三相电源三角形联结时，三相电压和为零，在三角形回路中没有电流。但如果一相绕组接反，三相电压和不为零，将引起环流把电源烧毁，加之它只能输出一种电压，所以三相电源的三角形联结很少使用，大量使用的是星形联结。

三、三相负载联结

负载是消耗电能的装置。负载按它对电源的要求分为单相负载和三相负载。单相负载是指用单相电源（即照明电源）供电的设备，如电灯、电炉和各种家用电器等。三相负载是指用三相电源（即动力电源）供电的设备，如三相异步电动机和三相电炉等。

各相负载的大小和性质都相等的三相负载称为三相对称负载，如三相异步电动机、三相电炉等，否则，称为三相不对称负载，如三相照明电路中的负载。与单相交流电比较，三相交流电具有明显的优越性，如三相发电机使用、维护方便，运行成本低，输出功率大、效率高，在同距离等功率情况下，三相输电比单相输电成本低等优势。因此，现代电力系统中，电能的产生、输送与分配都采用了三相制。

1. 负载的星形联结

图 2-5 所示为负载的星形联结，图中 N' 为三相负载的中性点，与电源中性点 N 相连，负载另 3 个端点与电源的端点 U、V、W 相连。

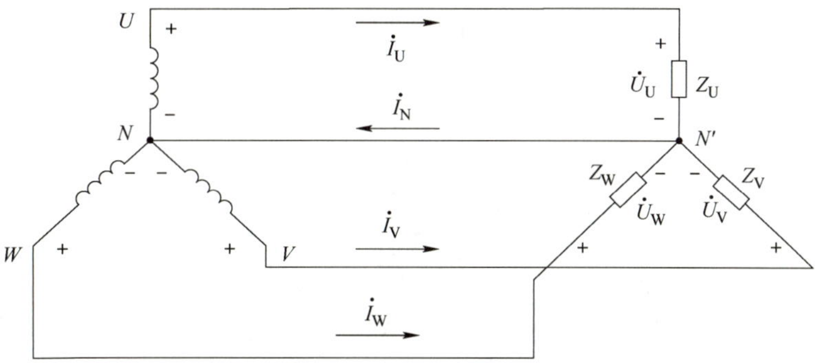

图 2-5　负载的星形联结

可以看出，负载星形联结时，负载的相电压就是电源的相电压，负载的线电压就是电源的线电压，所以星形联结的负载上线电压超前相电压 30°，线电压有效值为相电压有效值的$\sqrt{3}$

倍，即 $U_L=\sqrt{3}U_P$负载的相电流就等于对应的线电流，即 $I_L=I_P$。中性线电流等于各相相电流之和，即

$$I_N=I_U+I_V+I_W$$

负载对称时的电路三相电源是对称的，当三相负载对称，即 $Z_U=Z_V=Z_W=Z$ 时，负载的相电流也是对称的，因此三相相电流之和为零，即在星形联结的三相负载对称时，中性线无电流通过。此时可以省去中性线，形成三相三线制电路。对于负载对称的三相电路计算，由于负载的相电压、相电流都是对称的，所以只需计算一相即可，其他两相可按对称条件直接写出。

如果三相负载不对称，则三相负载的相电流不对称，三相相电流之和不为零，中性线中有电流通过。此时不能省去中性线，只能用三相四线制，否则三相负载的电压就不相等，使负载无法正常工作，甚至会造成严重事故。

2. 负载三角形联结

如图 2-6 所示，三相负载两两首尾相连，连接成三角形，将三角形联结的连接点分别接在三相电源的 3 根相线上，这种联结称为三相负载的三角形联结。

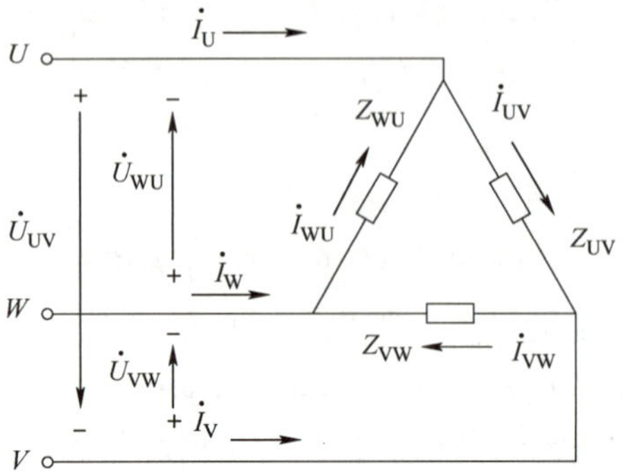

图 2-6 负载三角形联结的三相电路相量图

当负载联结成三角形时，各相负载的相电压就等于电源的线电压，不论负载是否对称，其相电压总是对称的，即

$$U_{UV}=U_{VW}=U_{WU}=U_P=U_L$$

由图 2-7 所示相量图可以得出，线电流比相应的相电流滞后 30°，线电流的有效值为相应相电流的$\sqrt{3}$倍，即

$$I_L=\sqrt{3}I_P$$

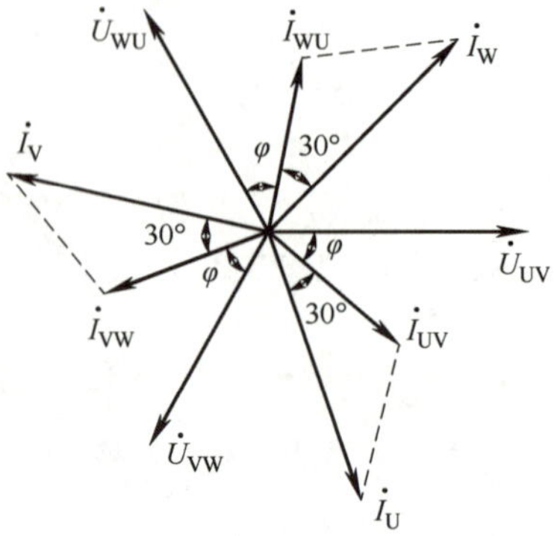

图 2-7 负载三角形联结时的电流相量图

目前，我国低压配电系统采用的三相四线制，线电压为380V，相电压为220V。在这种情况下，三相负载接入三相电源时，一般应遵循以下原则：当每相负载的额定电压（如不特别指明是指线电压）等于电源线电压时，三相负载作为三角形联结；当每相负载的额定电压等于电源线电压的$1/\sqrt{3}$时，三相负载作为星形联结。如果三相负载对称（如三相电动机），可采用三相三线制，不需要连接中性线；如果负载不能保证对称，应采用星形联结，必须要连接中性线，作为三相四线制连接。连接时应尽可能使电源的各相负荷均衡、对称，从而使三相电源趋于平衡。

三相负载的星形联结和三角形联结比较表见表2-1。

表2-1　三相负载的星形联结和三角形联结比较表

联结方式	星形联结	三角形联结
电路	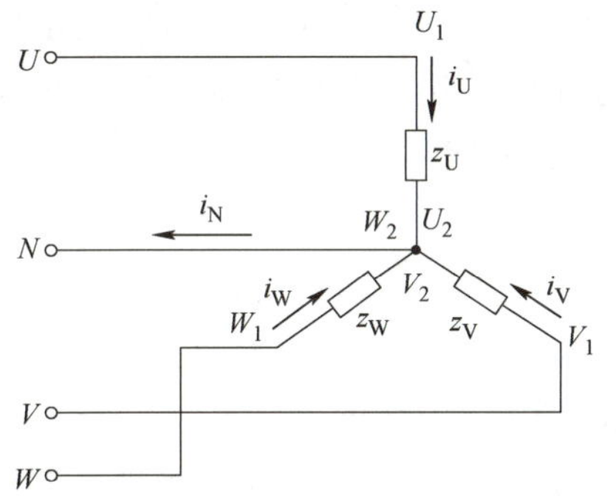	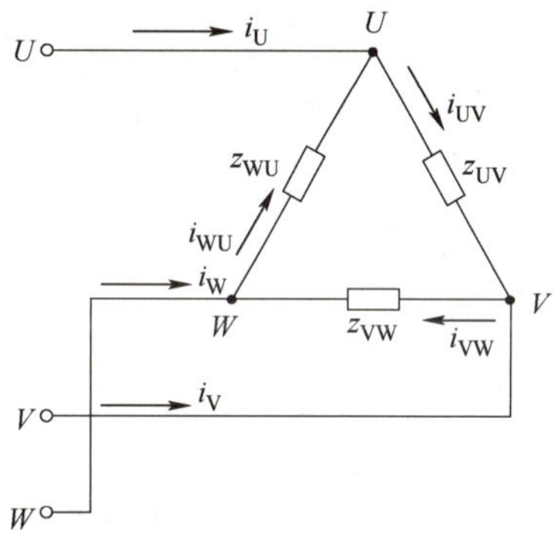
线电压与相电压关系	$U_L=\sqrt{3}U_{YP}$ 线电压超前相应的相电压30°	$U_L=U_{\triangle P}$
线电流与相电流关系	$I_{YL}=I_{YP}$	对称三相负载：$I_{\triangle L}=\sqrt{3}I_{\triangle P}$ 线电流滞后相应的相电流30°

四、三相电路的功率

在单相交流电路中，有功功率$P=UI\cos\varphi$，无功功率$Q=UI\sin\varphi$，视在功率$S=Ul=\sqrt{P^2+Q^2}$。

三相交流电路可以视为3个单相交流电路的组合。因此，三相交流电路的有功功率、无功功率和视在功率均可用下式来计算

$$P=P_A+P_B+P_C$$

$$Q=Q_A+Q_B+Q_C$$

$$S=\sqrt{P^2+Q^2}$$

若三相负载对称，无论负载是星形联结还是三角形联结，各相功率都是相等的，此时三相总功率是各相功率的3倍，即

$$P=3U_pI_p\cos\varphi=\sqrt{3}U_lI_l\cos\varphi$$

$$Q=3U_pI_p\sin\varphi=\sqrt{3}U_lI_l\sin\varphi$$

$$S=3U_pl_p=\sqrt{3}U_lI_l$$

任务二　认知磁路、互感与变压器

一、磁路的基本概念

1. 磁的基本概念

(1) 磁体与磁极　物体具有吸引铁、钴、镍等物质的性质称为磁性。具有磁性的物体称为磁体。磁体分为天然磁体和人造磁体。常见的条形磁铁、蹄形磁铁和针形磁铁都属于人造磁铁。磁体两端磁性最强的区域称为磁极，实验证明，任何磁体都有两个磁极，磁针经常指向北方的一端称为北极，用字母 N 表示；经常指向南方的一端称为南极，用字母 S 表示。N 极和 S 极总是成对出现并且强度相等，不存在独立的 N 极和 S 极。

(2) 磁的相互作用　当用一个条形磁铁靠近一个悬挂的小磁针或条形磁铁时，若条形磁铁的 N 极靠近小磁针的 N 极，则小磁针的 N 极一端马上被排斥，若条形磁铁的 N 极靠近小磁针的 S 极，则小磁针的 S 极一端立即被条形磁铁吸引，这说明磁极之间存在相互作用力，同名磁极之间互相排斥，异名磁极之间相互吸引。

(3) 磁场与磁感线　磁极之间存在的相互作用力是通过磁场传递的。磁场是磁体周围存在的特殊物质。磁场与电场一样是一种特殊物质。磁场也有方向，在磁场中某点放一个能自由转动的小磁针，小磁针静止时 N 极所指的方向，就是该点磁场的方向。为了形象地看到磁场强弱和方向的分布情况，可以把条形磁铁、U 形磁铁放在一块儿撒满铁屑的玻璃板下，轻轻敲打玻璃板时，铁屑就会排成无数的细细条形成一幅图案。从图案中可以看到，在磁铁的两极处铁屑聚集多，说明磁性作用最强，而在磁体的中部铁屑聚集较少，说明磁性作用较弱。将这种形象地描绘磁场的曲线，称为磁感线，也称为磁力线。磁铁两极处铁屑最多，用较密的磁感线表示，其他地方铁屑少，则用较稀的磁感线表示。磁感线的特征如下：

1）磁感线是互相不相交的闭合曲线，在磁铁外部，磁感线从 N 极到 S 极；在磁铁内部，磁感线从 S 极到 N 极。

2）磁感线的疏密反映磁场的强弱，磁感线越密表示磁场越强，磁感线越疏表示磁场越弱。

3）磁感线上任意一点的切线方向，就是该点的磁场方向。

(4) 电流的磁效应及安培定则

1）电流的磁效应。电与磁有密切关系。奥斯特从实验中发现，放在导体旁边的小磁针，当导体中流过电流时，磁针就会受到力的作用而发生偏转，这说明通电导体周围存在磁场，即电流具有磁效应。电流的磁效应说明，磁场是由电荷运动而产生的，安培提出了著名的分子电流假说，揭秘了磁现象和电现象本质，即磁铁的磁场和电流的磁场一样，都是由电荷运动产生的。

2）安培定则。通电导体周围的磁场方向，即磁感线方向与电流的关系可以用安培定则来判断。安培定则也称为右手螺旋定则。

3）直线电流的磁场。直线电流的磁场的磁感线是以导线上各点为圆心的同心圆，这些同心圆都在与导线垂直的平面上，磁感线方向与电流的关系用安培定则判断：用右手握住通电直导线直导体，让竖直大拇指指向电流方向，那么弯曲的四指所指的方向就是磁感线的环绕方向。

4）通电螺线管的磁场。通电螺线管表现出来的磁性类似于条形磁铁，一端相当于 N 极，另一端相当于 S 极，通电螺线管的磁场方向的判断方法是：用右手握住通电螺线管，让弯曲的四指指向电流方向，那么大拇指所指的方向就是螺线管内部磁感线的方向，即大拇指指向通电螺线管的 N 极。

2. 磁路简介

为了使磁通集中在一定的路径上来获得较强的磁场，常常把铁磁性材料制成一定形状的铁心，构成各种电气设备所需的磁路。

磁通集中经过的闭合路径称为磁路。磁路和电路一样，分为有分支磁路和无分支磁路两种类型。在无分支磁路中通过每一个横截面的磁通都相等。

(1) 磁通　磁感线的疏密定性地表示了磁场在空间的分布情况。磁通是定量地描述磁场在一定面积分布情况的物理量。通过与磁场方向垂直的某一面积上的磁感线的总数，称作通过该面积的磁通量，简称磁通，用字母 Φ 表示，磁通的单位是韦伯，简称为韦，用符号 Wb 表示。当面积一定时，通过该面积的磁通越大，磁场就越强。在工程上选用电磁铁、变压器的铁心材料时，尽可能地让全部磁感线通过铁心的截面。

(2) 磁感应强度　磁感应强度是定量地描述磁场中各点的强弱和方向的物理量。在磁场方向垂直的单位面积上的磁通，称为磁感应强度，也称为磁通密度，用字母 B 表示，磁感应强度的单位是特斯拉，简称为特，用符号 T 表示。在匀强磁场中，磁感线强度与磁场的关系可以用公式表达为 $B=\Phi/S$。

(3) 磁导率　磁导率是用一个表示媒介质导磁性能的物理量，用字母 μ 表示，单位是亨利每米，用符号 H/m 表示。不同的媒介质有不同的磁导率。

(4) 磁场强度　磁场中各点的磁感应强度 B 与磁导率 μ 有关，计算比较复杂。为了方便计算，引入磁场强度这个新的物理量表示磁场的性质，用字母 H 表示，磁场中某点的磁场强度等于该点的磁感应强度与媒介质的磁导率的比值，用公式表示为 $H=B/\mu$，磁场强度的单位是安每米，用符号 A/m 表示。

(5) 主磁通和漏磁通　当线圈中通以电流后，大部分磁感线沿铁心、衔铁和工作气隙构成回路，这部分磁通称为主磁通；还有一部分磁通，没有经过气隙和衔铁，而是经过空气自成回路，这部分磁通称为漏磁通。

(6) 磁路欧姆定律　电源和绕组构成铁心线圈的电路部分，铁心构成线圈的磁路部分。当铁心线圈两端加上正弦交流电压 u 时，线圈电路中就会有按正弦规律变化的电流 i 通过。电流 i 通过 N 匝线圈时形成的磁动势 $F_m=iN$，磁动势在铁心中激发按正弦规律变化、沿铁心闭合的工作主磁通 Φ。

(7) 把电路与磁路进行比较　电路中流通的是电流 L，磁路中通过的是磁通 Φ；电动势是激发电流的因素，磁动势是激发磁通的因素；电阻阻碍电流，磁阻阻碍磁通。因此，磁路中的磁动势、磁通和磁阻三者之间的关系可按照电路欧姆定律写作

$$\Phi=\frac{F_m}{R_m}=\mu_S\frac{NI}{l}$$

称为磁路欧姆定律。式中，磁阻 $R_m=\frac{l}{\mu_S}$。由于铁磁物质的磁导率 μ 是一个变量，因此磁阻 R_m 也不是常数，所以磁路欧姆定律远没有电路欧姆定律应用得那么广泛。磁路欧姆定律通常只用于对磁路进行定性分析。

由磁路欧姆定律可知，若铁心磁路中存在气隙，由于铁磁物质的磁导率 μ 要比真空磁导率 μ_0 大几百倍甚至几千倍，因此很小一段气隙的磁阻就会远大于整个铁心的磁阻。当铁心磁路的气隙增大时，必然造成磁路磁阻 R_m 大大增加。

二、互感

互感现象是指两相邻线圈中，一个线圈的电流随时间变化时导致穿过另一线圈的磁通量发生变化，而在该线圈中出现感应电动势的现象。

1. 同名端

互感线圈的同名端：在工程上，对两个或两个以上的有电磁耦合的线圈，常常需要知道互感电动势的极性。互感线圈由于电流变化所产生的自感电动势极性与互感电动势的极性始终保持一致的端点称为同名端，反之称为异名端。在电路中，一般用“·”表示同名端。在标出同名端后，每个线圈的具体绕法和它们之间的相对位置就不需要再在图上表示出来了。

从同名端送入电流，在同一铁心中产生的磁通方向相同，因此变压器绕组极性与绕组绕向有关。如图 2-8 所示，图中两个绕组的绕线方向相同，因而根据安培定则可判断出 A 与 a 或 X 与 x 为同名端，图中两个绕组绕向相反，则 A 与 x 或 X 与 a 为同名端。

2. 涡流

把块状金属放在交变磁场中，金属块内将产生感应电流。这种电流在金属块内自成回路，像水的旋涡，因此称为涡电流，简称涡流。由于整块金属电阻很小，所以涡流很大，不可避免地使铁心发热，温度升高，引起材料绝缘性能下降，甚至破坏绝缘造成事故。铁心发热，还会使一部分电能转换为热能白白浪费，这种电能损失称为涡流损失。

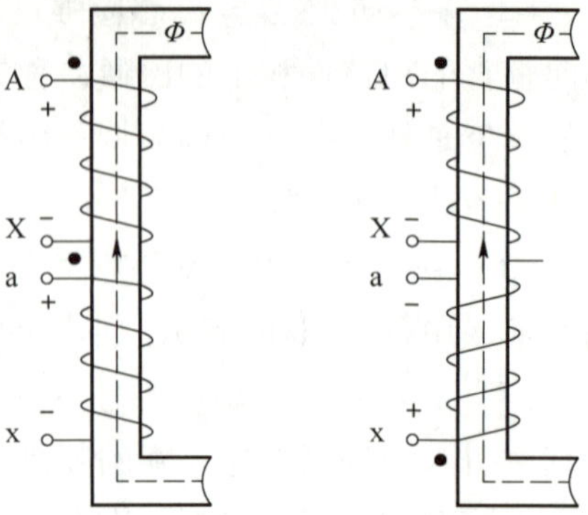

图 2-8 同名端表示

在电动机和电器的铁心中，完全消除涡流是不可能的，但可以采取有效措施尽可能地减小涡流。为减小涡流损失，电动机和变压器的铁心通常不用整块金属，而用涂有绝缘漆的薄硅钢片叠压制成。这样涡流被限制在狭窄的钢片内，回路电阻很大，涡流大为减小，从而使涡流损失大大降低。

铁心采用硅钢片，是因为这种钢比普通钢电阻率大，可以进一步减少涡流损失。硅钢片的涡流损失只有普通钢片的 1/5~1/4。

三、变压器的基本原理

1. 变压器的基本结构

变压器的结构形式多种多样，但其基本结构都类似，均由铁心和绕组组成。铁心是变压器的磁路通道。为了减少铁心损耗，铁心采用硅钢片叠装而成。按照铁心构造型式，变压器可分为芯式和壳式两种，其结构如图 2-9 所示。芯式变压器绕组套在铁心柱上，该结构多应用于大容量的电力变压器上；壳式变压器绕组被包围在中间，该结构常用于小容量的电子设备中。

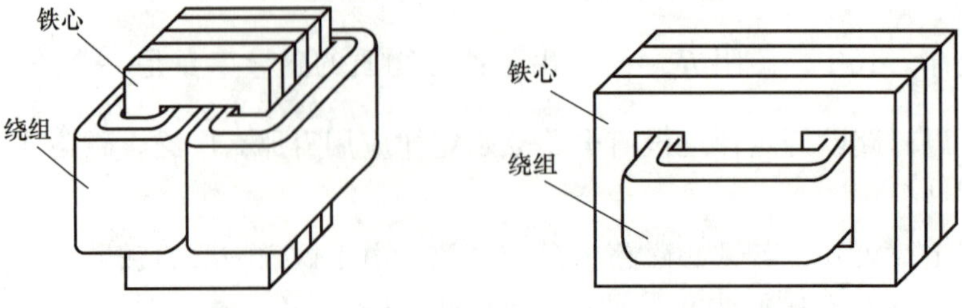

图 2-9 芯式和壳式变压器

变压器的绕组构成其电路部分。电力变压器的绕组通常用绝缘的扁铜线或扁铝线绕制而成，小型变压器的绕组一般用漆包线绕制而成。变压器电路部分的作用是接收和输出电能，通过电磁感应实现电量的转换。与电源相接的绕组称为一次侧（或原边、原绕组），一次侧的首、尾端通常分别用“A”“X”表示；与负载相接的绕组称为二次侧（或副边、副绕组），一般常用“2”“x”表示。一次侧各量一般采用下标“1”，二次侧各量一般采用下标“2”。

铁心构成变压器的磁路部分。各类变压器用的铁心材料都是软磁：电力系统中为减小铁心中的磁滞损耗和涡流损耗，常用硅钢片叠压制成变压器铁心；电子工程中音频电路的变压器铁心一般采用坡莫合金制作，高频电路中的变压器则广泛使用铁氧体。变压器磁路的作用是利用磁耦合关系实现能量的传递。

2. 变压器的工作原理

变压器是利用互感原理工作的静止电气设备，由铁心和线圈组成。与交流电源相接的线圈，称为原线圈，又称为初级线圈或一次线圈（一次侧），与用电设备（如电灯、电动机等）或电路元件（如电阻、电感等）相接的一个线圈叫作副线圈，又称为次级线圈或二次线圈（二次侧）。

（1）变换交流电压　变压器原、副边线圈的电压比等于它们的匝数比，即

$$\frac{U_1}{U_2}=\frac{N_1}{N_2}=n$$

如果 $N_1<N_2$，$n<1$，称为升压变压器。如果 $N_1>N_2$，$n>1$，称为降压变压器。

（2）变换交流电流　变压器工作时，原、副线圈的电流与线圈的匝数成反比，即

$$\frac{I_1}{I_2}=\frac{N_2}{N_1}=\frac{1}{n}$$

（3）变换交流阻抗　变压器副边接上负载 z_2 时，相当于原边接上一个阻抗为 n^2z_2 的负载，即

$$z_1=n^2z_2$$

3. 变压器的种类

（1）按用途分　变压器按用途分有电力变压器、试验变压器、仪表变压器和特殊用途变压器等。

（2）按相数分　变压器按相数分有用于三相系统的升、降电压的三相变压器和用于单相负荷及组成三相变压器组的单相变压器。

（3）按绕组形式分　变压器按绕组形式分有三绕组变压器、双绕组变压器和自耦变压器等。

（4）按铁心形式分　变压器按铁心形式分有芯式变压器和壳式变压器。

（5）按冷却方式分　变压器按冷却方式分有油浸式变压器、干式变压器、充气式变压器和蒸发冷却变压器等。

4. 变压器的功率和效率

（1）变压器的功率　变压器原边的输入功率为

$$P_1=U_1I_1\cos\varphi_1$$

变压器副边的输出功率为

$$P_2=U_2I_2\cos\varphi_2$$

变压器功率损耗包括铁损和铜损两部分，即

$$\Delta P=P_{Cu}+P_{Fe}$$

变压器的功率损耗等于输入功率与输出功率之差，即

$$\Delta P=P_1-P_2$$

（2）变压器的效率　变压器的效率为变压器输出功率与输入功率的百分比，即

$$\eta=\frac{P_2}{P_1}\times100\%$$

5. 常用变压器

（1）电力变压器　为有效解决输电要经济用电要安全的矛盾，在电力系统中广泛采用了电力变压器。由于电力系统是三相制供电，因此，电力变压器大部分是三相变压器。

（2）自耦变压器　自耦变压器是原、副线圈共用一部分绕组，它们之间不仅有磁耦合，还有电的关系。自耦变压器原、副线圈电压之比和电流之比的关系为

$$\frac{U_1}{U_2}=\frac{I_2}{I_1}\approx\frac{N_1}{N_2}=n$$

（3）互感器　互感器是一种专供测量仪表、控制设备和保护设备中使用的变压器。

1）电压互感器。电压互感器的作用是将电力设备上的高电压变换成低电压（一般电压互感器的二次侧电压都设计为100V），再供给测量仪表。电压互感器实质上就是降压变压器。电压互感器高压侧的电压 U_1 等于所测量电压 U_2 和变压比 n 的乘积，即

$$U_1=nU_2$$

2）电流互感器。电流互感器的作用是把电路中大电流变成小电流（一般电流互感器的二次侧电流都设计为5A），再供给测量仪表。电流互感器通过负载的电流就等于所测电流和变压比倒数的乘积，即

$$I_1=\frac{I_2}{n}$$

任务三　认知异步电动机

一、三相异步电动机的基本结构

三相异步电动机是一种将电能转变为机械能的交流电动机。三相异步电动机由两个基本部分组成，固定不动的部分叫作定子（定子铁心、定子绕组、机壳和端盖），转动的部分叫作转子（转子铁心、转子绕组和转轴）。

异步电动机主要由定子和转子两大部分组成，两大部分之间由气隙隔开。按照转子结构形式的不同，又可分为笼型和绕线转子两种。

图2-10所示为三相笼型异步电动机的结构示意图。和其他电动机相比，笼型异步电动机具有结构简单、制造成本低廉、使用和维修方便、运行可靠且效率高等优点，因此被广泛应用于工农业生产的各种机床、水泵、通风机、锻压和铸造机械、传送带、起重机及家用电器、实验设备中。但笼型异步电动机调速性能差、功率因数低，尤其是单相笼型异步电动机，由于其容量小、性能较差，一般常用于日常生活及办公设备或小功率电动工具中。随着科学技术的发展，异步电动机的性能正在不断完善与提高。

（1）定子　定子由定子铁心、定子绕组和机座等固定部分组成。定子铁心是电机磁路的一部分，由0.5mm厚的硅钢片叠压制成，在其内圆冲有均匀分布的槽。定子铁心槽内对称嵌

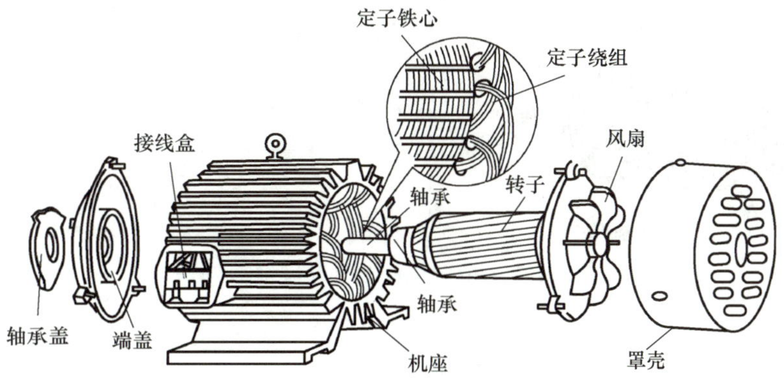

图 2-10　三相笼型异步电动机的结构示意图

放定子绕组。定子绕组是电动机的电路部分，通常由漆包线绕制而成。三相电动机的三相绕组根据需要可以联结成星形或三角形，如图 2-11 所示，与电源相接的引线由机座上的接线盒端子板引出。机座是电动机的支架，一般用铸铁或铸钢制成。

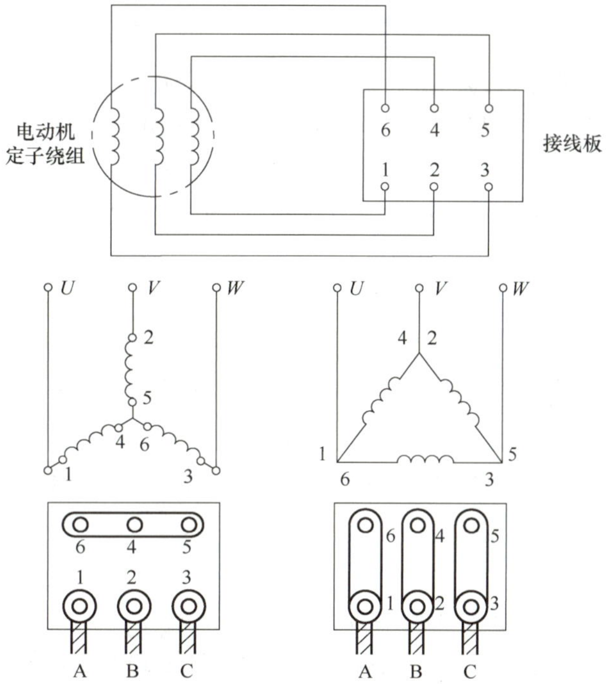

图 2-11　星形或三角形联结

(2) 转子　转子由转子铁心、转子绕组和转轴 3 部分组成。转子铁心由 0.5mm 厚的硅钢片叠压制成，在硅钢片外圆冲有均匀分布的槽，用来嵌放转子绕组。转子铁心固定在转轴上。笼型异步电动机的转子绕组与定子绕组不同，在转子铁心的槽内浇注铝导条（或嵌放铜条），两边端部用短路环短接，形成闭合回路，如图 2-12 所示。

绕线转子异步电动机的转子绕组与定子绕组相似，在转子铁心槽内嵌放转子绕组，三相转子绕组一般为星形联结，绕组的 3 根端线分别装在转轴上的 3 个彼此绝缘的铜质集电环上，再通过一套电刷装置引出，以便与外电路相连，用来启动和调速，如图 2-13 所示。

图 2-12　笼型异步电动机的转子

转轴由中碳钢制成，其两端由轴承支撑，通过转轴电动机输出机械转矩。

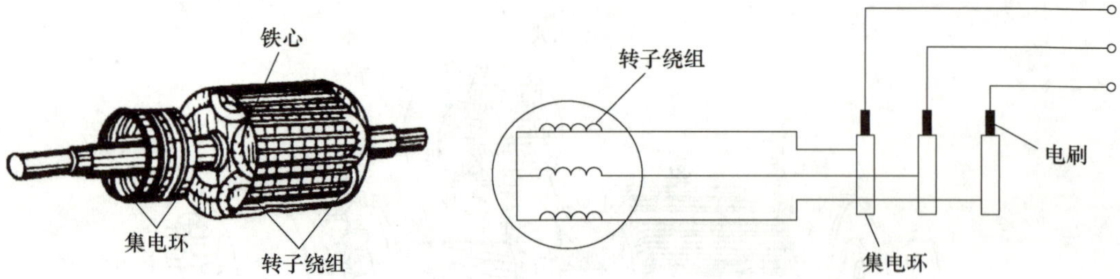

图 2-13 绕线转子异步电动机的转子结构

二、三相异步电动机的转动原理

三相异步电动机的定子绕组通入三相交流电产生一个旋转磁场。旋转磁场的转速又称为同步转速

$$n_0=\frac{60f}{p}$$

转子导体与旋转磁场进行相对运动，产生感应电动势和感应电流。产生感应电流的转子导体在旋转磁场中形成电磁转矩。转子就顺着旋转磁场的方向转动起来。为保证转子导体与旋转磁场的相对运动，转子与旋转磁场“异步”。

通常把同步转速 n_0 与转子转速 n 之差对同步转速 n_0 之比值，称为异步电动机的转差率，其表达式为

$$s=\frac{n_0-n}{n_0}$$

转差率 s 是异步电动机的一个重要参数，当转子刚启动时，$n=0$，转差率 $s=1$。理想空载下 $n\approx n_0$，转差率 $s=0$。所以，转差率的变化范围为 0~1。转子转速越高，转差率就越小。异步电动机在正常使用时的转差率约为 0.02~0.08。

三、三相异步电动机的控制

1. 三相异步电动机的启动

异步电动机通电后从静止状态过渡到稳定运行状态的过程称为启动。异步电动机若要启动成功，必须保证启动转矩 T_{ST} 大于来自轴上的负载转矩 T_L，T_{ST} 和 T_L 之间的差值越大，电动机启动过程越短；但差值过大又会使传动机构受到加大的冲击力而造成损坏。频繁启动的生产机械，其启动时间的长短将对劳动生产效率或电路产生一定的影响。如电动机启动的初始时刻，$n=0$，$s=1$，转子绕组以最大转差速度与旋转磁场相切割，因此转子绕组中的感应电流达到最大，一般中、小型笼型异步电动机的 I_{ST} 为额定电流 I_N 的 4~7 倍。这么高的电流为什么不会烧坏电动机呢?

因为启动不同于堵转，电动机的启动过程一般很短，小型异步电动机的启动时间只有零点几秒，大型电动机的启动时间为十几秒到几十秒，从发热的角度考虑对电动机不会构成损害。电动机一经启动后转速就会迅速升高，相对转差速度很快减小，从而使转子和定子电流很快下降。但是，当电动机频繁启动或电动机容量较大时，由于热量囤积或过大启动电流在输电电路上造成的短时较大压降，会对电动机造成损坏或影响同一电网上其他设备的正常工作。

对此，人们对电动机的启动提出了要求：启动电流小、启动转矩大、启动时间短和所用启

动装置及操作方法尽量简单易行。同时满足上述几点显然困难，实际应用中常根据具体情况适当地选择启动方法。首先要考虑是否需要限制启动电流，若不需要，可用闸刀或其他设备直接将电动机与电源相接，这种启动方式称为全压启动或直接启动。直接启动所需设备简单、操作方便、启动迅速。通常规定，电源容量在180kV·A以上、电动机容量在7kW以下的三相异步电动机才可采用直接启动的方法。降压启动可分两步进行：先给电动机接通较低电压，以限制启动电流，待电动机转动达到一定转速时，再加上额定电压使其进入正常运行。降压启动的目的主要是限制启动电流，但问题是，在限制启动电流的同时，启动转矩也被限制了。因此，降压启动的方法只适用于在轻载或空载情况下启动的电动机，待电动机启动完毕后再加上机械负载。常用的降压启动方法有Y-△降压启动和自耦补偿降压启动。

(1) Y-△降压启动　图2-14所示的Y-△降压启动方法显然只适用于正常运行时定子绕组为三角形联结的异步电动机。降压启动过程：启动时把双向开关Q_2扳向下方，三相异步电动机的定子绕组即呈星形联结，待转速上升到接近额定值时，Q_2迅速扳向上方，则电动机定子绕组切换成三角形联结正常运行。

由三相交流电的知识可知，星形联结启动时线电流是三角形联结时线电流的1/3，启动转矩也是三角形联结时的1/3。Y-△降压启动方法设备简单、成本低、操作方便、动作可靠、使用寿命长。目前，4~100kW的异步电动机均设计成380V的三角形联结，因此这种启动方法得到了广泛应用。

(2) 自耦补偿降压启动　自耦补偿降压启动方法是利用三相自耦变压器来降低加在定子绕组上的电压，如图2-15所示。启动时，先将开关Q_2扳到“启动”位置，使自耦变压器的高压侧与电网相连，低压侧与电动机定子绕组相接，电源电压经自耦变压器降压后加到异步电动机的三相定子绕组上，当转速接近额定值时，再将Q_2扳向“运行”位置，将自耦变压器切除，电动机的定子绕组直接与电网相接，进入正常的全压运行状态。

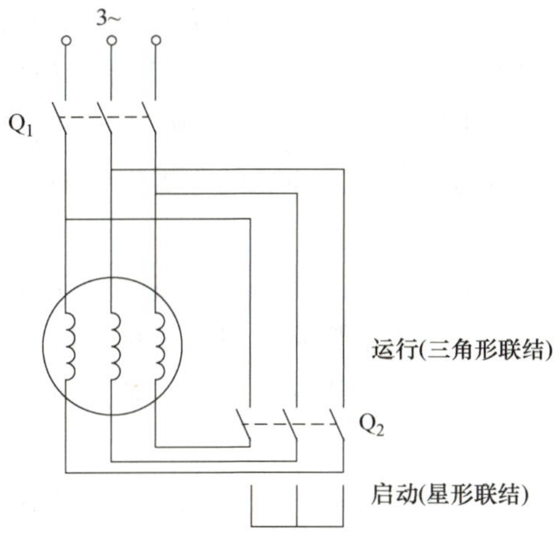

图2-14　Y-△降压启动方法

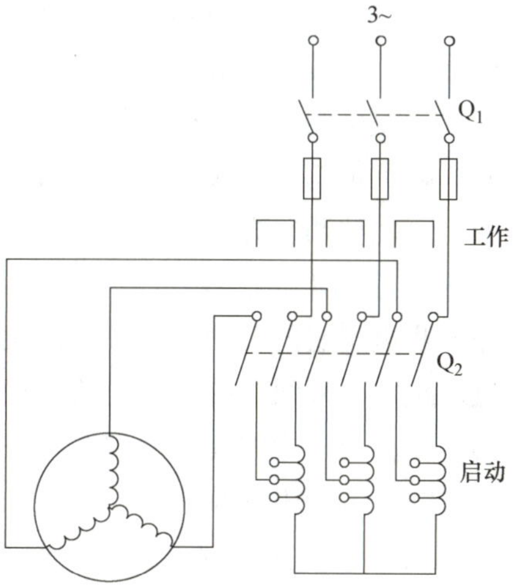

图2-15　自耦补偿降压启动

自耦变压器备有不同的抽头，以便得到不同的电压（如电源电压的73%、64%、55%），用户可依据对启动电流和启动转矩的要求加以选用。自耦补偿降压启动的优点是启动电压可根据需要来选择，但是自耦变压器的体积大、成本高，而且需要经常维修。因此，自耦补偿降压启动方法只适用于容量较大或正常运行时不能采用Y-△降压启动的笼型三相异步电动机。

(3) 绕线转子异步电动机的启动　绕线转子异步电动机启动时，只要在转子电路中串入

适当的启动电阻 R，就可以达到减小启动电流、增大启动转矩的目的。启动过程中逐步切除启动电阻，启动完毕后将启动电阻全部短接，电动机正常运行。除在转子回路中串电阻启动外，目前用得更多的是在转子回路中接频敏变阻器启动，此变阻器在启动过程中能自动减小阻值，以代替人工切除启动电阻。

普通笼型异步电动机的启动转矩较小，满足不了有些特殊场合生产机械的需求，这时可选用具有较大启动转矩的双笼型或深槽型异步电动机。而绕线转子异步电动机的启动转矩更大，常用于要求启动转矩较大的卷扬机和起重机等场合。

2. 三相异步电动机的调速

生产机械在工作过程中为了提高生产效率或满足生产工艺的要求，在负载不变的情况下，用人为的方法使电动机的转速从某一数值改变到另一数值的过程称为调速。三相异步电动机的调速方法有变极（p）调速、变频（f）调速和变转差率（s）调速 3 种。

（1）变极调速　变极调速方法只适用于三相笼型异步电动机，不适合绕线转子异步电动机。因为笼型异步电动机的转子磁极数是随定子磁极数的改变而改变的，而绕线转子异步电动机的转子绕组在转子嵌线时应当已确定了磁极数，一般情况下很难改变。

采用变极调速的电动机一般每相定子绕组由两个相同的部分组成，这两部分可以串联，也可以并联，通过改变定子绕组接法可制作出双速、三速和四速等品种。变极调速时需有一个较为复杂的转换开关，但整个设备相对来讲比较简单，常用于需要调速又要求不高的场合。变极调速能做到分级变速，不能实现无级调速。但变极调速比较经济、简便，目前广泛应用于机床中各拖动系统，以简化机床的传动机构。

（2）变频调速　改变电源频率可以改变旋转磁场的转速，同时也改变了转子的转速。这种调整方法的关键是为电动机设置专用的变频电源，因此成本较高。现在的晶闸管变频电源已经可以把 50Hz 的交流电源转换成频率可调的交流电源，以实现范围较宽的无级调速。随着电子器件成本的不断降低和可靠性的不断提高，这种调速方法的应用将越来越广泛。

（3）变转差率调速　变转差率调速只适用于绕线转子异步电动机。在绕线转子异步电动机的转子回路中串可调电阻，恒负载转矩下通过调节电阻的阻值大小，使转差率得到调整和改变。这种变转差率调速的方法，其优点是有一定的调速范围，且可做到无级调速，设备简单，操作方便；缺点是能耗较大，效率较低，并且随着调速电阻的增大，机械特性将变软，运行稳定性将变差。此种调速方法一般应用于短时工作制，且对效率要求不高的起重设备中。

3. 三相异步电动机的反转

三相异步电动机的转动方向总是同旋转磁场的旋转方向一致，而旋转磁场的方向取决于通入异步电动机定子绕组中的三相电流的相序。因此，若要电动机反转，只需把接到电动机定子绕组上的 3 根电源线中的任意 2 根对调一下位置，三相异步电动机即可改变旋转方向。

4. 三相异步电动机的制动

（1）能耗制动　能耗制动的原理图如图 2-16 所示。当电动机三相定子绕组与交流电源断开后，将直流电通入定子绕组，产生固定不动的磁场。转子由于惯性转动，与固定磁场相切割而在转子绕组中产生感应电流，这个感应的转子电流与固定磁场再相互作用，从而产生制动转矩。这种制动方法是把电动机轴上的旋转动能转变为电能，消耗在转子回路电阻上，故称为能耗制动。能耗制动的特点是制动准确、平稳，但需要直流电源，且制动转矩随转速降低而减小。能耗制动的方法常用于生产机械中的各种机床制动。

（2）反接制动　反接制动的原理图如图 2-17 所示。把与电源相连接的 3 根相线任意两根的位置对调，使旋转磁场反向旋转，产生制动转矩。当转速接近零时，利用某种控制电器将电源自动切断。反接制动方法制动动力强，停转迅速，无须直流电源，但制动过程中冲击力大，电路能量消耗也大。反接制动通常适用于某些中型车床和铣床的主轴制动。

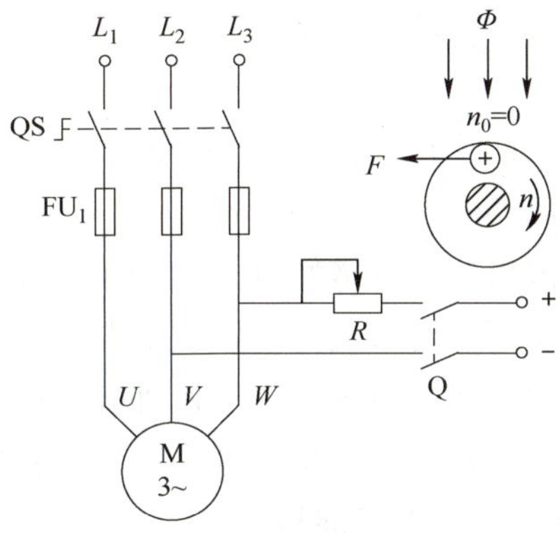

图 2-16　能耗制动的原理图

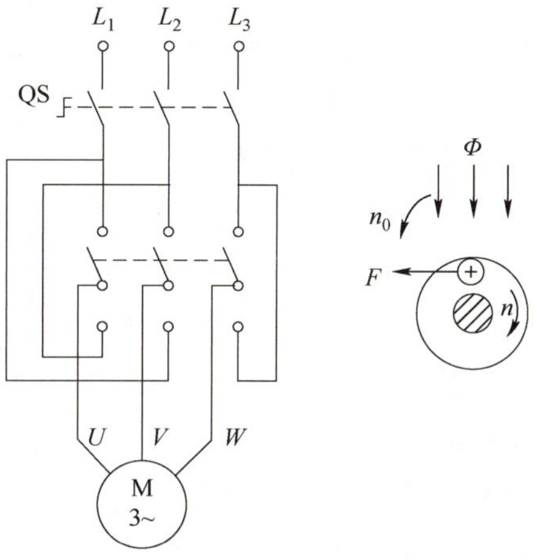

图 2-17　反接制动的原理图

（3）再生发电制动　再生发电制动的原理图如图 2-18 所示。在多速电动机从高速调到低速的过程中，极对数增加时旋转磁场立即随之减小，但由于惯性，电动机的转速只能逐渐下降，这时出现了 $n>n_0$ 的情况；起重机快速下放重物时，重物拖动转子也会出现 $n>n_0$ 的情况。只要电动机转速 n 超过旋转磁场转速 n_0 的情况发生，电动机就将从电动状态转入发电机运行状态，这时转子电流和电磁转矩的方向均发生改变，其中电动机的转矩成为阻止电动机加速、限制转速的制动转矩。在制动过程中，电动机将重物的势能转变为电能再反馈回送给电网，所以再生发电制动也常被称为反馈制动。反馈制动实际上不是让电动机迅速停转，而是用于限制电动机的转速。

四、三相异步电动机铭牌解读

异步电动机应用很广，它所拖动的生产机械多种多样，要求也各不相同。选用异步电动机应从技术和经济两个方面进行考虑，以实用、合理、经济和安全为原则，正确选用其种类、功率、结构、转速等，以确保其安全、可靠运行。三相异步电动机铭牌如图 2-19 所示。

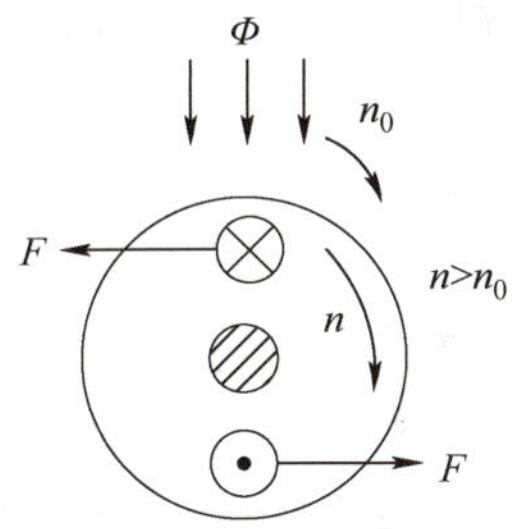

图 2-18　再生发电制动的原理图

××××电机厂

编号××××

三相交流笼型电动机

型　号	Y160L-4	电　　压	380V	接　法	△
功　率	15kW	电　　流	30.3A	定　额	连续
转　速	1460r/min	功率因数	0.85		
频　率	50Hz	绝缘等级	B		

出厂年月　　×年×月

图 2-19　三相异步电动机铭牌

（1）种类选择　在三相异步电动机中，笼型异步电动机结构简单、坚固耐用、工作可靠、维护方便、价格低廉，但调速性能差，启动电流大、启动转矩较小，功率因数较低，一般用于无特殊调速要求的生产机械，如泵类、通风机、压缩机及金属切削机床等。

绕线转子异步电动机与笼型异步电动机相比，启动性能和调速性能都较好，但结构复杂，启动、维护较麻烦，价格比较贵，适用于需要有较大的启动转矩，且要求在一定范围内进行调速的起重机、卷扬机及电梯等。

(2) 功率选择　电动机功率的选择是由生产机械决定的。如果电动机的功率选得过大，虽然能保证正常运行，但不经济。若电动机的功率选得过小，就不能保证电动机和生产机械的正常运行，长期过载运行还将导致电动机烧坏。电动机功率选择的原则是，电动机的额定功率等于或稍大于生产机械的功率。

(3) 结构选择　电动机的外形结构，根据使用场合可分为开启式、防护式、封闭式及防爆式等，应根据电动机的工作环境来进行选择，以确保其安全、可靠运行。

开启式电动机在结构上无特殊防护装置，但通风散热好，价格便宜，适用于干燥、无灰尘的场所；防护式电动机的机壳或端盖处有通风孔，可防雨、防溅及防止铁屑等杂物掉入电动机内部，但不能防尘、防潮，适用于灰尘不多且较干燥的场所；封闭式电动机外壳严密封闭，能防止潮气和灰尘进入，但体积较大，散热差，价格较高，常用于多尘、潮湿的场所；防爆式电动机外壳和接线端全部密闭，不会让电火花溅到壳外，能防止外部易燃、易爆气体侵入机内，适用于石油、化工企业，煤矿及其他有爆炸性气体的场所。

(4) 转速的选择　电动机额定转速是根据生产机械的要求来选择的。当电动机的功率一定时，转速越高，体积就越小，价格也越低，但需要变速比较大的减速机构。因此，必须综合考虑电动机和机械传动等方面的因素。

项目小结

本项目学习了三相交流电路，其中包含三相电源的连接方式，三相负载的连接方式以及三相交流电路的功率，三相交流电路在电力系统中应用广泛；学习了磁场和磁路的基本知识、自感现象以及变压器的基本知识，电磁理论是机电能量转换的基础，在生产和生活中有广泛的应用；学习了三相异步电动机的结构与原理、控制及选择。通过本项目的学习，了解到了一些基本常识，有助于更好地学习专业课。

思考与练习

填空题

1. 三相交流电是由________产生的，________相等，________相同、相位互差________的 3 个正弦电动势，称为三相对称电动势。

2. 在我国供电系统中，低压配电系统通常采用________，高压输电系统通常采用________。

3. 三相负载的连接方式有________和________两种。

4. 物体具有吸引铁、钴、镍等物质的性质称为________，具有磁性的物体称为________。

5. 利用磁场产生电流的现象称为________，用电磁感应的方法产生的电流称为________。

6. 由于线圈本身电流发生________而产生电磁感应的现象称为自感现象，在自感现象中产生的感应电动势，称为________。

7. 变压器主要由________和________两个基本部分组成。

8. 异步电动机的基本结构由________和________两大部分组成。

9. 三相笼型异步电动机的降压启动方法有________启动和________启动。

项目三

安全用电的认知

学习目标

知识目标：

1. 了解触电的基本概念及其对人的伤害。
2. 掌握电能的生产、输送和分配。
3. 熟悉引发触电事故的方式和原因。
4. 熟悉常用的防护措施。

技能目标：

1. 了解触电的现场处理措施，掌握防止触电的保护措施。
2. 能正确地选择电气火灾现场处理方法。

素养目标：

1. 掌握电气火灾的防范及扑救常识。
2. 根据安全用电常识解决实际问题。

学习重点：

1. 引发触电事故的原因、方式及常用的防护措施。
2. 安全工具的类型及使用注意事项。

学习难点：

1. 常用的触电安全防护措施。
2. 常见的触电急救方法和电气火灾处置流程。

项目引言

随着科学技术的快速发展，无论是工业生产，还是日常生活，电力的应用越来越广泛。人们操纵或触摸电气设备的次数越来越多。对于电能及其电气设备使用不合理、安装不妥当，维修不及时或违反电气操作规程等，可能会造成停电停产、损坏设备、引发火灾，甚至造成人身伤亡等严重的事故。为了避免触电事故的发生，安全用电常识的普及教育显得越来越重要。

电力机车是第二次工业革命的产物，但直到第三次工业革命后才有了超大规模的发展。电力机车拥有很多优点，综合性能比蒸汽机车和内燃机车好很多，不仅广泛用于干线铁路的运营，而且服务于几乎所有的城市轨道交通中。现今，世界国家大多展开了电气化铁路的建设，普及了电力机车的运用，并大力发展更先进的电力机车。电力机车起动加速快，爬坡能力强，工作不受严寒的影响，运行时不排废气，所以在运输繁忙的铁路干线和隧道多、坡度陡的山区线路上更能发挥优势。

任务一 认知安全用电基础知识

一、电能的生产、输送和分配

电能具有转换容易、效率高、便于输送和分配、有利于实现自动化等许多方面的优点。因此，人们总是尽可能地将其他形式的能量转换为电能加以利用。目前，电能基本由发电厂生产，经升压变压器升压后，通过输电线做一定距离的输送，最后经区域变电所降压后分配给各个电力用户。构成了发电、输送、变电、配电和用电的整体，称为电力系统。

(1) 电能的生产 电能主要是发电厂生产的，发电厂把其他形式的能量转换成电能。发电厂的种类很多，一般根据它所利用能源的不同分为火力发电厂、水力发电厂、核能发电厂、风力发电厂、沼气发电厂、潮汐发电厂、地热发电厂和太阳能发电厂等。常见的发电厂类型有火力发电厂（图 3-1）、水力发电厂（图 3-2）、核能发电厂（图 3-3）。常见发电厂类型的发电形式和特点见表 3-1。

图 3-1 火力发电厂

图 3-2 水力发电厂

图 3-3 核能发电厂

表 3-1 常见发电厂类型的发电形式和特点

发电厂类型	发电形式	特点
火力发电厂	通常以煤炭、重油和天然气为燃料，使锅炉产生蒸汽，以高压、高温蒸汽驱动汽轮机带动发电机发电	消耗大量燃料，排放温室气体，污染缓解
水力发电厂	通过水库或筑坝截流的方式提高水位，利用水流驱动水轮机带动发电机发电	发电成本低，对环境无污染，只能在水资源丰富地区建造

（续）

发电厂类型	发电形式	特点
核能发电厂	由核燃料在反应堆中裂变反应所产生的热能来产生高压、高温蒸汽，驱动汽轮机带动发电机发电	燃料体积小，产生电能巨大，技术难度较高

由于火力发电需要消耗大量的能源，在产生电力的同时还释放大量的温室气体；水力发电对地理条件要求较高；而核能发电只需要技术能力达到标准就可以在任何地域，长期提供强大的电力，是目前解决能源危机的一个发展方向。

（2）电能的输送　电能的输送又称为输电。从发电厂发出的电能，先经过升压变压器将电压升高，用高压输电线输到远方用户附近，再经过降压变压器降低电压供给用户使用。输电的距离越长，输送容量越大，输电电压升得越高。一般情况，输电距离在 50km 以下，采用 35kV 的电压输电；距离在 100km 左右采用 110kV 的电压输电；输电距离在 2000km 以上采用 220kV 或更高的电压输电，见表 3-2。

表 3-2　电能输送 3 个环节

环节	说明
变电	变换电压等级，分为升压和降压
输电	电力的输送。输电网通常由 35kV 及以上的输电电路及其连接的变电站组成
配电	配电网一般由 10kV 及以下的配电电路组成。现有的配电电压等级为 10kV、6kV、3kV、380V/200V 等多种

（3）电能的分配　高压输电到用电点（住宅、工厂、商超）后，需经区域变电（将交流高压降低为低压），再供给各用电点。照明电压为交流 220V，提供给工厂的为 380V/220V。

一般电力系统要求总用电负荷与总供电功率保持平衡，以确保供电质量，避免或减少供电事故的发生。根据用电用户不同的重要性及对供电可靠性的要求，用电负荷一般可分为 3 级，见表 3-3。

表 3-3　电力系统负荷分类

负荷分类	重要性和可靠性要求	措施
一类负荷	如果供电中断会造成生命危险，造成国民经济重大损失，损坏生产设备以致生产长期不能恢复，如钢铁厂、石化企业、矿井、医院等	必须有两个独立电源供电，重要的应设置备用电源，保证持续供电
二类负荷	停止供电会造成大量减产，城市的正常秩序遭受破坏。对这类负载尽可能保证供电可靠，可以设置备用电源，如化纤厂、生物制药厂、体育馆	设置备用电源，提高供电的连续性
三类负荷	断电造成的损失不大，如生产单位的辅助车间等	尽可能提高供电的可靠性

阅读角

中华人民共和国成立后的电力工业发展

中华人民共和国成立是中国电力工业发展的重大转折点。中国电力工业经历了由弱变强、由落后变先进的发展历程，取得了举世瞩目的巨大发展成就。第一，全国电力生产规模和用电规模增长超千倍：发电装机增长超过 1000 倍，发电量增加超 1600 倍；用电量增长超过1900倍，人均用电增长630倍。发电能力从中华人民共和国成立初期的世界落后水平，进入世界先进行列，为中国经济建设提供了价格可承受的电力供应。第二，全国电网规模增长数百倍：电网电路长度增长290倍，通电率达100%。电力供应从难以保障进入高可靠性水平阶段，电网规模稳步发展，电压等级不断提升，建成世界上覆盖范围最广、能源资源配置能力最强、运行水平最高的电网。第三，全国清洁电力增长数千倍：清洁发电装机增长4600倍，清洁能源发电量增长2910倍。电源结构从一煤独大到多种能源发电并举，清洁能源装机规模和发电量不断扩大，电源结构持续优化。第四，电力工业技术水平和装备能力大幅提升，特高压输电技术、新能源发电并网技术、核电技术和发电设备生产能力步入世界先进行列。第五，电力技术创新与电力国际合作取得重大进展，电力体制机制日趋完善。

二、触电基本常识

安全用电包括人身安全和设备安全。人身安全是指防止人接触带电物体受到电击或电弧灼伤而导致生命危险，设备安全是指防止因用电事故引起设备损坏或电气火灾爆炸等危险。

（1）触电对人体的伤害　触电伤害主要分为电击和电伤。

电击是指电流通过人体时对人体的内部伤害。表现为肌肉抽搐，内部组织损伤，造成发热、发麻、神经麻痹等，严重时将引起昏迷、窒息，甚至死亡。

电伤是指电流的热效应、化学效应以及电流本身作用对人体外部的伤害。常见的电伤有电灼伤和电烙印，见表3-4。

表3-4　电击和电伤的特征与危害

名称		伤害特征	危害
电击		常会给人体留下较明显的特征，包括电标、电纹、电流斑。电标是在电流出入口处所产生的碳化标记，电纹是电流通过皮肤表面，在其出入口间产生的树枝状不规则的发红线条，电流斑则是指电流在皮肤表面出入口处所产生的大小溃疡	电击是触电事故中最危险的一种，会使人体出现痉挛、刺痛、昏迷、心室颤动或停跳、呼吸困难、心跳停止等症状
电伤	电灼伤	接触灼伤：是发生在高压触电事故时，电流通过人体皮肤的出入口造成的灼伤 电弧灼伤：是在误操作或过分接近高压带电体时，产生电弧放电，出现的高温电弧造成的灼伤	高温电弧会把皮肤烧伤，致使皮肤发红、起泡或烧焦和组织破坏；电弧还会使眼睛受到严重伤害
	电烙印	由电流的化学效应和机械效应引起，通常在人体与带电体有良好接触的情况下发生。电烙印有时在触电后并不立即出现，而是隔一段时间后才出现	皮肤表面将留下与被接触带电体形状相似的肿块痕迹。一般不会发炎或化脓，但往往造成局部麻木和失去知觉

触电对人体的伤害程度与很多因素有关，如电流大小、触电时间、流经途径、电流频率、电压大小以及触电者的身体状况等，见表3-5。

表3-5　触电因素对人体伤害程度

触电因素	伤害情况说明
电流大小	流过人体的电流大小是决定人体受到伤害程度的最主要原因之一。当较小的电流流过人体时人没有知觉，当超过30mA的电流流过人体时会对人体造成伤害，超过50mA的电流流过人体时会导致人死亡
触电时间	电流流过人体的持续时间越长对人体的伤害程度就越大
流经途径	电流通过人体任何一个部位都可能导致死亡。电流通过头部会使人昏迷，电流通过脊髓会使人瘫痪，电流从左手流到前胸是最危险的途径

（续）

触电因素	伤害情况说明
电流频率	交流电比直流电更危险，频率很低或很高的电流触电危险性比较小。对人体而言，最危险的电流频率范围是 20~300Hz
电压大小	触电电压越高对人体的危害越大
触电者的身体状况	人体电阻并不是固定值。它会随着皮肤干燥程度等因素变化，一般来说，人体的电阻会随接触面积增大、电压增高而减小

（2）触电方式　人体的触电方式一般分为直接触电和间接触电两种。直接触电主要包括单相触电和两相触电，间接触电主要分为跨步电压触电和悬浮电路触电。

1）单相触电。人体的一部分接触带电体的同时，另一部分又与大地或中性线（零线）接触，电流从带电体流经人体到大地形成回路，如图 3-4 所示。

我国低压三相四线制供电系统中单相电压为 220V。人体电阻为 1~2kΩ。若 220V 的电压加在人体上将会产生近 110mA 的电流，所以单相触电是很危险的。此时人若站在干燥的绝缘物体上单手操作，例如人站在一块绝缘电阻为 2MΩ 的干燥木板上去接触 220V 的电压，流过人体的电流仅为 0.11mA，这对人体来说是安全的。

2）两相触电。人体的不同部位同时接触两相电源带电体而引起的触电称为两相触电。当发生两相触电时，无论电网中性点是否接地，人体所承受的电压都是 380V，危险性更大，如图 3-5 所示。

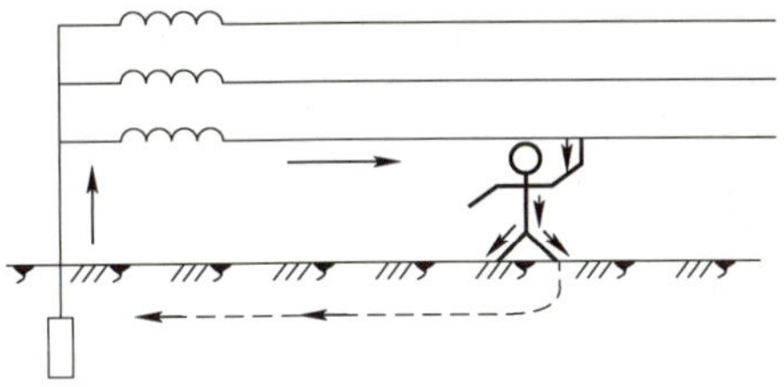

图 3-4　单相触电

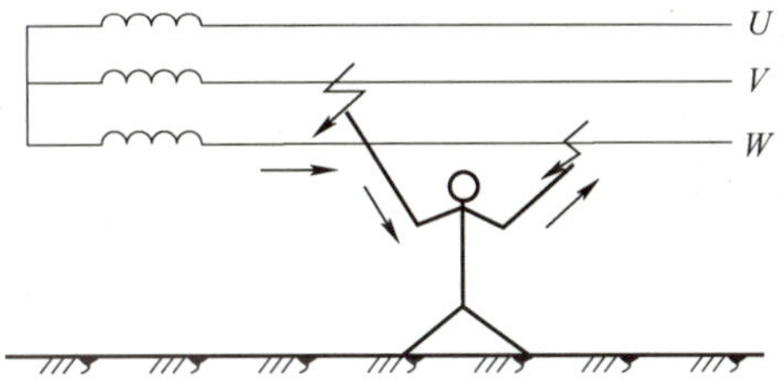

图 3-5　两相触电

3）跨步电压触电。当载流电力线落地时，电流接地点及周围会形成强电场，其电位分布以接地点为圆心向周围扩散，距离接地点越远电位越低，在该强电场的不同位置形成电位差，一旦人跨入该区域，下肢之间存在电压，该电压称为跨步电压，电流从接触高电位的脚流进从接触低电位的脚流出，如图 3-6 所示。

跨步电压的大小取决于距离高压接地点的远近以及两脚相对接地点的跨步间距，在距离高压线落地点 20m 以外的区域，跨步电压很小视为安全区域。一旦误入高压线落地点 20m 以内的区域，应采用单脚跳或双脚并拢蹦离该区域。

图 3-6　跨步电压触电

（3）触电原因　常见的触电原因包括电路架设不合格、用电设备不合格、电工操作不合要求和使用电器不谨慎 4 种。

（4）触电事故的规律

1）触电事故的季节性明显。统计资料表明，一年中第二、三季度事故较多，6~9 月最集中。这与夏秋季用电高峰期、天气潮湿，降低了电气设备的绝缘性能有关。

2）低压触电事故多于高压触电事故。

3）单相触电事故多。单相触电事故占总触电事故的70%以上。

4）发生在电路部位的触电事故较普遍。电路部位触电事故发生在变压器出口总干线上的少，发生在分支线上的多，发生在远离总开关电路部分的更为普遍。

5）误操作触电事故较多。由于电气安全教育不够，电气安全措施不完备，致使受害者本人或他人误操作造成的触电事故较多。

三、安全防护措施

主要预防触电安全防护措施如下：

（1）绝缘措施　良好的绝缘是预防触电事故的重要措施。根据绝缘材料的不同，可分为气体绝缘、液体绝缘和固体绝缘。高压线在空气中裸线架设，绝缘材料为气体；油浸式变压器中注满了变压器油，绝缘材料为液体；日常生活中使用的电工工具手柄一般是橡胶或者木头制成，绝缘材料为固体。

（2）屏护措施　采用屏护装置将带电体与外界隔绝开，杜绝不安全因素的措施称为屏护措施，常见的屏护措施有护罩、护盖和栅栏等。

常用电器的绝缘外壳、金属网罩、金属外壳，变压器遮栏都属于屏护装置，凡是金属材料制成的屏护装置，应当妥善接地。屏护装置上应有“高压危险”“禁止攀登”等明显标志，必要时可上锁或安装监控设备。

（3）间距措施　为防止人体或车辆触及带电体而引发触电事故，在带电体与人体之间、带电体与地面之间、带电体与带电体之间，采取保持一定安全间距的措施，称为间距措施。

安全间距的大小取决于电压高低、设备类型和安装方式等因素。例如1kV以下的带电电路与建筑物之间水平距离不小于1m，垂直距离不小于2.5m；10kV以下的带电电路与建筑物之间水平距离不小于1.5m，垂直距离不小于3m；35kV以下的带电电路与建筑物之间水平距离不小于3m，垂直距离不小于4m。

（4）安全标志　在有触电危险的区域，应设置明显的安全标志，使人警惕，防止触电事故的发生，如图3-7所示。

（5）接地保护　接地保护具体要求符合《系统接地的型式及安全技术要求》(GB 14050—2008）的规定。接地保护主要是限制设备外壳的对地电压，将其限制在安全范围之内。为防止电气设备绝缘损坏而使人体有触电危险，将电气设备在正常情况下的金属外壳用金属导线与接地体（埋入大地并直接与大地接触的金属导体，称为接地体，如埋设在地下的钢管、角铁等）紧密相连接，作为保护接地，如图3-8所示。

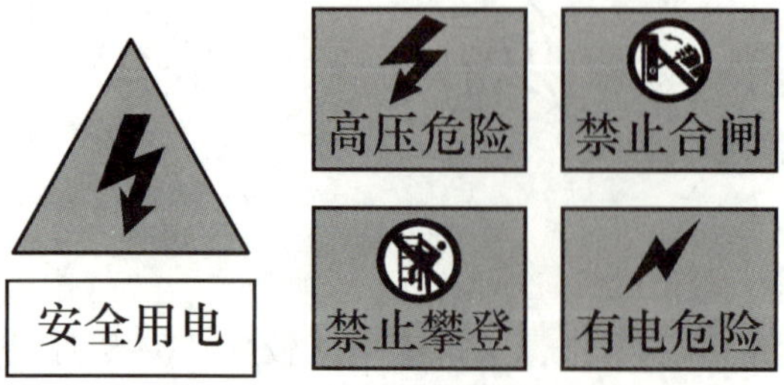

图3-7　安全标志

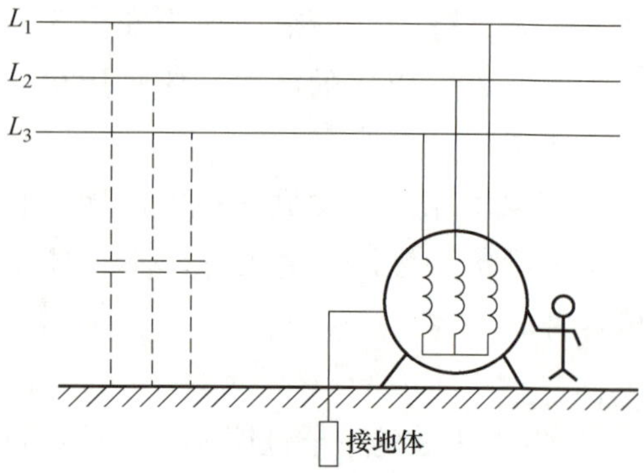

图3-8　接地保护

（6）保护接零　在电源中性点接地的三相四线制的电网中，为防止因电气设备绝缘损坏而使人触电危险，应将电气设备的金属外壳与中性线（PEN）或与中性线相连接的专用保护线（PE）连接起来，称为保护接零或保护接中性线，如图 3-9 所示。

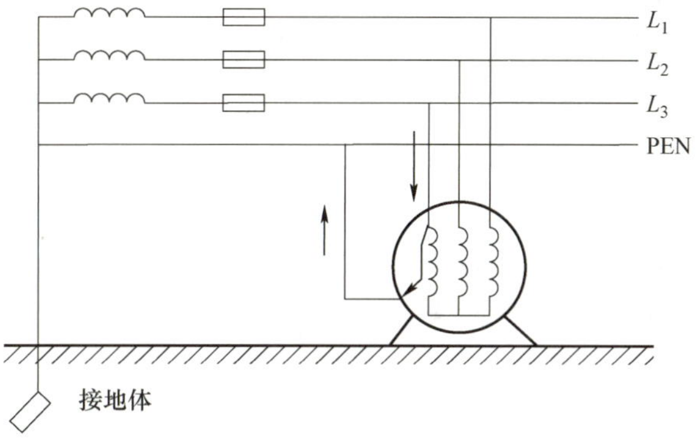

图 3-9　保护接零

（7）使用安全电压　我国规定的系列安全电压 3 个等级分别是 36V、24V 和 12V，不同的场所应采取不同的安全电压等级。在高温、潮湿且周围有大面积接地体的场所，如矿井隧道内需使用 12V 的安全电压，若无特殊的安全防护装置或安全措施，均需采用 36V 或 24V 的安全电压。

阅读角

雷电与避雷装置

雷电是自然界的放电现象，属于高压电弧触电。发生雷电时，强大的电流从云层流入大地上，给人们带来危害，雷电的路径往往经过地面上凸起的部分。因此，为避免雷击，一般高大的建筑物、室外天线、架空输电线等都要装设避雷装置。

四、安全用电工具

（1）电度表　电度表又称为电能表，是用来对用户的用电量进行计量的仪表。感应系电度表由感应系测量机构构成，其电流线圈与负载串联，反映负载的电流；其电压线圈与负载并联，反映负载的电压。感应系测量机构的转速与负载的有功功率成正比，负载功率越大，其转速越快，通过其积算机构，即可测出负载在一定时间内消耗的电能。电度表按电源相数分有单相电度表和三相电度表，如图 3-10 和图 3-11 所示。

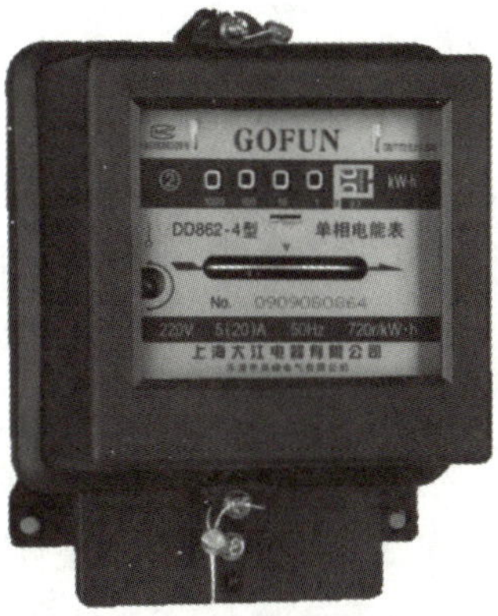

图 3-10　单相电度表

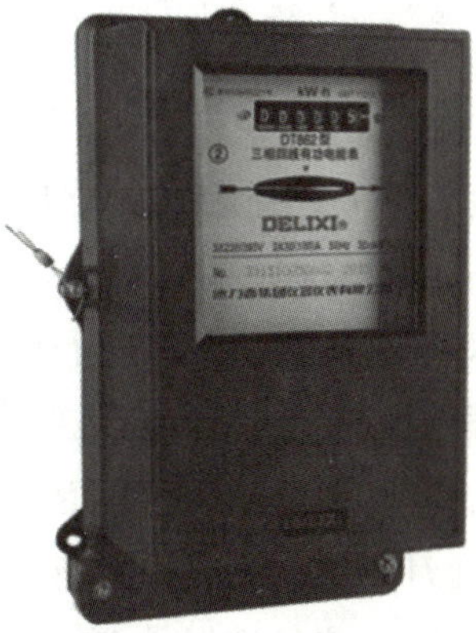

图 3-11　三相电度表

1）电度表的选择。首先，根据被测电路的负载是单相的还是三相的，选择单相或三相电度表。通常，居民用电选择单相电度表，工厂动力用电选择三相电度表。测量三相三线制供电系统的有功电能时，应选用三相两元件有功电度表；测量三相四线制供电系统的有功电能时，应选用三相三元件有功电度表。其次，根据负载的电压和电流的数值，选择相应的额定电压值和额定电流的电度表。电度表的额定电压值和额定电流值要等于或大于负载的电压和电流，电度表所能提供的电功率为额定电流和额定电压的乘积。

2）电度表的安装。电度表应安装在干燥、不受振动的场所，所固定的位置要便于安装、试验和查表。通常情况下，电度表应安装在定型产品的开关柜（箱）内，或装置在电度表板、配电盘上，不宜安装在易燃、易爆、磁场影响大、有腐蚀性气体、多灰尘、高温、潮湿的场合。

电度表与其他电器的距离大约为60mm。安装时应注意，电度表与地面必须垂直，否则将会影响电度表计数的准确性。

3）电度表的接线。单相电度表的接线盒内有4个接线端子，自左向右为1、2、3、4单相电度表接线编号。接线方法一般是直接接入法，如图3-12所示。

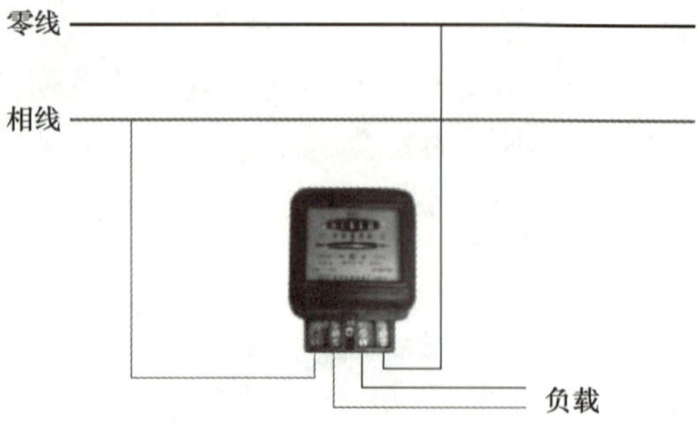

图 3-12 单相电度表接线

4）电度表接线注意事项。单相电度表接线时注意事项如下：

相线和零线不能接反。若接反，可能造成漏计电量或短路。

电度表电源的进出线不能接反。若接反，可能造成计量错误。

经电流互感器接入的电度表必须注意互感器的极性。若极性接反，将要造成计量错误。

三相电度表接线时注意事项如下：

三相电度表要求按正相序接入，如果相序接错，将造成错误计量或误差增大。

对于电压、电流互感器接入的三相电度表，必须注意电压、电流对应的相序和互感器的极性。如果相序不对应或者互感器的极性接反，将造成计量错误。

三相四线制有功电度表的零线一定要接入，如果零线不接入电度表或者断线，则会由于中性点位移而引起较大的计量误差。

零线和相线不能接错，否则除造成计量误差外，电度表的电压线圈还可能由于承受了线电压而烧毁。

（2）刀开关

1）开启式负荷开关。开启式负荷开关又称为瓷底胶盖刀开关，简称闸刀开关，如图3-13所示。闸刀开关常用于电源的隔离，即在不带负载（用电设备无电流通过）的情况下切断和接通电源，以便对作为负载的设备进行维修和更换熔丝，或对长期不工作的设备切断电源。除用于照明电路的电源开关外，也可用来控制5.5kW以下异步电动机的启动与停止。因其无专门的灭弧装置，故不宜频繁分、合电路。

闸刀开关按触刀数量不同，主要有单极、双极和三极3种。闸刀开关主要由瓷底座、静触头、触刀、瓷质手柄、熔丝和胶木盖等构成，其结构简单，价格低廉，使用广泛，如图3-14所示。

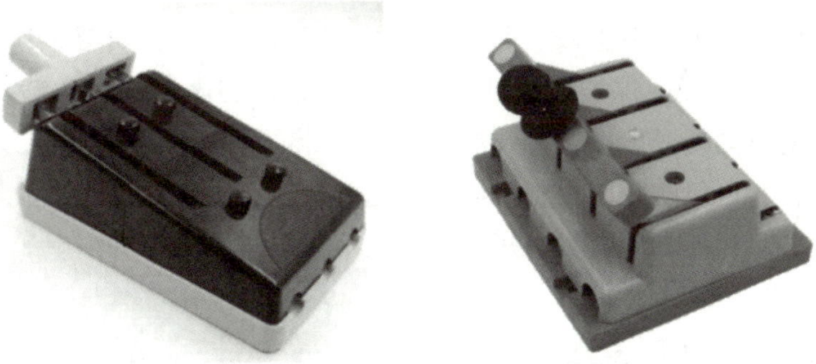

图 3-13　闸刀开关

开启式负荷开关使用时必须垂直安装，且合闸状态时手柄应朝上，不允许倒装或平装，以防发生误合闸事故。接线时，电源进线应接在开启式刀开关上面的进线端子上，负载出线接在开关下面的出线端子上，保证刀开关分断后，闸刀和熔体不带电。开启式负荷开关控制照明和电热负载时，要装接熔断器作为短路保护和过载保护。开启式负荷开关用作电动机的控制开关时，应将开关的熔体部分用铜导线直连，并在出线端另外加装熔断器作为短路保护之用。在分闸和合闸操作时，应动作迅速，使电弧尽快熄灭。用于照明和电热负载，开关额定电流应不小于电路负载的额定电流；用于控制电动机的直接启动和停止，开关和额定电流应小于电动机额定电流的 3 倍。

2）封闭式负荷开关。封闭式负荷开关又叫作铁壳开关，是一种手动操作的开关电器，主要由动触刀、熔断器、操作机构和铁制外壳等组成。封闭式负荷开关的操作机构采用储能分合闸方式，能迅速熄灭电弧，提高开关的通断能力；铁盖上有机械连锁装置，保证合闸时打不开盖，而开盖时合不上闸，确保操作安全，如图 3-15 所示。

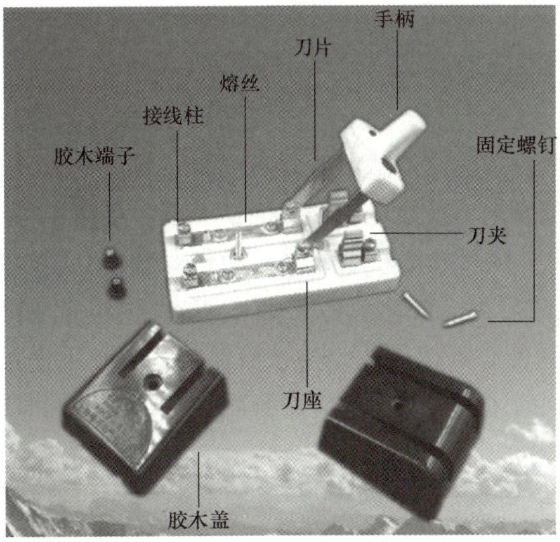

图 3-14　闸刀开关的结构

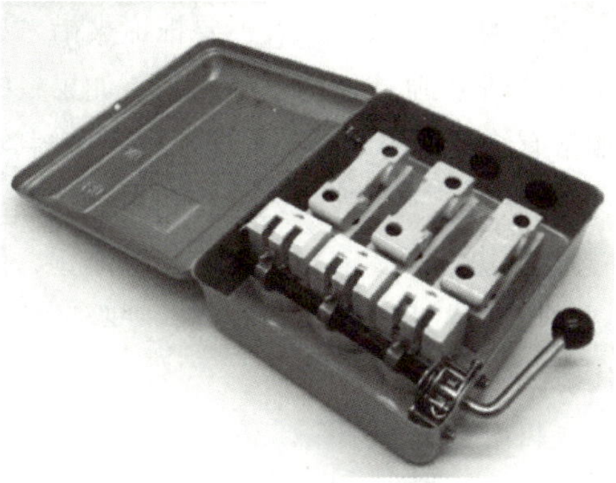

图 3-15　封闭式负荷开关

封闭式负荷开关一般用在小型排灌、电热器、电气照明电路的配电设备中，用于不频繁地接通和分断电路；也可用于控制 15kW 以下的交流电动机不频繁直接启动和停止。

（3）低压断路器　低压断路器又叫作自动空气开关，它集控制和多种保护功能于一体，当电路中发生严重过电流、过载、短路、断相、漏电等故障时，能自动切断电路，起到保护作用。低压断路器的种类很多，按结构形式分类，有万能式（又称为框架式）、塑料外壳式、小型模数式；按用途分类，有配电用断路器、电动机保护用断路器、照明用断路器和漏电保护断路器等；按主电路极数分类，有单极、两极、三极、四极断路器，如图 3-16 所示。

（4）漏电保护装置　漏电保护装置即漏电保护器，是当电路或用电设备的漏电电流大于装置的整定值时，能自动断开电路或发出报警信号的装置，如图 3-17 所示。漏电保护器主要提供间接接触防护，它可以防止因设备漏电而引起的触电、火灾和爆炸事故。漏电保护器常与低压断路器组装在一起，使其同时具有短路、过载、欠电压、失压和漏电等多种保护功能。

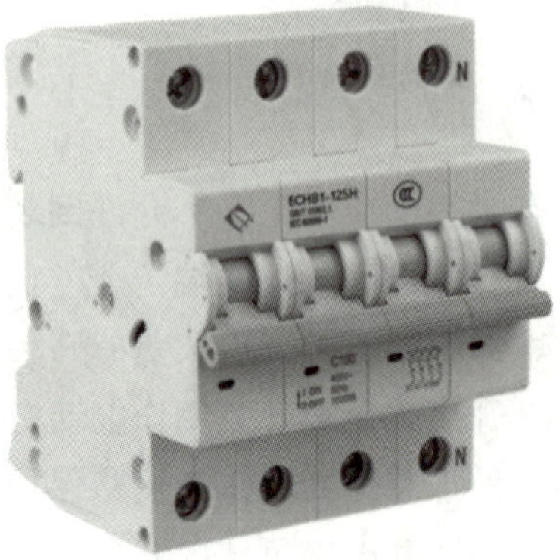

图 3-16　断路器

图 3-17　漏电保护器

（5）熔断器　熔断器是串联在被保护电路中的，当电路短路时，电流很大，熔体急剧升温，立即熔断，所以熔断器可用于短路保护。由于熔体在用电设备过载时通过的过载电流能积累热量，当用电设备连续过载一定时间后熔体积累的热量也能使其熔断，所以熔断器也可作为过载保护。常用的熔断器有瓷插式、螺旋式、有填料密封管式、无填料密封管式等几种类型。这里只介绍最常用的 RC1A 系列瓷插式和 RL1 系列螺旋式两种熔断器。

任务二　认知触电急救

发生触电事故，千万不要惊慌失措，必须用最快的速度使触电者脱离电源。脱离电源最有效的措施是拉闸或拔出电源插头。如果一时找不到或来不及找电源插头的情况下，可用绝缘物（如带有绝缘柄的工具、干燥木棍、塑料管等物件）移开或切断电源线，动作要迅速，同时避免自己触电。一两秒的迟疑都可能造成无法挽救的后果。脱离电源后如果病人呼吸、心跳尚存，应尽快送医院抢救。如果心跳停止，则采用胸外心脏按压法维持血液循环；若呼吸停止，则立即进行人工呼吸；若心跳、呼吸均停止，则同时采用上述两种方法急救，在抢救的同时应向医院求救。

（1）低压触电事故脱离电源方法　对于低压触电事故，使触电者脱离电源的方法总结为“拉、切、挑、拽、垫”。

1）拉：如发现电源开关或电闸、插座在触电现场附近，可立即拉下开关或电闸，拔下插座等。

2）切：如果短时间内找不到电源开关或距离太远，可用带有绝缘柄的斧头或钳子切断电源线。

3）挑：如果手边找不到工具或是带电电路搭落在触电者身上，可用干燥的木棒或竹竿挑开电线，使电线与触电者身体脱离。

4）拽：如果周围没有工具，救护人可戴绝缘手套或用干燥的衣服将手完全包裹起来，然后拖拽触电者的衣服，切记不可直接触碰触电者的皮肤。

5）垫：如果电线缠绕在触电者身上，可将干燥木板和塑料板等绝缘物插入触电者身下，使其与地面隔离，隔断电流。

（2）高压触电事故脱离电源方法　当发现有人在高压设备上触电时，救护者应带上绝缘手套、穿上绝缘鞋等个人防护用具，用相应的绝缘工具关闭高压设备的电源开关，或者拨打国家电网 24 小时客户服务热线 95598，第一时间通知供电部门。

（3）现场救治　触电者脱离电源后，应首先判断其受电流伤害的程度，然后根据情况采取不同的抢救措施。

1）判断呼吸是否停止。将触电者移至干燥、通风的地方，松开领口和腰带，使其仰卧观察触电者胸膛有无起伏，若胸膛无明显起伏现象，可用手轻触触电者鼻孔，感觉有无气息流动。

2）判断脉搏是否跳动。用手检查触电者颈部的颈动脉，确认有无跳动，或将耳朵贴近触电者心脏处判断有无心脏跳动。

3）判断瞳孔是否放大。处于死亡边缘或已经死亡的人大脑细胞严重缺氧，大脑中枢失去对瞳孔的调节作用，瞳孔会自行放大，对外界的光线没有反应。

4）现场救治。触电者未失去知觉，如果触电者只是头昏、心悸、出冷汗、恶心、呕吐，但并未失去知觉，可将其放在空气流通、温度适宜的地方安静平躺，松开身上的紧身衣服，摩擦全身，使之发热，促进血液循环。

触电者失去知觉，如果触电者已经昏迷，但呼吸、心跳尚存，应立即通知医生，将其平放在通风、阴凉的地方，松开身上的紧身衣服。如果发现其呼吸逐渐衰弱，应立即进行人工呼吸，若发现心跳逐渐停止，则应立即进行胸外心脏按压。

触电者心跳、呼吸均停止，如果出现假死现象，应根据触电者的不同情况对症处理，如果呼吸停止，可采用人工呼吸法。对于心脏停止跳动者，可用胸外心脏按压法，若呼吸、心跳均停止，上述两种方法同时使用，采取急救措施的同时，应尽快通知医生。

（4）人工呼吸法和胸外心脏按压法

1）人工呼吸法。人工呼吸是急救中重要的措施，正确的人工呼吸操作法，具体可以归纳为以下七步：

① 让患者仰卧。

② 仰卧时患者的后枕部紧贴地面，保证呼吸道在一条直线上。

③ 彻底清除患者呼吸道内的分泌物和异物。

④ 操作者的左手掌根，可紧抵住患者的额部，左手食指和拇指捏紧患者的双侧鼻翼，让鼻腔紧闭。

⑤ 操作者右手要紧夹住患者的双侧面颊，使口腔能够充分张开。

⑥ 操作者用力吸气，吸到不能吸为止，将吸入的气体在 1~2s 内吹入患者的呼吸道，有效证明是可以看到患者胸部起伏。

⑦ 人工呼吸的节律是每 4~5s 吹气一次，大概每分钟 12~16 次，如果同时还要做心脏按压，在心脏按压每分钟 100 次的频率过程中，每按压 30 次心脏，可以连续人工呼吸 2 次。

2）胸外心脏按压法。胸外心脏按压法主要包括以下六步：

① 要将患者置于平坦的木地板上或者是地面上。

② 跪于患者一侧，选择胸骨中下 1/3 或者是双乳头连线的中点进行心脏胸外按压。

③ 按压的时候手掌不能离开患者的胸壁。

④ 按压的频率为 100~120 次/分，按压的深度为 4~6cm。

⑤ 胸外按压的时候双臂要伸直，凭自身的重力，通过双臂和双侧手掌垂直向胸骨加压。

⑥ 胸外按压的时候不要间断，按压 30 次之后进行人工呼吸，胸外按压与人工呼吸的比例为 30∶2，进行有效的胸外按压对于患者脑复苏有着非常重要的意义。

按压时准确，压力适中，不可用力过猛，以免造成肋骨骨折、气胸等危险；但也不能用力过小，否则达不到按压的目的。经过一段时间抢救，若触电者面色好转，口唇潮红，瞳孔缩小，此时可暂停数秒进行观察，如果触电者仍不能维持正常的心跳和呼吸，必须继续抢救，尽量不要搬动，最大限度争取抢救时间。

任务三 安全用电案例分析

如果操作和使用不当，电将对人们造成伤害，严重的将危及生命。在实际生活中，如何强化安全用电意识，保证安全用电呢?

（1）安全用电案例一

1）案例回放。王某家新买一台电扇，因家中三孔插座被其他电器占用，所以将电扇的三脚插头改成两脚插头，电扇外壳没有接地。接上电源，他的儿子看见风扇很高兴，就去摸底座，结果小孩“哇”一声倒在电扇底座边上，王某看见小孩栽倒在地，急忙去拉孩子，刚一接触小孩身体，感觉手麻，急忙将电扇插头拔下，迅速将孩子送往医院。

2）案例分析。经电工打开风扇接线盒，检查接线，发现电线绝缘部分破损，接触电扇外壳。王某安装风扇时，没有用带接地线的三孔插座，又不按照规程操作，致使电扇外壳与电线绝缘破损处接触带电。家中没有安装漏电保护器也是造成触电事故的原因之一。

3）案例思考。家用电器安装应找专业电工，在接电源前，应使用兆欧表测量电线，电线对外壳绝缘电阻应在 1MΩ 以上。

电扇电源线应用有塑料保护套的三芯线，黑色线芯常为外壳保护接地线。电扇使用前应检查电源线绝缘是否良好，若发现擦伤、压伤和老化等情况，应及时处理。

（2）安全用电案例二

1）案例回放。工人张三从事化工产品包装作业。在走动时一脚踏上盘在地上的电缆线，触电摔倒，在场的其他工人急忙拽断电缆，拉下闸刀。他们一边对韩某进行心肺复苏，一边拨打 120 急救电话，待 120 赶到时，韩某出现昏迷、呼吸困难、面部及嘴唇发紫等症状。

2）案例分析。电缆长约 20m，由 3 种不同规格的电缆拼接而成，由于接头包裹不全，以至于漏电。事故现场未安装漏电保护器，不能在触电时进行断电保护。

3）案例思考。如果安装漏电保护器，在电缆漏电的情况下，开关根本不能闭合，就不会发生触电事故。

电缆接头连接不牢固，对电缆的安全性带来了威胁，尽可能采用整段电缆。

发生触电事故，立即切断电源。

项目小结

本项目学习了安全用电和触电急救、安全用电案例。安全用电是使用者人身安全和电气设备安全可靠运行的保障，一定要掌握安全用电常识，严格遵守操作规程。

思考与练习

一、填空题

1. 电能的输送一般经过________、________、________3 个环节。

2. 电能主要由发电厂生产，发电厂是把________转变成电能的场所。常见的发电厂有________、________和________等。

3. 一般情况下，安全电压为___________及以下。

二、单项选择题

1. 一般情况下，输电距离在 50km 以下，采用（　　）的电压输电。

A. 10kV　　B. 35kV　　C. 20kV　　D. 30kV

2. 关于家庭电路中电器安装说法错误的是（　　）。

A. 开关接在相线上　　B. 螺口灯泡的螺口一定接在零线上

C. 开关应和灯泡并联　　D. 三孔插座应有接地线

3. 发现有人触电后，应采取的正确措施是（　　）。

A. 把触电者拉离电源　　B. 立刻喊电工处理

C. 用剪刀把电线剪断　　D. 用塑料棒使人脱离电线

4. 被电击的人能否获救，关键在于（　　）。

A. 触电的方式　　B. 人体电阻大小

C. 触电电压高低　　D. 能否尽快脱离电源和进行急救

5. 把电气设备的金属外壳用导线和埋在地中的接地装置连接起来，成为（　　）。

A. 保护接地　　B. 保护接零

C. 工作接地　　D. 重复接地

三、简答题

1. 为什么要采用高压输电？

2. 作为电工，遇到有人触电如何处理？

3. 小王在使用电视机时，由于电视机短路发生火灾。如果你在现场，应该采取哪些应急措施？请分析短路的原因有哪些？一般家用电器火灾防护措施有哪些？

四、实训项目：家庭配电电路的设计和安装

调查自己家庭的用电器情况，设计配电电路方案，正确选择元器件及导线，画出家用配电板的安装图。

实训流程如下：

1. 设计配电电路图。

2. 选择元器件及导线。

3. 计算家庭用电负荷，选择合适电度表。

4. 画出家用配电板的安装图。

项目四

模拟电路的认知

学习目标

知识目标：

1. 理解半导体的基本特性。
2. 掌握 PN 结的形成及单向导电性。
3. 掌握二极管和晶体管的基本结构、特性曲线及主要参数。
4. 了解并掌握放大电路的组成和运用。
5. 掌握几种常用的放大电路及分析方法。
6. 熟悉整流、滤波、稳压电路的工作原理及元件的选择方法。
7. 了解集成稳压电源的应用。

技能目标：

能用模拟电路的基本知识和基本技能进行简单模拟电路系统的分析设计和调试测试等，具备一定的实践动手能力。

素养目标：

1. 培养学生求真务实、不畏艰难的科学态度。
2. 提升学生科技创新、奋进担当的政治素养。

学习重点：

1. 半导体器件的特性。
2. 二极管和晶体管的结构、特性曲线及主要参数。

学习难点：

1. 放大电路的工作原理及分析方法。
2. 整流、滤波、稳压电路的工作原理。

项目引言

模拟电路是一种非常重要的电路，它可以对模拟信号进行处理和放大，以实现特定的目的。模拟电路的应用非常广泛，其中，最常见的应用是音频放大器。音频放大器是一种能够将音频信号放大到所需幅度的电路，它通常用于音响系统、电视机和收音机等设备中。

除此之外，模拟电路还可以用于工业自动化、医疗设备和航空航天等领域。随着科技的不断发展，模拟电路的应用也将越来越广泛。党的二十大报告将科技创新提升至新高度。科技兴则民族兴，人才强则国家强。科技创新是高质量发展的强大驱动力。抓创新就是抓发展，谋创新就是谋未来。

本项目主要介绍常用的半导体器件、放大电路的实现以及直流稳压电源的应用。

任务一　认知半导体器件

一、半导体的基础知识

自然界中的物质，按其导电能力可分为导体、半导体和绝缘体 3 类。易于传导电流的物质称为导体，如铜、铝、金、银等金属材料；很难传导电流的物质称为绝缘体，如橡胶、陶瓷和塑料等材料；导电能力介于导体和绝缘体之间的物质称为半导体。现代电子技术中常用的半导体材料有硅、锗、硒及大多数金属氧化物和硫化物等，硅是目前最常用的一种半导体材料，其次是锗半导体材料。

半导体材料除了在导电能力方面不同于导体和绝缘体外，还具有一些其他物质不具备的特点：

1）热敏性。当半导体材料受外界热刺激时，其导电能力将发生显著改变。

2）光敏性。当半导体材料受外界光照射时，其导电能力将发生显著改变。

3）掺杂性。在纯净半导体材料中掺入微量杂质，半导体的导电能力会有显著增加。

利用半导体导电的这些特点，可以制成半导体热敏器件、光敏器件和半导体二极管、晶体管、场效应管等器件。

半导体可分为本征半导体和杂质半导体两类。

1. 本征半导体

本征半导体是指完全纯净的，具有晶体结构的半导体。它有自由电子和空穴两种载流子，但由于数量极少，导电能力很低。

空穴是指原子中价电子挣脱共价键成为自由电子后，在原来共价键的相应位置上留下的空位。显然，在本征半导体中，自由电子和空穴是成对出现的。

硅和锗都是四价元素，它们都具有 4 个价电子。在本征半导体材料硅和锗中，每个原子外层的价电子不仅受到自身原子核的束缚，而且受到周围相邻原子核的束缚，每个价电子的个别轨道，成为相邻两个原子间两个价电子的公共轨道，即晶体中的共价键结构。共价键内的两个电子由相邻的原子各用 1 个价电子组成，称为束缚电子。图 4-1 所示为硅和锗的原子结构和共价键结构。

在本征半导体中，自由电子和空穴成对出现，数目相同。

如图 4-2 所示，空穴（如图中位置 1）出现以后，邻近的束缚电子（如图中位置 2）可能获取足够的能量来填补这个空穴，而在这个束缚电子的位置又出现一个新的空位，另一个束缚电子（如图中位置 3）又会填补这个新的空位，这样就形成束缚电子填补空穴的运动。为了区别自由电子的运动，将此束缚电子填补空穴的运动称为空穴运动。

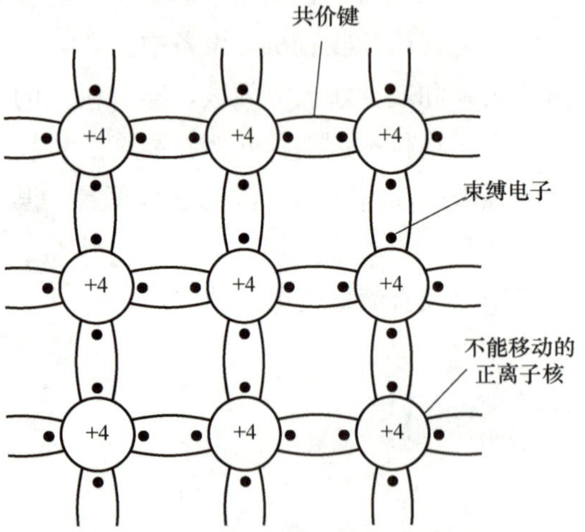

图 4-1　硅和锗的原子结构和共价键结构

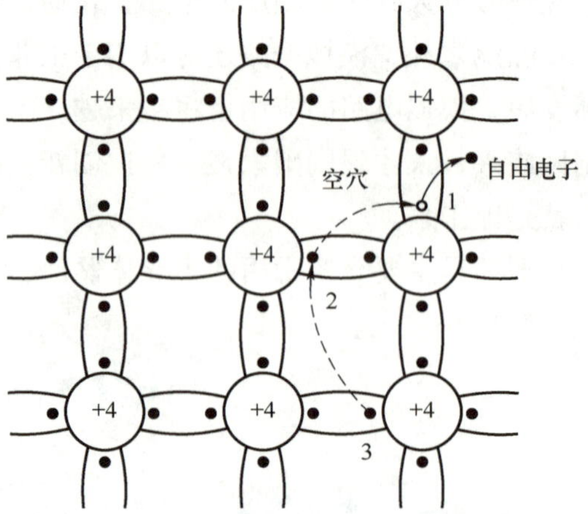

图 4-2　束缚电子填补空穴的运动

本征半导体的特点如下：

1）半导体中存在两种载流子，一种是带负电的自由电子，另一种是带正电的空穴，它都可以运载电荷形成电流。

2）在本征半导体中，自由电子和空穴相伴产生，数目相同。

3）在一定温度下，本征半导体中电子空穴对的产生与复合相对平衡，电子空穴对的数目相对稳定。

4）温度升高，激发的电子空穴对数目增加，半导体的导电能力增强。空穴的出现是半导体导电区别导体导电的一个主要特征。

2. 杂质半导体

若在本征半导体中有选择地掺入少量其他元素，将会使其导电性能发生显著变化。这些掺入的元素统称为杂质。掺入杂质的半导体称为杂质半导体。根据掺入杂质的不同，杂质半导体分为电子型（N 型）半导体和空穴型（P 型）半导体两类。

（1）N 型半导体　在硅（或锗）半导体晶体中掺入微量的五价元素，如磷（P）、砷（As）等，则构成 N 型半导体。

五价的元素具有 5 个价电子，它们进入由硅或锗组成的半导体晶体中，五价的原子取代四价的硅原子，在与相邻的硅原子组成共价键时，因为多 1 个价电子不受共价键的束缚，很容易成为自由电子，于是半导体中自由电子的数目大量增加。自由电子参与导电移动后，在原来的位置留下 1 个不能移动的正离子，半导体仍然呈现电中性，但此时没有相应的空穴产生，如图 4-3 所示。

例如，在室温 27℃时，每立方厘米本征硅材料中约有 1.5×10^{10} 个自由电子或空穴，掺入杂质后成为 N 型半导体，其自由电子数目可增加几十万倍。由于自由电子增多而增加了复合的机会，空穴数目便减少到每立方厘米 2.3×10^{5} 个以下。所以 N 型半导体中，自由电子为多数载流子，简称为多子；空穴为少数载流子，简称为少子。N 型半导体主要靠自由电子导电。

（2）P 型半导体　在硅（或锗）半导体晶体中，掺入微量的三价元素，如硼（B）、铟（In）等，则构成 P 型半导体。

三价的元素只有 3 个价电子，在与相邻的硅原子组成共价键时，由于缺少一个价电子，在晶体中便产生一个空位，邻近的束缚电子如果获取足够的能量，有可能填补这个空位，使原子成为一个不能移动的负离子，半导体仍然呈现电中性，但此时没有相应的自由电子产生，如图 4-4 所示。

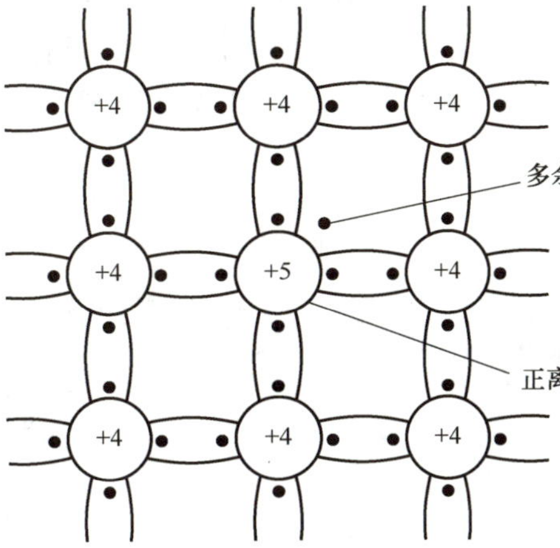

图 4-3　N 型半导体的共价键结构

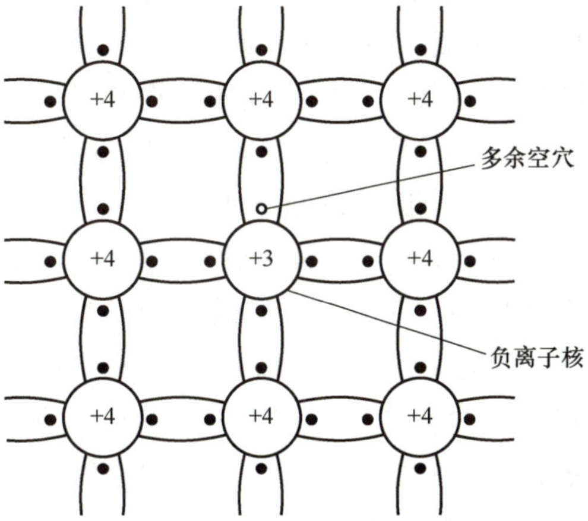

图 4-4　P 型半导体共价键的结构

P 型半导体中，空穴为多数载流子（多子），自由电子为少数载流子（少子）。P 型半导体主要靠空穴导电。

在杂质半导体中，尽管掺入的杂质很少（即掺杂浓度低），但由杂质原子提供的载流子数远大于本征载流子数。所以，杂质半导体的导电能力要比本征半导体大得多。

能力提升

硅元素极为常见，广泛存在于岩石、沙砾和尘土之中，极不起眼。但把它制作成半导体材料，却撑起了硅谷和中关村，成了科技创新发展的中流砥柱。习近平总书记说过，伟大出自平凡，平凡造就伟大。只要有坚定的理想信念、不懈的奋斗精神，脚踏实地把每件平凡的事做好，一切平凡的人都可以获得不平凡的人生，一切平凡的工作都可以创造不平凡的成就。

二、PN 结

1. PN 结的形成

在前面内容中已经知道，在纯净的四价半导体晶体材料（主要是硅和锗）中掺入微量三价（例如硼）或五价（例如磷）元素，半导体的导电能力就会大大增强。这是由于形成了有传导电流能力的载流子。掺入五价元素的半导体中的多数载流子是自由电子，称为电子半导体或 N 型半导体。而掺入三价元素的半导体中的多数载流子是空穴，称为空穴半导体或 P 型半导体。在掺杂半导体中多数载流子（称多子）数目由掺杂浓度确定，而少数载流子（称少子）数目与温度有关，并且温度升高时，少数载流子数目会增加。

将一块半导体的两边分别做成 P 型半导体和 N 型半导体。由于 P 型半导体中空穴的浓度大，自由电子少，N 型半导体中自由电子的浓度大，空穴少，即载流子存在浓度的差别，P 区的空穴将越过交界面向 N 区扩散，在 P 区留下不能移动的负离子，而 N 区的自由电子会向 P 区扩散，在 N 区则留下不能移动的正离子。这种多数载流子因浓度上的差异而形成的运动称为扩散运动，如图 4-5 所示。

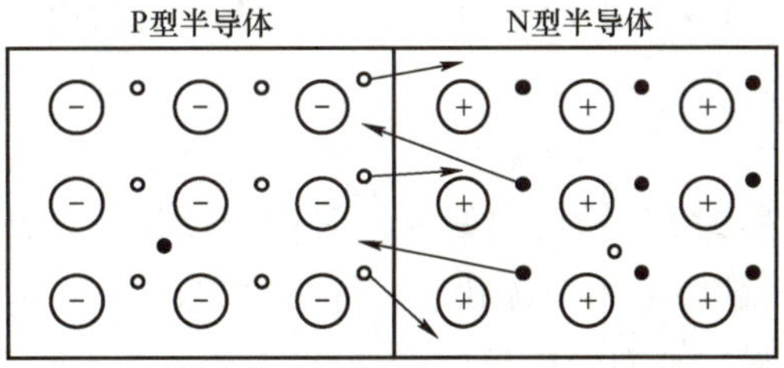

图 4-5　P 型和 N 型半导体交界处载流子的扩散

空穴和自由电子均是带电的粒子，扩散的结果是使 P 区和 N 区原来的电中性被破坏，在交界面的两侧形成一个不能移动的带异性电荷的离子层，此离子层被称为空间电荷区，这就是所谓的 PN 结，如图 4-6 所示。在空间电荷区，多数载流子已经扩散到对方并复合掉了，或者说消耗尽了，因此又称空间电荷区为耗尽层。

空间电荷区出现后，因为正负电荷的作用，将产生一个从 N 区指向 P 区的内电场。内电场的方向会对多数载流子的扩散运动起到阻碍作用。同时，内电场可推动少数载流子（P 区的自由电子和 N 区的空穴）越过空间电荷区，进入对方。少数载流子在内电场作用下有规则的运动称为漂移运动。漂移运动和扩散运动的方向相反。无外加电场时，通过 PN 结的扩散电流等于漂移电流，PN 结中无电流流过，PN 结的宽度保持一定而处于稳定状态。

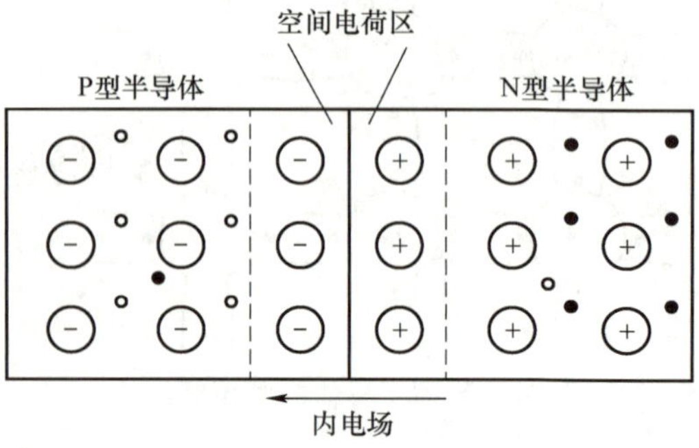

图 4-6 PN 结的形成

2. PN 结的单向导电性

如果在 PN 结两端加上不同极性的电压，PN 结会呈现出不同的导电性能。

(1) PN 结外加正向电压 PN 结 P 端接高电位，N 端接低电位，称 PN 结外加正向电压，又称为 PN 结正向偏置，简称为正偏，如图 4-7 所示。这时，外加电压在 PN 结上形成的外电场方向与内电场的相反，PN 结原来的平衡状态被打破，使扩散运动强于漂移运动，外电场驱使 P 区的空穴和 N 区的自由电子分别由两侧进入空间电荷区，从而抵消了部分空间电荷的作用，使空间电荷区变窄，内电场被削弱，有利于扩散运动不断进行。这样，多数载流子的扩散运动大为增强，从而形成较大的扩散电流。外部电源不断向半导体提供电荷，使电流得以维持，这时 PN 结所处的状态称为正向导通。

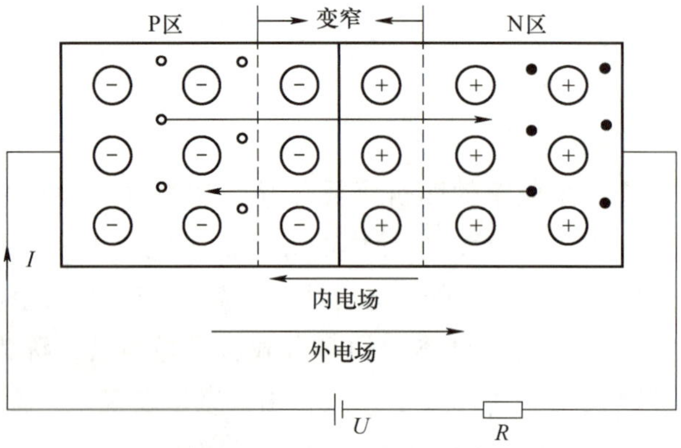

图 4-7 PN 结外加正向电压

PN 结正向导通时，通过 PN 结的电流（正向电流）大，而 PN 结呈现的电阻（正向电阻）小。

(2) PN 结外加反向电压 PN 结 P 端接低电位，N 端接高电位，称 PN 结外加反向电压，又称为 PN 结反向偏置，简称为反偏，如图 4-8 所示。这时，外电场的方向与内电场的相同，PN 结原来的平衡状态同样被打破，空间电荷区变得更宽，扩散运动难以进行，漂移运动却被加强，从而形成反向的漂移电流。由于少数载流子的数目很少，故形成的反向电流也很小。PN 结这时所处的状态称为反向截止。PN 结反向截止时，通过 PN 结的电流（反向电流）小，而 PN 结呈现的电阻（反向电阻）大。因为环境温度越高，少数载流子的数目越多，所以温度对反向电流的影响很大。

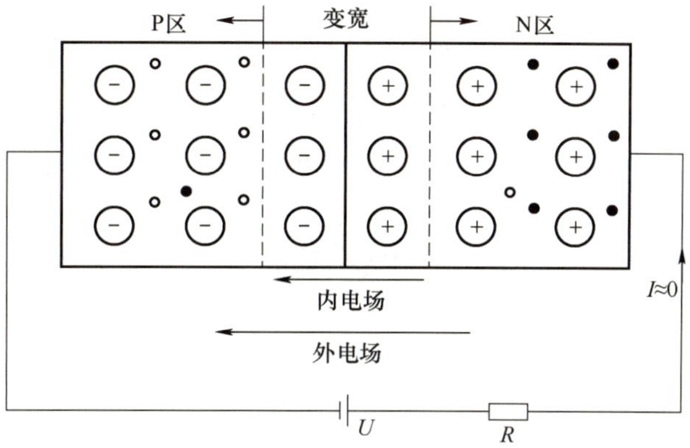

图 4-8　PN 结外加反向电压

结论

PN 结的单向导电性是指 PN 结外加正向电压（即正向偏置）时，PN 结的电阻很小，呈导通状态；外加反向电压（即反向偏置）时，PN 结的电阻很大，呈截止状态。

能力提升

一个人要想成功，许多时候不仅有热情和能力，更重要的是把握正确的方向。就像 PN 结的单向导电性一样，找对方向才能导通。但一个人若要找对方向，前提是要善于学习，勤于实践，拓宽视野，丰富自身，努力提升自身能力和素质。

三、半导体二极管

半导体二极管是半导体器件中最基本的一种，简称二极管，它是由一个 PN 结加上相应的电极引线及管壳封装而成的。由 P 区引出的电极称为阳极，N 区引出的电极称为阴极。因为 PN 结的单向导电性，因此二极管也具有单向导电性。二极管导通时电流方向由阳极通过管子内部流向阴极。

二极管用图 4-9 所示的图形符号来表示。二极管常见外形如图 4-10 所示。

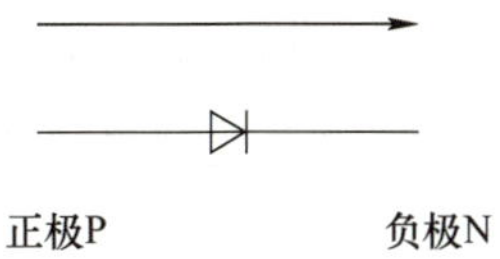

图 4-9　二极管的图形符号

图 4-10　二极管常见外形

1. 二极管的基本结构

二极管按结构分有点接触型、面接触型和平面型 3 大类，如图 4-11 所示。

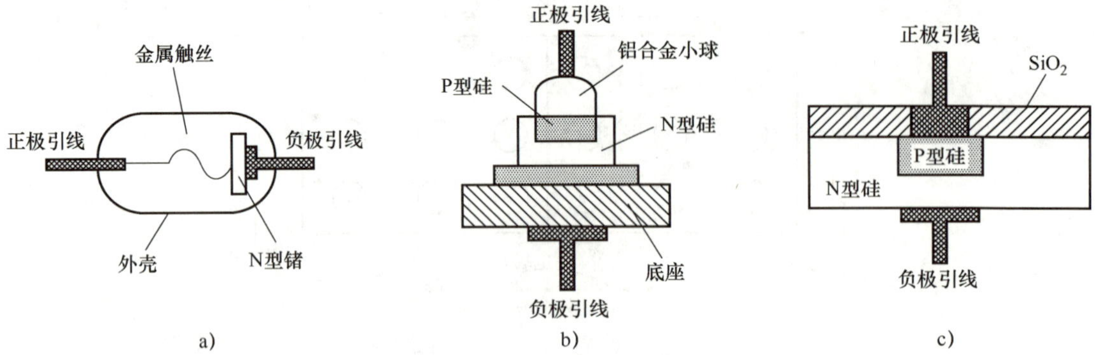

图 4-11 二极管的结构示意图

a）点接触型 b）面接触型 c）平面型

1）点接触型二极管。PN 结面积小，结电容小，用于检波和变频等高频电路。

2）面接触型二极管。PN 结面积大，用于工频大电流整流电路。

3）平面型二极管。往往用于集成电路制造工艺中。PN 结面积可大可小，用于高频整流和开关电路中。

2. 二极管的基本分类

二极管按用途分有整流二极管、检波二极管、开关二极管、稳压二极管、发光二极管和变容二极管等。

（1）整流二极管　整流二极管因为其正向工作电流较大，工艺上多采用面结型结构，结电容大，因此整流二极管工作频率一般小于 3kHz。

（2）检波二极管　一般检波二极管采用锗材料点接触型结构，要求正向压降小，检波效率高，结电容小，频率特性好，其外形一般采用玻璃封装 EA 结构。

（3）开关二极管　二极管从截止到导通称为开通时间，从开通到截止称为反向恢复时间，两者之和称为开关时间。开通时间较短，一般可以忽略，反向恢复时间较长，它反映了二极管的特性好坏。

（4）稳压二极管　稳压二极管的正向曲线与普通二极管相似，但反向曲线比普通二极管低得多。其击穿点处曲线弯折特别尖锐，反向电流剧增，但电压几乎保持不变，只要在外电路中设置限流措施，使稳压二极管始终保持在允许功耗内，就不会损坏稳压二极管，稳压二极管的反向击穿是可逆的，而普通二极管的击穿是不可逆的。稳压二极管多采用硅材料制成。

（5）发光二极管　发光二极管是在半导体 PN 结或类似的结构中通以正向电流，以高效率发出可见光或红外辐射的器件。由于它发射准单色光、尺寸小、寿命长和廉价等特点，因此被广泛用作仪表的指示器、光电耦合器和光学仪器的光源等。

（6）变容二极管　变容二极管是利用 PN 结电容随外加反向偏压变化的特性制成。在零偏压时，结电容最大，临近击穿时，结电容最小。两者之比则为其结电容变化比。从导通曲线可以看出，结电容变化呈现非线性。变容二极管一般总是接在谐振回路中使用，以取代传统的可变电容，必须有足够的 Q 值。显然由于 Q 值随着频率的升高而降低，因此定义为 $Q=1$ 时为截止频率。使用时必须低于截止频率。

3. 二极管的特性

二极管的电流与电压的关系曲线 $I=f\ (U)$ 称为二极管的伏安特性。其伏安特性曲线如

图 4-12 所示。二极管的核心是一个 PN 结，具有单向导电性，其实际伏安特性与理论伏安特性略有区别。由图 4-12 可见，二极管的伏安特性曲线是非线性的，可分为正向特性、反向特性和反向击穿特性 3 部分。

（1）正向特性　当外加正向电压很低时，由于 PN 结自建电场的作用，故正向电流几乎为零。当正向电压超过一定数值时，才有明显的正向电流，这个电压值称为死区电压（或称为阈值电压 U_{th}）。通常，硅管的死区电压约为 0.5V，锗管的死区电压约为 0.1V。当正向电压大于死区电压后，正向电流迅速增长，曲线接近上升直线。在正向伏安特性的导通部分，当电流迅速增加时，二极管的正向压降变化很小，硅管正向压降约为 0.6~0.7V，锗管的正向压降约为 0.2~0.3V。二极管的伏安特性对温度很敏感。温度升高时，正向特性曲线向左移，如图 4-12 所示。这说明对应同样大小的正向电流，正向压降随温升而减小。研究表明，温度每升高 1℃，正向压降减小约 2mV。

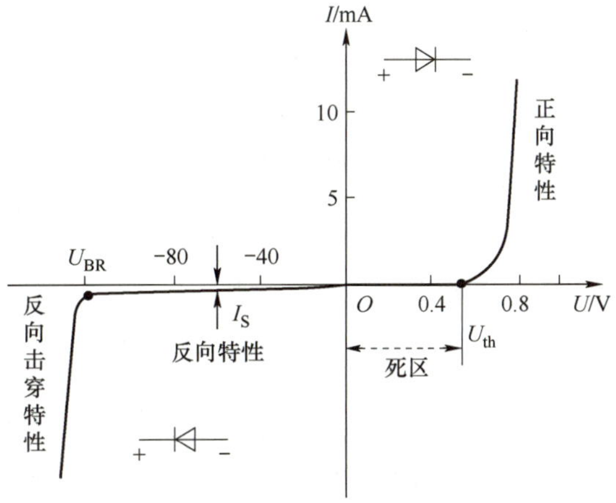

图 4-12　二极管的伏安特性曲线

（2）反向特性　二极管加上反向电压时，形成很小的反向电流，且在一定温度下，它的数量基本维持不变。因此，当反向电压在一定范围内增大时，反向电流的大小基本恒定，而与反向电压大小无关，故称为反向饱和电流。一般小功率锗管的反向电流可达几十微安，而小功率硅管的反向电流要小得多，一般在 0.1μA 以下。当温度升高时，少数载流子数目增加，使反向电流增大，特性曲线下移。研究表明，温度每升高 10℃，反向电流近似增大一倍。

（3）反向击穿特性　当二极管的外加反向电压大于一定数值（反向击穿电压）时，反向电流突然急剧增加称为二极管反向击穿。反向击穿电压一般在几十伏以上。

4. 二极管的主要参数

（1）最大整流电流 I_{DM}　I_{DM} 指的是二极管长期工作时，允许通过的最大的正向平均电流。在使用时，若电流超过这个数值，将会使 PN 结过热将管子烧坏。

（2）反向工作峰值电压 U_{RM}　U_{RM} 是指管子不被击穿所允许的最大反向电压。一般这个参数是二极管反向击穿电压的一半，若反向电压超过这个数值，管子将会有击穿的危险。

（3）反向峰值电流 I_{RM}　I_{RM} 是指二极管加反向电压 U_{RM} 时的反向电流值，I_{RM} 越小，二极管的单向导电性越好。I_{RM} 受温度影响很大，使用时要加以注意。硅管的反向电流较小，一般在几微安以下。锗管的反向电流较大，为硅管的几十到几百倍。

（4）最高工作频率 f_M　二极管在外加高频交流电压时，由于 PN 结的电容效应，单向导电作用退化。f_M 指的是二极管单向导电作用开始明显退化的交流信号的频率。

5. 二极管的型号命名方法

国产二极管的命名规定由 5 部分组成，如图 4-13 所示。

【例题 4-1】　设二极管为理想的，试判断图 4-14 中二极管是导通还是截止？并求出 AO 两端电压 U_{AO}。

解：

1）将 VD_1、VD_2 从电路中断开，以 O 点为参照点分别得出 VD_1、VD_2 两端的电压。

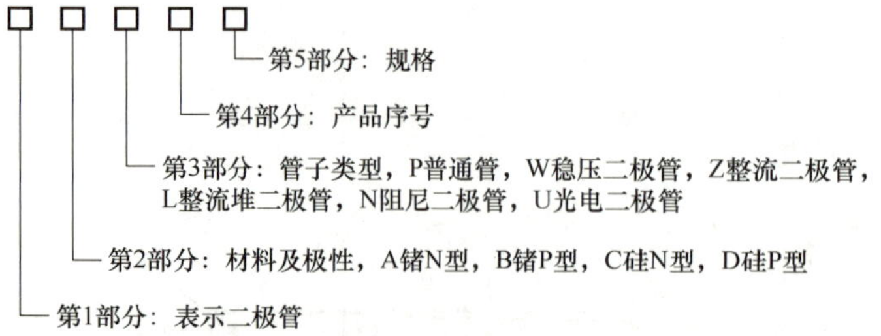

图 4-13 国产二极管的命名规定

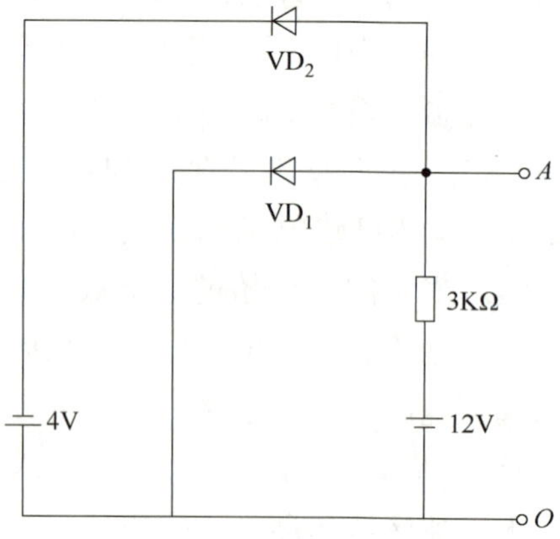

图 4-14 例题 4-1 图

2）根据二极管的单向导电性，二极管承受正向电压则导通，反之则截止。若两管都承受正向电压，则正向电压大的二极管优先导通，忽略管压降。然后再分析另一二极管的工作情况。

本题中：VD_2 优先导通，此时 VD_1 截止。$U_{AO}=-4V$。

6. 特殊二极管

（1）稳压二极管 稳压二极管是一种特殊的面接触型半导体硅二极管，其正常工作在反向击穿区，通过反向击穿特性实现稳压作用，其符号和伏安特性曲线如图 4-15 所示。

稳压二极管的正向特性曲线与普通二极管类似，而当外加反向电压的数值增大到一定程度时，发生击穿，击穿曲线很陡，几乎平行于纵轴，所以，当电流在很大范围内变化时，稳压二极管两端的电压变化很小。利用这一特性，稳压二极管在电路中能起到稳压作用。

只要反向电流不超过其最大稳定电流，稳压二极管就不会形成破坏性的热击穿，因此，在电路中应与稳压二极管串联适当的限流电阻。

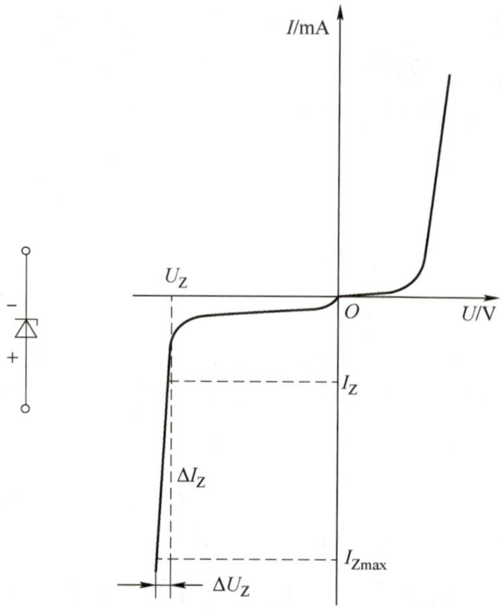

图 4-15 稳压二极管符号和伏安特性曲线

（2）发光二极管 发光二极管（LED）是一种能将电能转换成光能的半导体器件，其材料主要为砷化镓、氮化镓等，主要用于音响设备的电平显示及电路通、断状态的指示等。

发光二极管与普通二极管一样，也是由 PN 结构成的，同样具有单向导电性，但它在正向导通时能发出可见光或不可见光。发光二极管的电路符号如图 4-16 所示。

（3）光电二极管 光电二极管是一种能将光能转换成电能的半导体器件，它主要用于需光电转换的自动探测、计数和控制装置中。

光电二极管的结构与普通二极管相似，只是在管壳上有一个能入射光线的窗口。光电二极管工作在反向偏置状态，其反向电流随光照强度的变化而变化。光电二极管的电路符号如图 4-17 所示。

图 4-16　发光二极管的电路符号

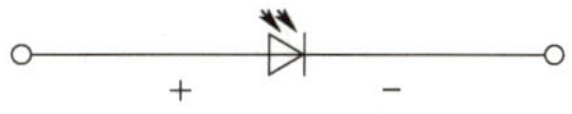

图 4-17　光电二极管的电路符号

四、半导体三极管

1. 三极管的型号命名方法

根据国家标准 GB/T 249-2017 的规定，三极管的命名由 5 部分组成，如图 4-18 所示。

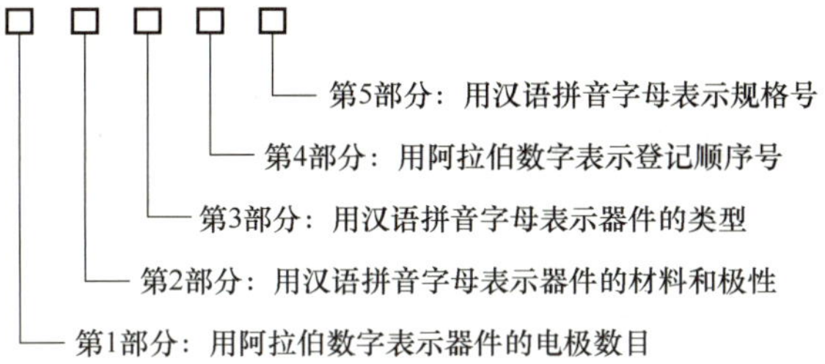

图 4-18　国产三极管的命名规定

第 2 部分三极管的材料和极性的符号及意义见表 4-1。

表 4-1　第 2 部分三极管的材料和极性的符号及意义

符号	材料	极性	备注
A	锗	PNP	锗三极管
B	锗	NPN	锗三极管
C	硅	PNP	硅三极管
D	硅	NPN	硅三极管
E	化合物或合金材料	—	—

第 3 部分三极管类型的符号及意义见表 4-2。

表 4-2　第 3 部分三极管类型的符号及意义

符号	意义	备注
x	低频小功率晶体管	$f_a<3\text{MHz}$，$P_{CM}<1\text{W}$
G	高频小功率晶体管	$f_a\geqslant 3\text{MHz}$，$P_{CM}<1\text{W}$
D	低频大功率晶体管	$f_a<3\text{MHz}$，$P_{CM}<1\text{W}$
A	高频大功率晶体管	$f_a\geqslant 3\text{MHz}$，$P_{CM}<1\text{W}$
T	闸流管	—
Y	体效应管	—
B	雪崩管	—
J	阶跃恢复管	—

2. 晶体管的结构及符号

晶体管的结构示意图和符号如图 4-19 所示。它有 NPN 型和 PNP 型两种类型。中间部分称为基区，相连电极称为基极，用 B 或 b 表示（Base）；一侧称为发射区，相连电极称为发射极，用 E 或 e 表示（Emitter）；另一侧称为集电区和集电极，用 C 或 c 表示（Collector）。E-B 间的 PN 结称为发射结（Je），C-B 间的 PN 结称为集电结（Jc）。常见的晶体管外形如图 4-20 所示。

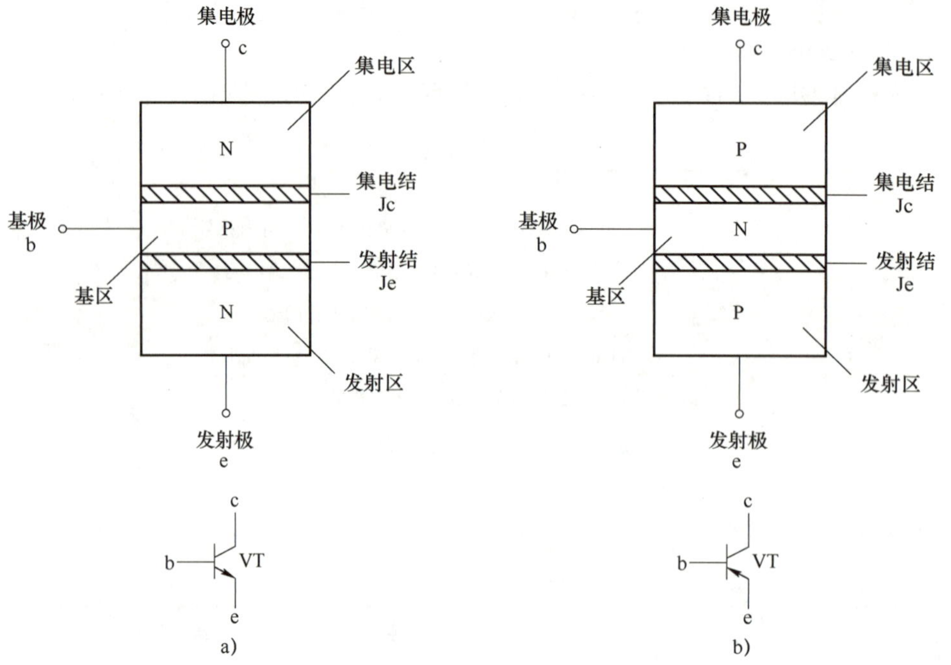

图 4-19 晶体管的结构示意图和符号

a）NPN 型晶体管的结构与符号 b）PNP 型晶体管的结构与符号

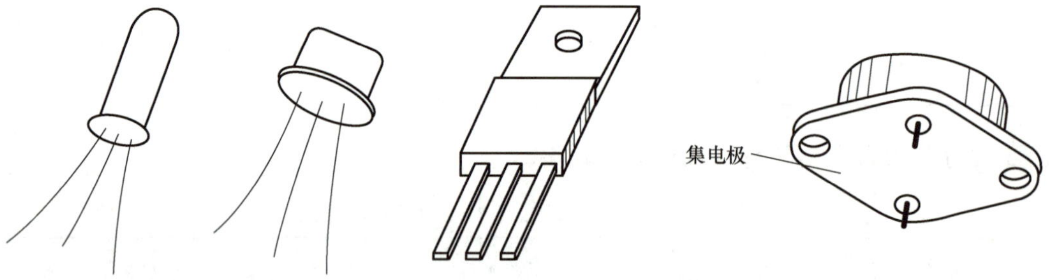

图 4-20 常见的晶体管外形

3. 晶体管的分类

晶体管的分类方法很多，除可分为 NPN 型和 PNP 型之外，还可进行以下分类：

1）按使用的半导体材料不同，晶体管可分为硅管和锗管。

2）按工作频率不同，晶体管可分为高频管和低频管。其中，高频管的工作频率不低于 3MHz，低频管的工作频率低于 3MHz。

4. 晶体管的电流分配与放大原理

晶体管在工作时一定要加上适当的直流偏置电压。若工作在放大状态，发射结加正向电压，集电结加反向电压。现以 NPN 型晶体管为例，当它导通时，3 个电极上的电流必然满足节点电流定律，即流入晶体管的基极电流I_B和集电极电流I_C等于流出晶体管的发射极电流I_E，即

$$I_E=I_B+I_C$$

1）晶体管实现电流放大作用是由晶体管的内部结构条件与外部条件共同决定的，其中内部结构条件包括以下几点：

① 发射区很小，但掺杂浓度高。

② 基区最薄且掺杂浓度最小（比发射区小 2~3 个数量级）。

③ 集电结面积最大，且集电区的掺杂浓度小于发射区的掺杂浓度。

外部条件是要保证外加电源的极性使发射结处于正向偏置状态，使集电结处于反向偏置状态。

2）电流分配关系。晶体管各极电流之间的关系为

$$\begin{cases} I_C=I_{CN}+I_{CBO} \\ I_B=I_{BN}-I_{CBO} \\ I_E=I_{CN}+I_{BN}=I_C+I_B \end{cases}$$

在发射结正偏、集电结反偏的条件下，晶体管基极与集电极上的电流不是孤立的，它们之间存在一定的比例关系。这一比例关系是由管子的结构特点决定的，管子做好之后这一比例关系就基本确定了。

为了反映 ICN 和 IBN 之间的比例关系，定义共发射极直流电流放大系数，即

$$\bar{\beta}=\frac{I_{CN}}{I_{BN}}=\frac{I_C-I_{CBO}}{I_B+I_{CBO}}\approx\frac{I_C}{I_B}$$

上式可变换为

$$I_C=\bar{\beta}I_B+(1+\bar{\beta})I_{CBO}=\bar{\beta}I_B+I_{CEO}$$

在上式中，I_{CEO}称为击穿电流。由于 I_{CBO}很小，I_{CEO}也很小，分析时可忽略不计，所以今后电路分析中常用的关系式为

$$\begin{cases} I_C\approx\bar{\beta}I_B \\ I_E\approx(1+\bar{\beta})I_B \end{cases}$$

5. 晶体管的特性曲线

（1）输入特性曲线　输入特性曲线是指当集—射极电压U_{CE}为常数时，输入电路（基极电路）中基极电流I_B与基—射极电压 U_{BE}之间的关系曲线$I_B=f$（U_{CE}），如图 4-21 所示。

$U_{CE}=0$ 时，集电极与发射极短接，晶体管相当于两个二极管并联，U_{BE}为加在并联二极管上的正向电压，故晶体管的输入特性曲线与二极管伏安特性曲线的正向特性相似。

$U_{CE}\geqslant1V$ 时，曲线右移，因为此时集电结已反向偏置，内电场足够大，可以把从发射区进入基区的电子中的绝大部分拉入集电区。因此，在相同的U_{BE}下，$U_{CE}\geqslant1V$ 时的基极电流I_B比$U_{CE}=0$ 时的小。但是当$U_{CE}>1V$ 以后，即使其再增加，只要U_{BE}不变，I_B也不再明显减小，所以通常只画出$U_{CE}\geqslant1V$ 的一条输入特性曲线。

由图 4-21 可以看出，晶体管的输入特性中也存在死区电压，只有在发射结外加电压大于死区电压时，晶体管才会产生基极电流。

（2）输出特性曲线　输出特性曲线是指当基极电流I_B为常数时，输出电路（集电极电路）中集电极电流I_C与集—射极电压U_{CE}之间的关系曲线$I_C=f$（U_{CE}）。在不同的I_B下，可得出不同的曲线，所以，晶体管的输出特性曲线是一组曲线，如图 4-22 所示。

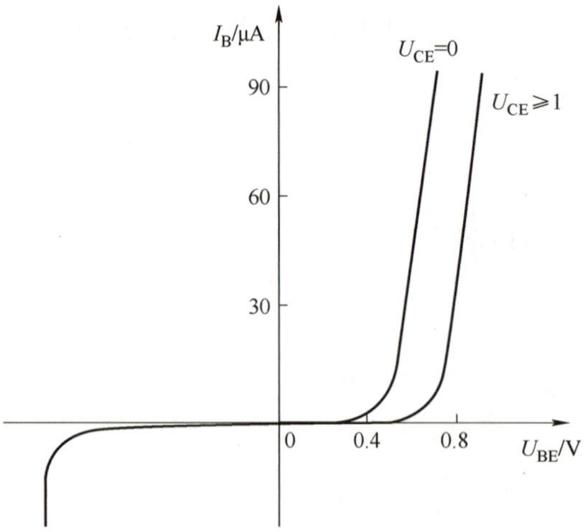

图 4-21 晶体管输入特性曲线

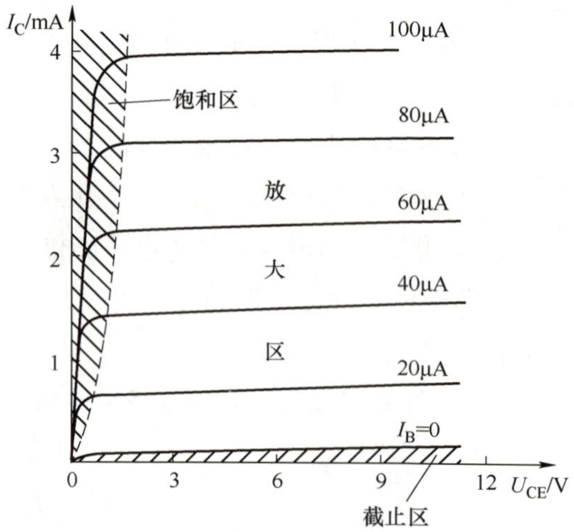

图 4-22 晶体管输出特性曲线

1）放大区。输出特性曲线的近于水平部分是放大区。在放大区，I_C和I_B成正比关系，即$I_C=\beta I_B$，所以，放大区又称为线性区。放大区具有可控性（I_B可以控制I_C）和恒流性（I_C几乎不随U_{CE}和负载的变化而变化）。晶体管工作在放大区的电压条件是：发射结正偏，集电结反偏。此时，$U_{CE}>U_{BE}$。

2）饱和区。对应于U_{CE}较小的区域是饱和区。此时，$U_{CE}\leqslant U_{BE}$。在饱和区，U_{CE}略有增加，I_C迅速上升，但$I_C\neq\beta I_B$，I_B不能控制I_C，因此，晶体管不能起放大作用。$U_{CE}=U_{BE}$的情况称为临界饱和状态，对应点的轨迹称为临界饱和线。饱和时，集电极与发射极之间的电压称为饱和压降。晶体管工作在饱和区的电压条件是：发射结正偏，集电结也正偏。

3）截止区。基极电流$I_B=0$对应曲线下方的区域是截止区。在截止区，$I_B=0$，$I_C\approx 0$，晶体管不导通，同样也失去了电流的放大作用。晶体管工作在截止区的电压条件是：发射结反偏，集电结也反偏。

由以上分析可知，当晶体管饱和时，$U_{CE}\approx 0$，发射极与集电极之间如同一个开关的接通，其间电阻很小；当晶体管截止时，$I_C\approx 0$，发射极与集电极之间如同一个开关的断开，其间电阻很大。可见，晶体管除了具有放大作用外，还具有开关作用。

6. 晶体管的主要参数

（1）电流放大系数　当晶体管接成共发射极电路时，在静态（无输入信号）下，集电极电流I_C和基极电流I_B的比值称为共发射极直流电流放大系数，即

$$\bar{\beta}=\frac{I_C}{I_B}$$

在动态（有输入信号）下，集电极电流变化量ΔI_C和基极电流变化量ΔI_B的比值称为共发射极交流电流放大系数β，即

$$\beta=\frac{\Delta I_C}{\Delta I_B}$$

（2）极间反向电流

1）集电极—基极反向饱和电流I_{CBO}。是指发射极开路时，集电极和基极之间的反向电流。I_{CBO}受温度影响较大，温度升高，其值增加。要求I_{CBO}越小越好。室温下，小功率硅管的I_{CBO}在1μA以下，锗管的I_{CBO}一般为几微安到几十微安，所以硅管的热稳定性比较好。

2）集电极—发射极穿透电流I_{CEO}。是指基极开路时，由集电区穿过基区流入发射区的电流。因$I_{CEO}=(1+\bar{\beta})I_{CBO}$，温度升高时，$I_{CEO}$比$I_{CBO}$增加更快，它对晶体管的工作影响更大，所以，$I_{CEO}$是衡量管子质量好坏的重要参数，其值越小越好。

（3）极限参数

1）集电极最大允许电流I_{CM}。晶体管工作在放大区时，若集电极电流超过一定值，其电流放大系数β就会下降。晶体管的β值下降到正常值2/3时的集电极电流称为晶体管的集电极最大允许电流I_{CM}。因此，使用晶体管时，若I_C超过I_{CM}，并不一定会损坏晶体管，但是以降低β值为代价的。

2）集电极—发射极反向击穿电压$U_{(BR)CEO}$。基极开路时，加在集电极和发射极之间的最大允许电压称为集电极—发射极反向击穿电压$U_{(BR)CEO}$。当电压U_{CE}大于$U_{(BR)CEO}$时，I_{CEO}会突然大幅度上升，说明晶体管已被击穿。

3）集电极最大允许耗散功率P_{CM}。集电极电流在流经集电结时将产生热量，使结温升高，从而会引起晶体管的参数变化。当晶体管因受热而引起的参数变化不超过允许值时，集电极所消耗的最大功率称为集电极最大允许耗散功率P_{CM}，其计算公式为

$$P_{CM}=I_C U_{CE}$$

P_{CM}三者共同确定晶体管的安全工作区，如图4-23所示。

7. 温度对晶体管特性的影响

随着温度的升高，晶体管的输入特性具有负的温度特性，即在相同的基极电流I_B下，U_{BE}的值会随着温度的升高而减小，如图4-24所示。

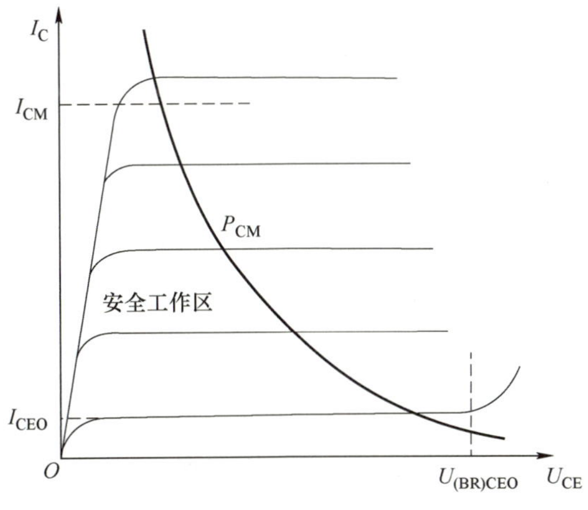

图4-23　晶体管的安全工作区

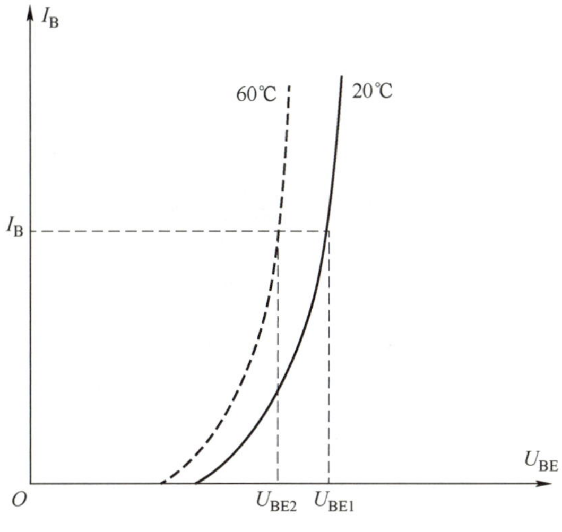

图4-24　温度对晶体管输入特性的影响

对于晶体管的输出特性，随着温度的升高β值会增大，温度每升高1℃，β值大约增大1%，如图4-25所示。

反向电流会随着温度的升高而增大，温度每升高1℃，反向饱和电流将增加一倍。

【例题4-2】　某一晶体管的$P_{CM}=100mW$，$I_{CM}=20mA$，$U_{(BR)CEO}=15V$。试问在下列几种情况下，哪种是正常工作？①$U_{CE}=3V$，$I_C=10mA$；②$U_{CE}=2V$，$I_C=40mA$；③$U_{CE}=6V$，$I_C=20mA$。

解：

对于①因为$U_{CE}<U_{(BR)CEO}$，$I_C<I_{CM}$，$P_C=I_C U_{CE}=30mW<P_{CM}$，所以是正常工作。

对于②虽然有$U_{CE}<U_{(BR)CEO}$，$P_C=I_C U_{CE}=80mW<P_{CM}$，但$I_C=40mA>I_{CM}=20mA$，因此不是

正常工作。

对于③虽然有$U_{CE}<U_{(BR)CEO}$，$I_C=20mA\leq I_{CM}=20mA$，但$P_C=I_CU_{CE}=120mW>P_{CM}$，因此也不是正常工作。

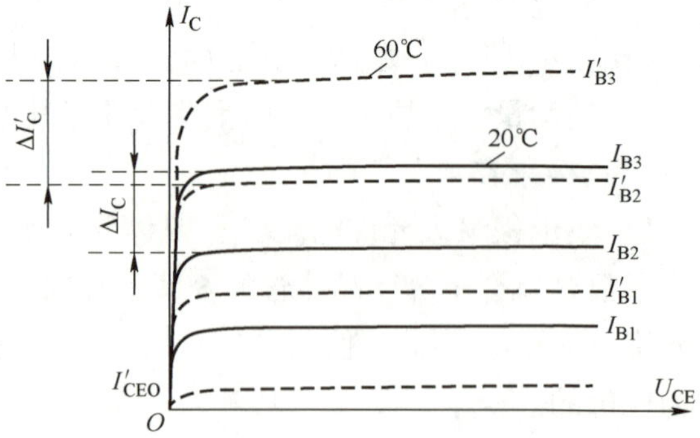

图 4-25　温度对晶体管输出特性的影响

五、场效应晶体管

场效应晶体管是晶体管的一种类型，也是一种放大器件，是一种电压控制器件，它利用电场效应来控制其电流的大小，从而实现放大。

根据结构不同，场效应管可分为结型场效应管（JFET）和绝缘栅场效应管（MOS 管）。由于 MOS 管的性能更优越，发展更迅速，应用更广泛，因此，本任务仅介绍 MOS 管。

1. 场效应晶体管的结构

（1）N 沟道增强型 MOS 管的结构　N 沟道增强型 MOS 管基本上是一种左右对称的结构，它是在 P 型硅半导体上生成一层 SiO_2 薄膜绝缘层，然后用光刻工艺扩散两个高掺杂的 N 型区，从 N 型区引出漏极 *D* 和源极 *S* 两个电极。在漏极和源极之间的绝缘层上镀一层金属铝作为栅极 *G*。P 型半导体称为衬底，用符号 *B* 表示，如图 4-26 所示。

栅极与其他电极之间是绝缘的，工作时，漏极与源极之间形成导电沟道，称为 N 沟道。如图 4-27 所示，图 a 所示为 N 沟道增强型 MOS 管的电路符号，其箭头方向由 P（衬底）指向 N（导电沟道）；图 b 所示为 P 沟道增强型 MOS 管的电路符号，箭头方向由 N（导电沟道）指向 P（衬底）。

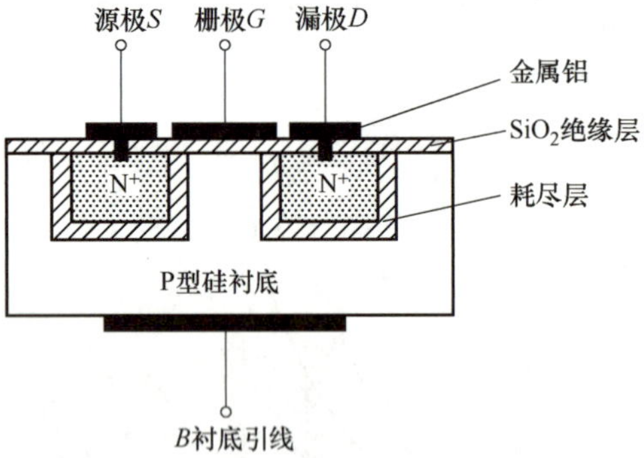

图 4-26　N 沟道增强型 MOS 管的结构

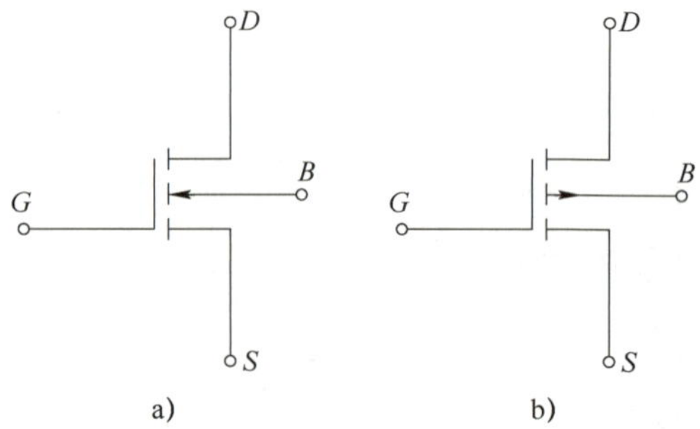

图 4-27　N 沟道和 P 沟道增强型 MOS 管的电路符号

（2）N 沟道耗尽型 MOS 管的结构　N 沟道耗尽型 MOS 管的结构如图 4-28 所示。它也是在 P 型硅衬底上形成一层SiO_2薄膜绝缘层，与增强型所不同的是，它在SiO_2绝缘层中掺有大量的正离子，不需要外电场作用，这些正离子所产生的电场也能在 P 型硅衬底与绝缘层的交界面上感应出大量或足够多的电子，形成 N 型导电沟道。N 沟道和 P 沟道耗尽型 MOS 管的电路符号如图 4-29 所示。

2. MOS 管的工作原理

（1）N 沟道增强型 MOS 管的工作原理　栅源电压U_{GS}的控制作用如下：

当$U_{GS}=0$ 时，漏源之间相当于两个背靠背的二极管，在 *D*、*S* 之间加上电压，不管极性如何，总有一个 PN 结反向，所以不存在导电沟道，不会形成漏极电流I_D。

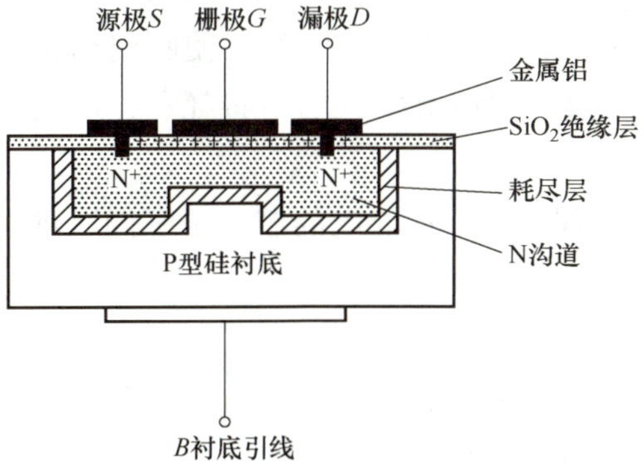

图 4-28　N 沟道耗尽型 MOS 管的结构

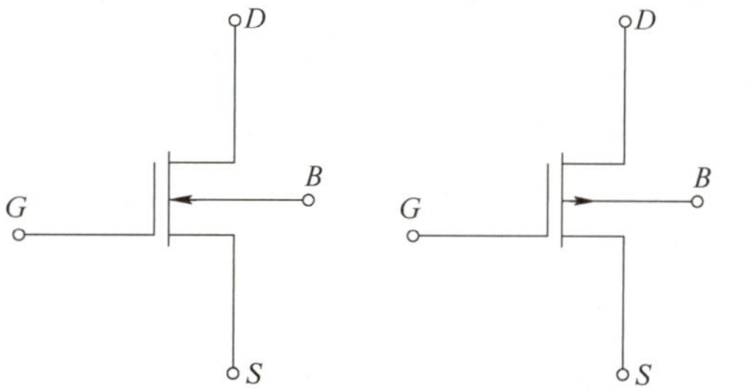

图 4-29　N 沟道和 P 沟道耗尽型 MOS 管的电路符号

当 $0<U_{GS}<U_{GS(th)}$（$U_{GS(th)}$ 称为开启电压），即栅极有一定的较小电压时，通过栅极和衬底间的电容作用，在靠近栅极下方，P 型半导体中的空穴将会被向下排斥，从而出现一薄层电子的耗尽层。耗尽层中的电子将向表层运动，但数量有限，不足以形成沟道，将漏极和源极沟通，所以漏极电流 I_D 仍为零。

当 $U_{GS}>U_{GS(th)}$ 时，栅极电压较强，在靠近栅极下方的 P 型半导体表层中聚集了较多的电子，可以形成沟道，将漏极和源极沟通。如果此时加有漏源电压 U_{DS}，就可以形成漏极电流 I_D。栅极下方的导电沟道，因其载流子（电子）与 P 型区载流子（空穴）的极性相反，所以又称为反型层。随着 U_{GS} 的继续增加，导电沟道变宽，沟道电阻变小，I_D 将不断增大。

漏源电压 U_{DS} 对漏极电流 I_D 的控制作用如下：

当 $U_{GS}>U_{GS(th)}$，且为某一固定值时，在漏极和源极之间加上正电压 U_{DS}，会有 I_D 形成。图 4-30 所示为不同的漏源电压 U_{DS} 对沟道的影响。根据此图可得以下关系

$$U_{DS}=U_{DG}+U_{GS}=-U_{GD}+U_{GS}$$

$$U_{GD}=U_{GS}-U_{DS}$$

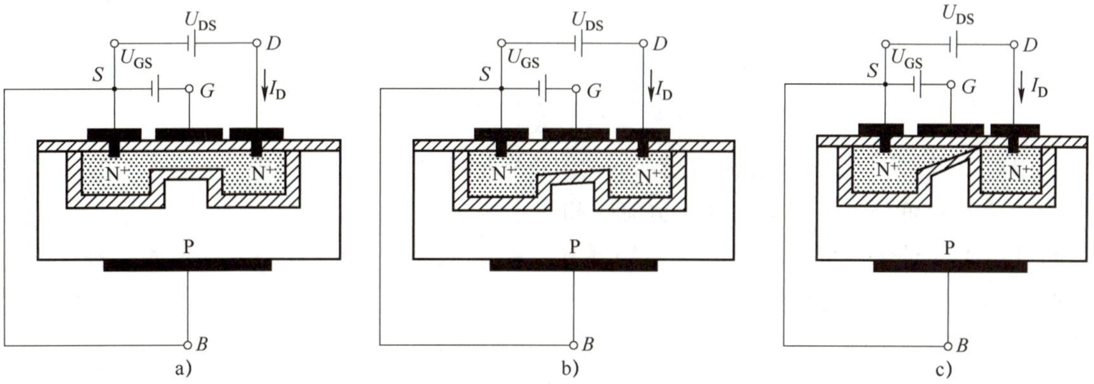

图 4-30　不同的漏源电压 U_{DS} 对沟道的影响

a）$U_{DS}\approx 0$　b）$U_{GD}>U_{GS(th)}$　c）$U_{GD}=U_{GS(th)}$

在 U_{DS} 为 0 或较小时，沟道电阻一定，I_D 随 U_{DS} 的增大而线性增大。

当 U_{DS} 较大，且 $U_{GD}>U_{GS(th)}$ 时，靠近漏端的耗尽层变宽，沟道变窄，出现楔形，沟道电阻增大，I_D 增大缓慢。

当 U_{DS} 继续增大到使 $U_{GD}=U_{GS(th)}$ 时，沟道在漏端出现预夹断。若 U_{DS} 继续增大，沟道的夹断区将逐渐延长，增大部分的 U_{DS} 都降在夹断区上，I_D 趋于饱和，不再随 U_{DS} 增大。

（2）N 沟道耗尽型 MOS 管的工作原理　由于耗尽型 MOS 管自身能形成导电沟道，所以只

要有U_{DS}存在，就会有I_D产生。如果加上正的U_{GS}，则吸引到反型层中的电子增加，沟道加宽，I_D增大。如果加上负的U_{GS}，则此电场将会削弱原来绝缘层中正离子的电场，使吸引到反型层中的电子减少，沟道变窄，I_D减小。若负U_{GS}达到某一值，则沟道中的电荷将耗尽，反型层消失，管子截止，此时的值称为夹断电压$U_{GS(off)}$或U_P。

P 沟道 MOS 管的工作原理与 N 沟道 MOS 管完全相同，只不过导电的载流子不同，供电电压的极性不同而已。

3. MOS 管的特性曲线

(1) N 沟道增强型 MOS 管的特性曲线　MOS 管的特性曲线包括转移特性曲线和输出特性曲线。图 4-31 所示为 N 沟道增强型 MOS 管的转移特性曲线和输出特性曲线。

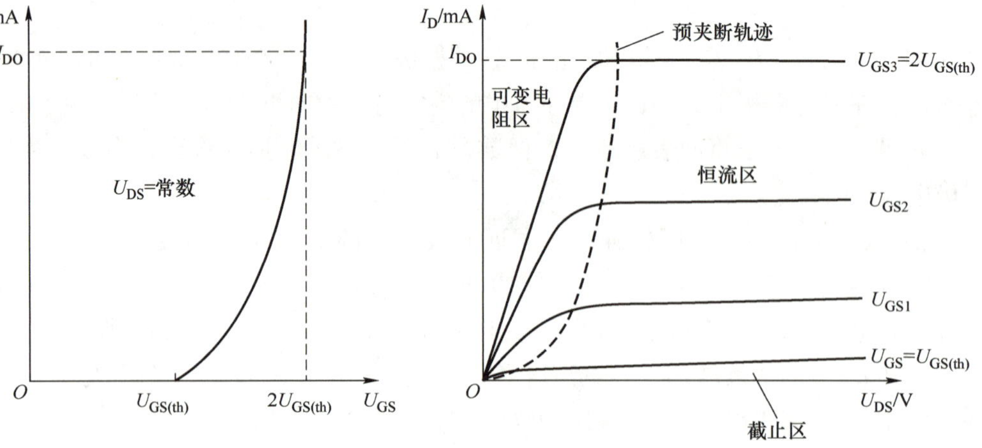

图 4-31　N 沟道增强型 MOS 管的转移特性曲线和输出特性曲线

1）转移特性曲线。又称为输入特性曲线，是指漏源电压U_{DS}一定时，漏极电流I_D与栅源电压U_{GS}之间的关系曲线$I_D=f(U_{GS})$。

转移特性曲线斜率g_m的大小反映了栅源电压U_{GS}对漏极电流I_D的控制作用。g_m的单位为 mA/V，所以g_m又称为跨导，其定义为

$$g_m=\frac{\Delta I_D}{\Delta U_{GS}}$$

2）输出特性曲线。是指栅源电压U_{GS}一定时，漏极电流I_D与漏极电压U_{DS}之间的关系曲线$I_D=f(U_{DS})$。它可分为可变电阻区、恒流区和截止区。

可变电阻区是输出特性曲线的最左侧部分。在这个区域，U_{DS}较小，沟道尚未夹断，I_D随U_{DS}的增大而线性增大，此时，场效应管近似一个线性电阻。当U_{GS}不同时，直线的斜率不同，相当于电阻的阻值不同，所以这个区域称为可变电阻区。

恒流区又称为线性放大区，是输出特性曲线的中间部分。在这个区域，沟道预夹断，I_D基本上不随U_{DS}发生变化，只受U_{GS}的控制。当组成场效应管放大电路时，应使其工作在该区域。

截止区又称为夹断区，是输出特性曲线下面靠近横坐标的部分。在这个区域，沟道完全夹断，$I_D=0$。

(2) N 沟道耗尽型 MOS 管的特性曲线　N 沟道耗尽型 MOS 管的特性曲线如图 4-32 所示。耗尽型 MOS 管工作时，其栅源电压U_{GS}可以为零，也可以取正值或负值，在应用中有较大的灵活性。U_{DS}为一定值，$U_{GS}=0$ 时，对应的漏极电流称为饱和漏极电流I_{DSS}。

4. 场效应晶体管的使用注意事项

1）使用场效应晶体管时要注意电压极性，电压和电流的数值不能超过最大允许值。

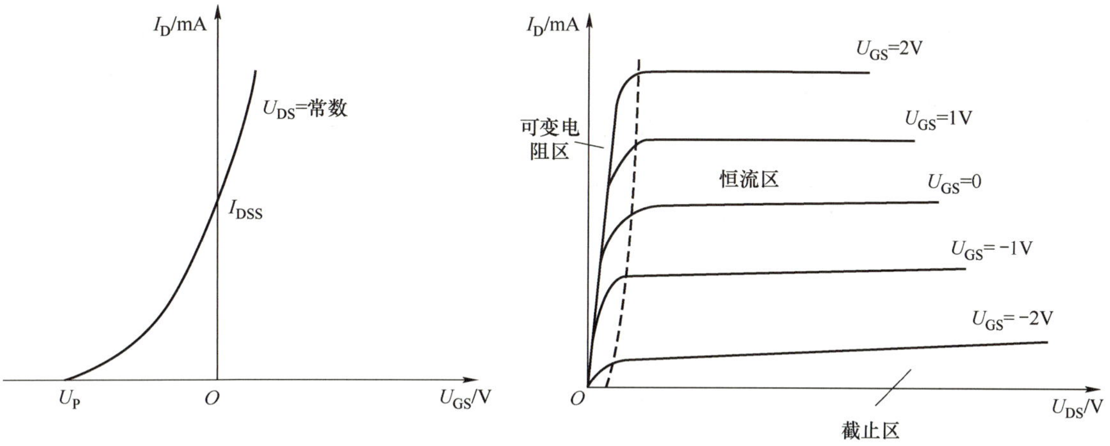

图 4-32　N 沟道耗尽型 MOS 管的特性曲线

2）为了防止栅极击穿，要求一切测试仪器、电烙铁等都必须有外接地线。焊接时用小功率烙铁，动作要迅速，或切断电源后利用余热焊接。焊接时，应先焊源极，后焊栅极。

3）由于 MOS 管的输入电阻很大，使栅极的感应电荷不易泄漏，而且SiO_2氧化层又很薄，栅极只要有少量静电，即可产生高压强电场，极易造成 MOS 管的击穿，所以要防静电。同时，栅极不能悬空，在不用时，应将 3 个极短接。

5. 场效应晶体管与晶体管的比较

1）场效应晶体管是电压控制器件，它依靠栅源电压U_{GS}控制漏极电流I_D；晶体管是电流控制器件，它依靠基极电流I_B控制集电极电流I_C。

2）场效应晶体管参与导电的载流子只有多子，为单极型器件；晶体管有多子和少子共同参与导电，为双极型器件。场效应晶体管受温度和辐射等因素的影响小，噪声系数低；晶体管受温度和辐射等因素的影响大，噪声系数高。所以，在环境条件变化很大的情况下，应选用场效应管。

3）场效应晶体管的直流输入电阻和交流输入电阻都非常高，可达数百兆欧以上；晶体管的发射结始终处于正向偏置，总是存在输入电流，因此，基极和发射极之间的输入电阻较小，一般只有几百欧至几十千欧。

4）场效应晶体管的跨导较小，当组成放大电路时，在相同的负载电阻下，电压放大倍数比晶体管低。

5）场效应晶体管的源极未与衬底连在一起时，漏极和源极可以互换使用，且特性变化不大；而晶体管的集电极和发射极不能互换使用。

6）场效应晶体管和晶体管都可组成各种放大电路和开关电路，但由于前者制造工艺简单，且具有耗电少、热稳定性好、工作电源电压范围宽等优点，因而被广泛应用于大规模和超大规模集成电路中。

任务二　认知基本放大电路

一、基本放大电路的概述

1. 放大电路的组成

放大电路由晶体管（或场效应管）、电阻、电容和电源等组成。基本放大电路一般是指由一个晶体管组成的放大电路。

放大电路的作用是将微弱变化的电信号（非电信号可通过传感器转变成电信号）放大成幅度足够大且与原信号变化规律一致的信号，以便人们测量和使用。放大电路虽然应用的场合及作用各不相同，但信号的放大过程是相同的，都可用图 4-33 来表示。

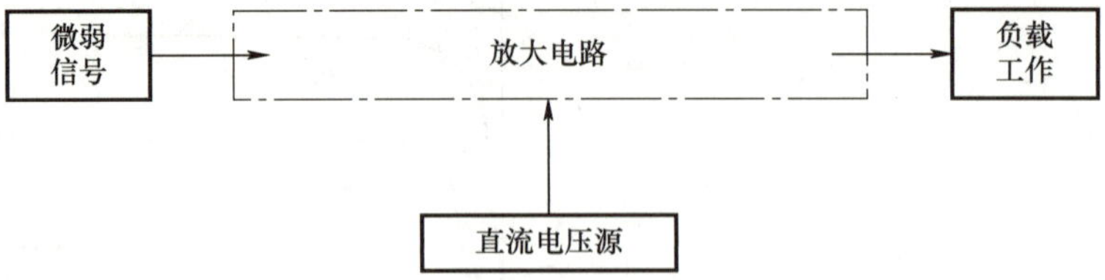

图 4-33 信号的放大过程

2. 放大电路的分类

1）按信号源的不同，放大电路可分为交流放大电路和直流放大电路。

2）按工作频率的不同，放大电路可分为低频放大电路、中频放大电路和高频放大电路。

3）按元件集成程度的不同，放大电路可分为分立元件放大电路和集成放大电路。

4）按晶体管连接方式的不同，放大电路可分为共发射极放大电路、共基极放大电路和共集电极放大电路。

5）按放大电路级数的不同，放大电路可分为单级放大电路和多级放大电路。

二、共发射极放大电路

当晶体管应用于电子电路时，通常将一对端点作为输入端，另一对端点作为输出端，于是便有 1 个端点是输入电路和输出电路的公共端。因此，晶体管在组成放大电路时有 3 种连接方式，即放大电路的 3 种组态：共射极、共集电极和共基极放大电路，如图 4-34 所示。

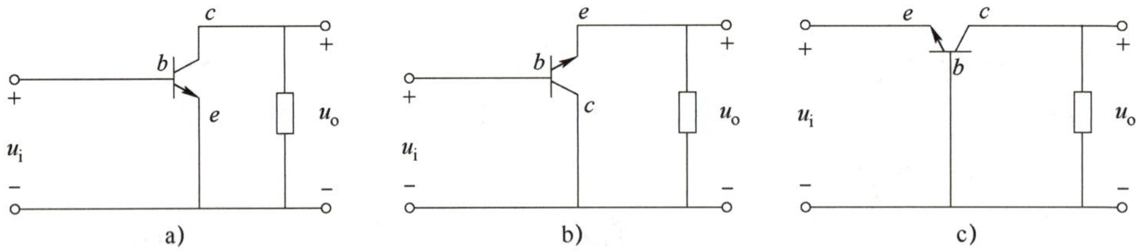

图 4-34 晶体管的 3 种连接方式

a）共射极组态 b）共集电极组态 c）共基极组态

如果输入信号加到基极和发射极之间，而输出信号从集电极和发射极间取出，这样的电路便称为共发射极放大电路。

共发射极放大电路是最基本的放大电路，很多复杂的电路都由它组合或演变而成。共发射极放大电路如图 4-35 所示。

1）晶体管 VT。是放大电路的核心，是能量转换控制器件，起到电流放大的作用。

2）集电极电源电压U_{CC}。除了为输出信号提供能量外，还保证集电结处于反偏，以使晶体管起到放大的作用。U_{CC}一般为几伏到几十伏。

3）基极偏置电阻R_B。和电源U_{CC}一起给基极提供一个合适的基极电流，并保证发射结处于正偏，使晶体管工作在放大区。R_B的阻值一般为几十千欧到几百千欧。

4）集电极负载电阻R_C。一方面提供直流通路，使集电结反偏；另一方面将集电极电流的变化变换为电压的变化，以实现电压放大。R_C的阻值一般为几千欧到几十千欧。

5）负载电阻R_L。放大电路的负载，如扬声器、继电器、电动机、测量仪表、下一级放大电路等。

6）耦合电容C_1和C_2。在电路中起“隔直流、通交流”的作用，即把信号源与放大电路之间、放大电路与负载之间的直流隔开，而保证交流信号畅通无阻。耦合电容一般采用电解电容。使用时，应注意它的极性与加在它两端的工作电压极性相一致。C_1和C_2的电容值一般为几微法到几十微法。

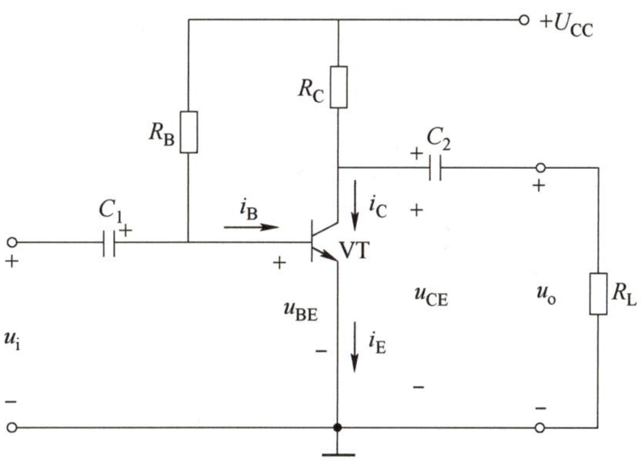

图 4-35 共发射极放大电路

三、放大电路分析方法

放大电路的分析包括静态和动态两个方面。

静态是指放大电路没有交流输入信号（$U_i=0$）时的直流工作状态。此时，放大电路中的电流和电压称为静态值。静态分析的目的是通过放大电路的静态值（I_B、I_C、U_{CE}），确定晶体管是否处在其伏安特性曲线的合适位置。

动态是指放大电路在有输入信号（$U_i\neq 0$）时的工作状态。此时，放大电路中的电流和电压都含有直流分量和交流分量。

动态分析的目的是确定放大电路对信号的电压放大倍数A_u，并分析放大电路的输入电阻r_i和输出电阻r_o等。

本任务主要介绍放大电路的静态分析方法。

直流通路是指静态电流流经的通路。画直流通路时，电容视为开路；电感视为短路；信号源视为短路，但保留其内阻。图 4-36 所示为图 4-35 所示电路的直流通路。静态分析是以直流通路进行分析。

静态时，晶体管基极电流I_B、集电极电流I_C和集-射极间电压U_{CE}等直流成分可用I_{BQ}、I_{CQ}和I_{CEQ}表示，它们在晶体管特性曲线上可确定为 1 个点，称为静态工作点，用 Q 表示。显然，静态工作点是由直流通路决定的。

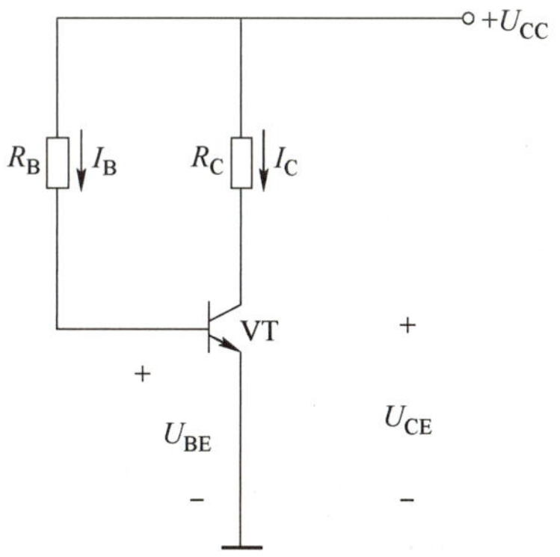

图 4-36 图 4-35 所示电路的直流通路

要定量或定性确定静态工作点，常用的方法有近似估算法和图解分析法两种。

1. 静态工作点的近似估算法

由图 4-36 所示直流通路可求得静态值I_{BQ}为

$$I_{BQ}=\frac{U_{CC}-U_{BE}}{R_B}$$

晶体管工作于放大状态时，发射结正偏，此时U_{BE}基本不变，硅管约为 0.7V，锗管约为 0.3V，所以，U_{BE}一般比U_{CC}小得多。此时，上式可写为

$$I_{BQ}\approx\frac{U_{CC}}{R_B}$$

根据晶体管的电流放大能力，可得

$$I_{CQ}=\beta I_{BQ}$$

$$U_{CEQ}=U_{CC}-I_{CQ}R_C$$

【例题 4-3】 在图 4-36 所示电路中，已知$U_{CC}=12V$，$R_C=4k\Omega$，$R_B=300k\Omega$，$\beta=37.5$，试求放大电路的静态值。

解：

根据图所示直流通路，可得

$$I_{BQ}\approx\frac{U_{CC}}{R_B}=\frac{12}{300\times10^3}mA=0.04mA$$

$$I_{CQ}=\beta I_{BQ}=37.5\times0.04mA=1.5mA$$

$$U_{CEQ}=U_{CC}-I_{CQ}R_C=(12-1.5\times10^{-3}\times4\times10^3)V=6V$$

2. 静态工作点的图解分析法

利用晶体管的输入、输出特性曲线，通过作图对放大电路的性能指标进行分析的方法称为图解分析法。在静态分析中，图解分析法主要用来确定静态工作点 Q。

在输入特性曲线上确定 Q 点。由直流通路求出静态电流I_{BQ}，在输入特性曲线上找到与I_{BQ}对应的点即为输入回路中的 Q 点，如图 4-37 所示。

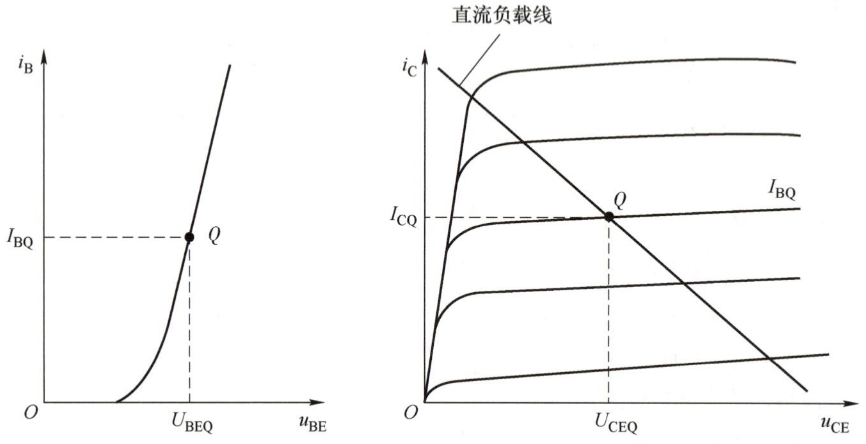

图 4-37 图解分析法确定 Q 点

在输出特性曲线上确定 Q 点。在输出特性曲线上画出由方程$U_{CEQ}=U_{CC}-I_{CQ}R_C$决定的直线，该直线由直流通路得出，且与集电极负载电阻有关，所以称为直流负载线。直流负载线与晶体管输出特性曲线（$I_B=I_{BQ}$）的交点为输出回路中的 Q 点，如图 4-37 所示。

由图 4-37 可知，I_{BQ}的值不同，静态工作点在直流负载线上的位置也就不同。晶体管的工作状态要求不同，需要的静态工作点也不同，这可通过改变I_{BQ}的大小来实现。

因此，I_{BQ}对静态工作点的调整很重要，通常将其称为偏置电流，简称偏流。产生偏流的电路称为偏置电路。

3. 静态工作点的稳定

放大电路应有合适的静态工作点，以保证有较好的放大效果。但实际中，有很多因素，如电源电压的波动、电路参数的变化及温度的波动等都会影响静态工作点的稳定性。实践表明，温度的波动是其中最主要的因素。如果温度升高后偏流I_{BQ}能自动减小以限制I_{CQ}的增大，则静态工作点便能基本稳定。

前面所讲的放大电路中，R_B一经选定后，I_{BQ}也就固定不变。这种电路称为固定偏置放大电路，它不能稳定静态工作点。为克服此缺点，常采用分压式偏置放大电路来稳定静态工作点。

四、共集电极和共基极放大电路

1. 共集电极放大电路

共集电极放大电路的原理图如图 4-38 所示。在此电路中，交流信号从基极输入，从发射极输出，因此该电路又称为射极输出器。

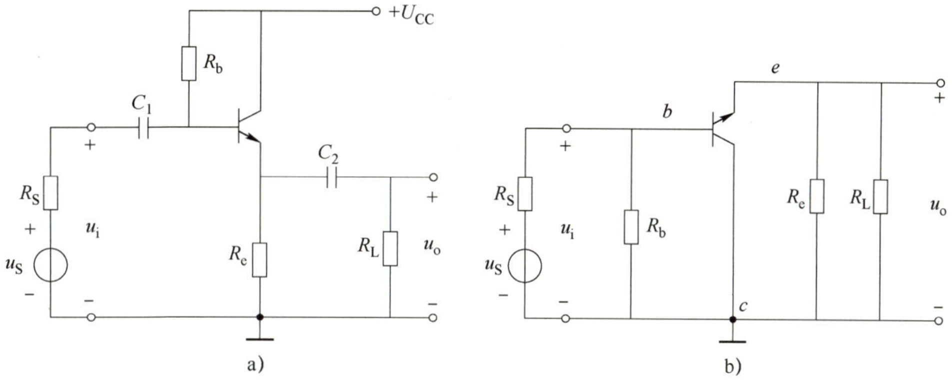

图 4-38 共集电极放大电路的原理图

a）共集电极电路 b）共集电极电路的交流通路

由图 4-39a 所示直流通路可得

$$I_{BQ}=\frac{U_{CC}-U_{BEQ}}{R_b+(1+\beta)R_e}$$

$$I_{CQ}=\beta I_{BQ}$$

$$U_{CEQ}\approx U_{CC}-I_{CQ}R_e$$

由图 4-39b 所示微变等效电路可求：

1）电压放大倍数 A_u 为

$$u_o=i_eR_e//R_L=(1+\beta)i_bR_e//R_L$$

$$u_i=i_br_{be}+u_o$$

$$A_u=\frac{u_o}{u_i}=\frac{(1+\beta)R_e//R_L}{r_{be}+(1+\beta)R_e//R_L}$$

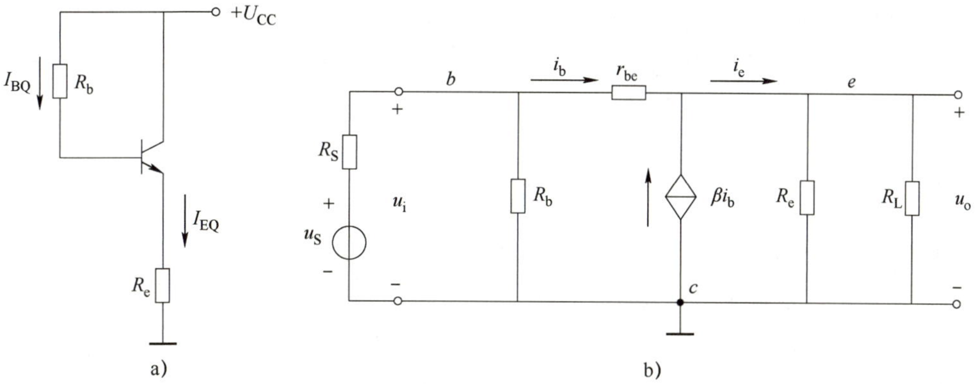

图 4-39 共集电极放大电路直流通路和微变等效电路

a）直流通路 b）微变等效电路

共集电极放大电路A_u表达式中无负号，表示u_o与u_i同相位，且A_u小于1，即共集电极放大电路没有电压放大作用，$A_u \approx 1$。

因此，共集电极放大电路又称为射极跟随器。

2）输入电阻R_i。根据定义可求得

$$R_i = R_b // [r_{be} + (1+\beta) R_e // R_L]$$

共集电极放大电路的输入电阻比共射极放大电路的大很多。

3）输出电阻R_o。根据定义可求得

$$R_o = R_e // \frac{r_{be} + R_S // R_b}{1+\beta}$$

共集电极放大电路的输出电阻很小，其带负载的能力比较强。

共集电极放大电路的输入电阻很大，输出电阻很小。

在实际应用中，常常用作缓冲级，以减小放大电路前后级之间的相互影响。

2. 共基极放大电路

共基极放大电路的原理图如图 4-40 所示。共基极放大电路微变等效电路如图 4-41 所示。

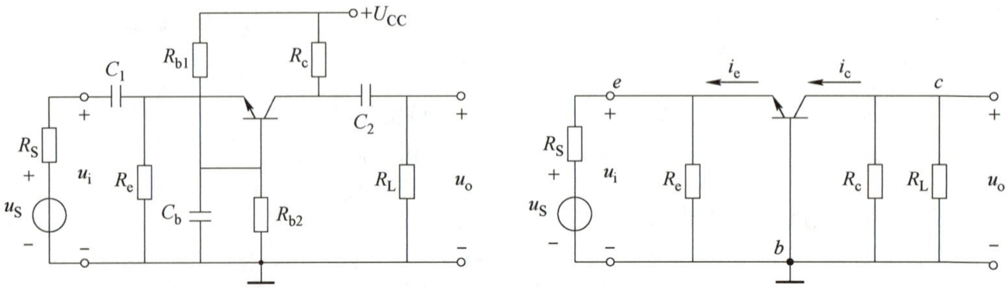

a) b)

图 4-40 共基极放大电路的原理图

a）共基极放大电路 b）交流电路

1）电压放大倍数A_u为

$$u_o = -\beta i_b R_c // R_L$$

$$u_i = -i_b r_{be}$$

$$A_u = \frac{u_o}{u_i} = \frac{\beta R_c // R_L}{r_{be}}$$

由公式可知，共基极放大电路 u_o 与 u_i 同相位，电压放大倍数与共射极放大电路的相同。

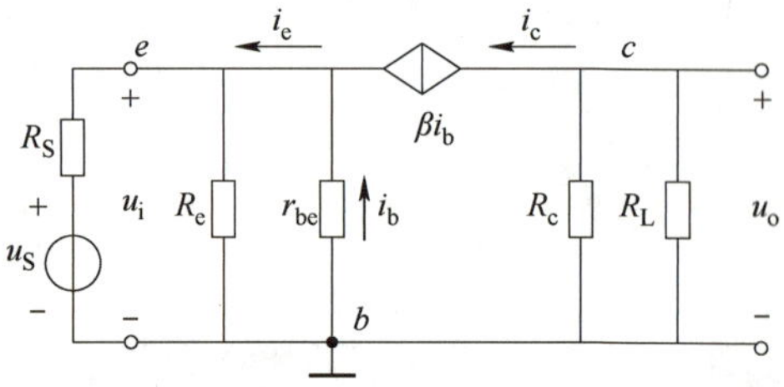

图 4-41 共基极放大电路微变等效电路

2）输入电阻R_i。根据定义可求得

$$R_i = R_e // \frac{r_{be}}{1+\beta}$$

由上式可知，共基极放大电路的输入电阻很小。

3）输出电阻R_o。根据定义可求得

$$R_o \approx R_c$$

共基极放大电路具有电压放大的作用，u_o与u_i同相位。

放大管输入电流为i_e，输出电流为i_c，没有电流放大作用，$i_c \approx i_e$，因此电路又称为电流跟随器。

其输入电阻很小，输出电阻很大。

共基极放大电路的频率特性比较好，一般多用于高频放大电路。

五、放大电路的负反馈

1. 反馈的概念

(1) 什么是反馈　在电子系统中，把放大电路输出量（电压或电流）的部分或全部，经过一定的电路或元件返送回到放大电路的输入端，从而牵制输出量，这种措施称为反馈。有反馈的放大电路称为反馈放大电路。

(2) 反馈电路的一般框图　任意一个反馈放大电路都可以表示为一个基本放大电路和反馈网络组成的闭环系统，其构成如图 4-42 所示。在图 4-42 中，X_i、X_{id}、X_f、X_o分别表示放大电路的输入信号、净输入信号、反馈信号和输出信号，它们可以是电压量，也可以是电流量。

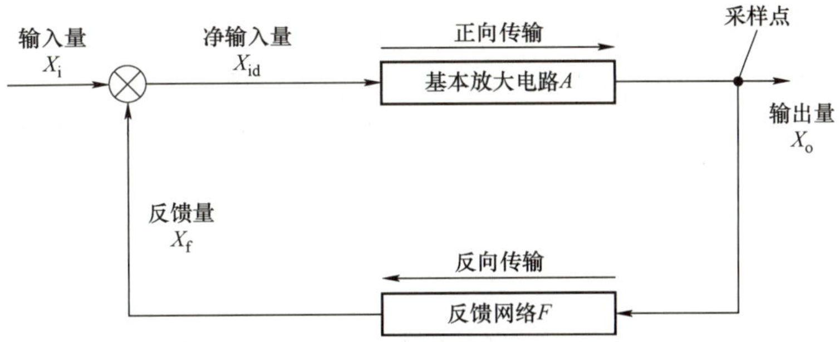

图 4-42　反馈放大电路的一般方框图

(3) 反馈元件　在反馈电路中，既与基本放大电路输入回路相连又与输出回路相连的元件，以及与反馈支路相连且对反馈信号的大小产生影响的元件，均称为反馈元件。

2. 反馈放大电路的一般表达式

1）闭环放大倍数A_f，定义为基本放大电路的放大倍数

$$A=\frac{X_o}{X_{id}}$$

反馈网络的反馈系数为

$$F=\frac{X_f}{X_o}$$

反馈放大电路的放大倍数为

$$A_f=\frac{X_o}{X_f}$$

基本放大电路的净输入信号为

$$X_{id}=X_i-X_f$$

综合上式，可得闭环放大电路增益的一般表达式为

$$A_f=\frac{A}{1+AF}$$

2）反馈深度（$1+AF$）。

① 定义（$1+AF$）为闭环放大电路的反馈深度。

② 若（$1+AF$）>1，则有$A_f<A$，这时称放大电路引入的反馈为负反馈。

③ 若（$1+AF$）<1，则有$A_f<A$，这时称放大电路引入的反馈为正反馈。

④ 若 $(1+AF)=0$，则有$A_f=\infty$，这时称反馈放大电路出现自激振荡。

⑤ 若 $(1+AF)\gg 1$，则有$A_f=\dfrac{A}{1+AF}\approx\dfrac{1}{F}$，这时称放大电路引入深度负反馈。

3. 反馈的分类

(1) 正反馈和负反馈　按照反馈信号极性的不同进行分类，反馈可以分为正反馈和负反馈。

(2) 交流反馈和直流反馈　根据反馈信号的性质进行分类，反馈可以分为交流反馈和直流反馈。

(3) 电压反馈和电流反馈　根据反馈信号在放大电路输出端的采样方式不同进行分类，交流反馈可以分为电压反馈和电流反馈。

(4) 串联反馈和并联反馈　根据反馈信号X_f和输入信号X_i在输入端的连接方式不同进行分类，交流反馈可以分为串联反馈和并联反馈。

4. 负反馈对放大电路性能的影响

从反馈放大电路的一般表达式可知，电路中引入负反馈后其增益下降，但放大电路的其他性能会得到改善，如提高放大倍数的稳定性、减小环路内的非线性失真、抑制环路内的噪声和干扰、扩展通频带等。

(1) 提高放大倍数的稳定性　通过计算可得

$$\frac{dA_f}{A_f}=\frac{1}{1+AF}\frac{dA}{A}$$

该公式表示闭环放大电路增益的相对变化量是开环放大电路增益相对变化量的$1/(1+AF)$，即负反馈电路的反馈越深，放大电路的增益也就越稳定。

【例题 4-4】 已知某开环放大电路的放大倍数 $A=1000$，由于某种原因，其变化率为$\dfrac{dA}{A}=10\%$。若电路引入负反馈，反馈系数为 $F=0.009$，这时电路放大倍数的变化率为多少？

解：

$$\frac{dA_f}{A_f}=\frac{1}{1+AF}\frac{dA}{A}=\frac{1}{1+1000\times0.009}\times10\%=1\%$$

可见，放大倍数的变化率由原来的 10%降低到 1%。引入负反馈后，电路的稳定性明显提高。

(2) 减小环路内的非线性失真　晶体管是一个非线性器件，放大器在对信号进行放大时不可避免地会产生非线性失真。假设放大器的输入信号为正弦信号，没有引入负反馈时，开环放大器产生图 4-43a 所示的非线性失真，即输出信号的正半周幅度变大，而负半周幅度变小。现在引入负反馈，假设反馈网络为不会引起失真的线性网络，则反馈回的信号同输出信号的波形一样。反馈信号在输入端与输入信号相比较，使净输入信号$X_{id}=X_i-X_f$波形的正半周幅度变小，而负半周幅度变大，如图 4-43b 所示。经基本放大电路放大后，输出信号趋于

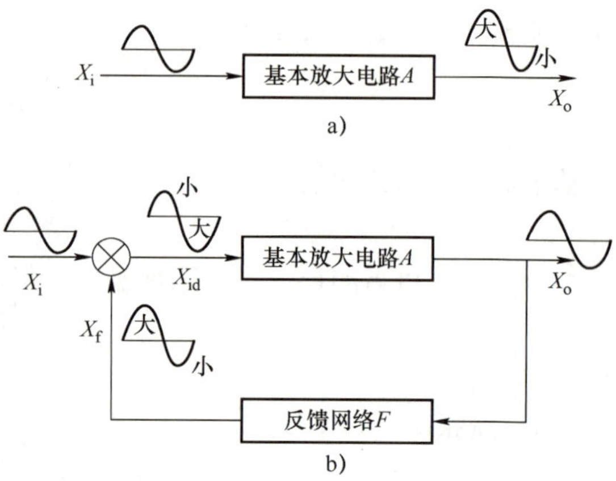

图 4-43　引入负反馈减小失真
a）无反馈　b）有负反馈

正、负半周对称的正弦波，从而减小了非线性失真。

(3) 抑制环路内的噪声和干扰 在反馈环内，放大电路本身产生的噪声和干扰信号，可以通过负反馈进行抑制，其原理同减小非线性失真的原理相同。但对反馈环外的噪声和干扰信号，引入负反馈也无能为力。

(4) 扩展通频带 频率响应是放大电路的重要特性之一。在多级放大电路中，级数越多，增益越大，频带越窄。引入负反馈后，可有效地扩展放大电路的通频带。

图 4-44 所示为放大器引入负反馈后通频带的变化。根据上下限频率的定义，从图 4-44 中可见，放大器引入负反馈以后，其下限频率降低，上限频率升高，通频带变宽。

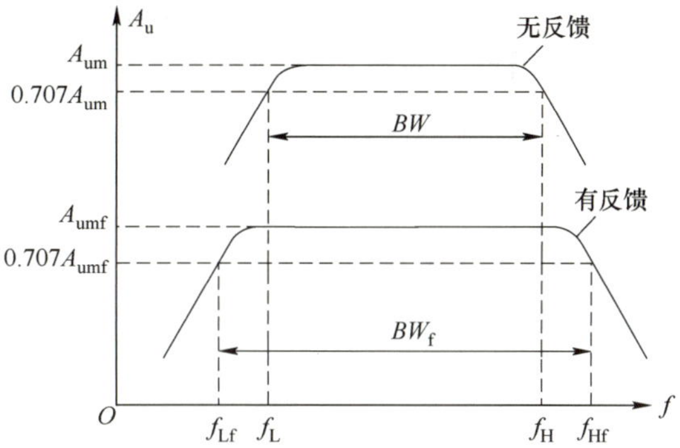

图 4-44 放大器引入负反馈后通频带和变化

5. 放大电路引入负反馈的一般原则

电路中引入负反馈可以使放大电路的性能得到多方面改善。在实际应用中，也可以根据放大电路性能参数的要求合理地引入负反馈。

放大电路引入负反馈的一般原则如下：

1）要稳定放大电路的静态工作点 Q，应该引入直流负反馈。

2）要改善放大电路的动态性能（如增益的稳定性、稳定输出量、减小失真、扩展频带等），应该引入交流负反馈。

3）要稳定输出电压，减小输出电阻，提高电路的带负载能力，应该引入电压负反馈。

4）要稳定输出电流，增大输出电阻，应该引入电流负反馈。

5）要提高电路的输入电阻，减小电路向信号源索取的电流，应该引入串联负反馈。

6）要减小电路的输入电阻，要引入并联负反馈。

六、集成运算放大电路

1. 集成运放的概述

将彼此独立的各种分立元件连接起来的电子电路称为分立电路，如前面所介绍的共发射极放大电路。与分立电路相对的是集成电路，集成电路采用半导体工艺，将各元件及电路的连线都集中制作在一块半导体芯片上，组成一个不可分割的整体。按其功能的不同，集成电路可分为模拟集成电路和数字集成电路两大类。

集成运算放大电路是模拟集成电路的一种，它是一种高放大倍数的多级直接耦合放大电路，最初用于数的运算，所以称为集成运算放大电路（简称集成运放）。它具有体积小、重量轻、价格便宜、使用可靠、灵活方便、通用性强等优点，在检测、自动控制、信号产生与信号处理等许多方面都得到了广泛应用。常见集成运放的外形有圆壳式、双列直插式、扁平式 3 种，如图 4-45 所示。

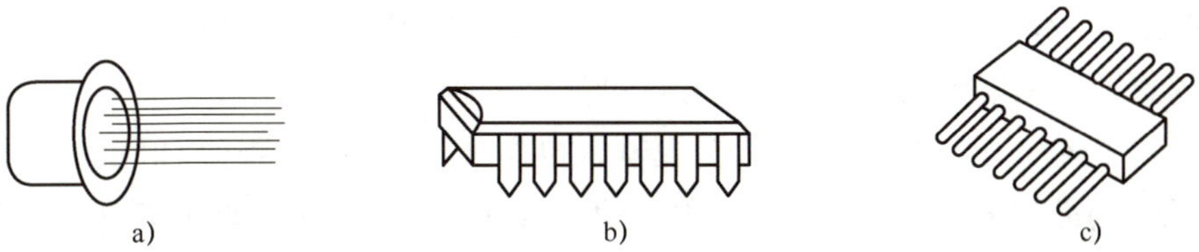

图 4-45 常见集成运放的外形

a）圆壳式 b）双列直插式 c）扁平式

2. 集成运放的符号及电路结构

(1) 集成运放的符号　集成运放的电路符号如图 4-46 所示，有三角形（国际标准）和方框形（国家标准）两种。

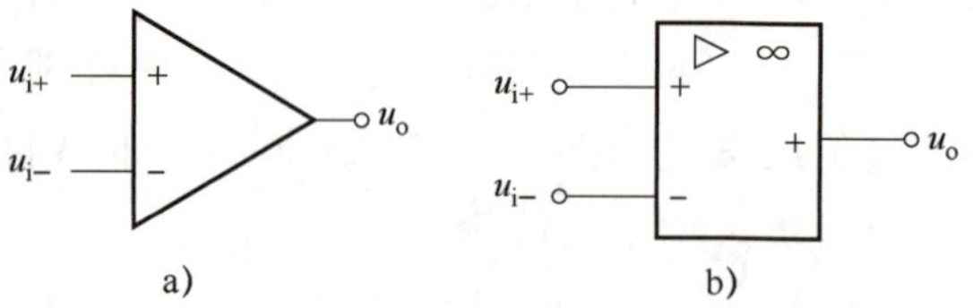

图 4-46　集成运放的电路符号

a) 三角形　b) 方框形

图中“−”表示同相输入端，“+”表示反相输入端，输出端电压与反相输入端电压反相，与同相输入端电压同相。

(2) 集成运放的电路结构　集成运放的电路结构主要由输入级、中间级、输出级和电源电路 4 部分组成，如图 4-47 所示。

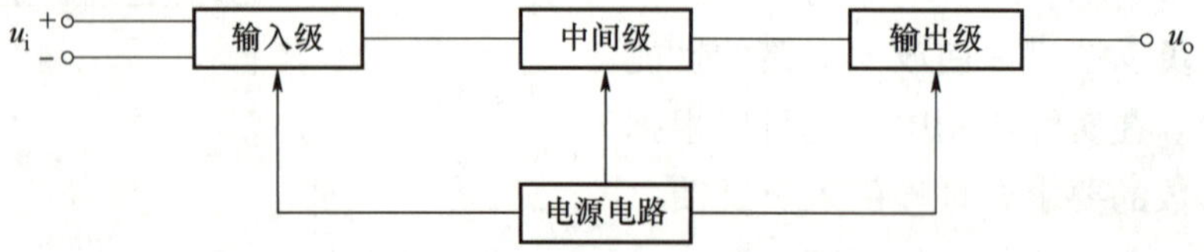

图 4-47　集成运放的电路结构框图

1) 输入级。输入级是提高运算放大器质量的关键部分，要求其输入电阻高，能减小零点漂移和抑制共模干扰信号，因此，输入级都采用具有恒流源的差动放大电路。它具有同相和反相两个输入端。

2) 中间级。集成运放的总增益主要由中间级提供，要求中间级有较高的电压放大倍数，因此，中间级一般采用带有恒流源负载的共射放大电路，其放大倍数可达几千倍以上。

3) 输出级。输出级与负载相接，要求其输出电阻低，带负载能力强，能输出足够大的电压和电流，因此，输出级一般采用互补对称电路或射极输出器。

4) 电源电路。电源电路也称为偏置电路，其作用是为上述各级电路提供稳定和合适的偏置电流，决定各级的静态工作点，一般由各种恒流源电路组成。

3. 集成运放的主要性能指标

(1) 开环差模电压放大倍数A_{ud}　开环差模电压放大倍数A_{ud}是指集成运放在开环状态（无外加反馈回路）下的差模电压放大倍数。对于集成运放而言，希望A_{ud}大且稳定。目前，集成运放的A_{ud}一般为 60~140dB。

(2) 最大输出电压U_{OPP}　最大输出电压U_{OPP}是指在一定的电源电压下，集成运放最大不失真输出电压的峰值。

(3) 差模输入电阻r_{id}　差模输入电阻r_{id}是指集成运放在输入差模信号时的输入电阻。对于信号源来说，差模输入电阻r_{id}越大，对其影响越小。一般集成运放的r_{id}为几百千欧至几兆欧。

(4) 开环输出电阻r_o　开环输出电阻r_o是指集成运放在开环状态且负载开路时的输出电阻。其数值越小，带负载的能力越强。

(5) 共模抑制比K_{CMR}　共模抑制比K_{CMR}与差动放大电路中的定义相同，也常用分贝值表示。K_{CMR}值越大，表示集成运放对共模信号的抑制能力越强。

(6) 最大差模输入电压U_{idmax}　最大差模输入电压U_{idmax}是指集成运放的反相和同相两输入端之间所能承受的最大电压值，超过这个电压值，会使集成运放的性能显著恶化，甚至可能造成永久性损坏。

(7) 最大共模输入电压U_{icmax}　最大共模输入电压U_{icmax}是指集成运放所能承受的最大共模

电压值，超过这个电压值，它的共模抑制比将显著下降，导致其工作不正常，失去差模放大能力。

(8) 输入失调电压U_{IO}　理想的集成运放，当输入电压为零时，输出电压也应为零。但在实际的集成运放中，由于元件参数的不对称性等原因，当输入电压为零时，存在一定的输出电压。为了使集成运放的输出电压为零，在输入端应加的补偿电压称为输入失调电压U_{IO}。集成运放的U_{IO}越小，其质量越好。U_{IO}一般为几毫伏。

(9) 输入失调电流I_{IO}　输入失调电流I_{IO}是指输入信号为零时，两个输入端静态基极电流之差，即$I_{IO}=|I_{B1}-I_{B2}|$。I_{IO}一般在零点零几微安级，其值越小越好。

(10) 输入偏置电流I_{IB}　输入偏置电流I_{IB}是指输入信号为零时，两个输入端静态基极电流的平均值，即

$$I_{IB}=\frac{I_{B1}+I_{B2}}{2}$$

它的大小主要和电路中第一级管子的性能有关，其值也是越小越好，一般在零点几微安级。

4. 几种常用的集成运放

由集成运放构成的电路如引入不同的反馈网络，可实现比例、加法、减法、积分、微分、对数及指数等运算。

(1) 比例运算电路　比例运算电路是运算电路中最简单的电路，它的输出电压和输入电压成比例关系。

1) 反相比例运算电路。输入信号从反相输入端输入时，输出信号与输入信号反相，这样的集成运放称为反相比例运算电路。如图 4-48 所示，同相输入端通过电阻接地，输入信号经电阻送到反相输入端，反馈电阻跨接在输出端和反相输入端之间。

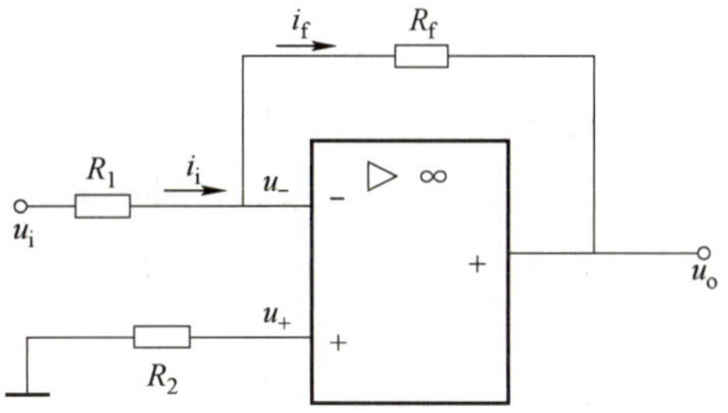

图 4-48　反相比例运算电路

根据集成运放的“虚断”和“虚短”可知

$$i_i\approx i_f,\ u_-\approx u_+=0$$

根据图 4-48 所示可得

$$i_i=\frac{u_i-u_-}{R_1}=\frac{u_i}{R_1}$$

$$i_f=\frac{u_--u_o}{R_f}=-\frac{u_o}{R_f}$$

所以

$$u_o=-\frac{R_f}{R_1}u_i$$

闭环电压放大倍数为

$$A_{uf}=\frac{u_o}{u_i}=-\frac{R_f}{R_1}$$

上式表示，反相比例运算电路的输出电压与输入电压是比例关系，电路的电压放大倍数只与外围电阻有关，而与集成运放本身的参数无关，这就保证了放大电路放大倍数的精确和稳定。式中的“-”号表示输出电压与输入电压反相。

在图 4-48 中，R_2为平衡电阻，$R_2=R_1//R_f$，其作用是消除静态电流对输出电压的影响。

当$R_1=R_f$时，$U_o=-U_i$，$A_{uf}=-1$，此时的电路称为反相器。

2）同相比例运算电路。如果输入信号从同相输入端引入，集成运放便称为同相比例运算电路，如图 4-49 所示。

根据集成运放的“虚断”和“虚短”可知

$$i_i \approx i_f,\ u_- \approx u_+ = u_i$$

根据 $U_o \to R_f \to R_1 \to$地回路可得

$$u_- = \frac{R_1}{R_1+R_f}u_o$$

所以

$$u_o = \frac{R_1+R_f}{R_1}u_- = \left(1+\frac{R_f}{R_1}\right)u_- = \left(1+\frac{R_f}{R_1}\right)u_i$$

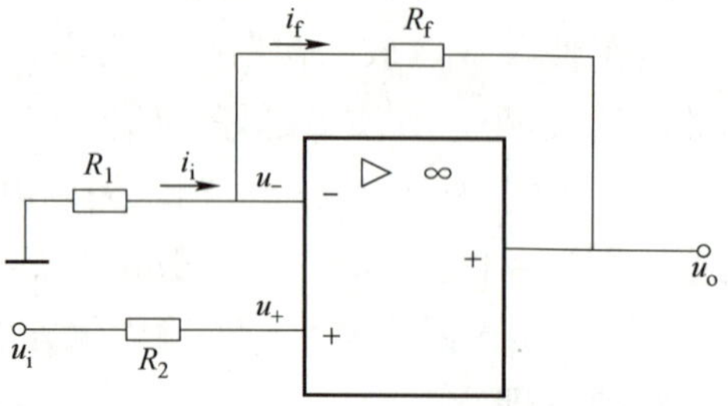

图 4-49　同相比例运算电路

闭环电压放大倍数为

$$A_{uf} = \frac{u_o}{u_i} = 1+\frac{R_f}{R_1}$$

上式表示，同相比例运算电路的输出电压与输入电压也是比例关系，且与集成运放本身的参数无关，其放大倍数的精度和稳定性都很高。

同相比例运算电路的电压放大倍数 $A_{uf} \geqslant 1$，为正值，表示输出电压与输入电压同相。

当 $R_1=\infty$ 或 $R_f=0$ 时，$A_{uf}=0$，此时电路为同相器或电压跟随器。由于集成运放的性能优良，所以，由它构成的电压跟随器不仅精度高，而且输入电阻大，输出电阻小，比射极输出器的跟随效果好得多，可作为各种电路的输入级、中间级或缓冲级等。

【例题 4-5】　如图 4-50 所示的电路，试求当 R_5的阻值为多大时，才能使 $U_o=-55U_i$?

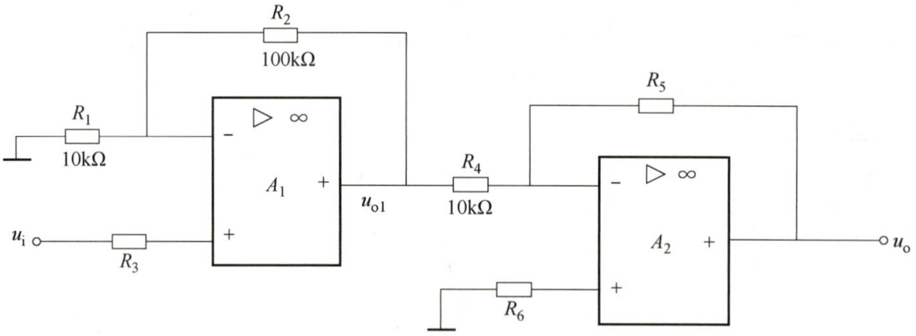

图 4-50　例题 4-5 图

解：

在图 4-50 所示的电路中，A_1构成同相比例运算电路，A_2构成反相比例运算电路，因此有

$$u_{o1} = \left(1+\frac{R_2}{R_1}\right)u_i = \left(1+\frac{100}{10}\right)u_i = 11u_i$$

$$u_o = -\frac{R_5}{R_4}u_{o1} = -\frac{R_5}{10}\times 11u_i = -55u_i$$

由此可得 $R_5=50\text{k}\Omega$。

（2）加法运算电路　在反相比例运算电路的基础上增加几个输入支路，便可构成反相加法运算电路，它又称为反相加法器，如图 4-51 所示。在同相比例运算电路的基础上增加几个输入支路，便可构成同相加法运算电路，又称为同相加法器。一般反相加法器的性能较好，应用较多。

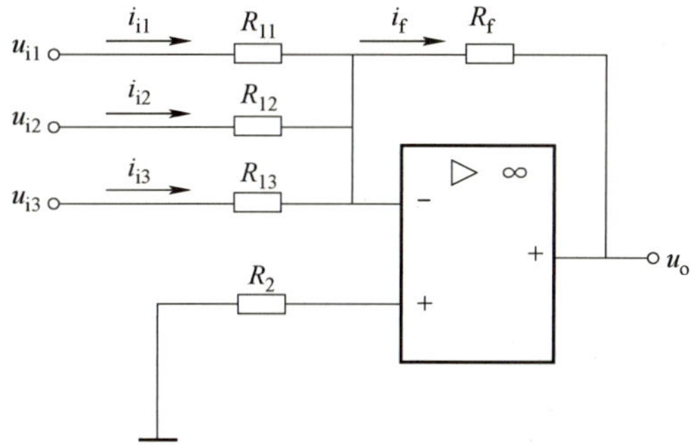

图 4-51　反相加法运算电路

如图 4-51 所示，根据集成运放的“虚断”和“虚短”，可列出

$$i_{i1}=\frac{u_{i1}}{R_{11}}\quad i_{i2}=\frac{u_{i2}}{R_{12}}\quad i_{i3}=\frac{u_{i3}}{R_{13}}\quad i_f=i_{i1}+i_{i2}+i_{i3}=-\frac{u_o}{R_f}$$

由以上各式可得

$$u_o=-\left(\frac{R_f}{R_{11}}u_{i1}+\frac{R_f}{R_{12}}u_{i2}+\frac{R_f}{R_{13}}u_{i3}\right)$$

当 $R_{11}=R_{12}=R_{13}=R_1$ 时，式 $u_o=-\left(\frac{R_f}{R_{11}}u_{i1}+\frac{R_f}{R_{12}}u_{i2}+\frac{R_f}{R_{13}}u_{i3}\right)$ 为

$$u_o=-\frac{R_f}{R_1}(u_{i1}+u_{i2}+u_{i3})$$

当 $R_1=R_f$ 时，式 $u_o=-\frac{R_f}{R_1}(u_{i1}+u_{i2}+u_{i3})$ 为 $u_o=-(u_{i1}+u_{i2}+u_{i3})$

由以上三式可以看出，加法运算电路也与集成运放本身的参数无关，只要电阻值足够精确，就可保证加法运算的精度和稳定性。

平衡电阻 $R_2=R_{11}//R_{12}//R_{13}//R_f$。

【例题 4-6】 如图 4-51 所示的反相加法运算电路，若存在关系 $u_o=-(4u_{i1}+2u_{i2}+0.5)$，试计算各输入电路的电阻和平衡电阻 R_2。设$R_f=100\text{k}\Omega$。

解：

根据公式

$$u_o=-\left(\frac{R_f}{R_{11}}u_{i1}+\frac{R_f}{R_{12}}u_{i2}+\frac{R_f}{R_{13}}u_{i3}\right)$$

可得

$$R_{11}=\frac{R_f}{4}=\frac{100}{4}\text{k}\Omega=25\text{k}\Omega$$

$$R_{12}=\frac{R_f}{2}=\frac{100}{2}\text{k}\Omega=50\text{k}\Omega$$

$$R_{13}=\frac{R_f}{0.5}=\frac{100}{0.5}\text{k}\Omega=200\text{k}\Omega$$

$$R_2=R_{11}/R_{12}//R_{13}//R_f\approx 13.3\text{k}\Omega$$

（3）减法运算电路　图 4-52 所示为用来实现两个电压 u_{i1} 和 u_{i2} 相减的减法运算电路，其两个输入端都有信号输入，实际为差动放大电路。

由图可知

$$u_- = u_{i1} - R_1 i_i = u_{i1} - \frac{R_1}{R_1+R_f}(u_{i1}-u_o)$$

$$u_+ = \frac{R_3}{R_2+R_3}u_{i2}$$

因$u_- \approx u_+$，则有

$$u_o = \left(1+\frac{R_f}{R_1}\right)\frac{R_3}{R_2+R_3}u_{i2} - \frac{R_f}{R_1}u_{i1}$$

当 $R_1 = R_2$，$R_f = R_3$时，上式为

$$u_o = \frac{R_f}{R_1}(u_{i2}-u_{i1})$$

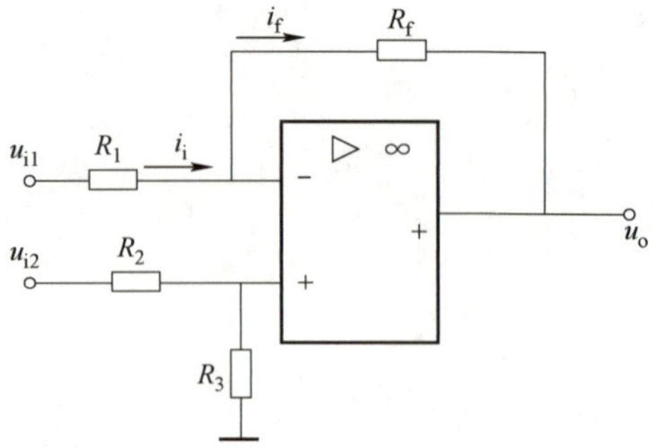

图 4-52　减法运算电路

当 $R_f = R_1$时，上式为

$$u_o = u_{i2} - u_{i1}$$

由式 $u_o = \frac{R_f}{R_1}(u_{i2}-u_{i1})$ 可得闭环电压放大倍数为

$$A_{uf} = \frac{u_o}{u_{i2}-u_{i1}} = \frac{R_f}{R_1}$$

由于电路存在共模电压，为保证运算精度，应当选用共模抑制比较高的集成运放或选用阻值合适的电阻。

（4）积分运算电路　在反相比例运算电路中，若用电容 C_f代替电阻 R_f，便构成了积分运算电路，如图 4-53 所示。

由于是反相输入，且$u_- \approx u_+ = 0$，所以

$$i_i = i_f = \frac{u_i}{R_1}$$

$$u_o = -u_C = -\frac{1}{C_f}\int i_f \mathrm{d}t = -\frac{1}{R_1 C_f}\int u_i \mathrm{d}t$$

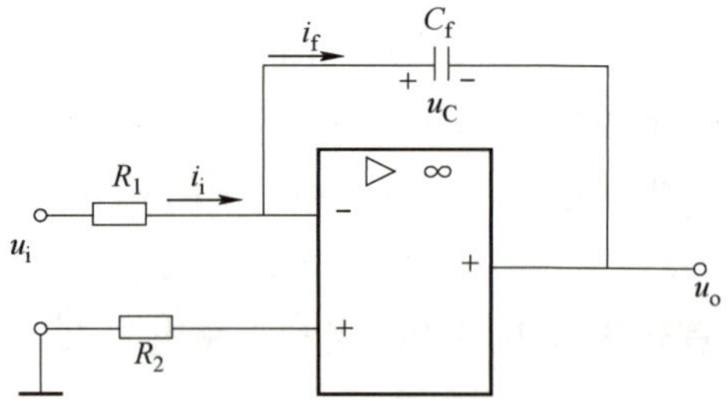

图 4-53　积分运算电路

上式表明，输出电压与输入电压的积分成比例，负号表示两者反相。R_1C_f称为积分时间常数。

当 u_i为一常数时，有

$$u_o = -\frac{U_i}{R_1 C_f}t$$

上式表明，当输入电压为常数时，积分运算电路的输出电压将随时间呈线性变化，直到达到饱和值为止，如图 4-54 所示。

（5）微分运算电路　微分运算是积分运算的逆运算，因此，将积分电路中输入端的电阻和反馈电容互换位置就可构成微分运算电路，如图 4-55 所示。

由图 4-55 可知

$$i_i = C\frac{\mathrm{d}u_C}{\mathrm{d}t} = C\frac{\mathrm{d}u_i}{\mathrm{d}t}$$

$$u_o = -R_f i_f = -R_f i_i$$

所以

$$u_o = -R_f C \frac{du_i}{dt}$$

上式表明，输出电压与输入电压的一次微分成正比，负号表示两者反相。R_fC 称为微分时间常数。

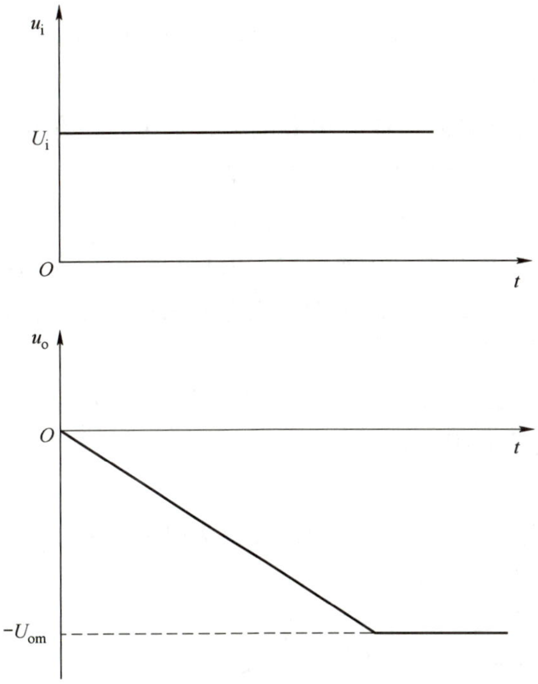

图 4-54　输入与输出波形

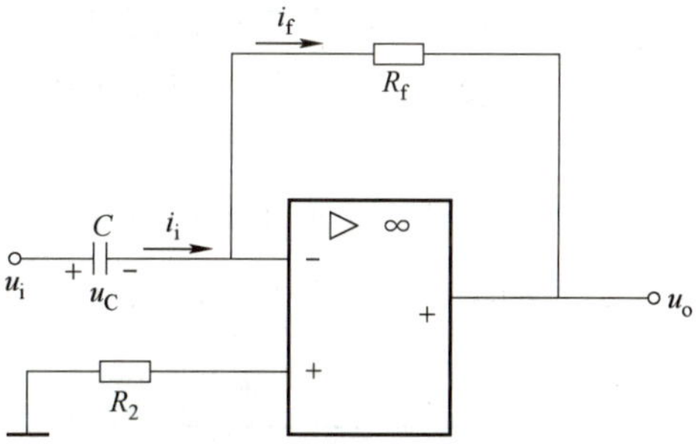

图 4-55　微分运算电路

当输入信号为一个矩形阶跃信号时，输出电压为两个尖脉冲电压信号，如图 4-56 所示。

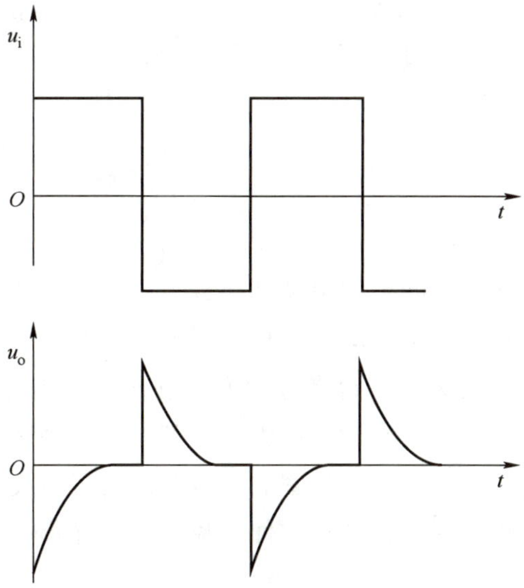

图 4-56　矩形阶跃波形的微分变换

七、功率放大电路

放大电路一般由输入级、中间级和输出级等部分组成，输出级要带一定的负载，负载的形式又是多种多样，如扬声器、电动机、显像管的偏转线圈、记录仪等，要使这些负载动作，就要求输出级向负载提供足够大的信号功率，即要求输出级向负载提供足够大的输出电压和输出电流，这种放大器称为功率放大电路。

1. 功率放大电路的概述

功率放大电路应满足的要求如下：

1）应有足够大的输出功率。为了获得较大的输出功率，往往要求晶体管工作在极限状态，但使用时，要考虑到晶体管的极限参数 P_{CM}、I_{CM}和 $U_{(BR)CEO}$。

2）效率要尽可能高。由于输出功率大，造成直流电源消耗的功率也大，这中间便存在一个效率问题。效率就是负载所得到的有用功率和电源供给的直流功率的比值。

3）非线性失真要小。功率放大电路工作在大电压信号下，晶体管的工作范围变大，不可避免地产生非线性失真。并且晶体管的失真程度与功率有关，功率越大，失真越严重。在测量系统和电声设备上要求非线性失真尽量小，最好不发生失真。而对于工业控制系统等方面，则以输出大功率为目的，对非线性失真要求不高。

4）晶体管要采取散热等保护措施。为了获得大功率，晶体管承受的电压较高、电流较大，导致其温度较高，损坏的可能性比较大，因此需要采取相应的保护措施。

2. 功率放大电路的分类

功率放大电路按电路中功率晶体管在一个周期内导通时间的不同，可分为甲类功率放大电路、乙类功率放大电路和甲乙类功率放大电路 3 种类型，如图 4-57 所示。

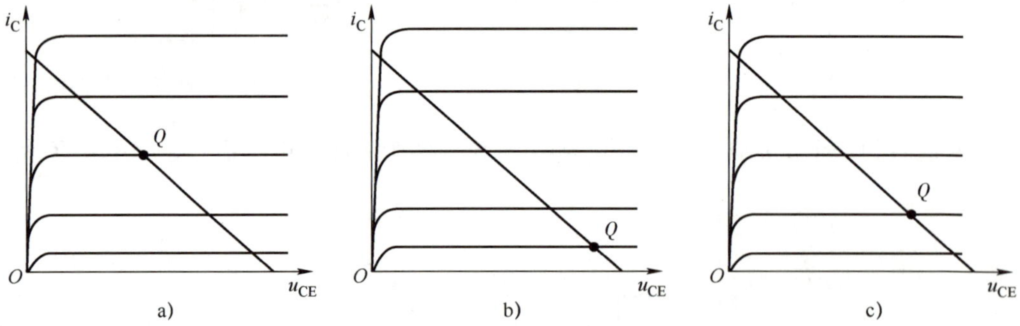

图 4-57 功率放大电路的分类

a）甲类 b）乙类 c）甲乙类

在信号整个周期中管子均导通的称为甲类功率放大电路，仅在信号的半个周期导通的称为乙类功率放大电路，导通时间大于半个周期的称为甲乙类功率放大电路。

甲类功率放大电路不论有无信号，始终有较大的静态工作电流，要消耗一定的电源功率，能量转换效率较低，但失真较小；乙类功率放大电路基本上无静态电流，转换效率高，但由于工作在截止区，会造成交越失真；甲乙类功率放大电路改善了乙类功率放大电路的交越失真问题，转换效率高，目前使用较广泛，特别是它便于集成化，在集成功率放大电路中也得到广泛应用。

3. 功率放大电路的特点及主要技术指标

功率放大电路的主要任务是向负载提供一定的信号功率，功率放大电路有以下特点：

1）输出功率要满足负载需要，如输入信号为某一频率的正弦信号，则输出功率为

$$P_o = I_o U_o$$

式中，$I_o U_o$分别为负载 R 上的正弦信号的电流、电压的有效值。如用振幅表示

$$I_o = I_{om}/\sqrt{2},\ U_o = U_{om}/\sqrt{2}$$

上述公式结合可得

$$P_{om} = \frac{1}{2} I_{om} U_{om}$$

最大输出功率 P_{om} 是指在输入为正弦信号，输出波形不超过规定的非线性失真指标时，放大电路最大输出电压和最大输出电流有效值的乘积。

2）效率要高，放大电路输出给负载的功率是由直流电源提供的。在输出功率比较大时，效率问题尤为突出。如果功率放大电路的效率不高，不仅会造成能量的浪费，而且消耗在电路内部的电能将转换为热量，使管子和元件等温度升高，从而影响电路的稳定性。为定量反映放大电路效率的高低，定义放大电路的效率为

$$\eta = \frac{P_o}{P_E} \times 100\%$$

式中　P_o——信号输出功率；

P_E——直流电源向电路提供的功率。

可见，效率 η 反映了功率放大电路把电源功率转换成输出信号功率（即有用功率）的能力，表示了电源功率的转换率。

3）非线性失真尽量小，在功率放大电路中，晶体管处于大信号工作状态，因此输出波形不可避免地产生一定的非线性失真。在实际的功率放大电路中，应根据负载的要求来规定允许的失真度范围。

4）分析估算采用图解法，由于功率放大电路中的晶体管工作在大信号状态，因此分析电路时，不能用微变等效电路分析方法，而应采用图解法对其输出功率和效率等指标进行粗略估算。

5）功率放大电路中晶体管常工作在极限状态，在功率放大电路中，晶体管往往工作在接近管子的极限参数状态，即晶体管集电极电流最大时接近 I_{CM}（管子的最大集电极电流），管压降最大时接近 U_{CEO}（管子 c-e 间能承受的最大管压降），耗散功率最大时接近 P_{CM}（管子的集电极最大耗散功率）。因此，在选择晶体管时，要特别注意极限参数的选择，以保证管子的安全使用。当晶体管选定后，需要合理选择功率放大电路的电源电压及静态工作点，甚至需要对晶体管加散热措施，以保护晶体管，使其安全工作。

功率放大电路的主要技术指标为最大输出功率和转换效率。

能力提升

钱学森院士淡泊名利、潜心研究，将自己的奋斗激情和满腔智慧毫不保留地奉献给祖国的社会主义事业；开创了举世瞩目的中国航天伟业，捍卫了国家安全，推动了民族振兴，促进了社会进步。他襟怀坦荡、光明磊落，不慕虚荣、品行高洁，始终以淡泊之心对待功名荣誉，对事业极为热爱，对工作极为投入，诠释着坚定的理想信念，体现了崇高的大师风范。

八、多级放大电路

1. 多级放大电路的组成

多级放大电路是由两个或两个以上的单级放大电路所组成的电路。图 4-58 所示为多

级放大电路的组成框图。在多级放大电路中，与信号源相连接的第一级放大电路称为输入级，与负载相连接的末级放大电路称为输出级，输出级与输入级之间的放大电路称为中间级。

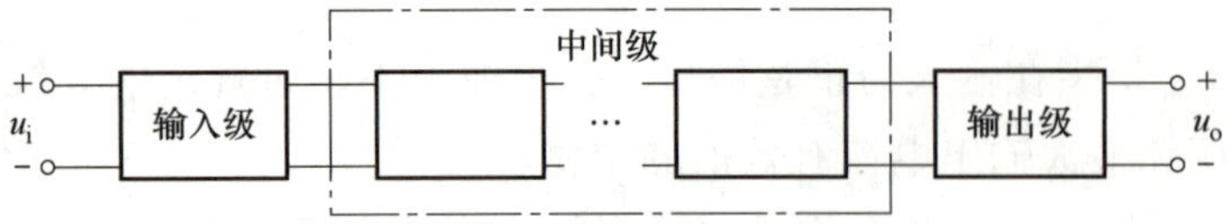

图 4-58 多级放大电路的组成框图

1）输入级。主要完成与信号源的衔接并对信号进行放大。一般采用输入阻抗较高的放大电路，以便从信号源获得较大的电压输入信号并对信号进行放大。

2）中间级。用于将微弱的输入电压信号放大到足够的幅度，即进行电压放大。一般要用几级放大电路才能完成信号的放大。

3）输出级。用于对信号进行功率放大，以满足输出负载所需要的功率，并实现和负载的匹配。

在多级放大电路中，各级放大电路输入和输出之间的连接方式称为耦合方式。常见的连接方式有阻容耦合、直接耦合和变压器耦合 3 种。

多级放大电路级间耦合的条件是把前级的输出信号尽可能多地传给后级，同时保证前后级放大管均处于放大状态，能够实现不失真的放大。

2. 多级放大电路的耦合方式

（1）直接耦合　直接耦合是指各级放大电路之间通过导线直接相连的连接方式。图 4-59 所示为直接耦合两级放大电路，前级的输出端直接与后级的输入端相连。

直接耦合的多级放大电路具有良好的频率特性，既能放大交流信号，又能放大直流信号及缓慢变化的信号。同时，电路中没有大容量的电容，易于实现集成，因此，实际使用的集成放大电路一般都采用直接耦合方式。

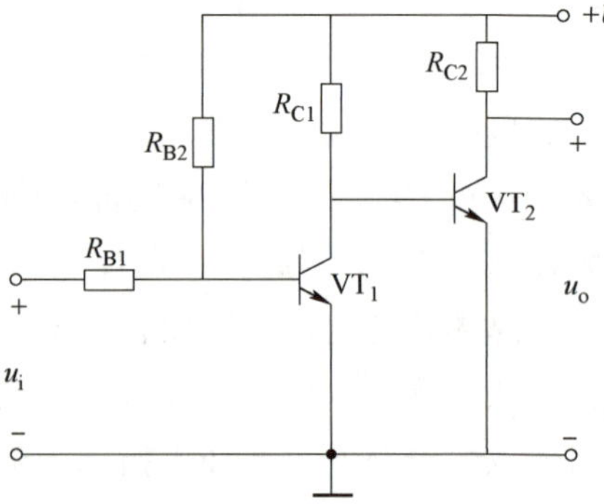

图 4-59 直接耦合两级放大电路

但直接耦合电路中存在以下两个问题：

1）级与级之间的直接相连导致静态工作点之间相互影响，不利于电路的设计、调试和维修。抑制措施主要有抬高后级发射极电位、用 PNP 和 NPN 管配合实现电平移动两点。

2）直接耦合电路中存在零点漂移现象。零点漂移现象是指输入电压为零时，输出电压偏离零值变化的现象。产生零点漂移现象的主要原因是晶体管的参数随温度的变化而变化，从而引起各级静态工作点发生变动，因此，零点漂移又称为温度漂移。直接耦合电路中，第一级的漂移对输出的影响最大，所以，零点漂移的抑制着重在第一级。

（2）阻容耦合　阻容耦合是指各级放大电路之间通过电容和电阻相连的连接方式。图 4-60 所示为阻容耦合两级放大电路。

由于阻容耦合方式每级之间有电容将直流隔开，因此，每级的直流通道是独立的，即每级的静态工作点不会相互影响，计算静态工作点可以每级分别计算，有利于放大器的设计、调试和维修。阻容耦合的输出温度漂移较小，具有体积小、重量轻等优点，在分立元件电路中应用较多。

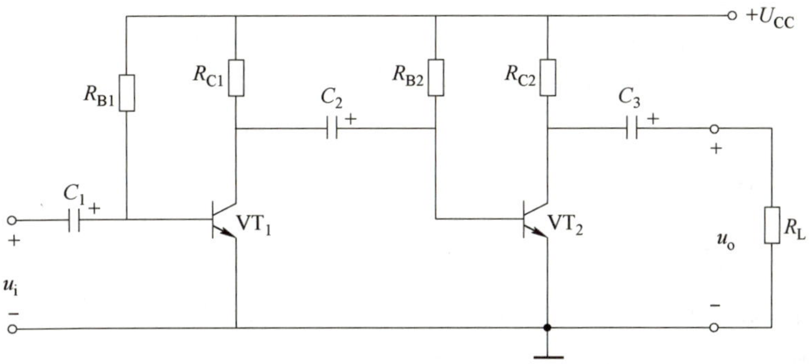

图 4-60　阻容耦合两级放大电路

但阻容耦合的低频特性较差，不适合放大直流信号及缓慢变化的信号，只能传递具有一定频率的交流信号，且它包含有电容元件，不便于做成集成电路。

（3）变压器耦合　变压器耦合是指各级放大电路之间通过变压器耦合传递信号的方式。图 4-61 所示为变压器耦合放大电路。

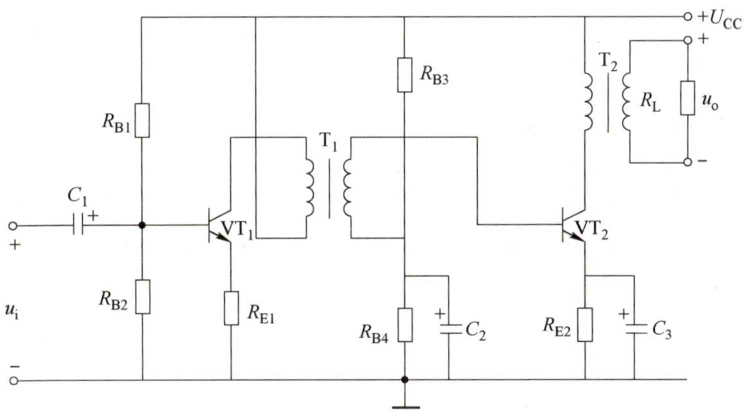

图 4-61　变压器耦合放大电路

由于变压器具有隔直流、通交流的特性，所以，变压器耦合放大电路各级的静态工作点相互独立，有利于放大器的设计、调试和维修。变压器耦合可以实现电压、电流和阻抗的变换，容易获得较大的输出功率，且输出温度漂移较小。

但它的低频特性也较差，不适合放大直流及缓慢变化的信号，只能传递具有一定频率的交流信号，而且由于其电路体积和质量较大，不便于做成集成电路。

3. 多级放大电路的分析

在多级放大电路中，各级之间是相互串行连接的，前一级的输出信号就是后一级的输入信号，后一级的输入电阻就是前一级的负载，因此，多级放大电路的电压放大倍数等于各级电压放大倍数的乘积，即

$$A_u = A_{u1}A_{u2}\cdots A_{un}$$

多级放大电路的输入电阻 r_i 等于从第一级放大电路的输入端所看到的等效电阻，也就是第一级的输入电阻，即

$$r_i = r_{i1}$$

多级放大器的输出电阻 r_o 等于从最后一级放大电路的负载两端（不含负载）所看到的等效电阻，也就是最后一级的输出电阻，即

$$r_o = r_{on}$$

任务三　认知直流稳压电源

一、直流稳压电源的组成

各种放大器、电子设备以及自动控制装置，都需要稳定的直流电源供电。直流电源可以由直流发电机和各种电池提供，但比较经济实用的办法是用具有单向导电性的电子器件将使用广泛的工频正弦交流电转换成直流电。

直流稳压电源可将交流电转换成直流电，当电网或负载变化时，维持输出直流电压基本不变。直流稳压电源通常由变压器、整流电路、滤波电路和稳压电路4部分组成，如图4-62所示。

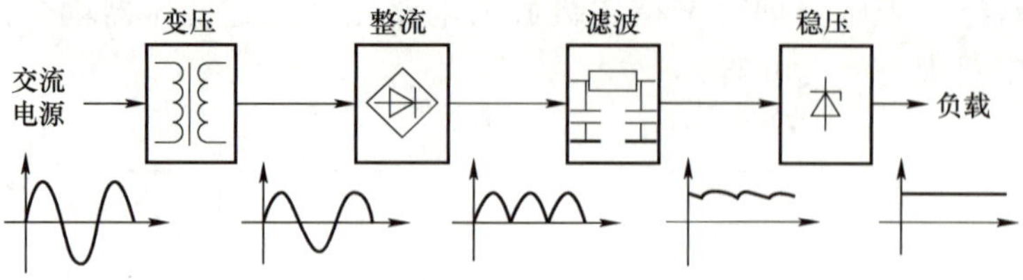

图4-62　直流稳压电源原理图

1）变压器。将正弦工频交流电源电压变换为符合用电设备所需要的正弦工频交流电压。

2）整流电路。利用具有单向导电性能的整流元件，将正负交替变化的正弦交流电压变换成单方向的脉动直流电压。

3）滤波电路。尽可能地将单向脉动直流电压中的脉动部分（交流分量）减小，使输出电压成为比较平滑的直流电压。

4）稳压电路。采用某些措施，使输出的直流电压在电源发生波动或负载变化时保持稳定。

引起直流稳压电源输出不稳定的主要原因如下：

1）交流电网输入电压不稳定。

2）负载电流变化。

3）稳压电源本身的元器件变化。

二、整流电路

整流电路是利用半导体器件的单向导电性将交流电变为单方向脉动的直流电。根据整流交流电源相数的不同，可分为单相整流电路和三相整流电路；根据整流电压波形的不同，又可分为半波整流电路和全波整流电路。一般在电子电路中常用功率较小的单相整流电路，下面主要对其进行详细介绍。

1. 单相半波整流电路

（1）工作原理　单相半波整流电路如图4-63所示，由电源变压器T、整流二极管VD及负载R_L组成。电源变压器一次电压为u_1，二次电压为u_2，这两个电压均为正弦交流电压，并设$u_2=\sqrt{2}U_2\sin\omega t$。

当u_2为正半周时，二极管VD正向导通，此时有电流i_o流过负载，若忽略二极管的管压降，则负载R_L两端的电压等于电源变压器二次电压，即$u_o=u_2$，输出电压u_o的波形与u_2相同。

当 u_2 为负半周时，二极管 VD 反向截止，负载 R_L 上无电流流过，输出电压 $u_o=0$，此时 u_2 全部加在二极管两端。

电路的输出波形如图 4-64 所示，负载上得到单方向的脉动电压。由于该电路仅在半个周期内有输出，所以称为半波整流电路。

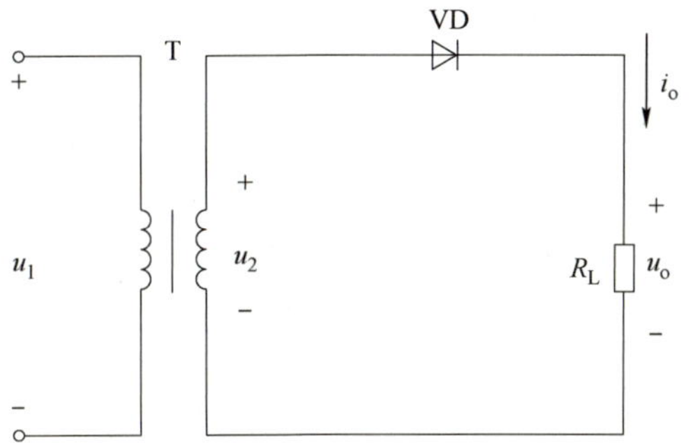

图 4-63　单相半波整流电路

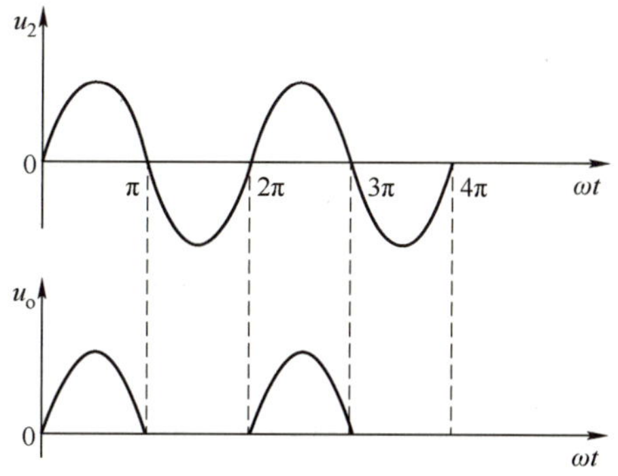

图 4-64　单相半波整流电路输出波形

（2）负载上的直流电压和直流电流　直流电压 U_o 是指一个周期内电压 u_o 的平均值，即

$$U_o=\frac{1}{2\pi}\int_0^{\pi}\sqrt{2}U_2\sin\omega t\mathrm{d}(\omega t)\ \frac{\sqrt{2}}{\pi}U_2=0.45U_2$$

流过负载的直流电流 I_o 为

$$I_o=\frac{U_o}{R_L}=\frac{\sqrt{2}U_2}{\pi R_L}=0.45\frac{U_2}{R_L}$$

（3）二极管的选择　一般应根据流过二极管的平均电流 I_D 和其所承受的最高反向电压 U_{DM} 来选择二极管的型号。

在单相半波整流电路中，流过整流二极管的平均电流与流过负载的直流电流相等，即

$$I_D=I_o=\frac{U_o}{R_L}=0.45\frac{U_2}{R_L}$$

二极管截止时所承受的最高反向电压 U_{DM} 与变压器二次电压 u_2 的最大值相等，即

$$U_{DM}=\sqrt{2}U_2$$

半波整流电路结构简单，使用元件少，但电源和变压器利用率低，输出电压低、脉动大，因此只适用于整流电流较小、对电压稳定性要求不高的场合。

【例题 4-7】　有一单相半波整流电路，如图 4-63 所示，已知负载电阻 $R_L=1\text{k}\Omega$，要求其工作电流为 15mA，试求电源变压器二次电压的有效值 U_2，并选择合适的整流二极管。

解：

由于　$$U_o=I_oR_L=15\text{V}$$

因此　$$U_2=\frac{U_o}{0.45}=33\text{V}$$

流过二极管的平均电流 I_D 和二极管承受的最高反向电压 U_{DM} 为

$$I_D=I_o=15\text{mA}$$

$$U_{DM}=\sqrt{2}U_2\approx47\text{V}$$

根据以上求得的参数，并查阅相关手册，可选用一只额定整流电流为 100mA、最大反向工作电压为 50V 的 2CZ52B 型整流二极管。

2. 单相全波整流电路

单相桥式整流电路是工程中最常用的一种单相全波整流电路。它由 4 只二极管组成，如图 4-65 所示。

这 4 只二极管接成了桥式，4 个顶点中，相同极性接在一起的一对顶点接向直流负载 R_L，不同极性接在一起的一对顶点接向交流电源。图 4-66 所示为单相桥式整流电路的简化画法。

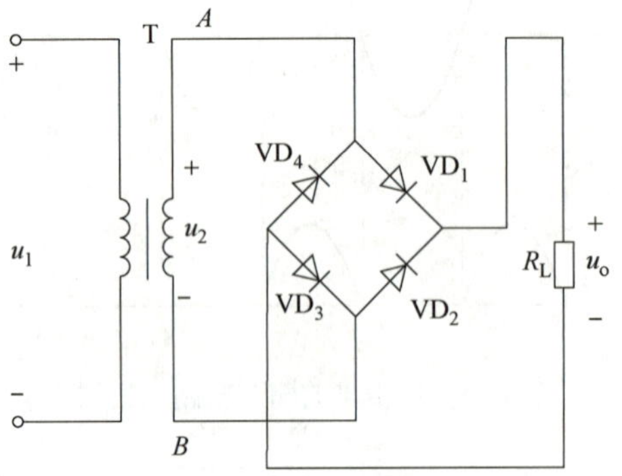

图 4-65 单相桥式整流电路

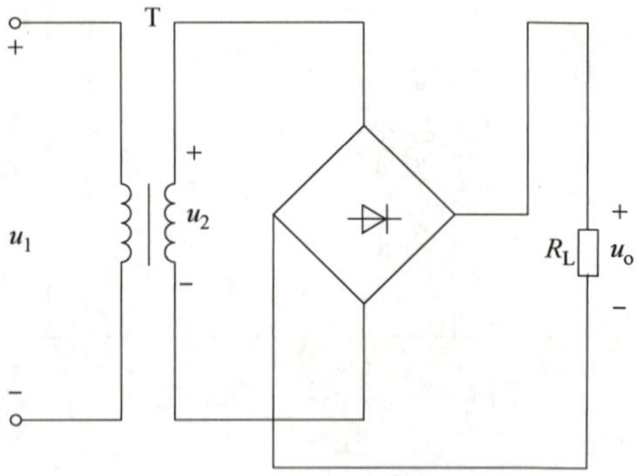

图 4-66 单相桥式整流电路的简化画法

(1) 工作原理 在 u_2 的正半周，A 点电位高于 B 点电位，二极管 VD_1、VD_3 正向导通，二极管 VD_2、VD_4 反向截止，电流的路径为：$A \to VD_1 \to R_L \to VD_3 \to B$。

在 u_2 的负半周，B 点电位高于 A 点电位，二极管 VD_2、VD_4 正向导通，二极管 VD_1、VD_3 反向截止，电流的路径为：$B \to VD_2 \to R_L \to VD_4 \to A$。

由于 VD_1、VD_3 和 VD_2、VD_4 两对二极管交替导通，因此负载 R_L 上在 u_2 的整个周期内都有电流流过，而且方向不变。电路中负载电阻 R_L 两端的电压 u_o、流过 R_L 的电流 i_o 及流过二极管的电流 i_D 的波形如图 4-67 所示。

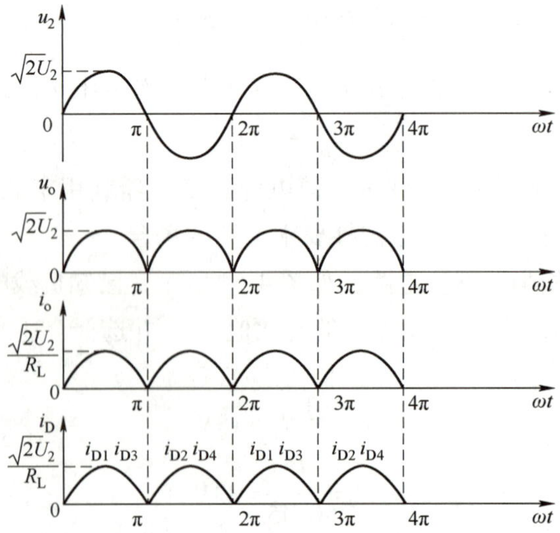

图 4-67 单相桥式整流电路输出波形图

(2) 负载上的直流电压和直流电流 负载上的直流电压为

$$U_o = \frac{1}{\pi}\int_0^{\pi} \sqrt{2}U_2 \sin\omega t \mathrm{d}(\omega t) = \frac{2\sqrt{2}}{\pi}U_2 = 0.9U_2$$

负载上的直流电流为

$$I_o=\frac{U_o}{R_L}=0.9\frac{U_2}{R_L}$$

(3) 二极管的选择 二极管的选择根据每只二极管的平均电流。在桥式整流电路中，两对二极管交替导通，每只仅在电压 u_2 的半个周期内流过电流，所以每只二极管的平均电流为负载上直流电流的一半，即

$$I_D=\frac{1}{2}I_o=0.45\frac{U_2}{R_L}$$

每只二极管反向截止时所承受的最高反向电压为

$$U_{DM}=\sqrt{2}U_2$$

可根据流过二极管的平均电流和其所承受的最高反向电压来选择二极管的型号。

与单相半波整流电路相比，单相桥式整流电路电源和变压器利用率高，输出电压高，电压脉动小。因此，这种整流电路在工程中应用较为广泛。

【例题 4-8】 有一单相桥式整流电路，如图 4-65 所示，若变压器二次电压的有效值 U_2 = 40V，负载电阻 R_L = 3.6Ω。

求：1）负载上的直流电压 U_o、直流电流 I_o，每只整流二极管的平均电流 I_D 和其所承受的最高反向电压 U_{DM}。

2）VD_2 损坏开路时的 U_o、I_o。

3）若 VD_2 短路会出现什么情况？

解：

1）由式

$$U_o=\frac{1}{\pi}\int_0^{\pi}\sqrt{2}U_2\sin\omega t\,d(\omega t)=\frac{2\sqrt{2}}{\pi}U_2=0.9U_2$$

$$I_o=\frac{U_o}{R_L}=0.9\frac{U_2}{R_L}$$

$$I_D=\frac{1}{2}I_o=0.45\frac{U_2}{R_L}$$

$$U_{DM}=\sqrt{2}U_2$$

可知

$$U_o=0.9U_2=36V$$

$$I_o=\frac{U_o}{R_L}=10A$$

$$I_D=\frac{1}{2}I_o=5A$$

$$U_{DM}=\sqrt{2}U_2=56V$$

2）当 VD_2 损坏时，在 u_2 正半周，VD_1、VD_3 导通。在 u_2 负半周，因 VD_2 开路，无二极管导通。所以电路相当于半波整流电路，故直流电压 U_o、直流电流 I_o 仅为全波整流的一半，即

$$U_o=0.45U_2=18V$$

$$I_o=\frac{U_o}{R_L}=5A$$

3）当 VD_2 短路时，在 u_2 正半周电流不再通过负载 R_L，而通过二极管 VD_1 和 VD_2 构成回路，

由于二极管的导通压降只有 0.7V，因此变压器二次绕组短路，易造成电流过大而烧毁变压器和二极管。

3. 常用整流组合元件

将单相桥式整流电路的 4 只二极管制作在一起，封成一个器件称为整流桥。常用的整流组合元件有半桥堆和全桥堆。半桥堆的内部由两只二极管组成，而全桥堆的内部由 4 只二极管组成。半桥堆内部的两只二极管连接方式如图 4-68a 所示，全桥堆内部的 4 只二极管连接方式如图 4-69a 所示。全桥堆电路符号如图 4-69b 所示。半桥堆和全桥的外形如图 4-68c 和图 4-69c 所示。图文中标有符号~的管脚使用时接变压器二次绕组或交流电源，标有符号正号的管脚是整流后输出电压的正极，标有符号负号的管脚是整流后输出电压的负极，全桥堆的这两个脚接负载或滤波稳压电路的输入端。半桥堆有一对交流输入引脚，但只有一个直流电压输出引脚，它必须与具有中心抽头的变压器配合使用，两个交流输入引脚接变压器两个二次绕组的非中心抽头端，直流引脚和变压器中心抽头组成输出端，用于接负载或滤波稳压电路输入端，如图 4-68b 所示。

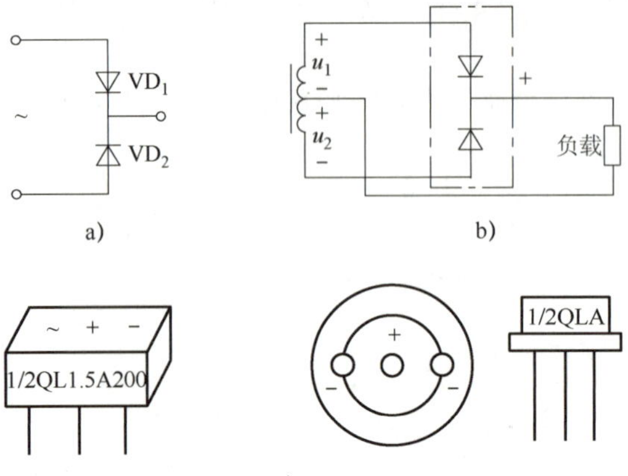

图 4-68　半桥堆连接方式及电路符号

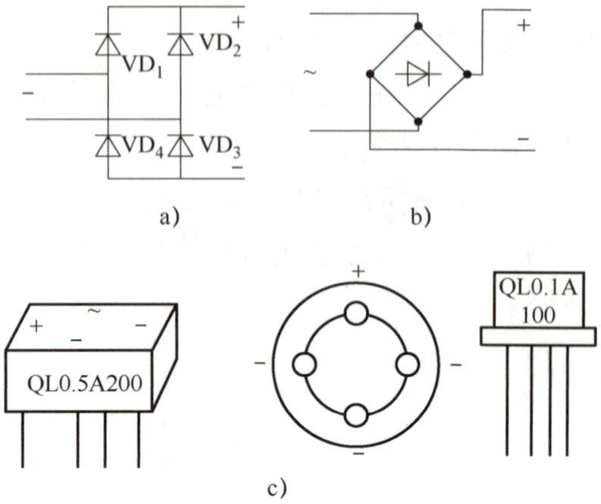

图 4-69　全桥堆连接方式及电路符号

能力提升

单只二极管功能有限，而几只二极管共同协作，却能实现整流的功能。一个团队走向成功的第一步便是成员之间的密切配合。可以说，协作是每位学生必须具备的基础能力之一。作为一名新时代的大学生，自身要树立团结协作的意识，平时要主动做事，敢于担当，将自我融入团体，分工协作，形成集体智慧，造就团队力量。

三、滤波电路

利用整流电路虽然可以把交流电转变为单一方向的直流电压，但该直流电压含有较大的脉动成分，不能保证电子设备的正常工作。因此，在整流电路之后还需要利用由储能元件组成的滤波电路，来减小电压中的脉动成分，使输出的电压更加平滑。

常用的滤波电路有电容滤波电路、电感滤波电路和其他形式滤波电路。

1. 电容滤波电路

电容滤波电路是最常见、最简单的滤波电路，由滤波电容 C 与负载 R_L 并联而成，它利用电容的充放电来改善输出电压的脉动程度。图 4-70 所示为单相桥式整流电容滤波电路。

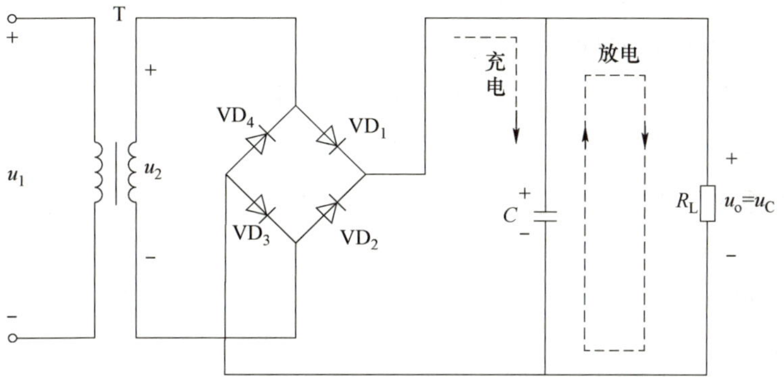

图 4-70　单相桥式整流电容滤波电路

(1) 工作原理　在 u_2 的正半周，且 $u_2>u_C$（电容两端电压）时，VD_1、VD_3 正向导通，此时，u_2 给负载供电的同时对电容器 C 充电，当充到最大值，即 $u_C=U_m$ 后，u_C 和 u_2 都开始下降，u_2 按正弦规律下降，当 $u_2<u_C$ 时，VD_1、VD_3 承受反向电压而截止，电容器对负载放电，u_C 按指数规律下降。

在 u_2 的负半周情况相似，只是在 $|u_2|>u_C$ 时，VD_2、VD_4 正向导通。经滤波后 u_o 的波形如图 4-71 所示，显然脉动减小。

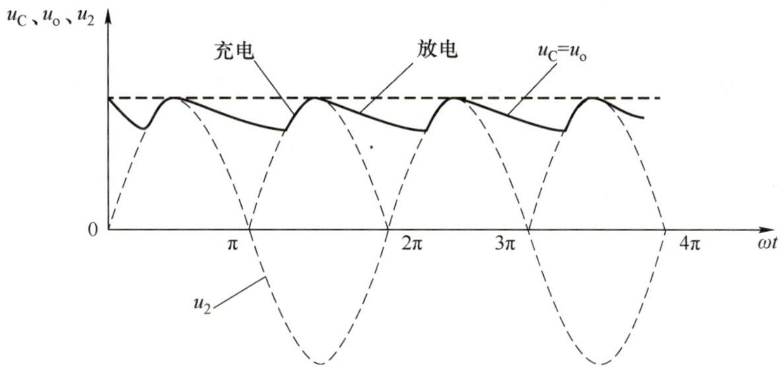

图 4-71　经滤波后 u_o 的波形

单相半波整流电容滤波电路的工作原理与单相桥式整流电容滤波电路的工作原理相似，在此不再赘述。

(2) 负载上电压的计算　一般常用以下公式估算电容滤波时的输出电压平均值

$$U_o=1.2U_2\text{（桥式、全波）}$$

$$U_o=U_2\text{（半波）}$$

(3) 元件选择

1）电容选择。电容的放电时间常数（$\tau=R_LC$）越大，放电过程越慢，输出电压越高，脉动成分也越少，即滤波效果越好。一般要求

$$\tau=R_LC\geqslant(3\sim5)\frac{T}{2}\quad\text{（桥式、全波）}$$

$$\tau=R_LC\geqslant(3\sim5)T\quad\text{（半波）}$$

式中　T——交流电源电压的周期。

2）整流二极管的选择。每只二极管的平均电流为

$$I_D=\frac{1}{2}I_o\quad\text{（桥式、全波）}$$

$$I_D = I_o \quad （半波）$$

每只二极管所承受的最高反向电压为

$$U_{DM} = \sqrt{2}U_2 \quad （桥式、全波）$$

$$U_{DM} = 2\sqrt{2}U_2 \quad （半波）$$

电容滤波电路适用于要求输出电压高、负载电流较小，并且负载较稳定的电路中。

【例题 4-9】 有一整流电容滤波电路，如图 4-70 所示，已知交流电源频率 $f = 50\text{Hz}$，要求直流输出电压 $U_o = 30\text{V}$，直流电流 $I_o = 150\text{mA}$。求电源变压器二次电压 U_2的有效值，选择整流二极管及滤波电容。

解：

1）由式 $U_o = 1.2U_2$得电源变压器二次电压 U_2的有效值为

$$U_2 = \frac{U_o}{1.2} = \frac{30}{1.2}\text{V} = 25\text{V}$$

2）选择二极管，由式 $I_D = \frac{1}{2}I_o$得流过二极管的平均电流为

$$I_D = \frac{1}{2}I_o = \frac{150}{2}\text{mA} = 75\text{mA}$$

由式 $U_{DM} = \sqrt{2}U_2$得二极管承受的最高反向电压为

$$U_{DM} = \sqrt{2}U_2 = \sqrt{2} \times 25\text{V} \approx 35\text{V}$$

根据 I_D、U_{DM}查阅相关手册，可选用 2CP11 型二极管，其最大整流电流为 100mA，最大反向工作电压为 50V。

3）选择滤波电容器，根据式 $\tau = R_L C \geqslant (3 \sim 5)\frac{T}{2}$，有

$$R_L C = 5 \times \frac{T}{2} = 5 \times \frac{\frac{1}{50}}{2}\text{s} = 0.05\text{s}$$

由于

$$R_L = \frac{U_o}{I_o} = \frac{30}{0.15}\Omega = 200\Omega$$

则

$$C = \frac{0.05}{R_L} = \frac{0.05}{200}\text{F} = 2.5 \times 10^{-4}\text{F} = 250\mu\text{F}$$

因此，应选用电容为 250μF、耐压为 50V 的电解电容。

2. 电感滤波电路

电感滤波电路由电感 L 和负载电阻 R_L串联而成，如图 4-72 所示，它利用电感对交流阻抗大的特点来减小电压脉动，以得到平滑的电压。

其工作原理如下：

当流过电感线圈的电流增大时，电感线圈产生的自感电动势与电流方向相反，阻止电流的增加，同时将一部分电能转化成磁场能储存于电感中；当流过电感线圈的电流减小时，自感电动势与电流方向相同，同时释放出储存的能量，补偿电流的减小，从而得到平滑的电压。频率越高、电感越大，电路

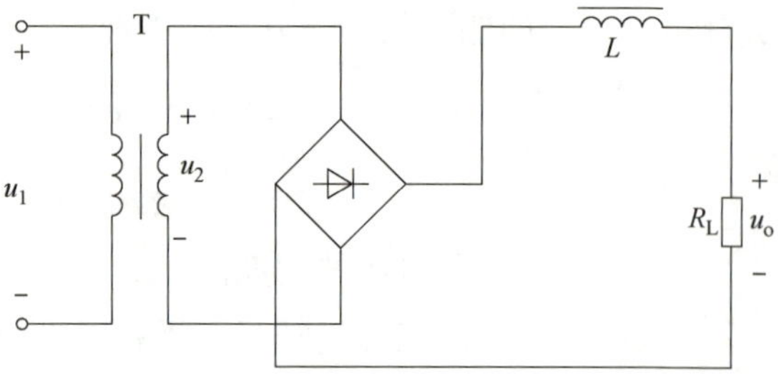

图 4-72 单相桥式整流电感滤波电路

的滤波效果越好。当忽略电感的电阻时，负载上的直流电压 $U_o \approx 0.9U_2$。

经电感滤波后，不但负载电流及电压脉动减小，而且由于滤波电感电动势的作用，使整流二极管的导通角增大，减小了整流二极管的冲击电流，延长了整流二极管的使用寿命。

电感线圈能滤波还可以这样理解：因为电感线圈对直流分量阻抗为零；对交流分量具有阻抗且谐波频率越高，阻抗越大，所以它可以滤除整流电压中的交流分量。ωL 比 R_L 大得越多，则波效果越好。

电感滤波电路的缺点是体积大，易引起电磁干扰。电感滤波一般只适用于低电压、大电流的场合。

3. 其他形式滤波电路——LC 型滤波电路和 π 型滤波电路

（1）LC 型滤波电路　电感滤波电路由于自感电动势的作用使二极管的导通角比电容滤波电路时增大，流过二极管的峰值电流减小，外特性较好，带负载能力较强，但是电感量较大的线圈，因匝数较多，体积大，比较笨重，直流电阻也较大，因而其上有一定的直流压降，造成输出电压的下降。电感滤波电路输出电压平均值 U_o 的大小一般按经验公式计算

$$U_o = 0.9U_2$$

如果要求输出电流较大，输出电压脉动很小时，可在电感滤波电路之后再加电容 C，组成 LC 滤波电路。电感滤波之后，利用电容再一次滤掉交流分量，这样，便可得到更平直的直流输出电压。

（2）π 型滤波电路　为了进一步减小负载电压中的纹波，可采用 π 型 LC 滤波电路。由于电容 C_1、C_2 对交流的容抗很小，而电感 L 对交流的阻抗很大，因此，负载 R_L 上的纹波电压很小。若负载电流较小时，也可用电阻代替电感组成 π 型 RC 滤波电路。由于电阻要消耗功率，所以，此时电源的损耗功率较大，电源效率降低。

四、稳压电路

1. 稳压电路主要技术指标

通常用以下几个主要指标来衡量稳压电路的质量：

1）内阻 r_o。稳压电路的内阻定义为经过整流滤波后输入稳压电路的直流电压不变时，稳压电路的输出电压变化量与输出电流变化量之比。

2）稳压系数。稳压系数的定义是当负载不变时，稳压电路输出电压的相对变化量与输入电压的相对变化量之比。

3）温度系数。温度系数指电网电压和负载都不变时，由于温度变化而引起的输出电压漂移。

另外，还有电压调整率、电流调整率、最大纹波电压和噪声电压等。通常，主要讨论内阻和稳压系数这两个主要指标。常用的稳压电路有稳压管稳压电路和串联反馈式直流稳压电路等。

2. 稳压管稳压电路

稳压管稳压电路是最简单的直流稳压电路，它主要由稳压管 D_Z 和限流电阻 R 组成，如图 4-73a 所示。图 4-73b 所示为稳压管的伏安特性曲线。

（1）工作原理

1）负载电阻 R_L 不变、输入电压波动。当负载电阻 R_L 不变，输入电压 U_i 上升时，U_o 随之增大，即 U_Z（$U_Z = U_o = U_i - U_R$）增大。由稳压管的伏安特性曲线可知，稳压管的电流 I_Z 显著增

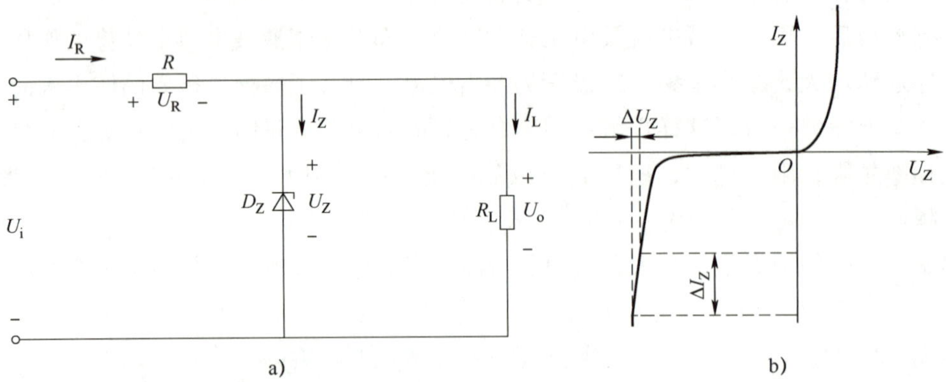

图 4-73 稳压管稳压电路

a）电路 b）稳压管的伏安特性曲线

大，结果使流过电阻 R 的电流 I_R（$I_R=I_Z+I_L$）增大，电阻 R 上的压降增大，以抵消 U_i的增加，从而使负载电压 U_o的数值基本保持不变。上述稳压过程可表示为

$$U_i\uparrow\rightarrow U_o\uparrow(U_Z\uparrow)\rightarrow I_Z\uparrow\rightarrow U_R\uparrow\rightarrow U_o\downarrow$$

同理，如果输入电压 U_i下降，电阻 R 上的压降减小，其工作过程与上述相反，输出电压 U_o仍基本保持不变。

2）输入电压 U_i不变，负载发生波动。当输入电压 U_i不变，负载电阻 R_L增大，即负载电流 I_L减小时，稳压过程为

$$R_L\uparrow\rightarrow I_L\downarrow\rightarrow I_R\downarrow\rightarrow U_R\downarrow\rightarrow U_o\uparrow(U_Z\uparrow)\rightarrow I_Z\uparrow\rightarrow I_R\uparrow\rightarrow U_R\uparrow\rightarrow U_o\downarrow$$

同理，如果负载电阻减小时，稳压过程相反。

由以上分析可知，稳压管稳压电路是利用稳压管所起的电流调节作用，通过限流电阻 R 上电压的变化进行补偿，来达到稳压的目的。

（2）元件的选择

1）稳压管的选择。一般按下式选取稳压管，即

$$\begin{cases}U_i=(2\sim3)U_o\\U_Z=U_o\\I_{Zmax}-I_{Zmin}>I_{Lmax}-I_{Lmin}\end{cases}$$

2）限流电阻的选择。限流电阻的大小受输入电压 U_i、负载电流 I_L，稳压管电流 I_{Zmax}、I_{Zmin}等因素的影响，一般按下式选取，即

$$\frac{U_{imax}-U_Z}{I_{Zmax}+I_{Lmin}}<R<\frac{U_{imin}-U_Z}{I_{Zmin}+I_{Lmax}}$$

稳压管稳压电路的结构简单，负载电流变动小时稳压效果好，但由于受稳压管自身参数的限制，不能任意调节输出电压，因此只适用于输出电压不需要调节、负载电流小、稳压要求不高的场合。

3. 集成稳压电源

随着集成电路的发展，出现了集成稳压电源，或称为集成稳压器。集成稳压器是指将功率调整管、取样电阻以及基准稳压源、误差放大器、启动和保护电路等全部集成在一块芯片上，形成的一种串联型集成稳压电路。它具有体积小、可靠性高、使用灵活和价格低廉等优点，因此得到广泛的应用。

目前，常见的集成稳压器引出脚为多端（引出脚多于 3 脚）和三端两种外部结构形式。由于三端式稳压器只有 3 个引出端子，具有应用时外接元件少、使用方便、性能稳定、价格低廉等优点，因而得到广泛应用。三端式稳压器有两种，一种输出电压是固定的，称为固定输出三端式稳压器，另一种输出电压是可调的，称为可调输出三端式稳压器。它们的基本组成及工作原理都相同，均采用串联型稳压电路。

固定输出三端式稳压器通用产品有 CW7800 系列（正电源）和 CW7900 系列（负电源）。输出电压由具体型号中的后两个数字代表，有 5V、6V、9V、12V、15V、18V、24V 等档次。其额定输出电流以 78 或（79）后面所加字母来区分。L 表示 0.1A，M 表示 0.5A，无字母表示 1.5A，例如，CW7805 表示输出电压为+5V，额定输出电流为 1.5A。图 4-74 所示为 CW7800 和 CW7900 系列塑料封装和金属封装三端式固定输出集成稳压器的外形及引脚排列。

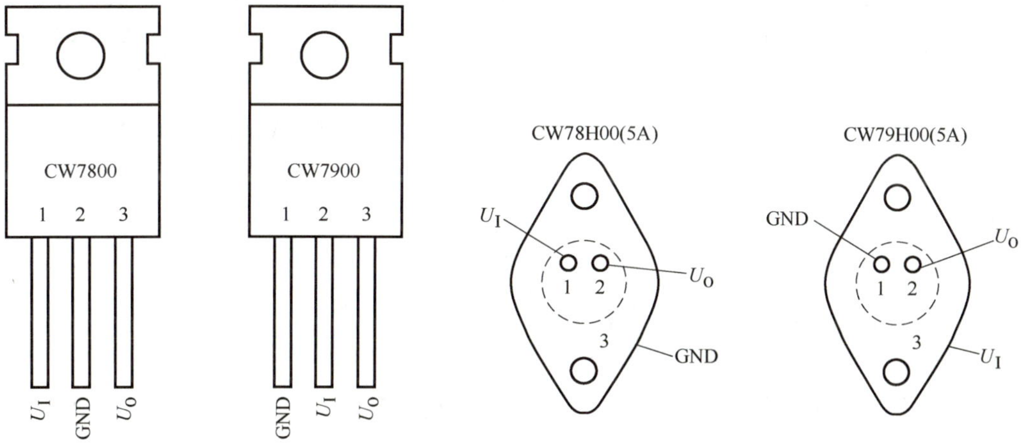

图 4-74　三端式固定输出集成稳压器的外形及引脚排列

项目小结

1）半导体材料中有自由电子和空穴两种载流子，电子带负电，空穴带正电。在纯净半导体中掺入不同的杂质，可以得到 N 型半导体和 P 型半导体；N 型半导体中多子是自由电子，P 型半导体中多子是空穴。

2）PN 结的基本特点是具有单向导电性，PN 结正向偏置导通、反向偏置截止。

3）二极管是由一个 PN 结构成的，同样具有单向导电性。其特性可以用伏安特性和一系列参数来描述。伏安特性有正向特性、反向特性及反向击穿特性。正向特性中有死区电压，硅二极管的死区电压约为 0.5V，锗二极管的死区电压约为 0.1V。反向特性中有反向电流，反向电流越小，单向导电性越好，反向电流受温度影响大。反向击穿特性有反向击穿电压，二极管正常工作时其反向电压不能超过此值。

4）二极管可用于限幅、稳压和开关等电路。稳压二极管稳压时，要工作在反向击穿区。稳压二极管的主要参数有稳定电压、稳定工作电流和耗散功率等。应用稳压管时，一定要配合限流电阻使用。

5）晶体管是由两个 PN 结构成的。工作时，有两种载流子参与导电，因此又称为双极性晶体管。晶体管是一种电流控制型的器件，改变基极电流就可以控制集电极电流。晶体管实现电流放大和控制的内部条件是基区做得很薄且掺杂浓度低，发射区的杂质浓度较高，集电区的面积较大；外部条件是发射结要正向偏置，集电结反向偏置。晶体管的特性可用输入特性曲线和输出特性曲线来描述；其性能可以用一系列参数（如电流放大系数、反向电流、极限参数等）来表征。晶体管有饱和区、放大区和截止区3个工作区，在饱和区发射结和集电结均正偏，在放大区发射结正偏、集电结反偏，在截止区两个结均反偏。

6）晶体管和二极管均是非线性器件，均对温度非常敏感。

7）场效应管分为结型场效应管和MOS场效应管两种。工作时只有一种载流子参与导电，因此称为单极性晶体管。场效应管是一种电压控制电流型器件，改变其栅源电压就可以改变其漏极电流。场效应管的特性可用转移特性曲线和输出特性曲线来描述，其性能可以用一系列参数（如饱和漏极电流、夹断电压、开启电压、低频跨导、耗散功率等）来表征。

8）基本放大电路有共射极、共集电极和共基极3种组态。放大电路正常放大的前提条件是外加电源电压的极性要保证晶体管的发射结正偏，集电结反偏；有一个合适的静态工作点Q。

9）固定偏置电路中Q点受温度影响大，分压偏置式工作点稳定电路可以稳定Q点。

10）3种组态放大电路各自的特点如下：

共射电路：A_u较大，R_i、R_o适中，常用作电压放大，具有电压反相作用。

共集电路：$A_u \approx 1$，R_i大、R_o小，带负载能力强，常用作输入级、缓冲级、输出级等。

共基电路：A_u较大，R_i小，频带宽，适用于放大高频信号。

11）放大电路中存在着噪声和干扰。

12）将电子系统输出量（电压或电流）的部分或全部通过元件或电路送回到输入回路，从而影响输出量的过程称为反馈。

13）负反馈电路可以用方框图表示，其闭环增益的一般表达式为

$$A_f = \frac{A}{1+AF}。$$

14）按照不同的分类方法，反馈有正反馈、负反馈，交流反馈、直流反馈。交流反馈中有电压反馈、电流反馈，串联反馈、并联反馈。

15）对功率放大电路的主要要求是能够向负载提供足够的输出功率，同时应有较高的效率和较小的非线性失真。功率放大电路的主要技术指标有最大输出功率P_{om}和效率η。

16）按照功放管的工作状态，可以将低频功率放大电路分为甲类、乙类和甲乙类等。其中，甲类功率放大电路的失真小，但效率最低；互补对称的乙类功率放大电路效率最高，理想情况可以达到78.5%。

思考与练习

一、填空题

1. 完全纯净的、具有晶体结构的半导体称为__________。掺入杂质的半导体称为__________。根据掺入的杂质不同，它可分为__________和__________两种。

2. PN结具有单向导电性，即正向偏置时，PN结电阻很小，呈__________状态；反向偏置时，PN结电阻很大，呈__________状态。

3. 按结构不同，二极管可分为__________、__________和__________3大类。

4. ____________________是指二极管工作时允许外加的最大反向电压。若超过此值，二极管可能会被击穿。

5. 稳压二极管是一种特殊的面接触型半导体硅二极管，其正常工作在____________区，通过____________特性实现稳压作用。

6. 场效应管的源极未与衬底连在一起时，____________可以互换使用，且特性变化不大；而晶体管的________________不能互换使用。

二、解答题

1. 简述 PN 结的形成过程。

2. 什么是二极管的死区电压？硅管和锗管的死区电压值各为多少？

3. 图 4-75a 所示为 1 个由两个二极管构成的电路，输入信号 u_1 和 u_2 的波形如图 4-75b 所示。忽略二极管的管压降，画出输出电压 u_0的波形。

4. 如图 4-76 所示，通过稳压二极管的电流 I_Z 等于多少？R 是限流电阻，其值是否合适？

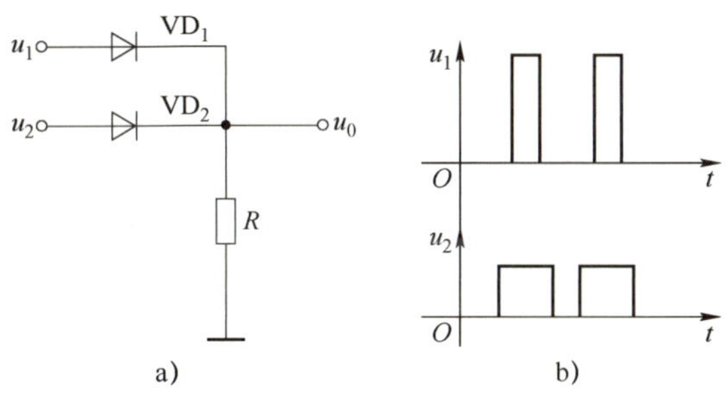

图 4-75　解答题 3 图

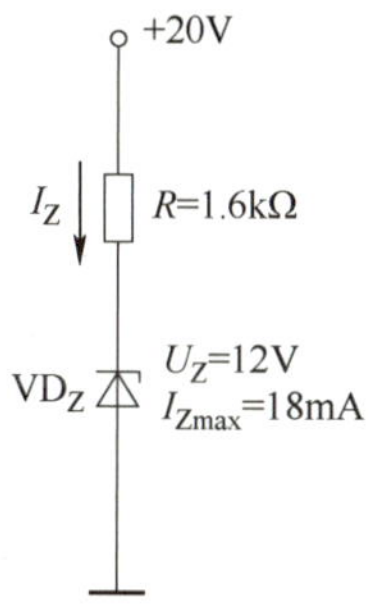

图 4-76　解答题 4 图

5. 说明晶体管实现电流放大作用的条件。

6. 已测得某电路中处于放大状态的两只晶体管各极的对地电压值为 U_1、U_2、U_3，试判断它们的管型，并确定各极名称。

1）$U_1=6.2V$，$U_2=6.4V$，$U_3=2.4V$。

2）$U_1=-2V$，$U_2=-4.5V$，$U_3=-5.2V$。

7. 已测得某电路中多只晶体管各极的对地电压值，试判断它们的好坏，并说明它们的工作状态。

1）$U_C=0$，$U_B=-5.3V$，$U_E=-6V$。

2）$U_C=-1.4V$，$U_B=-1.8V$，$U_E=-1.1V$。

3）$U_C=2.6V$，$U_B=3V$，$U_E=2.3V$。

4）$U_C=-7V$，$U_B=-2V$，$U_E=-3V$。

5）$U_C=7V$，$U_B=4V$，$U_E=1V$。

6）$U_C=-6V$，$U_B=-0.4V$，$U_E=-0.2V$。

7）$U_C=6V$，$U_B=0$，$U_E=0$。

8）$U_C=6V$，$U_B=1.2V$，$U_E=1.8V$。

8. 在图 4-77 所示电路中，电源电压 $U_{CC}=12V$，集电极电阻 $R_C=3k\Omega$，基极电阻 $R_B=300k\Omega$，$\beta=50$。

求：1）放大电路的静态工作点。

2）若偏置电阻 $R_B=30k\Omega$，求放大电路的静态工作点，此时，晶体管工作在什么状态？

9. 在图 4-77 所示电路中，若 $U_{CC}=12V$，$u_{BE}=0.7V$，$R_C=3k\Omega$，$R_B=280k\Omega$，$\beta=50$，试估算放大电路的静态工作点。

10. 试定性判断图 4-78 所示各电路对交流信号有无放大作用，并说明理由。

11. 在题 9 电路中，若 $R_L=3k\Omega$。

试求：1）空载电压放大倍数 A_{u0}、负载电压放大倍数 A_u、r_i 和 r_0。

2）若输入信号的有效值 $U_i=10mV$，输出电压的幅值有多大？

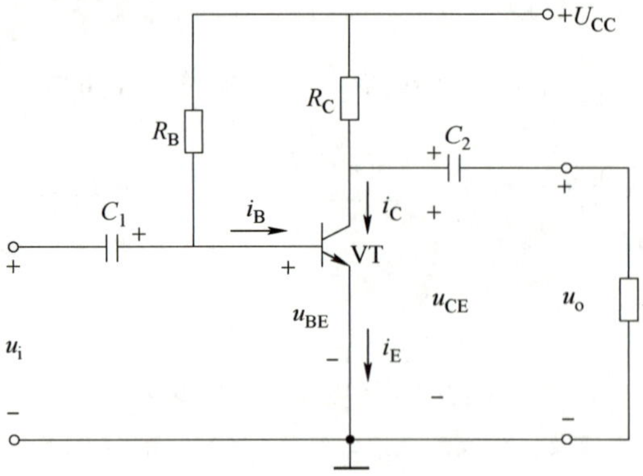

图 4-77 共射极放大电路

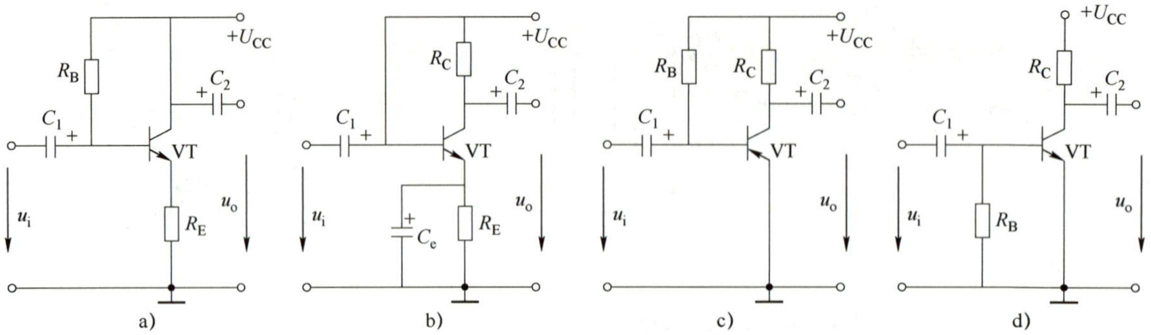

图 4-78 解答题 10 图

12. 在图 4-79 所示电路中，已知 $U_{CC}=12V$，$R_C=2k\Omega$，$R_E=2k\Omega$，$R_{B1}=20k\Omega$，$R_{B2}=10k\Omega$，$R_L=6k\Omega$，$\beta=37.5$。

1）试求静态值。

2）画出微变等效电路。

3）计算该电路的 A_u、r_i 和 r_o。

13. 在图 4-80 所示电路中，已知 $U_{DD}=20V$，$R_D=5k\Omega$，$R_S=1.5k\Omega$，$R_{G1}=100k\Omega$，$R_{G2}=47k\Omega$，$R_G=2M\Omega$，$R_L=10k\Omega$，$g_m=2mS$，$I_D=1.5mA$。

试求：1）静态值。

2）电压放大倍数。

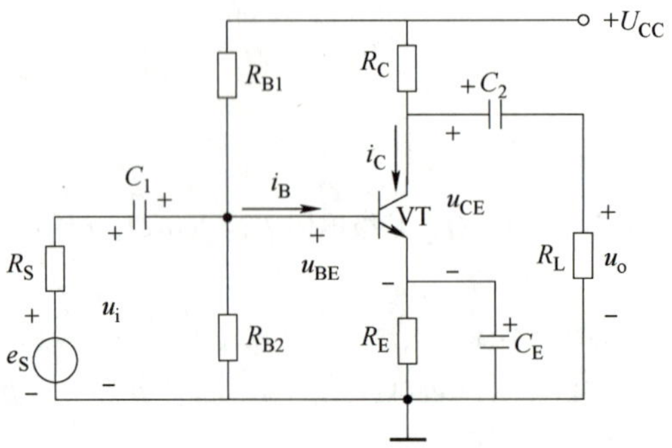

图 4-79 解答题 12 图

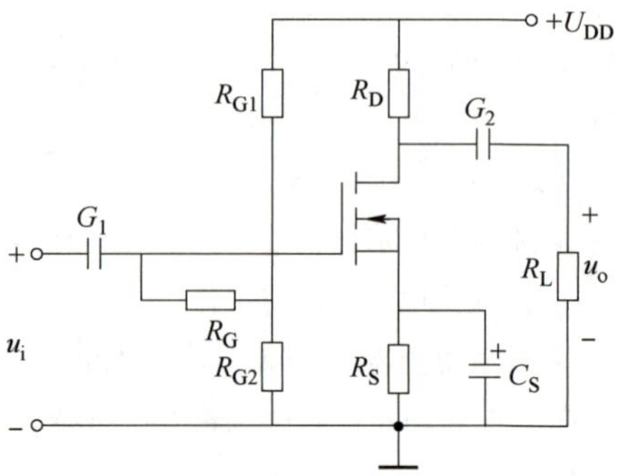

图 4-80 解答题 13 图

14. 如图 4-81 所示两级放大电路，已知前级：$U_{CC}=12V$，$\beta_1=60$，$R_{B1}=200k\Omega$，$R_{E1}=2k\Omega$，$R_S=100\Omega$；后级：$R_{C2}=2k\Omega$，$R_{E2}=2k\Omega$，$R'_{B1}=20k\Omega$，$R'_{B2}=10k\Omega$，$R_L=6k\Omega$，$\beta=37.5$。

试求：1）前后级放大电路的静态值。

2）放大电路的输入电阻 r_i 和输出电阻 r_o。

3）各级电压放大倍数 A_{u1}、A_{u2}及两级电压放大倍数 A_u。

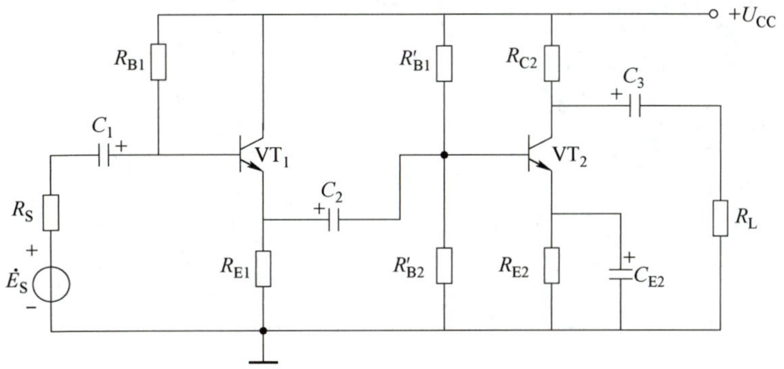

图 4-81　解答题 14 图

15. 判断图 4-82 所示各电路是否存在反馈，如存在反馈，请判断反馈类型。

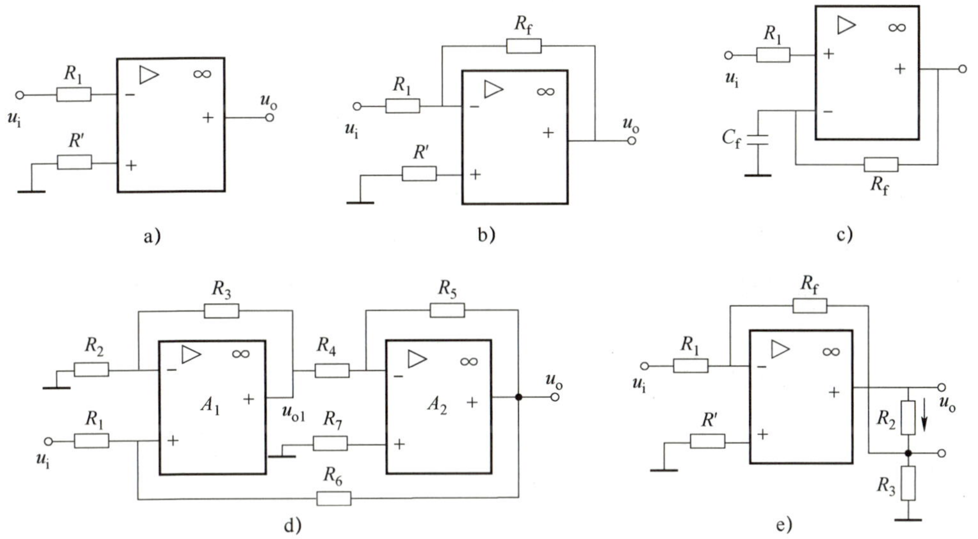

图 4-82　解答题 15 图

16. 在图 4-83 所示电路中，$R_1=10\text{k}\Omega$，$R_f=50\text{k}\Omega$，求 A_{uf}和 R_2；若输入电压 $u_i=1.5\text{V}$，则 u_o 为多大？

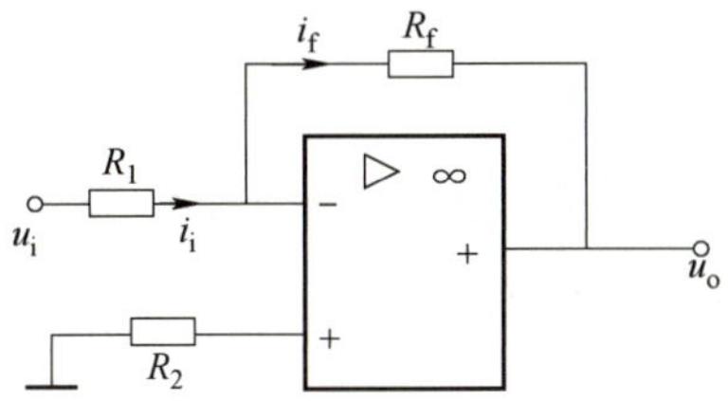

图 4-83　解答题 16 图

项目五

数字电路的认知

学习目标

知识目标：

1. 掌握逻辑代数的运算法则及基本定律，集成门电路的逻辑功能。
2. 掌握晶体管作为开关使用的特点及等效模型，数制与编码。
3. 掌握基本 RS 触发器、可控 RS 触发器、JK 触发器、D 触发器的逻辑功能和触发方式。

技能目标：

1. 能够对组合逻辑电路进行基本分析。
2. 能够说出编码器和译码器的功能并正确使用。

素养目标：

1. 培养勇于探索、追求真理的职业精神。
2. 养成坚持不懈、刻苦钻研的工作作风。

学习重点：

1. 逻辑代数的运算法则，基本逻辑门电路的输出、输入逻辑关系。
2. 组合逻辑电路、编码器和译码器的工作原理。

学习难点：

1. 逻辑函数式的化简，晶体管作为开关使用的特点，晶体管工作状态的判断。
2. 组合逻辑电路的分析，编码器和译码器的使用方法。

项目引言

数字电子技术正在日新月异地发展，各种类型的数字电路广泛应用于数字通信、自动控制、计算机、数字测量仪器以及家用电器等各个领域。与模拟电路相比，数字电路使用二进制数进行计算和运算，抗干扰能力强、功耗低、对电路元器件精度要求不高、保密性好，信息储存稳定，便于集成化和系列化生产。

为了充分发挥数字电路在信号处理方面的强大优势，可以先将模拟信号按比例地转换成数字信号，然后使用数字电路处理，最后将处理结果根据需要转换成模拟信号输出。自 20 世纪 70 年代以来，这种用数字电路处理模拟信号的“数字化”浪潮已经席卷了几乎所有的电子技术应用领域。

任务一　认知数字电路与集成逻辑门电路

一、模拟信号与数字信号

信号是消息的表现形式，是运载消息的工具，通常表现为随时间变化的某些物理量。从广义上讲，它包含光信号、声音信号和电信号等。例如，古代人点燃烽火而产生的滚滚狼烟属于光信号，人与人之间交谈的话音属于声音信号，太空中的各种无线电波和电话网中的电流属于电信号等。

按照在幅度上变化的连续性来分，信号可分为模拟信号和数字信号。

1. 模拟信号

模拟信号是指用连续变化的物理量表示的信息，其信号的幅度随时间连续变化。在自然环境下，大多数物理信号都是模拟信号，如温度的变化不会在一瞬间从 25℃ 跳变到 26℃，而是经历了 25～26℃ 的所有值。图 5-1 所示为某气象台记录的某天 24h 的温度变化情况，其曲线就是典型的模拟信号波形。这是一条光滑、连续的曲线，所记录的温度随时间变化而连续变化。其他常见的如广播中的声音信号、大气中的电磁波信号、汽车连续加速的信号等，都是值在值域范围内随时间连续变化的。

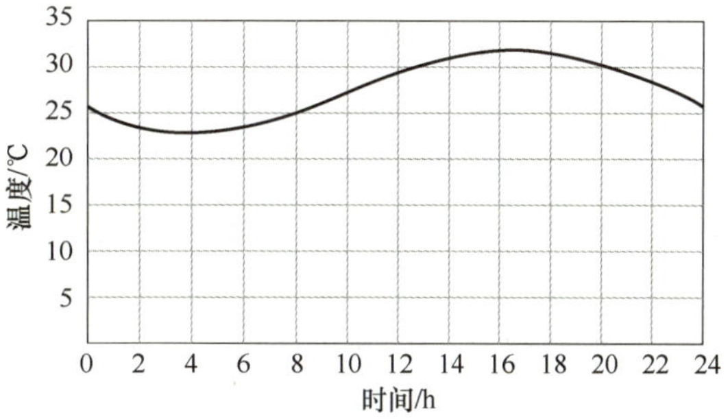

图 5-1　典型的模拟信号波形

2. 数字信号

数字信号是指幅度的取值是离散的、幅值表示被限制在有限个数值之内的信号。尽管自然界中大多数物理量是模拟信号，但有些物理量仍可以用数字信号来表示，如电子表的秒信号、生产流水线上记录零件个数的计数信号等。这些信号的变化发生在一系列离散的瞬间，其幅度取值也是离散的，如图 5-2 所示。

在各种数字信号中，二进制数字信号是一种常见的数字信号，只有两个离散值：0 和 1。

在数字电路中，经常采用 0 和 1 表示两种不同状态的逻辑关系，因此也称为二值数字逻辑。在二值数字逻辑关系中，0 和 1 不代表大小关系，而代表两种不同的状态。例如：1 通常代表高电平，称为逻辑 1 或逻辑高电平；0 通常代表低电平，称为逻辑 0 或逻辑低电平。

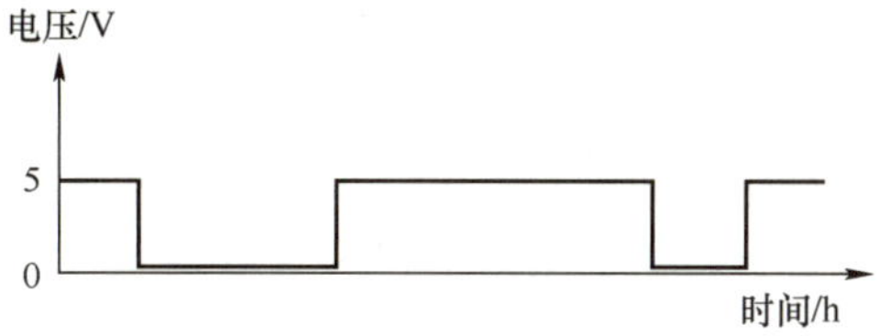

图 5-2　典型的数字信号波形

二、数制和代码

在日常生活和工作中，人们经常使用各种进制的计数方式，如广泛使用的十进制数，钟表计时采用的六十进制数，数字系统中采用的二进制数、八进制数和十六进制数等。进位计数制简称数制，其计数方法是把数划分为不同的数位，由低位到高位逐位累加，当某一数位累积到一定数量之后，产生向高位的进位，同时本位清零。数制的标识一般可采用数字下标法和字母下标法。数字下标法是在数据结尾加上基数作为下标，如 $(32.6)_{10}$、$(10110011)_2$、$(376)_8$、$(2AF6)_{16}$等。字母下标法是在数据结尾采用字母作为下标，其中 D（Decimal）代表十进制数，B（Binary）代表二进制数，O（Octal）代表八进制数，H（Hexadecimal）代表十六进制数，如 $(32.6)_D$、$(10110011)_B$、$(376)_O$、$(2AF6)_H$等。不同数制包含的可使用的数码符号是不同的，数码符号的个数称为该数制的基数，记作 R。例如，常见的二进制数码符号是 0 和 1，基数为 2；八进制数码符号是 0~7，基数为 8；十进制数码符号是 0~9，基数为 10；十六进制数码符号是 0~9 和 A~F，基数为 16。某位的数码为“1”时所表征的数值大小，称为该数位的权值。

利用基数和权值的概念可以把任意 R 进制数值 D_R 用权值展开法公式展开，即将每位权值与该位的数码相乘后进行叠加：

$$D_R = a_{n-1}\times R^{n-1} + a_{n-2}\times R^{n-2} + \cdots + a_0\times R^0 + a_{-1}\times R^{-1} + \cdots + a_{-m}\times R^{-m}$$
$$= \sum_{i=-m}^{n-1} a_i \times R^i$$

在式中，n 是整数部分的位数，m 是小数部分的位数，R 是基数，R^i是第 i 位的权，a_i是第 i 位的数码，因此某个数位上的数码 a_i表示的数值等于数码 a_i与该位的权值 R^i 的乘积。

数字量的计数方法称为数制，数制规定了数字量每一位的组成方法和从低位到高位的进位方法。例如：人们在日常生活和工作中常使用十进制数，十进制数的计数法则：计数的基数为 10，每一位的系数用 0、1、2、3、4、5、6、7、8、9 这 10 个数字中的一个来表示，从低位到高位的进位法则是“逢十进一”。常用的数制还有二进制和十六进制。

1. 二进制

十进制数虽然在日常生活和工作中应用很方便，但在数字系统中经常采用二进制数。数字系统中存在两种不同工作状态的器件很多，如开关的接通和断开，晶体管的导通和截止，电位的高电平和低电平等。用二进制数的 0 和 1 来表示两种不同工作状态不仅可行，并且容易实现，因此二进制数在数字电路系统中得到广泛应用。

二进制有两个数码：0 和 1，与组成计算机的电子元器件只能表示“通”或“断”两个稳定的状态相对应。二进制数的计数法则：计数的基数为 2，每一位的系数用 0 或 1 这两个数字中的一个来表示，从低位到高位的进位法则是“逢二进一”。

【例题 5-1】 将 $(10011.11)_2$ 转换成十进制数。

解：$(10011.11)_2 = 1\times2^4+1\times2^1+1\times2^0+1\times2^{-1}+1\times2^{-2} = (19.75)_{10}$

利用上面关系，可以将一个十进制数转换成二进制数，可分为整数和小数两部分来转换。整数部分转换的法则是“除 2 取余”，小数部分转换的法则是“乘 2 取整”。

【例题 5-2】 将 $(19.75)_{10}$转换成二进制数。

解：运算过程如图 5-3 所示。

将运算结果合并，则有 $(19.75)_{10} = (10011.11)_2$。

2. 八进制

八进制数共有 0、1、2、3、4、5、6、7 这 8 个数码符号，进位基数为 8，每计满 8 就要向高位进 1，同时本位清 0；从高位借来的 1，就相当于低位的数 8，遵循“满八进一，借一当八”的运算规则。

图 5-3 十进制数转换为二进制数的运算图

对照权值展开式，任意一个八进制数可展开如下：

$$D_8 = a_{n-1}\times 8^{n-1}+a_{n-2}\times 8^{n-2}+\cdots+a_0\times 8^0+a_{-1}\times 8^{-1}+\cdots+a_{-m}\times 8^{-m}$$
$$= \sum_{i=-m}^{n-1} a_i\times 8^i$$

在式中，a_i是第 i 位的数码，可以是 0~7 中的任何一个。8 为基数，8 的正次幂对应整数部分，8 的负次幂对应小数部分。八进制数一般用下标 8 或者 O 表示，例如 $(75.12)_8$或者$(75.12)_O$，并可展开：

$$(76.12)_8 = 7\times 8^1+6\times 8^0+1\times 8^{-1}+2\times 8^{-2}$$

3. 十六进制

为了简化对二进制数的书写、记忆和交流，经常将四位二进制数用一个十六进制数表示。十六进制数的计数法则：计数的基数是 16，每一位的系数用 0~9、A、B、C、D、E、F 这 16 个数字和字母中的一个来表示，从低位到高位的进位法则是“逢十六进一”。

【例题 5-3】 将 $(A3B.C)_{16}$转换为对应的十进制数。

解：$(A3B.C)_{16} = 10\times 16^2+3\times 16^1+11\times 16^0+12\times 16^{-1} = (2619.75)_{10}$

将一个十六进制数转换成十进制数的方法与十进制数转换成二进制数的方法相似，不同之处是转换的法则为“除 16 取余”和“乘 16 取整”。

【例题 5-4】 将 $(2619.75)_{10}$转换成十六进制数。

解：运算过程如图 5-4 所示。

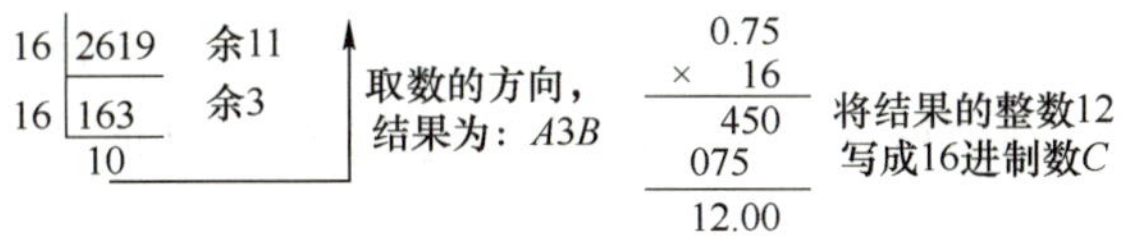

图 5-4　十进制数转换成十六进制数的运算图

将运算的结果合并，则有 $(2619.75)_{10} = (A3B.C)_{16}$。

常用的进制的对应表见表 5-1。

表 5-1　常用的进制的对应表

数值	十进制	二进制	八进制	十六进制	数值	十进制	二进制	八进制	十六进制
0	0	0000	0	0	8	8	1000	10	8
1	1	0001	1	1	9	9	1001	11	9
2	2	0010	2	2	10	10	1010	12	A
3	3	0011	3	3	11	11	1011	13	B
4	4	0100	4	4	12	12	1100	14	C
5	5	0101	5	5	13	13	1101	15	D
6	6	0110	6	6	14	14	1110	16	E
7	7	0111	7	7	15	15	1111	17	F

4. 代码

代码就是用一定规则组合而成的若干位二进制码来表示数或字符（字母或符号）。用以表示十进制数码、字母、符号等信息的一定位数的二进制数称为二进制代码。

二-十进制代码：用 4 位二进制数来表示十进制数中的 0~9 这 10 个数码，简称 BCD 码。

用 4 位自然二进制码中的前 10 个码字来表示十进制数码，因各位的权值依次为 8、4、2、1，故称为 8421BCD 码。

2421 码的权值依次为 2、4、2、1；余 3 码由 8421 码加 0011 得到；格雷码是一种循环码，其特点是任何相邻的两个码字，仅有一位代码不同，其他位相同。几种常用的 BCD 代码见表 5-2。

表 5-2 几种常用的 BCD 代码

十进制数	8421 码	余 3 码	2421 码	5211 码	余 3 循环码
0	0000	0011	0000	0000	0010
1	0001	0100	0001	0001	0110
2	0010	0101	0010	0100	0111
3	0011	0110	0011	0101	0101
4	0100	0111	0100	0111	0100
5	0101	1000	1011	1000	1100
6	0110	1001	1100	1001	1101
7	0111	1010	1101	1100	1111
8	1000	1011	1110	1101	1110
9	1001	1100	1111	1111	1010
权	8421		2421	5211	

5. 非十进制数转换成十进制数

非十进制数转换成十进制数可先把非十进制数写成按权展开的多项式，然后按十进制数的计数规则对各项相加求和。

【例题 5-5】 将二进制数 $(11010.011)_2$转换成十进制数。

解：将要转换的二进制数按权展开相加：

$$(11010.011)_2=1\times2^4+1\times2^3+0\times2^2+1\times2^1+0\times2^0+0\times2^{-1}+1\times2^{-2}+1\times2^{-3}$$
$$=16+8+2+0.25+0.125$$
$$=26.375$$

【例题 5-6】 将十六进制数 $(1AF.6)_{16}$转换成十进制数。

解：将要转换的十六进制数按权展开相加：

$$(1AF.6)_{16}=1\times16^2+10\times16^1+15\times16^0+6\times16^{-1}$$
$$=256+160+15+0.375$$
$$=431.375$$

6. 十进制数转换成非十进制数

十进制数转换成非十进制数时，要对十进制数的整数和小数分别进行转换，然后将两个转换结果进行合并。

十进制整数 D 转换成 R 进制数可采用基数连除法，具体步骤如下：

1）将整数 D 除以基数 R，记下所除结果的商和余数。

2）将上一步所得的商继续除以基数 R，记下所除结果的商和余数。

3）重复做步骤 2)，直至商为 0 结束，并且每进行一次除法都要保留相应的余数。

4）把保留下来的余数转换成相应的 R 进制数码，并按照与运算过程相反的顺序把各个余数排列起来，得到整数 D 所对应的 R 进制数。

【例题 5-7】 将（367）$_{10}$转换成十六进制数。

解： 按照十进制整数部分转换成十六进制数的方法，对基数 16 进行连除并取余数，如图 5-5 所示。

对于十六进制数，当所表示的数值大于 9 时需要用字母 $A \sim F$ 来表示，因此对连除后得到的余数按照从高到低的顺序进行排序，可得（367）$_{10}$ = $(16F)_{16}$。

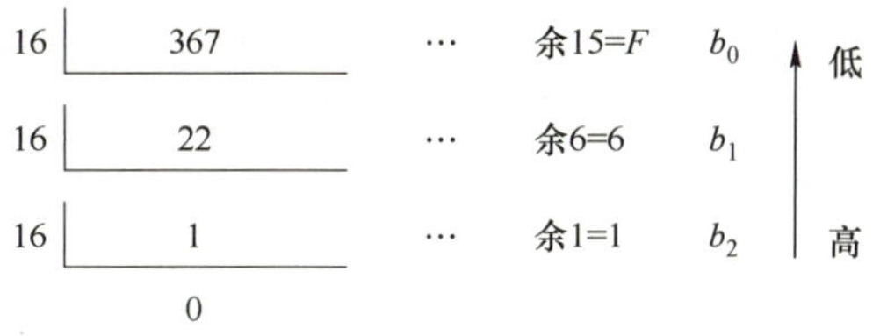

图 5-5　例题 5-7 图

十进制小数 M 转换成 R 进制数可采用基数连乘法，具体步骤如下：

1）将十进制小数 M 乘以基数 R，记下所乘结果的整数部分，保留小数部分。

2）将上一步乘积所得结果中的小数部分乘以基数 R，记下所乘结果的整数部分。

3）重复步骤 2），直至小数部分为 0 或者满足预定精度要求为止，并且每进行一次乘法都要保留相应的整数部分。

4）将保留下来的整数部分转换成 R 进制的数码，并按照和运算过程相同的顺序排列起来，得到小数 M 对应的 R 进制数。

三、逻辑门电路

逻辑代数也称为布尔代数，逻辑代数可以把事物的逻辑关系用数学公式表示出来，被广泛地应用于解决开关电路和数字逻辑电路的分析和设计上。本项目所讲的逻辑代数就是逻辑代数在二值逻辑电路中的应用。

逻辑代数中用字母表示变量，这种变量称为逻辑变量。在二值逻辑中，每个逻辑变量的取值只能是 1 或 0，分别代表事物的真和假两种不同的逻辑状态。逻辑代数的 3 种基本运算分别是与、或、非。

当今，分立元件门电路已经被复杂的集成门电路替代，但都是以分立元件门电路为基础，经过改造而演变的。

1. 与门电路

决定事物结果的所有条件同时具备时，结果才发生，这种因果关系称为逻辑与。二极管与门电路如图 5-6a 所示。由图 5-6 可知，在输入（A、B）中只要有 1 个（或 1 个以上）为低电平，则与输入端相连的二极管必然因获得正偏电压而导通，使输出 F 为低电平。只有所有输入（A、B）同时为高电平，输出 F 才是高电平。可见，输入对输出呈现与逻辑关系，即 $F=A \cdot B$，其图形符号如图 5-6b 所示，其真值表见表 5-3。

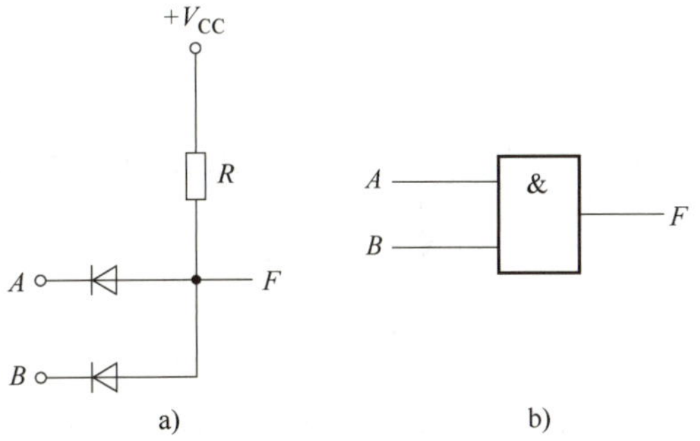

图 5-6　二极管与门电路及图形符号

表 5-3　与门真值表

A	B	F
0	0	0
0	1	0
1	0	0
1	1	1

2. 或门电路

在决定事物结果的几个条件中，只要有 1 个或者 1 个以上条件具备时，结果就会发生，这种因果关系称为逻辑或。二极管或门电路如图 5-7a 所示，只要输入（A、B）中有 1 个为高电平，相应的二极管就会导通，输出 F 就是高电平；只有输入（A、B）同时为低电平，F 才是低电平。显然，F 和（A、B）间呈现或逻辑关系，逻辑式为 $F=A+B$。其图形符号如图 5-7b 所示，其真值表见表 5-4。

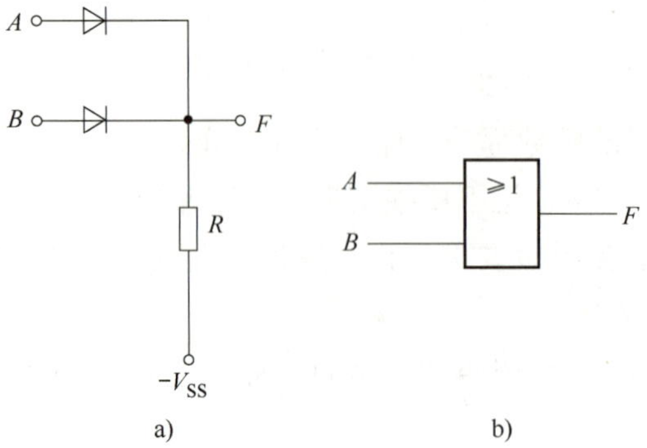

图 5-7 二极管或门电路及图形符号

表 5-4 或门真值表

A	B	F
0	0	0
0	1	1
1	0	1
1	1	1

3. 非门电路

决定事物结果的条件不具备时，结果才发生，这种因果关系称为逻辑非。对图 5-8a 所示的晶体管开关电路进行分析可知，当输入为高电平时，输出为低电平；当输入为低电平时，输出为高电平，所以输出与输入之间呈现非逻辑关系，是一个非门，也称为反相器，逻辑式为 $F=\overline{A}$。非门的图形符号如图 5-8b 所示，其真值表见表 5-5。

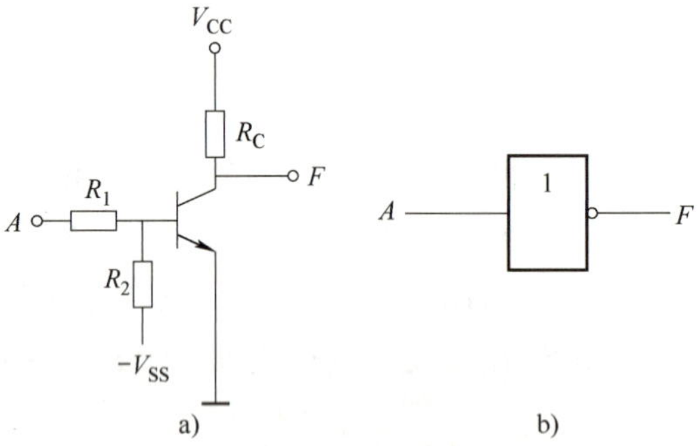

图 5-8 晶体管非门电路及图形符号

表 5-5 非门真值表

A	F
0	1
1	0

4. 与非门电路

将二极管与门和反相器连接起来，就构成了图 5-9a 所示的与非门。从前面分析不难得出与非门的真值表，见表 5-6，其逻辑表达式为 $F=\overline{AB}$，图形符号如图 5-9b 所示。

5. 或非门电路

将二极管或门和反相器连接起来，就构成了或非门。

或非运算由或运算和非运算组合而成。其逻辑表达式为 $L=\overline{A+B}$，其逻辑符号如图 5-10 所示，其真值表见表 5-7。

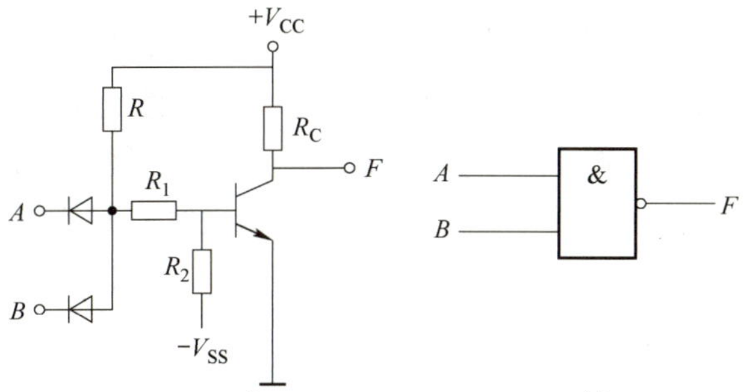

图 5-9　与非门的电路及图形符号

表 5-6　与非门真值表

A	B	F
0	0	1
0	1	1
1	0	1
1	1	0

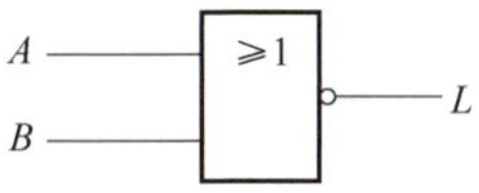

图 5-10　或非逻辑运算的逻辑符号

表 5-7　或非门真值表

A	B	L
0	0	1
0	1	0
1	0	0
1	1	0

6. 异或门

异或逻辑关系：当两个输入相同时，输出为 0；当两个输入不同时，输出为 1。其真值表见表 5-8，其逻辑符号如图 5-11 所示。其逻辑表达式为 $L=A\bar{B}+\bar{A}B$。

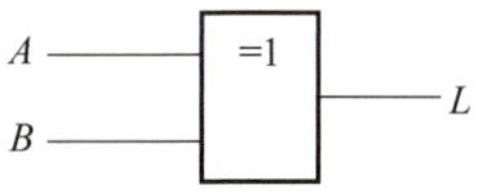

图 5-11　异或逻辑运算的逻辑符号

表 5-8　异或门真值表

A	B	L
0	0	0
0	1	1
1	0	1
1	1	0

7. 同或门

同或逻辑关系：当两个输入相同时，输出为 1；当两个输入不同时，输出为 0。其真值表见表 5-9，其逻辑符号如图 5-12 所示。其逻辑表达式为 $L=A\odot B=AB+\overline{AB}$

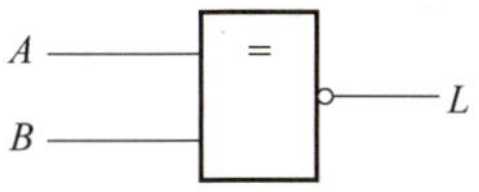

图 5-12　同或逻辑运算的逻辑符号

表 5-9　同或门真值表

A	B	L
0	0	1
0	1	0
1	0	0
1	1	1

8. 与或非门

图 5-13 所示为或非门图形符号。图 5-14 所示为与或非门的图形符号。与或非门的输入端分成若干组，如（A、B）为一组输入端，（C、D）为另一组输入端，它只有一个输出端 Y。与或非门的逻辑功能是：每一组输入端之间是与逻辑关系，组与组之间是或非逻辑运算关系，即当各组输入端当中有任何一组（或几组）的输入全是高电平时，输出就是低电平；只有在每一组的输入中都有低电平时，输出才是高电平。其逻辑函数式为 $Y=\overline{A \cdot B+C \cdot D}$。

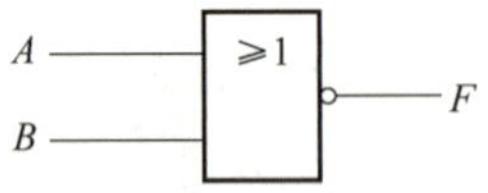

图 5-13　或非门图形符号

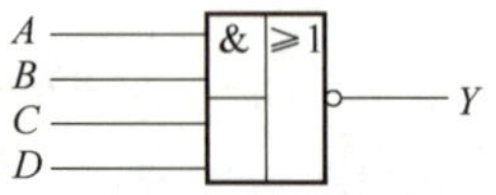

图 5-14　与或非门的图形符号

9. TTL 与非门

各个系列的 TTL 与非门大致都是由输入级和输出级组成的，因为它们的输入端和输出端都是晶体管结构，所以称为晶体管-晶体管逻辑电路，简称 TTL 电路。

图 5-15a 所示为常用的 TTL 与非门电路。VT_1 为多发射极晶体管，可把它的集电结视作一个二极管，而把发射结视作多个与前者背靠背连接的二极管，如图 5-15b 所示。它的逻辑符号如图 5-15c 所示。

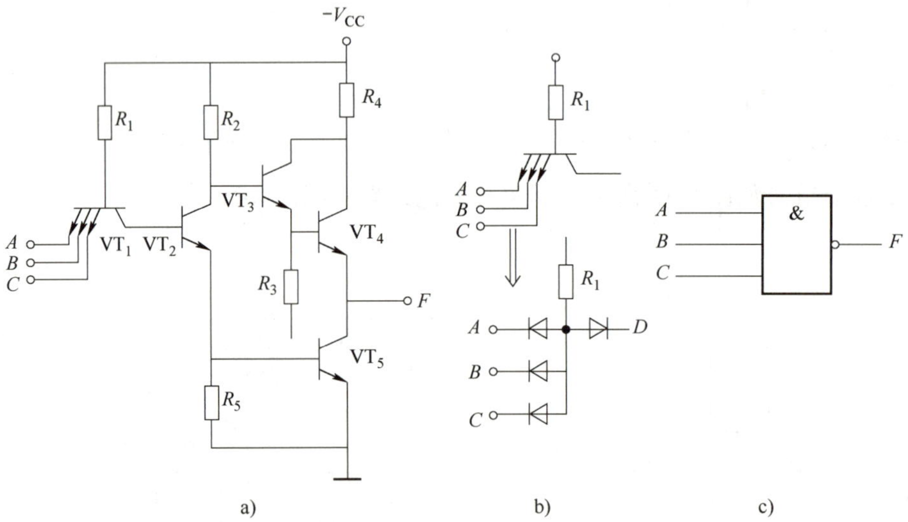

图 5-15　常用的 TTL 与非门电路

四、逻辑代数的基本公式和定律

1. 基本公式和定律

逻辑代数有一系列的定律、定理和规则，用它们对数学表达式进行处理可以完成对逻辑电路的化简、变换、分析和设计。根据与、或、非 3 种基本逻辑运算法则，可以推导出常用的基本公式和定律，见表 5-10。

表 5-10　逻辑代数的基本公式和定律

名称	公式 1	公式 2
0-1 律	$A \cdot 0=0$	$A+0=A$
	$A \cdot 1=A$	$A+1=1$

（续）

名称	公式 1	公式 2
重叠律	$A\cdot A=A$	$A+A=A$
互补律	$A\cdot\overline{A}=0$	$A+\overline{A}=1$
交换律	$A\cdot B=B\cdot A$	$A+B=B+A$
结合律	$A(BC)=(AB)C$	$(A+B)+C=A+(B+C)$
分配律	$A(B+C)=AB+AC$	$A+BC=(A+B)(A+C)$
反演律	$\overline{AB}=\overline{A}+\overline{B}$	$\overline{A+B}=\overline{A}\,\overline{B}$
还原律	$\overline{\overline{A}}=A$	
吸收律	$A(A+B)=A$	$A+AB=A$
	$(A+B)(A+C)=A+BC$	$A+\overline{A}B=A+B$
常用恒等式	$(A+B)(\overline{A}+C)(B+C)=(A+B)(\overline{A}+C)$	$AB+\overline{A}C+BC=AB+\overline{A}C$ $AB+\overline{A}C+BCD=AB+\overline{A}C$

2. 基本公式和定律的证明

表 5-10 列出的逻辑代数的基本公式和定律，可以用真值表的方法来证明：列出等式左边与右边函数的真值表，如果等式两边的真值表相同，则说明等式成立。常用的恒等式可以用其他基本公式和定律加以证明。在这些公式和定律中，反演律具有重要意义，其也称为摩根定律，在逻辑函数的化简和变换中常用到这一定律。

【例题 5-8】　证明反演律$\overline{A\cdot B}=\overline{A}+\overline{B}$、$\overline{A+B}=\overline{A}\,\overline{B}$成立。

解：将变量所有取值的组合列成真值表，见表 5-11，可以看出，A、B 的 4 种取值组合都使等式两边相等，因此，这两个表达式成立。

表 5-11　例题 5-8 真值表

A	B	$\overline{A\cdot B}$	$\overline{A}+\overline{B}$	$\overline{A+B}$	$\overline{A}\,\overline{B}$
0	0	1	1	1	1
0	1	1	1	0	0
1	0	1	1	0	0
1	1	0	0	0	0

五、逻辑代数的 3 个基本定理

1. 代入定理

在任何一个含有变量 A 的逻辑等式中，以另外一个逻辑式取代等式两端所有的逻辑变量 A，等式依然成立，这就是代入定理。

利用代入定理可以很容易地将表 5-10 中的公式扩展成多变量的形式。

例如，反演律 $\overline{A\cdot B}=\overline{A}+\overline{B}$，若用 BC 代替等式中的 B，则$\overline{A(BC)}=\overline{A}+\overline{BC}=\overline{A}+\overline{B}+\overline{C}$，以此类推，反演律对于任意多个变量都成立。

2. 反演定理

对于任意逻辑函数表达式 L，如果将其中的 · 变成+，+变成 ·，1 变成 0，0 变成 1，原变量变成反变量，反变量变成原变量，则所得到的结果就是$\overline{L}$。这个规律称为反演定理。称$\overline{L}$是 L

的反函数。

利用反演定理可以很方便地求出一个函数的反函数。

在运用反演定理时需注意以下两个规则：

1）保持原有的运算优先级顺序，即先括号，再乘积，最后算加法。

2）不属于单个变量上的非号保持不变。

【例题 5-9】 已知 $L=\overline{A}+BC$，求$\overline{L}$。

解：根据反演定理可写出$\overline{L}=A(\overline{B}+\overline{C})$。

3. 对偶定理

对偶式的定义：对于任意逻辑函数表达式 L，如果将其中的 · 变成+，+变成 · ，1 变成 0，0 变成 1，则所得到的新的逻辑函数式就是 L 的对偶式，用 L'表示，称 L'是 L 的对偶式。在变换时，需注意保持原有的运算优先级顺序。

当某个逻辑等式成立时，则它们的对偶式也成立，这就是对偶定理。利用对偶定理可从已知公式中得到更多的运算公式，例如，吸收律 $A+\overline{A}B=A+B$ 成立，则它的对偶式 $A(\overline{A}+B)=AB$ 也是成立的。

六、逻辑函数及其表示方法

1. 逻辑函数

若以逻辑变量作为输入，以运算结果作为输出，那么当输入变量的取值确定以后，输出的取值随之确定，因此输出和输入之间是一种函数关系。这种函数关系称为逻辑函数，写为

$$Y=F(A,B,C\cdots)$$

任何一件具体的因果关系都可以用一个逻辑函数来描述。

例如，3 个人表决一件事情，结果按“少数服从多数”的原则确定。将 3 个人的意见设置为输入变量 A、B、C，表决结果设置为 Y，当输入逻辑变量 A、B、C 的值确定后，输出逻辑变量 Y 的值就唯一确定了，即 Y 是 A、B、C 的逻辑函数，可以得到输出的逻辑函数为 $Y=F(A,B,C)$。

2. 逻辑函数的表示方法

逻辑函数的常用表示方法有逻辑真值表（简称真值表）、逻辑函数式（也称为逻辑式或函数式）、逻辑图和卡诺图等。下面介绍前 3 种方法，用卡诺图表示逻辑函数的方法在后面项目会做专门介绍。

（1）逻辑真值表 将输入变量的所有取值下对应的输出值找出来，列成表格，就得到了真值表。仍以上面提出的 3 人表决器为例，对于输入变量 A、B、C，设表示同意时对应取值为 1，不同意时取值为 0；对于输出变量 Y，当事情通过时其取值为 1，没通过时取值为 0，则 Y 与 A、B、C 的逻辑关系可以用表 5-12 表示。

表 5-12 逻辑真值表

A	B	C	Y
0	0	0	0
0	0	1	0
0	1	0	0
0	1	1	1

（续）

A	B	C	Y
1	0	0	0
1	0	1	1
1	1	0	1
1	1	1	1

（2）逻辑函数式　逻辑函数式是将与、或、非等运算组合起来，表示逻辑函数与逻辑变量之间关系的逻辑代数式。

由表 5-12 可知，当输出变量 Y 取值为 1 时，凡输入变量 A、B、C 对应值是 1，则输入变量 A、B、C 用原变量表示，对应值是 0 时用反变量表示，所以其对应的逻辑函数表达式为

$$Y=\overline{A}BC+A\overline{B}C+AB\overline{C}+ABC$$

对此函数进行化简可得

$$Y=AB+AC+BC$$

（3）逻辑图　将逻辑函数中各变量之间的与、或、非等逻辑关系用图形符号表示出来，就得到了表示逻辑函数关系的逻辑图。

根据 3 人表决的逻辑函数式，可以画出相应的逻辑图，如图 5-16 所示。

以上不同的表示方法所描述的是同一逻辑关系，因此它们之间可以从一种表示方法得到其他表示方法。

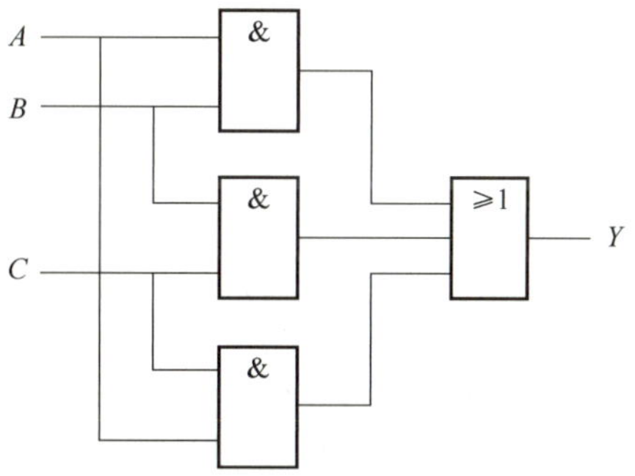

图 5-16　3 人表决逻辑图

阅读角

美国长期对我国高科技企业进行打压，并在高端制造领域实施技术封锁。深圳市海思半导体有限公司（以下称华为海思）是华为旗下专门负责半导体技术研发的企业，经过多年努力，已成为全球领先的 Fabless（无晶圆厂）半导体与器件设计公司。华为海思成功研发出了麒麟系列处理器芯片，凭借自主研发的芯片，华为在智能手机等领域取得了巨大的成功。

虽然华为海思的芯片研发受到打击，但是其研发的脚步从未停止。据悉，华为海思下一代麒麟 9010 芯片已在研发，该芯片将采用 3nm 的工艺。除了在芯片领域继续保持研发外，华为海思还在努力攻克芯片生产的技术难题。华为海思提出了一项新的芯片生产技术专利，即“叠加芯片技术”，将现有的芯片封装技术重新设计整合，将运行内存、机身内存以及芯片的封测工艺进行全面的改良，从而降低芯片的功耗，并提升原有芯片的性能。这一技术被称为“3D 封装工艺”，在业界早就被提出，只不过是华为海思将其变成了现实。

任务二　认知组合逻辑电路

一、组合逻辑电路的概述

组合逻辑电路不存在反馈电路，其输出结果只取决于电路当前时刻输入信号的取值，与电

路过去的状态无关。组合逻辑电路可以有一个或多个输入端，也可以有一个或多个输出端，其结构框图如图 5-17 所示。

图 5-17 组合逻辑电路结构框图

组合逻辑电路的输入、输出关系可用下式来描述，式中的输入信号 I 经过组合逻辑电路作用后得到输出信号 F。

$$\begin{cases} F_1 = f_1(I_1, I_2, \cdots, I_m) \\ F_2 = f_2(I_1, I_2, \cdots, I_m) \\ \vdots \\ F_n = f_n(I_1, I_2, \cdots, I_m) \end{cases}$$

二、组合逻辑电路的分析

在实际工作中，经常需要了解某个给定的组合逻辑电路能够实现的逻辑功能，这个过程就是组合逻辑电路的分析。组合逻辑电路的分析是由给定的电路写出输出函数逻辑表达式，列出其对应的真值表，并概括出组合电路的逻辑功能。

组合逻辑电路的分析过程可大致按以下步骤进行：

1）根据组合逻辑电路图写出输出函数逻辑表达式。

2）由输出函数逻辑表达式列出相应的真值表，或对输出表达式进行化简。

3）通过真值表或简化后的表达式概括出该电路所实现的逻辑功能。

4）如果电路有进一步简化的需要，可通过卡诺图化简或公式化简得到输出函数最简表达式，并重新选择适当的逻辑门电路对其进行简化设计。

【例题 5-10】 已知组合逻辑电路如图 5-18 所示，分析该电路的逻辑功能。

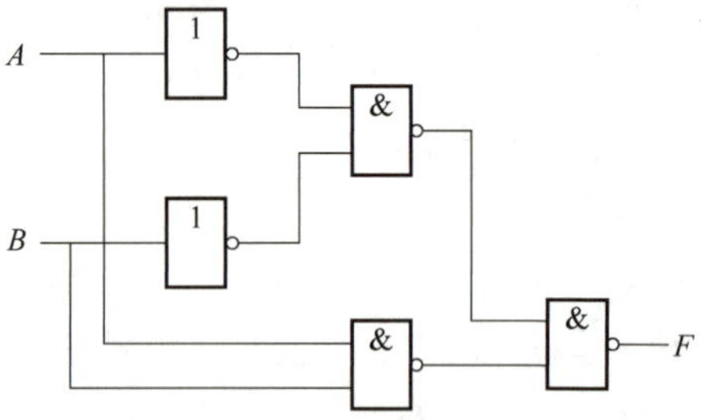

图 5-18 例题 5-10 逻辑电路图

解：1）写出电路对应的逻辑函数表达式：

$$F = \overline{\overline{\overline{A}\,\overline{B}}\;\overline{AB}}$$

2）列出真值表，见表 5-13。

表 5-13 例题 5-10 真值表

A	B	F
0	0	1
0	1	0
1	0	0
1	1	1

3）概括出电路的逻辑功能。从真值表可以看出，该逻辑电路实现“同或”功能。

4）对原电路方案进行改进。根据真值表画出该电路对应的卡诺图，如图 5-19 所示。由卡诺图可得出输出逻辑函数最简表达式为

$$F=\overline{A}\,\overline{B}+AB$$

由此可见，原电路可简化为用一个同或门即可实现相同的逻辑功能，如图 5-20 所示。

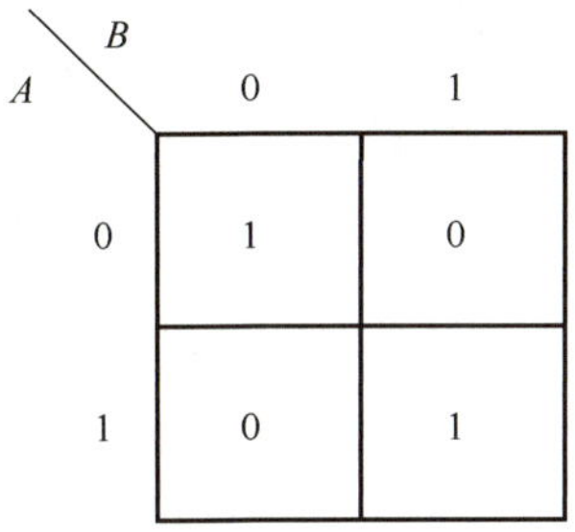

图 5-19　例题 5-10 卡诺图

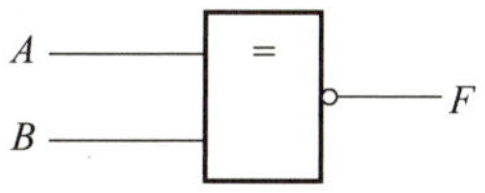

图 5-20　例题 5-10 电路简化图

【例题 5-11】　已知组合逻辑电路如图 5-21 所示，分析该电路的逻辑功能。

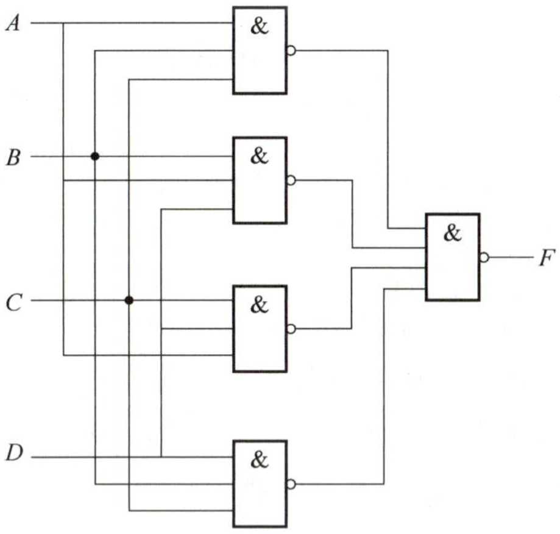

图 5-21　例题 5-11 逻辑电路图

解：1）写出该电路所对应的逻辑函数表达式为

$$F=\overline{\overline{ABC}\cdot\overline{ABD}\cdot\overline{ACD}\cdot\overline{BCD}}$$

2）列出真值表，见表 5-14。

表 5-14　例题 5-11 真值表

A	B	C	D	F
0	0	0	0	0
0	0	0	1	0
0	0	1	0	0
0	0	1	1	0
0	1	0	0	0
0	1	0	1	0

（续）

A	B	C	D	F
0	1	1	0	0
0	1	1	1	1
1	0	0	0	0
1	0	0	1	0
1	0	1	0	0
1	0	1	1	1
1	1	0	0	0
1	1	0	1	1
1	1	1	0	1
1	1	1	1	1

3）概括出电路的逻辑功能。从真值表可以看出，当输入变量 A、B、C、D 有 3 个或 3 个以上为 1 时，输出函数 F 为 1，否则输出函数 F 为 0，因此该电路为四变量多数表决器。

4）对原电路方案进行简化。根据真值表画出卡诺图并进行化简，如图 5-22 所示。由卡诺圈可见，化简后的结果与原电路输出函数表达式一样，说明原电路设计合理，无简化的必要。

三、组合逻辑电路的设计

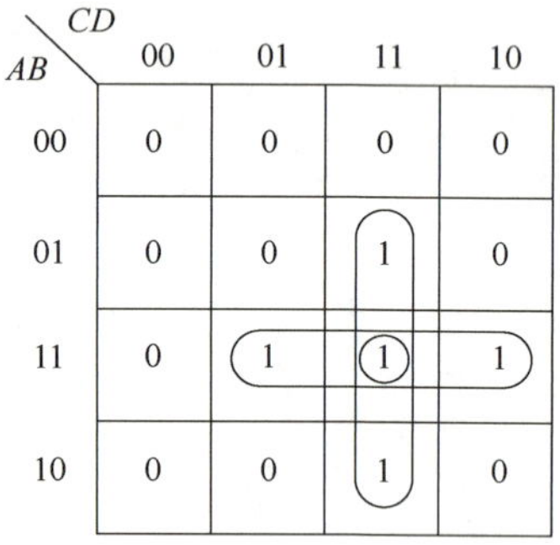

图 5-22 例题 5-11 卡诺图

组合逻辑电路设计是根据特定的逻辑功能要求完成逻辑电路的设计，并用适当的门电路实现逻辑功能。对于功能确定的组合逻辑电路，其对应的真值表是唯一的，但电路的结构可以采用不同的逻辑门电路来实现。在进行组合逻辑电路设计时，除了要实现预期的逻辑功能要求外，还要尽量简化电路，力求使所设计的电路简单、可靠。

组合逻辑电路设计的步骤一般如下：

1）进行电路功能描述，确定输入变量和输出变量，完成各变量的逻辑状态赋值。

2）分析条件提出的因果逻辑关系，采用穷举法列出真值表。

3）通过真值表或者卡诺图化简，写出输出最简逻辑表达式。

4）若电路设计对逻辑门电路有特定要求，则对最简逻辑表达式进行适当的逻辑变换。

5）根据变换后的表达式选择相应的逻辑门电路，画出逻辑电路图，完成设计任务。

下面通过典型的例子来说明不同情况下组合逻辑电路设计的方法。

【例题 5-12】 设计一个三输入信号的判别电路，要求 3 个输入信号有奇数个信号为高电平时输出高电平信号，有偶数个信号为高电平时输出低电平信号。

解： 1）进行电路功能描述。

设 3 个输入信号变量为 A、B、C，输出信号变量为 F。根据题意，当 A、B、C 高电平数为奇数个时，则输出 F 为高电平，否则输出 F 为低电平。

2）采取穷举法列出真值表，见表 5-15。

表 5-15　例题 5-12 真值表

A	B	C	F
0	0	0	0
0	0	1	1
0	1	0	1
0	1	1	0
1	0	0	1
1	0	1	0
1	1	0	0
1	1	1	1

3）画出卡诺图，如图 5-23 所示。

4）写出输出函数最简表达式：

$$F=\overline{A}\,\overline{B}C+\overline{A}B\,\overline{C}+A\,\overline{B}\,\overline{C}+ABC=A\oplus B\oplus C$$

5）根据输出函数最简表达式画出逻辑电路，如图 5-24 所示，完成判别电路设计。

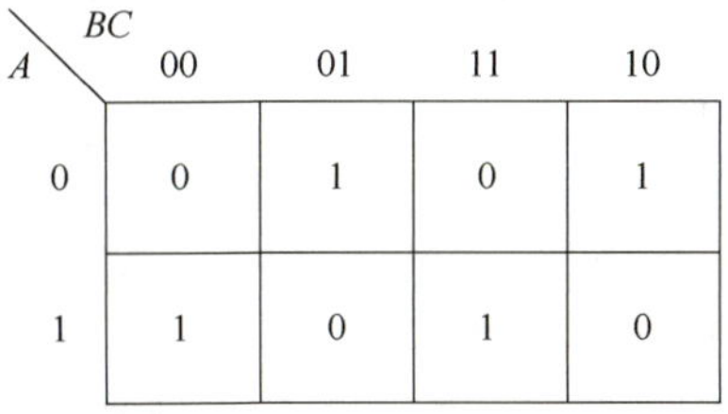

图 5-23　例题 5-12 卡诺图

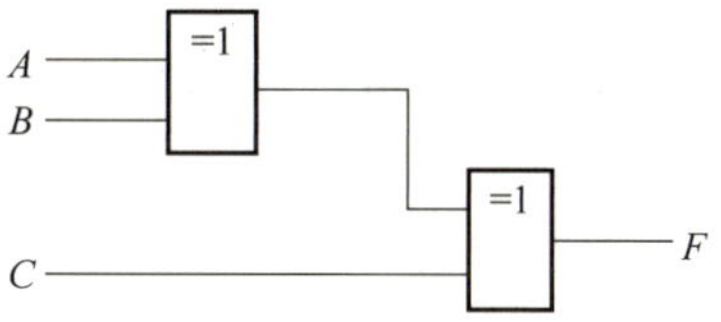

图 5-24　例题 5-12 逻辑电路

【例题 5-13】　采用或非门和非门设计一个组合电路，用于判别输入的 4 位二进制数对应的十进制数是否为 5 的整数倍。如果是 5 的整数倍，则输出高电平信号，否则输出低电平信号。

解：1）进行电路功能描述。

设输入的 4 位二进制数变量为 A、B、C、D，输出信号变量为 F。根据题意，当 A、B、C、D 对应的十进制值为 5 的整数倍时，则输出 F 为高电平，否则 F 为低电平。

2）采取穷举法列出真值表，见表 5-16。

表 5-16　例题 5-13 真值表

A	B	C	D	F
0	0	0	0	1
0	0	0	1	0
0	0	1	0	0
0	0	1	1	0
0	1	0	0	0
0	1	0	1	1

（续）

A	*B*	*C*	*D*	*F*
0	1	1	0	0
0	1	1	1	0
1	0	0	0	0
1	0	0	1	0
1	0	1	0	1
1	0	1	1	0
1	1	0	0	0
1	1	0	1	0
1	1	1	0	0
1	1	1	1	1

3）由真值表画出卡诺图，如图 5-25 所示。由于设计任务明确要求采用或非门实现电路，因此卡诺图采取圈“0”的方法，然后利用反演律取反可得或非形式的输出表达式。

4）对卡诺图进行或与逻辑形式的化简，得到反函数 F 的逻辑表达式：

$$F=\bar{A}C+A\bar{C}+\bar{B}D+B\bar{D}$$

利用反演律取反，可得或非逻辑形式的输出表达式：

$$F=\overline{\overline{F}}=\overline{\bar{A}C+A\bar{C}+\bar{B}D+B\bar{D}}=\overline{\overline{A+\bar{C}}+\overline{\bar{A}+C}+\overline{B+\bar{D}}+\overline{\bar{B}+D}}$$

5）由输出函数 F 的表达式画出逻辑电路，如图 5-26 所示，完成判别电路的设计。

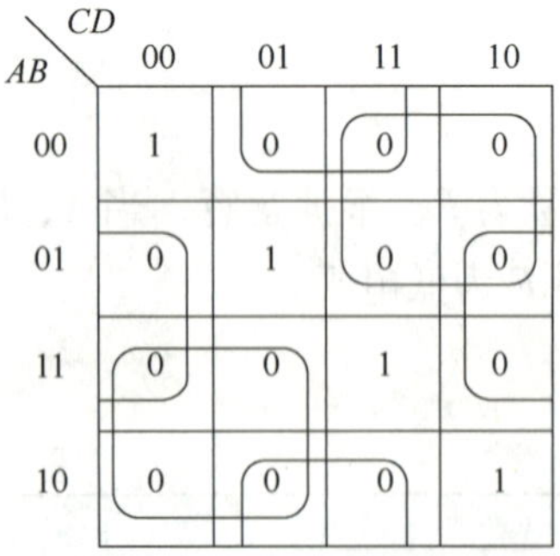

图 5-25　例题 5-13 卡诺图

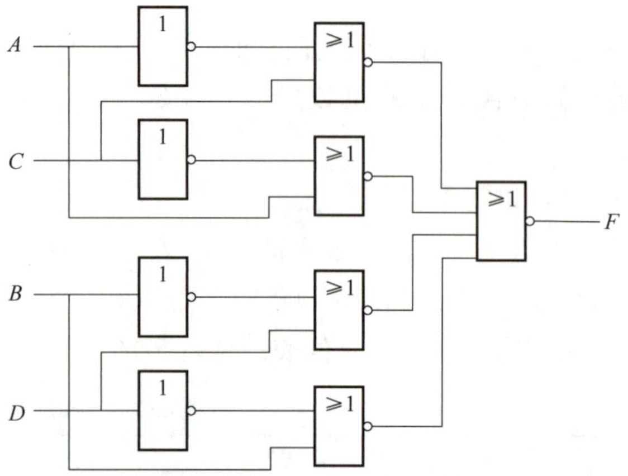

图 5-26　例题 5-13 逻辑电路

四、常用中规模组合逻辑电路

随着集成电路工艺技术的不断发展，单个芯片的集成度越来越高。在数字系统设计中，某些常用的组合逻辑电路已经制成标准化、系列化的中规模集成电路芯片并得到广泛应用。常见的中规模组合逻辑电路主要包括编码器、译码器、数据选择器、数据分配器、加法器、数值比较器等。

1. 编码器

在数字系统中，把具有某种特定含义的信号转换成二进制代码的过程称为编码，完成编码功能的逻辑电路称为编码器。编码器是一个多输入多输出电路，输入信号进入编码器后输出二进制代码，其结构框图如图 5-27 所示。如果采用 n 位二进制数对 m 个输入信号进行编码，则需要满足 $2^n \geqslant m$，如 8 线-3 线编码器有 8 个信号输入、3 位二进制码输出。

编码器按照同一时刻允许输入有效编码信号的数量可分为普通编码器、优先编码器和集成优先编码器等。

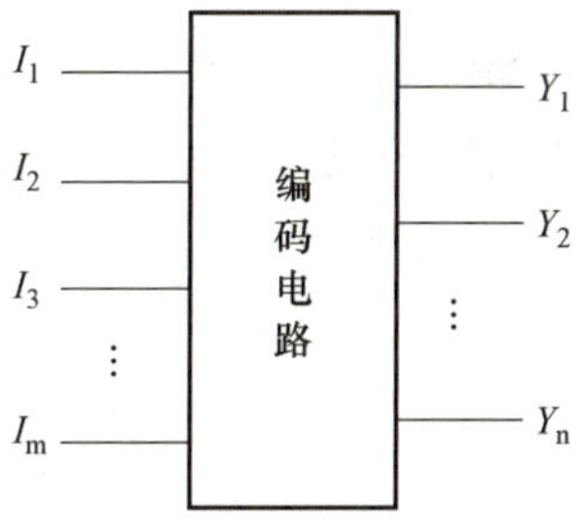

图 5-27　编码器的结构框图

(1) 普通编码器　普通编码器在任何时刻只允许输入一个有效编码信号，如果同时输入一个以上的有效编码信号，则输出端将会出现逻辑错误。现在以一个 8 线-3 线普通编码器为例，说明普通编码器的工作原理。

8 线-3 线普通编码器能够实现对 8 个输入信号编成二进制代码输出。设编码器的 8 个输入信号为 $I_7 \sim I_0$，3 个输出信号为 $Y_2 \sim Y_0$，根据 8 线-3 线编码器的逻辑功能列出真值表，见表 5-17。

表 5-17　8 线-3 线编码器真值表

I_7	I_6	I_5	I_4	I_3	I_2	I_1	I_0	Y_2	Y_1	Y_0
0	0	0	0	0	0	0	1	0	0	0
0	0	0	0	0	0	1	0	0	0	1
0	0	0	0	0	1	0	0	0	1	0
0	0	0	0	1	0	0	0	0	1	1
0	0	0	1	0	0	0	0	1	0	0
0	0	1	0	0	0	0	0	1	0	1
0	1	0	0	0	0	0	0	1	1	0
1	0	0	0	0	0	0	0	1	1	1

根据真值表写出输出信号 $Y_2 \sim Y_0$的逻辑表达式：

$$\begin{cases} Y_2 = I_4 + I_5 + I_6 + I_7 \\ Y_1 = I_2 + I_3 + I_6 + I_7 \\ Y_0 = I_1 + I_3 + I_5 + I_7 \end{cases}$$

由输出表达式画出 8 线-3 线编码器逻辑电路和逻辑符号，分别如图 5-28 和图 5-29 所示。

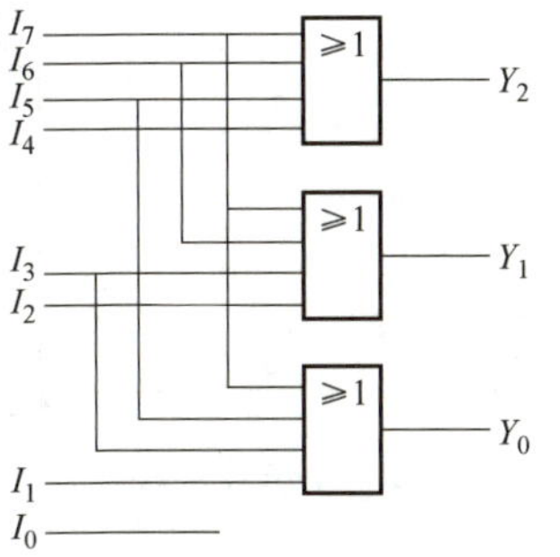

图 5-28　8 线-3 线编码器逻辑电路

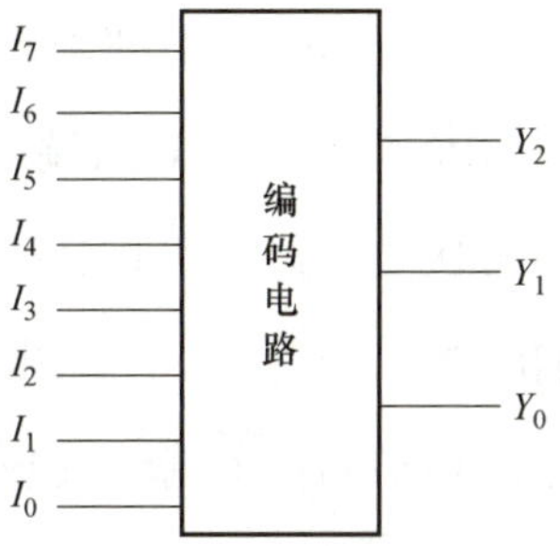

图 5-29　8 线-3 线编码器逻辑符号

普通编码器如果同时输入多个有效编码信号时，则输出端将会出现逻辑错误，因此在电路中通常采用能够识别信号优先级的优先编码器。

（2）优先编码器　优先编码器允许在同一时刻输入两个或两个以上的有效信号，并且按预先规定的优先顺序对有效信号中优先权最高的输入信号进行编码。优先编码器既不会造成输出端的逻辑混乱，又解决了普通编码器只允许一个输入信号有效的问题，因此在逻辑电路中得到了广泛应用。下面以 8 线-3 线优先编码器为例，说明优先编码器的工作原理。

设 8 线-3 线优先编码器的 8 个输入信号为 $I_7\sim I_0$，3 个输出编码信号为 $Y_2\sim Y_0$。在 8 个输入信号中，I_7的编码优先级最高，I_6次之，以此类推，I_0的编码优先级最低。8 线-3 线优先编码器的真值表见表 5-18。

表 5-18　8 线-3 线优先编码器的真值表

I_7	I_6	I_5	I_4	I_3	I_2	I_1	I_0	Y_2	Y_1	Y_0
0	0	0	0	0	0	0	1	0	0	0
0	0	0	0	0	0	1	×	0	0	1
0	0	0	0	0	1	×	×	0	1	0
0	0	0	0	1	×	×	×	0	1	1
0	0	0	1	×	×	×	×	1	0	0
0	0	1	×	×	×	×	×	1	0	1
0	1	×	×	×	×	×	×	1	1	0
1	×	×	×	×	×	×	×	1	1	1

根据 8 线-3 线优先编码器真值表，写出输出信号 $Y_2\sim Y_0$逻辑表达式：

$$Y_2=I_7+\overline{I_7}I_6+\overline{I_7}\,\overline{I_6}I_5+\overline{I_7}\,\overline{I_6}\,\overline{I_5}I_4=\overline{I_7}+\overline{I_6}+\overline{I_5}+\overline{I_4}$$

$$\begin{aligned}Y_1&=I_7+\overline{I_7}I_6+\overline{I_7}\,\overline{I_6}\,\overline{I_5}\,\overline{I_4}I_3+\overline{I_7}\,\overline{I_6}I_5\,\overline{I_4}\,\overline{I_3}I_2\\&=I_7+I_6+\overline{I_5}\,\overline{I_4}I_3+\overline{I_5}\,\overline{I_4}I_2\end{aligned}$$

$$\begin{aligned}Y_0&=I_7+\overline{I_7}\,\overline{I_6}I_5+\overline{I_7}\,\overline{I_6}\,\overline{I_5}\,\overline{I_4}I_3+\overline{I_7}\,\overline{I_6}\,\overline{I_5}\,\overline{I_4}\,\overline{I_3}\,\overline{I_2}I_1\\&=I_7+\overline{I_6}\,\overline{I_5}+\overline{I_6}\,\overline{I_4}I_3+\overline{I_6}\,\overline{I_4}\,\overline{I_2}I_1\end{aligned}$$

根据 8 线-3 线优先编码器的输出表达式画出逻辑电路，如图 5-30 所示。

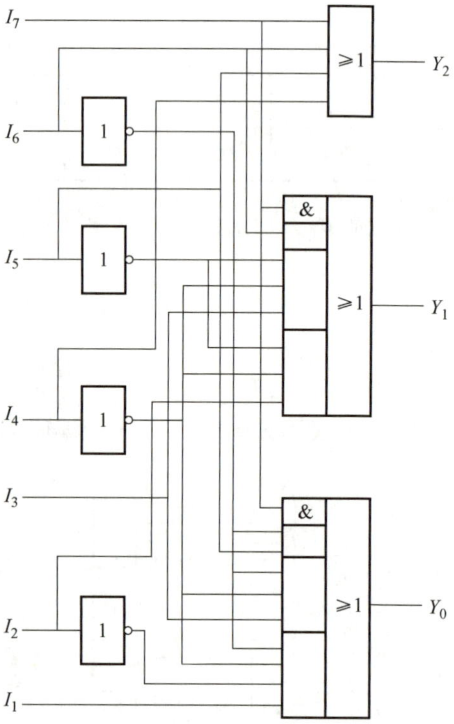

图 5-30　8 线-3 线优先编码器逻辑电路

（3）集成优先编码器　74LS148 在上述 8 线-3 线优先编码器的电路基础加上适当的控制电路就可构成集成 8 线-3 线优先编码器 74LS148。需要注意的是，74LS148 的输入、输出都采用反码形式表示，输入信号是低电平有效，输出编码是二进制反码输出。

74LS148 有 8 个编码信号输入端$\overline{I_7}\sim\overline{I_0}$，其中，$\overline{I_7}$优先级别最高，$\overline{I_6}$次之，以此类推，$\overline{I_0}$优先级别最低，有 3 个编码输出端$\overline{Y_2}\sim\overline{Y_0}$。为了增强电路扩展功能，74LS148 设置了选通控制输入端$\overline{S}$、选通输出端$\overline{Y_S}$和扩展输出端$\overline{Y_{ES}}$。

当选通控制输入端无效（$\overline{S}=1$）时，优先编码器不工作，输出端$\overline{Y_2}\sim\overline{Y_0}$、选通输出端$\overline{Y_S}$和扩展输出端$\overline{Y_{ES}}$的值均为 1。当选通控制输入端有效（$\overline{S}=0$）时，优先编码器正常工作，此时编码输出端$\overline{Y_2}\sim\overline{Y_0}$的输出取决于信号输入端$\overline{I_7}\sim\overline{I_0}$。若信号输入端$\overline{I_7}\sim\overline{I_0}$无有效输入（$\overline{I_7}\sim\overline{I_0}$全为 1）。则选通输出端$\overline{Y_S}$为 0，扩展输出端$\overline{Y_{ES}}$为 1；若信号输入端$\overline{I_7}\sim\overline{I_0}$存在有效输入（$\overline{I_7}\sim\overline{I_0}$不全为 1），则选通输出端$\overline{Y_S}$为 1，扩展输出端 Y_{ES}为 0。输出端$\overline{Y_2}\sim\overline{Y_0}$全为 1 的 3 种情况，可以用选通输出端$\overline{Y_S}$和扩展输出端$\overline{Y_{ES}}$的不同状态来加以区分。选通输出端$\overline{Y_S}$为低电平表示“电路处于工作状态，但无有效输入”，扩展输出端$\overline{Y_{ES}}$为低电平表示“电路处于工作状态，而且存在有效输入”。

图 5-31 所示为优先编码器 74LS148 电路引脚排列图。

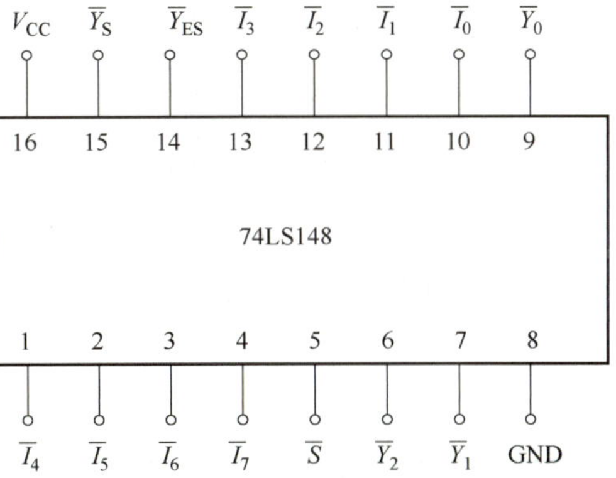

图 5-31　优先编码器 74LS148 电路引脚排列图

优先编码器广泛应用于计算机系统中的中断请求、键盘编码和排队逻辑等硬件设备电路中。当存在两个以上设备申请编码时，优先编码器总是响应优先级最高的设备编码请求。

2. 译码器

译码是编码的逆过程，是将二进制代码的状态翻译成输出信号。具有译码功能的逻辑电路称为译码器。译码器是一个多输入多输出的组合逻辑电路，输入信号是一组二进制代码，输出信号的电平状态由输入的二进制代码决定，其结构框图如图 5-32 所示。

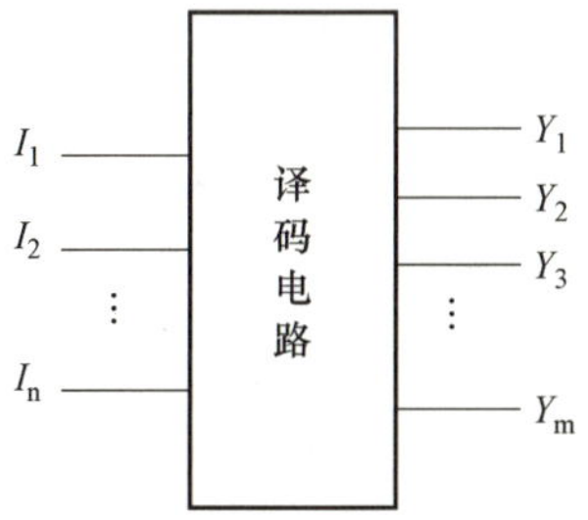

图 5-32　译码器的结构框图

（1）二进制译码器　二进制译码器又称为变量译码器，若输入二进制代码有 n 位，则输出信号就是 2^n 个。译码器正常工作时，对于每一组输入的二进制代码，在 2^n 个输出信号中只有一个输出信号有效，其余输出信号均无效。现以 3 线-8 线二进制译码器为例进行说明。

3 线-8 线译码器有 3 位二进制代码输入端 $A_2\sim A_0$，8 个译码输出端 $Y_7\sim Y_0$，对应的真值表见表 5-19。

表 5-19　3 线-8 线译码器真值表

A_2	A_1	A_0	Y_7	Y_6	Y_5	Y_4	Y_3	Y_2	Y_1	Y_0
0	0	0	0	0	0	0	0	0	0	1
0	0	1	0	0	0	0	0	0	1	0

（续）

A_2	A_1	A_0	Y_7	Y_6	Y_5	Y_4	Y_3	Y_2	Y_1	Y_0
0	1	0	0	0	0	0	0	1	0	0
0	1	1	0	0	0	0	1	0	0	0
1	0	0	0	0	0	1	0	0	0	0
1	0	1	0	0	1	0	0	0	0	0
1	1	0	0	1	0	0	0	0	0	0
1	1	1	1	0	0	0	0	0	0	0

根据真值表写出 3 线-8 线译码器的输出信号 Y_7~Y_0的逻辑表达式：

$$Y_7=A_2A_1A_0 \quad Y_6=A_2A_1\overline{A_0}$$

$$Y_5=A_2\overline{A_1}A_0 \quad Y_4=A_2\overline{A_1}\,\overline{A_0}$$

$$Y_3=\overline{A_2}A_1A_0 \quad Y_2=\overline{A_2}A_1\overline{A_0}$$

$$Y_1=\overline{A_2}\,\overline{A_1}A_0 \quad Y_0=\overline{A_2}\,\overline{A_1}\,\overline{A_0}$$

由表达式画出 3 线-8 线译码器的逻辑电路，如图 5-33 所示。

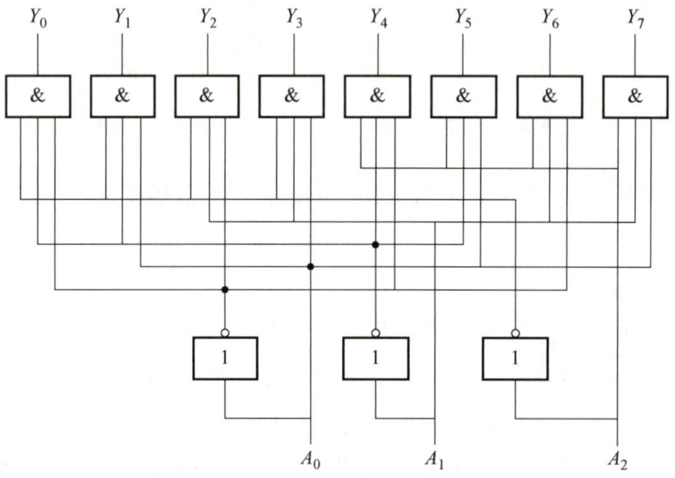

图 5-33　3 线-8 线译码器逻辑电路

（2）集成译码器 74LS138　集成译码器 74LS138 是较为常见的中规模集成译码器，引脚图和符号分别如图 5-34 和图 5-35 所示。需要注意的是，74LS138 译码器的输出采用反码形式表示，低电平有效。

74LS138 译码器有 3 个二进制译码器输入端 A_2、A_1、A_0，8 个译码器输入端$\overline{Y_7}$~$\overline{Y_0}$，还有 3 个选通输入端 S_1、$\overline{S_2}$和$\overline{S_3}$。当 $S_1=1$，$\overline{S_2}+\overline{S_3}=0$ 时，译码器工作，输出端$\overline{Y_7}$~$\overline{Y_0}$的逻辑值取决于信号输入端 A_2~A_0。若不满足 $S_1=1$，$\overline{S_2}+\overline{S_3}=0$，则译码器处于禁止状态，输入端$\overline{Y_7}$~$\overline{Y_0}$全为高电平，因此可以用选通输入控制端 S_1、$\overline{S_2}$和$\overline{S_3}$来决定译码器的工作状态。

（3）显示译码器　在数字系统中，经常需要将二进制的测量结果或运算结果用十进制的形式显示出来，这就需要用到数字显示电路。数字显示电路是用显示译码器把二进制数译码成十进制数，并通过显示驱动电路送到显示器显示。数字显示电路包括显示器、显示译码器和显示驱动器。

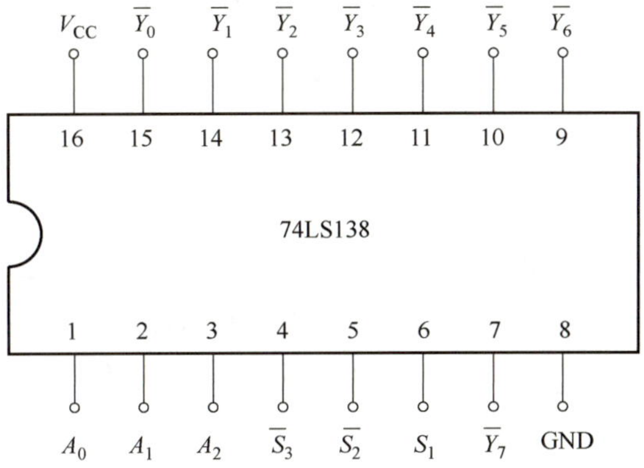

图 5-34　集成译码器 74LS138 的引脚图

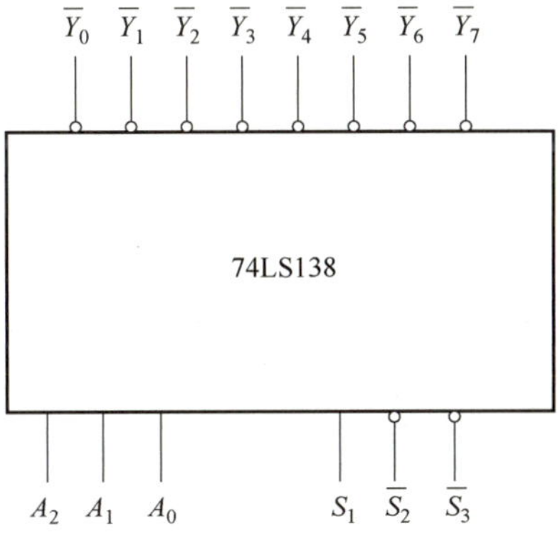

图 5-35　集成译码器 74LS138 的符号

4 线-16 线译码器逻辑电路如图 5-36 所示。

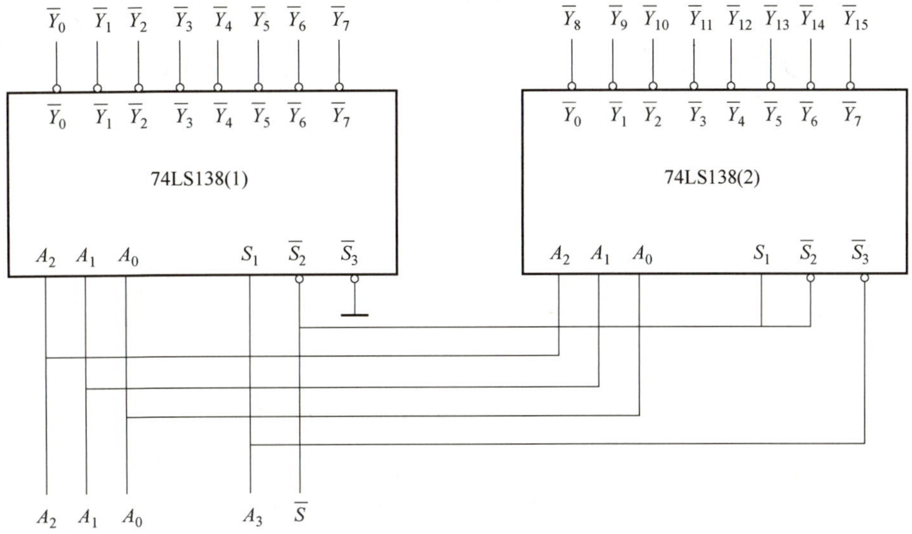

图 5-36　4 线-16 线译码器逻辑电路

1）显示器：用来显示字符、数字、文字或符号的器件，按照发光介质分类可分为发光二极管（LED）、七段数码管和液晶显示屏等。

① 发光二极管是用半导体材料制作的正向偏置 PN 结二极管。当 PN 结两端加正向偏压产生正向电流时，注入的非平衡载流子（电子—空穴对）在扩散过程中大量复合，产生能量并发光，发光亮度由电流大小决定。其符号如图 5-37 所示。

图 5-37　发光二极管符号

② 七段数码管由 7 个发光二极管进行排列组合，按一定顺序构成 a、b、c、d、e、f、g 共 7 个发光段，通过选择使不同字段的发光二极管亮来显示出不同的字形。八段数码管比七段数码管多 1 个发光二极管，用于显示小数点，其符号图如图 5-38 所示。

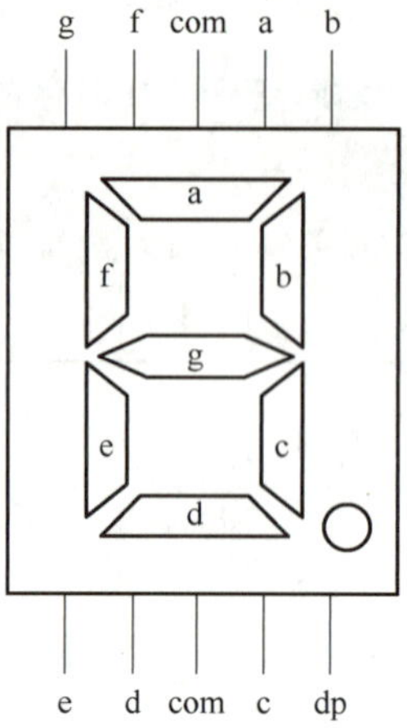

图 5-38　八段 LED 数码管符号图

按照公共端连接方式不同，数码管分为共阳极数码管和共阴极数码管。共阳极数码管是指将所有发光二极管的阳极接到一起接到 5V 电源上，形成公共阳极（com）。若某一字段发光二极管的阴极为低电平时，则相应字段就亮，否则不亮。共阴极数码管是指将所有发光二极管的阴极接到一起接到接地线 GND 上，形成公共阴极（com）。若某一字段发光二极管的阳极为高电平时，则相应字段就亮，否则不亮。共阳极数码管和共阴极数码管的结构如图 5-39a 和图 5-39b 所示。

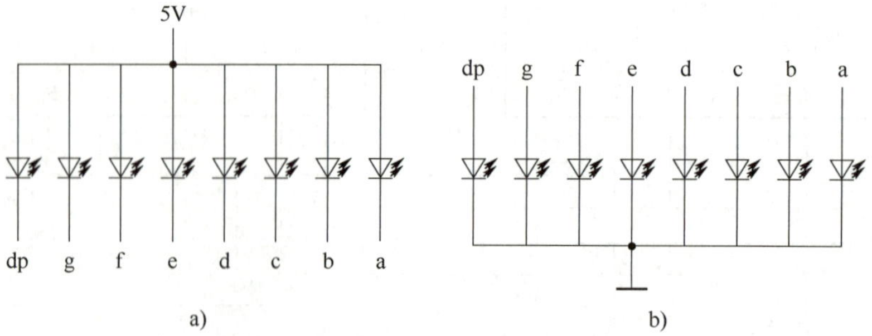

图 5-39　共阳极与共阴极数码管的结构

a）共阳极数码管结构　b）共阴极数码管结构

数码管的 8 段与输入的 8 位字符编码对应，a 对应字符编码的最高位，dp 对应字符编码的最低位。在需要显示数字时，按照排列组合的要求使相应的发光二极管亮即可，即共阳极数码管使相应的字符编码位为低电平，共阴极数码管使相应的字符编码位为高电平。例如，数码管要显示数字“1”，那么共阳极数码管的字符编码为 10011111，即（9*F*）$_H$，共阴极数码管的字符编码为 01100000，即（60）$_H$，显示效果如图 5-40 所示。

2）显示译码器：数字显示电路的核心部件，它可以将输入代码转换成相应的数字显示代码，并在数码管上显示出来。例如，要显示十进制数 2，则经显示译码器译码后的输出应当使七段数码管中的 a、b、d、e、g 亮。

74LS48 是一种常用的显示译码器，输出高电平有效，用于驱动共阴极七段数码管，其功能表见表 5-20，对应的引脚图和符号如图 5-41 所示。

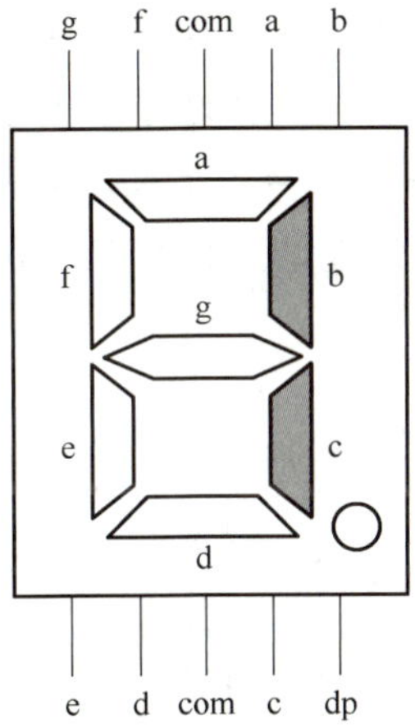

图 5-40　数码管显示效果

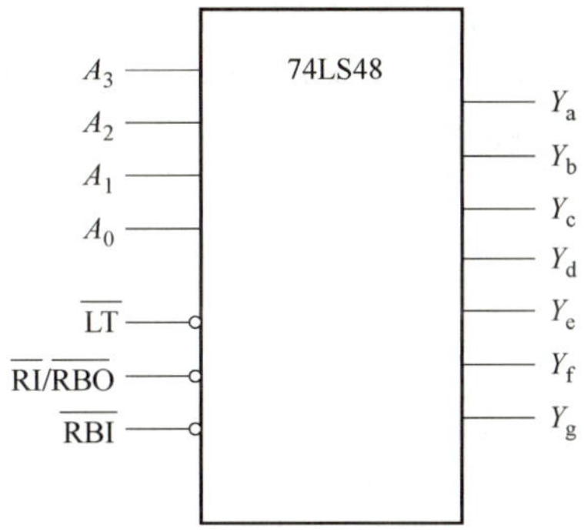

图 5-41　74LS48 引脚图和符号

表 5-20　显示译码器 74LS48 的功能表

数字功能	$\overline{LT}$	$\overline{RBI}$	A_3	A_2	A_1	A_0	$\overline{RI}/\overline{RBO}$	a	b	c	d	e	f	g	显示字形
0	1	1	0	0	0	0	1	1	1	1	1	1	1	0	0
1	1	×	0	0	0	1	1	0	1	1	0	0	0	0	1
2	1	×	0	0	1	0	1	1	1	0	1	1	0	1	2
3	1	×	0	0	1	1	1	1	1	1	1	0	0	1	3
4	1	×	0	1	0	0	1	0	1	1	0	0	1	1	4
5	1	×	0	1	0	1	1	1	0	1	1	0	1	1	5
6	1	×	0	1	1	0	1	0	0	1	1	1	1	1	6
7	1	×	0	1	1	1	1	1	1	1	0	0	0	0	7
8	1	×	1	0	0	0	1	1	1	1	1	1	1	1	8
9	1	×	1	0	0	1	1	1	1	1	0	0	1	1	9
10	1	×	1	0	1	0	1	0	0	0	1	1	0	1	⊏
11	1	×	1	0	1	1	1	0	0	1	1	0	0	1	⊐
12	1	×	1	1	0	0	1	0	1	0	0	0	1	1	⊔
13	1	×	1	1	0	1	1	1	0	0	1	0	1	1	⊑
14	1	×	1	1	1	0	1	0	0	0	1	1	1	1	⊢

（续）

数字功能	$\overline{LT}$	$\overline{RBI}$	A_3	A_2	A_1	A_0	$\overline{RI}/\overline{RBO}$	a	b	c	d	e	f	g	显示字形
15	1	×	1	1	1	1	1	0	0	0	0	0	0	0	
灭灯	×	×	×	×	×	×	0	0	0	0	0	0	0	0	
灭零	1	0	0	0	0	0	0	0	0	0	0	0	0	0	
测试	0	×	×	×	×	×	1	1	1	1	1	1	1	1	8

3. 数据选择器

数据选择器（MUX）又称为多路选择器或多路开关，其功能是从多个输入信号中选择其中一路信号传输到输出端。数据选择器的输入端有多个输入信号，但在地址码的选择下输出端只输出一路信号，其功能类似于一个单刀多掷开关。图 5-42 和图 5-43 所示分别为四选一数据选择器符号和逻辑电路，图中的 $D_3D_2D_1D_0$ 是输入数据，A_1A_0 为地址选择变量，用于从 4 路输入信号中选择 1 路信号送到输出端 Y。

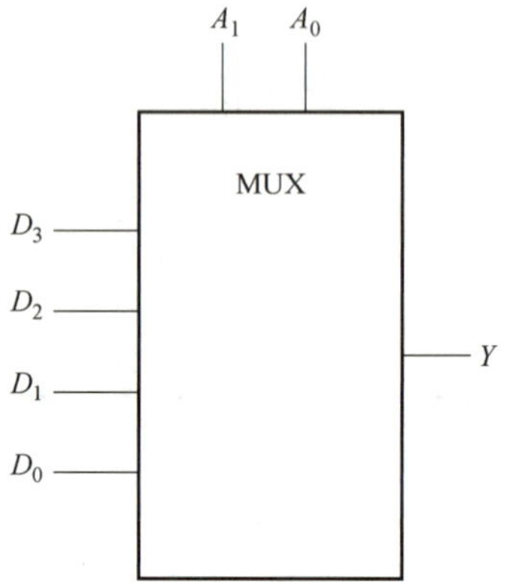

图 5-42 四选一数据选择器符号

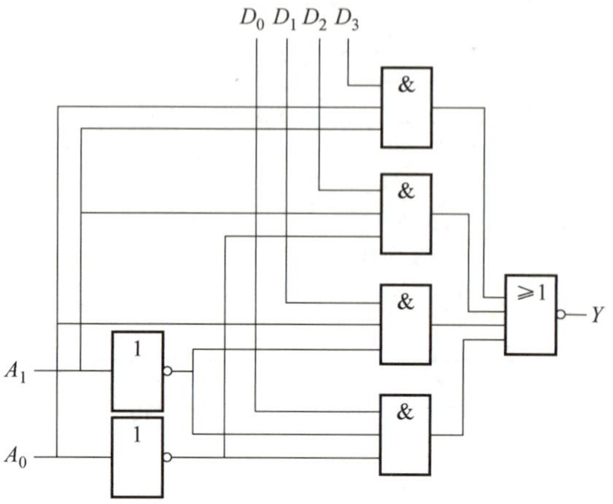

图 5-43 四选一数据选择器逻辑电路

由逻辑电路可以写出四选一数据选择器的逻辑函数输出。

数据选择器除用于多路数据选择外，还广泛用于实现各类函数输出，实现的方法有代数法和卡诺图法。

4. 数据分配器

数据分配器又称为多路分配器，用于将输入信号按要求分配到指定的输出端。数据分配器有 1 个输入数据端，n 个地址选择端，$2n$ 个数据输出端，由地址选择端来决定输入数据分配到某个输出端口输出。其逻辑功能与数据选择器相反，属于单输入、多输出的组合电路。其电路示意图如图 5-44 所示。

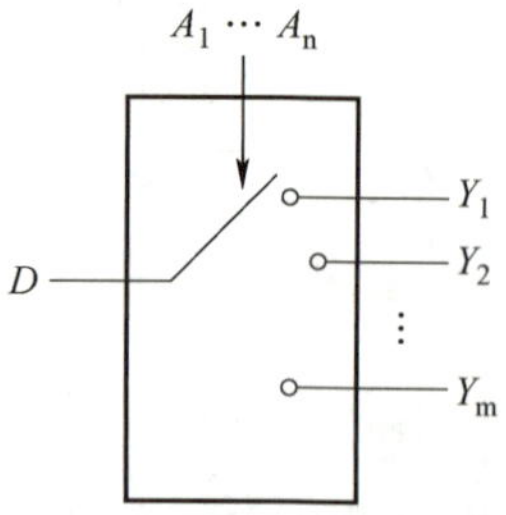

图 5-44 数据分配器电路示意图

5. 加法器

2 个 1 位二进制数相加，不考虑来自低位进位的加法称为半加，实现半加运算的电路称为半加器。

半加器有 2 个输入变量 A 和 B，分别代表 2 个 1 位二进制数的输入；有 2 个输出变量 S 和 C，其中 S 是两个数相加的和，C 是两个数相加后产生的进位。半加器的真值表见表 5-21。其逻辑电路如图 5-45 所示。图 5-46 所示为半加器的逻辑符号。

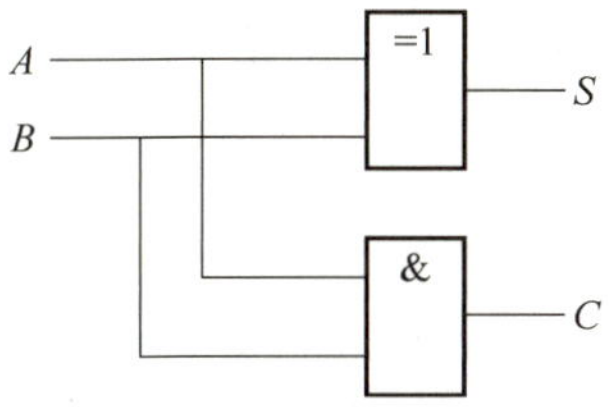

图 5-45　半加器的逻辑电路

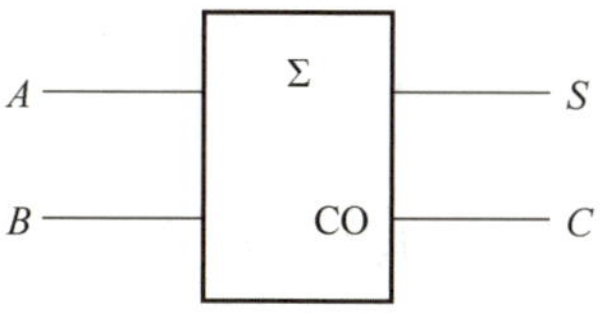

图 5-46　半加器的逻辑符号

表 5-21　半加器的真值表

A	*B*	*S*	*C*
0	0	0	0
0	1	1	0
1	0	1	0
1	1	0	1

五、74 系列、CD 系列芯片性能比较

常用的中小规模数字集成电路芯片有 74 系列和 CD4000 系列，可实现各种常见的逻辑门、组合逻辑电路，以及本项目涉及的各种触发器和各种时序逻辑电路。

1. 74 系列

74 系列常见为 TTL 类型的集成电路，可分为以下 6 大类：

（1）74 系列　74 系列为标准型集成电路，这是早期的产品，现仍在使用，但正逐渐被淘汰。

（2）74LS 系列　74LS 系列为低功耗肖特基型集成电路，是当前 TTL 类型中的主要产品系列，品种和生产厂家都非常多。其性能价格比比较高，目前在中小规模电路中应用非常普遍。

（3）74S 系列　74S 系列为肖特基型集成电路。该系列采用了抗饱和肖特基二极管，速度较高，但品种较少。

（4）74ALS 系列　74ALS 系列为先进低功耗肖特基型集成电路，属于 74LS 系列的后续产品，在速度（典型值为 4ns）、功耗（典型值为 1mW）等方面都有较大的改进，但价格比较高。

（5）74AS 系列　74AS 系列为先进肖特基型集成电路，是 74S 系列的后续产品，尤其速度（典型值为 1.5ns）有显著提高。

（6）74F 系列　74F 系列为高速 TTL 集成电路。

2. 74HC 系列

74HC 系列是 CMOS 类型的高速集成电路，该系列可分为以下 3 大类：

（1）74HC 系列　74HC 系列为高速 CMOS 集成电路，具有与 74LS 系列同等的工作速度和 CMOS 集成电路固有的低功耗及电源电压范围宽等特点。

（2）74HCT 系列　74HCT 系列采用 TTL 工作电平，可以与 74LS 系列互换使用，扩大了应用范围。

（3）74HCU 系列　74HCU 系列适用于无缓冲级的 CMOS 电路。

以上 9 种 74 系列产品，只要后面的标号相同，其逻辑功能和引脚排列就相同。根据不同条件和要求可选择不同类型的 74 系列产品。例如：电路的供电电压为 3V，就应选择 74HC 系列的产品。

3. CD4000 系列

CD4000 系列为标准 CMOS 类型的集成电路。该系列产品最大的特点是工作电源电压范围宽（3~18V）、功耗最小、速度较低、品种多、价格低廉，是目前 CMOS 集成电路的主要应用产品。CMOS 集成电路沿着 4000A→4000B→74HC→74HCT 方向快速发展。我国生产的 CMOS 电路系列为 CC4000B 系列。

TTL 型和 CMOS 型集成电路在性能上有以下区别：

1）工作电压范围：TTL 型集成电路为 5V 左右，CMOS 型集成电路为 3~18V。

2）频率特性：标准 TTL 电路小于 5MHz，一般 CMOS 电路小于 100kHz。

3）速度×功耗积：标准 TTL 电路为 100，标准 CMOS 电路为 11。

4）扇出能力：标准 TTL 系列为 40（大电流输出为 120），标准 CMOS 为 4（大电流输出为 15）。

5）输入阻抗：CMOS 可达 10MΩ，TTL 为 5MΩ。传输延迟时间和最大驱动电流见表 5-22。

表 5-22　常用集成电路传输延迟时间和最大驱动电流

系列	电平	典型传输延迟时间/ns	最大驱动电流（$-I_{OH}/I_{OL}$）/mA
LS	TTL	18	-15/24
ALS	TTL	10	-15/64
F	TTL	6.5	-15/64
HC	CMOS/TTL	25	-8/8
HCT	CMOS/TTL	25	-8/8

阅读角

2020 年 1 月 6 日，黄令仪荣获中国计算机学会设立的 2019 年“CCF 夏培肃奖”。黄令仪参与了从分立器件、大规模集成电路到通用龙芯 CPU 芯片的研发过程，为我国计算机核心器件的发展做出了突出贡献。

黄令仪毕业于华中工学院（现华中科技大学），后到清华大学深造，学习半导体专业；1962 年，在中国科学院计算技术研究所工作，工作期间成功研制了我国第一台微型计算机，助力我国在计算机领域迈出了第一步。

2002 年，受中国科学院计算机部总工程师胡伟武的邀请，黄令仪加入了龙芯中科技术有限公司。2002 年 8 月，我国首款通用 CPU 龙芯 1 号流片成功，终结了中国计算机产业“无芯”的历史。2018 年，龙芯 3 号研发成功。2020 年 6 月 23 日，我国北斗卫星导航系统成功开通，而北斗卫星上使用了龙芯 3 号芯片。黄令仪研发的芯片，打破了我国自从改革开放以来，芯片市场长期被外国垄断的局面，尤其是龙芯 3 号，更是直接打破了美国在处理器技术方面的垄断。

任务三　认知触发器

在数字电路中，不仅需要进行算术和逻辑运算，还需要具有记忆功能、能够把运算的结果存储起来的单元。例如，计算机硬件里内存是非常重要的，内存条就是具有存储功能的数字电路。在前面任务里介绍了组合逻辑电路，它是没有记忆功能的。在本任务里，将会介绍构成时序逻辑电路的基本单元——触发器。触发器具有存储二进制信息的能力。

触发器具有以下两个特点：

1）具有两个自行保持的稳定状态，分别表示二值信号“0”和“1”。

2）在不同的触发信号作用下，电路的状态可以根据输入信号设置成“0”或“1”。

由于触发器有不同类型的电路结构，其触发方式也不一样。其触发方式有电平触发、脉冲触发和边沿触发。在不同的触发方式下，当触发信号到达时，触发器的状态转换过程具有不同的动作特点。触发器按照逻辑功能的不同可分为 RS 触发器、D 触发器、JK 触发器和 T 触发器等。

触发器和锁存器的不同点是从一个状态到另一个状态转换时的方式不同。触发器是只根据时钟边沿改变状态的器件，锁存器不需要根据时钟来改变状态。触发器需要时钟控制，而锁存器不需要时钟控制。它们的相同点是都有两个稳定状态，都用于存储二进制数据。

一、基本 RS 触发器

1. 电路组成和逻辑符号

基本 RS 触发器也称为 SR 锁存器（Set-Reset Latch）。它是最简单的存储电路，是构成各种触发器电路的基本组成部分，这里先介绍基本 RS 触发器。将两个或非门或者与非门的不同输出交叉回接到输入，就构成了基本 RS 触发器。

与非门组成的基本 RS 触发器如图 5-47 所示，其中，图 a 所示为逻辑图，图 b 所示为逻辑符号。

2. 逻辑功能

信号输出端，$Q=0$、$\overline{Q}=1$ 的状态称为 0 状态，$Q=1$，$\overline{Q}=0$ 的状态称为 1 状态，信号输入端低电平有效。

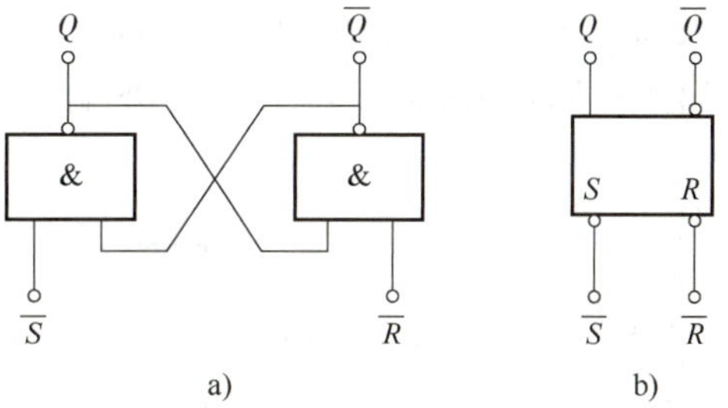

图 5-47　与非门组成的基本 RS 触发器

a）逻辑图　b）逻辑符号

基本 RS 触发器的工作原理如下：

1）$\overline{R}=0$、$\overline{S}=1$ 时：由于$\overline{R}=0$，不论原来 Q 为 0 还是 1，都有$\overline{Q}=1$，再由$\overline{S}=1$，$\overline{Q}=1$，可得 $Q=0$。即不论触发器原来处于什么状态都将变成 0 状态，这种情况称将触发器置 0 或复位。$\overline{R}$端称为触发器的置 0 端或复位端。

2）$\overline{R}=1$、$\overline{S}=0$ 时：由于$\overline{S}=0$，不论原来$\overline{Q}$为 0 还是 1，都有 $Q=1$，再由$\overline{R}=1$、$Q=1$，可得$\overline{Q}=0$。即不论触发器原来处于什么状态都将变成 1 状态，这种情况称将触发器置 1 或置位。$\overline{S}$端称为触发器的置 1 端或置位端。

3）$\overline{R}=1$、$\overline{S}=1$ 时：根据与非门的逻辑功能可推知，触发器保持原有状态不变，即原来的状态被触发器存储起来，这体现了触发器具有记忆能力。

4) $\overline{R}=0$、$\overline{S}=0$ 时：$Q=\overline{Q}=1$，不符合触发器的逻辑关系，并且由于与非门延迟时间不可能完全相等，在两输入端的 0 同时撤除后，将不能确定触发器是处于 1 状态还是 0 状态。触发器不允许出现这种情况，这就是基本 RS 触发器的约束条件。

3. 特性表

Q^n（现态）：触发器接收输入信号之前的状态，也就是触发器原来的稳定状态。

Q^{n+1}（次态）：触发器接收输入信号之后所处的新的稳定状态。

基本 RS 触发器的特性表见表 5-23。

表 5-23 基本 RS 触发器的特性表

$\overline{R}$	$\overline{S}$	Q^n	Q^{n+1}	功能
0	0	0	不用	不允许
0	0	1	不用	
0	1	0	0	$Q^{n+1}=0$ 置 0
0	1	1	0	
1	0	0	1	$Q^{n+1}=1$ 置 1
1	0	1	1	
1	1	0	0	$Q^{n+1}=Q^n$ 保持
1	1	1	1	

4. 波形图

基本 RS 触发器的波形如图 5-48 所示。

二、同步 RS 触发器

基本 RS 触发器的输入信号是直接加在输出门电路的输入端，在输入信号存在期间，因触发器的输出状态 Q 直接受输入信号的控制，所以基本 RS 触发器又称为直接复位、置位触发器。基本 RS 触发器不仅抗干扰能力差，而且不能实施多个触发器的同步工作。为了解决多个触发器同步工作的问题，引进了同步触发器。在基本 RS 触发器前面增加一级输入控制门电路，即可组成同步 RS 触发器。同步 RS 触发器的结构与图形符号如图 5-49 所示。

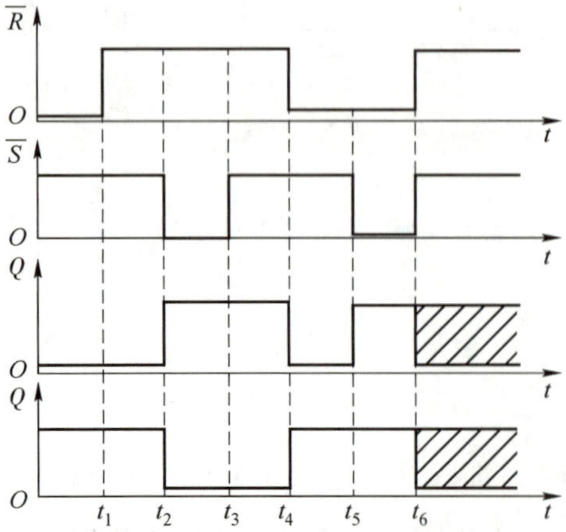

图 5-48 基本 RS 触发器的波形

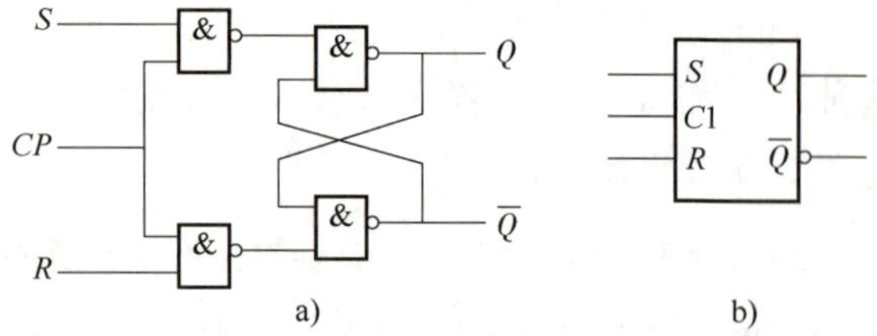

图 5-49 同步 RS 触发器的结构与图形符号

因同步 RS 触发器的同步控制信号为脉冲方波信号，通常称为时钟脉冲，或称为时钟信号，简称时钟，用字母 CP 来表示，所以，同步 RS 触发器的同步控制信号输入端也称为 CP 控制端。

在图 5-49a 所示的电路中，当 CP 信号为低电平 0 时，组成输入控制电路的两个与非门的输出信号为 1，该输出信号直接加在后级 RS 触发器的复位和置位端上，使电路的输出信号保持原态，触发器输出端的信号不随输入信号的变化而变化。当 CP 信号为高电平 1 时，该信号对组成输入控制电路的两个与非门的输出信号没有影响，同步触发器的输出状态随输入信号变化而变化的情况与基本 RS 触发器相同。

同步 RS 触发器的特性表见表 5-24，由此可画出同步 RS 触发器的工作波形。同步 RS 触发器的工作波形如图 5-50 所示。

表 5-24　同步 RS 触发器的特性表

CP	R	S	Q^n	Q^{n+1}	功能
0	×	×	×	Q^n	$Q^{n+1}=Q^n$ 保持
1 1	0 0	0 0	0 1	0 1	$Q^{n+1}=Q^n$ 保持
1 1	0 0	1 1	0 1	1 1	$Q^{n+1}=1$，置 1
1 1	1 1	0 0	0 1	0 0	$Q^{n+1}=0$，置 0
1 1	1 1	1 1	0 1	不用 不用	不允许

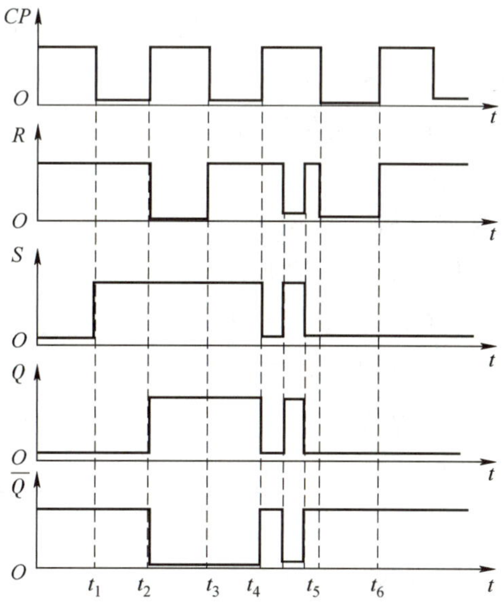

图 5-50　同步 RS 触发器的工作波形

同步触发器在一个时钟脉冲时间内（例如在图 5-50 中 t_4-t_5 的时间内），输出状态有可能发生两次或两次以上的翻转，触发器的这种翻转现象在数字电路中称为空翻。因触发器正常工作的干扰信号可能会引起空翻，所以，触发器的空翻影响触发器的抗干扰能力。为了避免空翻现象，一般采用主从型触发器和维持阻塞型触发器。

三、JK 触发器

图 5-51 所示为主从型 JK 触发器的逻辑电路与图形符号。它由两个同步 RS 触发器组成，两者分别称为主触发器和从触发器。此外，还通过一个非门将两个触发器的时钟脉冲端连接起来，这就是触发器的主从型结构。时钟脉冲的前沿使主触发器翻转，而时钟脉冲的后沿使从触发器翻转。JK 触发器的特性真值表见表 5-25。

表 5-25　JK 触发器的特性真值表

J	K	Q^{n+1}	J	K	Q^{n+1}
0	0	Q^n	1	0	1
0	1	0	1	1	$\overline{Q^n}$

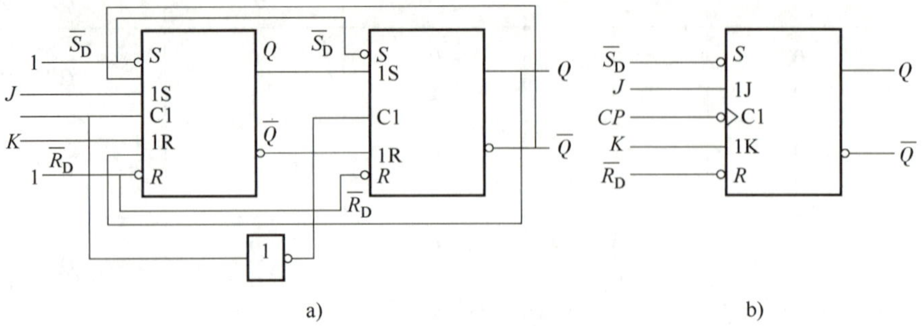

图 5-51　主从型 JK 触发器的逻辑电路与图形符号

JK 触发器的工作原理：当时钟脉冲到来后，即 $CP=1$，与非门的输出为 0，故从触发器的状态保持不变，这时主触发器是否翻转由它在时钟脉冲为低电平时的状态（图中 $S=\overline{Q}$，$R=Q$）以及 J、K 输入端的状态而定。把 CP 从 1 跳变为 0 前一瞬间的输出状态送到从触发器，使两者状态保持一致。例如主触发器为 1 态，当非门的输出跳变为 1 时，由于从触发器的 $S=1$ 和 $R=0$，故使它也处于 1 态。

现从真值表中的 4 种情况来分析主从型 JK 触发器的逻辑功能。JK 触发器波形图如图 5-52 所示。

1）$J=1$，$K=1$。设时钟脉冲到来之前，即 $CP=0$ 时，触发器的初始状态为 0 态，这时主触发器的 $S=\overline{Q}=1$，$R=Q=0$。当时钟脉冲到来后，即 $CP=1$ 时，由于主触发器的 $J=1$、$K=1$、$S=1$、$R=0$，故主触发器翻转为 1 态。当 CP 从 1 跳变为 0 时，由于这时从触发器的 $S=1$ 和 $R=0$，从触发器翻转为 1 态。反之，设主触发器的 $S=0$ 和 $R=1$，当 $CP=1$ 时，主触发器翻转为 0 态。当 CP 跳变为 0 时，从触发器翻转为 0 态。

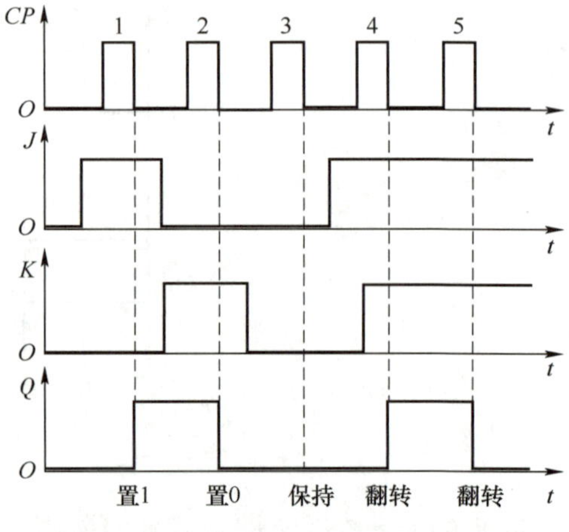

图 5-52　JK 触发器的波形

可见，JK 触发器在 $J=K=1$ 的情况下，来 1 个时钟脉冲就使它翻转 1 次，这表明：在这种情况下，触发器具有计数功能。

2）$J=0$，$K=0$。设触发器的初始状态为 0 态，这时主触发器当 $CP=1$ 时，由于主触发器

的 $J=0$、$K=0$，所以主触发器的状态保持不变。当 CP 跳变为 0 时，由于主触发器的输出状态不变，所以从触发器的输出保持原状态不变。同理，初始状态为 1 有同样的结果。

3）$J=1$，$K=0$。设触发器的初始状态为 0 态，这时主触发器当 $CP=1$ 时，由于主触发器的 $J=1$、$K=0$、$S=1$、$R=0$，所以主触发器翻转为 1 态。当 CP 负跳变时，由于从触发器的 $S=1$ 和 $R=0$，所以从触发器翻转为 1 态。如果初始状态为 1 态，主触发器当 $S=0$、$R=1$、$CP=1$ 时保持原状态不变；从触发器当 $S=1$ 和 $R=0$，CP 负跳变时保持 1 态不变。

4）$J=0$，$K=1$。同样可以分析，无论触发器原来处于什么状态，下一个状态一定是 0 态。

由上述可知，主从型触发器在 $CP=1$ 时，把输入信号暂时存储在主触发器中，为从触发器的翻转或保持原状态做好准备：到 CP 跳变为 0 时，存储的信号起作用，触发从触发器使之翻转或者使之保持原状态。此外，主从型触发器具有在 CP 从 1 跳变为 0 时翻转的特点，也就是具有时钟脉冲后沿触发的特点。后沿触发在图形符号表示中是在 CP 输入端靠近方框处加 1 个小圆圈表示，如图 5-51b 所示。

这种触发器不会出现“空翻”现象，因为 $CP=1$ 期间，从触发器的状态不会改变：CP 跳变为 0 时，从触发器或翻转或保持原态，但主触发器的状态不会改变，所以不会出现“空翻”的情况。

四、D 触发器

图 5-53 所示为维持阻塞型 D 触发器的图形符号。其逻辑功能：当 $D=0$ 时，在时钟脉冲 CP 上升沿到来时，输出状态 $Q^{n+1}=0$；当 $D=1$ 时，在 CP 上升沿到来时，输出状态 $Q^{n+1}=1$。可见，D 触发器的输出状态仅决定于 CP 到达前 D 输入端的状态，而与触发器现态无关，即 $Q^{n+1}=D$。

当把 D 触发器的 D 输入端与 $\overline{Q}$ 输出端连接在一起时，就构成了计数器，如图 5-54 所示。当在其时钟输入端加计数脉冲时，它的作用就与 JK 触发器在 $J=1$、$K=1$ 时能够计数的功能相同，所不同的是它是由时钟脉冲的前沿触发的。其工作波形如图 5-55 所示。

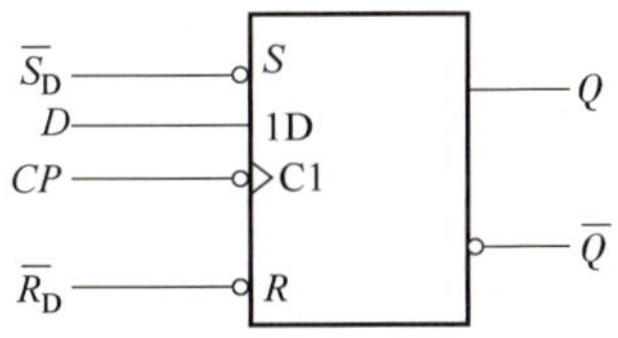

图 5-53　维持阻塞型 D 触发器的图形符号

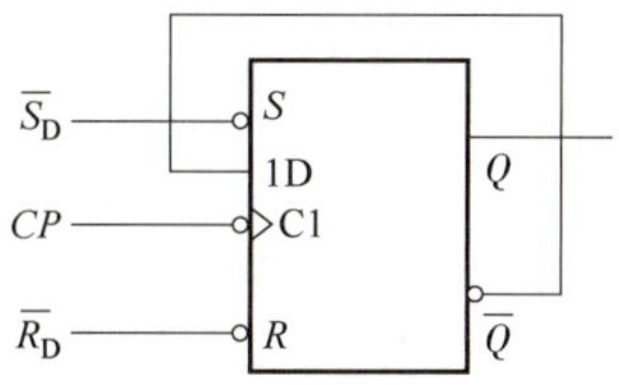

图 5-54　计数器

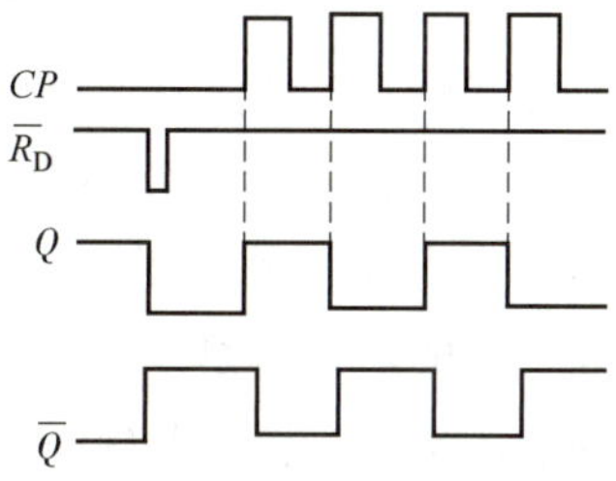

图 5-55　D 触发器的工作波形

任务四　认知时序逻辑电路

一、时序逻辑电路的基本概念

时序逻辑电路（简称时序电路）是一类具有状态记忆功能的电路，这是它与组合逻辑电路的主要区别。为实现记忆功能，时序电路中必须包含触发器。触发器是时序电路中最基本、最重要的逻辑单元。

由于包含触发器，所以时序电路必须在时钟信号（CP）的协调控制下工作。任意时刻各个触发器的输出状态组合代表了该时序电路当前的输出状态。时序电路的输出状态具有可控性和延续性，通常输出状态数是有限的，并且构成一个工作循环。因此，时序电路也称为“状态机”。既然状态是循环的，那么某一时刻时序电路的输出状态就不仅与当前的输入（激励）信号有关，更重要的是取决于电路的原状态，或者说必须以前一时刻的状态为基础，这是时序电路很重要的特点。

通常，可以利用时序电路的输出状态对发生的“事件”进行循环记录。“事件”的定义非常广泛，这取决于设计者的具体用途，如最常见的“计数”。

1. 时序电路的分类

1）按电路中触发器的触发时间分类，时序电路可分为同步时序电路和异步时序电路两种。

同步时序电路中所有触发器的时钟端都并联到一起，它们的动作都受同一个时钟脉冲控制，即触发器的状态变化是同时进行的。因此，同步时序电路中只有 1 个时钟脉冲输入端，每输入 1 个脉冲信号，电路的状态改变 1 次。

异步时序电路中至少有 1 个触发器的时钟信号与其他触发器不同，触发器的时钟信号来源不同，它们的状态变化也不会同步，即不在同一时间动作。

2）按电路输出的控制方式分类，时序电路可分为 Mealy（米利）型和 Moore（摩尔）型两种。

Mealy 型时序电路的特点是电路的输出与触发器的状态和输入信号都有关，Moore 型时序电路的特点是电路的输出只与触发器的状态有关。因此，Moore 型时序电路可以看作是 Mealy 型时序电路的特例。

根据上述两种电路的特点，除了时钟信号外，Mealy 型时序电路必须有外界激励信号端。Moore 型时序电路不需要外界输入信号，完全依靠触发器来实现状态的更替。

2. 时序电路的基本结构和描述方法

（1）基本结构　图 5-56 所示为时序电路的结构框图。可以看出，时序电路通常由存储电路（触发器）和组合逻辑电路（各种逻辑门）组成。其中，组合逻辑电路的功能是实现一些逻辑上的控制，它不是必须存在的，而存储电路必须有，并且它的输出（Q^n）要反馈给组合电路，并与外界输入信号（X）进行一些逻辑运算后，再作为输入激励信号（Z）作用到触发器的输入端，以对其次态（Q^{n+1}）产生影响。同时，整个时序电路除了触发器状态输出（Q^n）外，有时需要从组合电路部分输出信号（Y）。

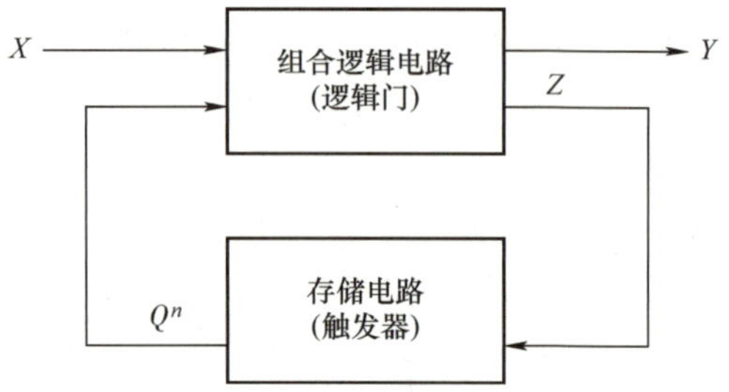

图 5-56　时序电路的结构框图

注意：上述字母场为向量形式，其中，包含的信号个数可以为多个。

（2）描述方法　描述一个时序电路的逻辑功能有多种方法，如逻辑表达式、状态转换表、状态转换图和时序波形图等，这些方法之间可以相互转换。

二、时序电路的分析方法

分析一个时序电路，就是找出其实现的功能。具体地说，就是要求找出电路的状态和输出信号在输入信号和时钟信号作用下的变化规律。由于同步时序电路中所有触发器都是在同一个时钟脉冲作用下工作的，所以分析方法比较简单。一般来说，同步时序电路的分析分为以下 3 个步骤：

1. 列出相关方程（逻辑表达式）

这里需要列出的方程涉及时钟方程、触发器驱动方程、触发器次态方程和输出方程。

1）列时钟方程。根据时序电路中各触发器时钟信号端的连接情况，写出它们的时钟方程。对于同步时序电路，由于所有时钟端是连接在一起的，所以可以省略此步骤。

2）列触发器驱动方程。根据各触发器输入信号端（激励端）的连接情况，列出形如式 $Z=g(X,Q^n)$ 的驱动方程，根据触发器具体类型，方程左侧可以是 R、S、J、K、D 或 T 等。

驱动方程实际上给出了触发器激励信号的来源。

3）列触发器次态方程（电路状态方程）。将驱动方程代入相应触发器的特性方程中，根据需要进行整理、化简后，可以得到触发器的次态方程。

由于整个时序电路的工作状态是由各个触发器的状态组合决定的，因此获取触发器次态方程尤为重要。电路的状态就是根据次态方程推导出来的。

4）列输出方程。一般时序电路都会设置输出信号，根据输出信号端的连接情况，就可列出输出方程。通常电路的输出与电路的状态紧密联系。

2. 列出时序电路状态转换表（或状态转换图、时序图）

只有列出状态转换表（或状态转换图、时序图），才能分析出时序电路的具体功能。获取状态转换表需依靠次态方程和电路输出方程。其具体做法：先设定一个电路初态（也称为现态，一般设为 0）并代入触发器次态方程和输出方程中，以获得该初态下的输出和电路的次态；然后将得到的次态作为新的初态，代入次态方程和输出方程中，会得到新的输出值和次态。如此重复下去，最后将全部状态和输出列成表格形式，就得到了状态转换表。

对于具有输入变量的 Mealy 型时序电路，需分别设定输入变量的所有可能值，然后根据上述方法获得各个输入变量值对应的状态转换表。

根据实际要求和需要还可以进一步列出状态转换图和时序图。状态转换表、状态转换图和时序图三者的作用是等同的。

3. 说明电路的逻辑功能

根据状态转换表、状态转换图或时序图显示的分析结果，观察状态循环情况，描述出电路的具体逻辑功能，并判断电路是否能自启动。

三、计数器

计数器是用来累计输入脉冲数目的基本数字电路，它可按多种方式分类：按计数的数制分为二进制、十进制和任意进制计数器，按计数的功能分为加法、减法和两者功能兼有的可逆计数器，按进位的方式分为异步和同步计数器。

计数器可由不同的触发器组成，相应有不同的逻辑电路。下面分析用 JK 触发器组成的计数器。在数字系统中，由于任何进制都是以二进制为基础的，因此，二进制计数器是各种进制计数器的基础。

1. 二进制计数器

1）异步二进制加法计数器。在异步计数器中，各个触发器不是受同一个时钟脉冲（CP）控制，而是有的触发器直接受输入计数脉冲控制，有的触发器把其他触发器的输出作为自己的时钟脉冲。触发器状态的翻转有先有后，是异步的。

图 5-57 所示为 4 个 JK 触发器组成的 4 位异步二进制加法计数器。触发器 J、K 端全部悬

空，相当于接 1（高电平），故具有计数的功能。图中右边第 1 个触发器 F_0的 CP 端直接由输入计数脉冲控制，其他各触发器（F_1~F_3）的 CP 端由右邻触发器输出端（Q 端）的进位信号控制。

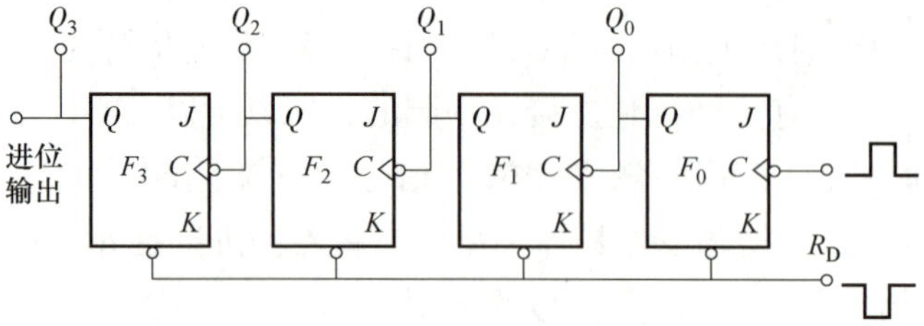

图 5-57　4 个 JK 触发器组成的 4 位异步二进制加法计数器

下面分析异步二进制加法计数器的计数功能：

计数脉冲输入前，先用负脉冲加到置 0 端 R_D上，使各触发器置 0，然后加入计数脉冲。第 1 个计数脉冲下降沿来到触发器 F_0的端时，Q_0由 0 变 1，此时，触发器 F_1的 CP 端得到 Q_0脉冲的上升沿，其输出端状态不变，触发器 F_2和 F_3的 CP 端信号无变化，故其输出端的状态保持不变。第 2 个计数脉冲到来时，Q_0由 1 变 0，F_1的 CP 端得到 Q_0脉冲的下降沿（进位信号），使 Q_1由 0 变 1，而 F_2和 F_3的输出状态不变。计数脉冲不断加入，各触发器的状态按规律不断变化，其工作波形如图 5-58 所示。表 5-26 为 4 位二进制加法计数器的状态表。

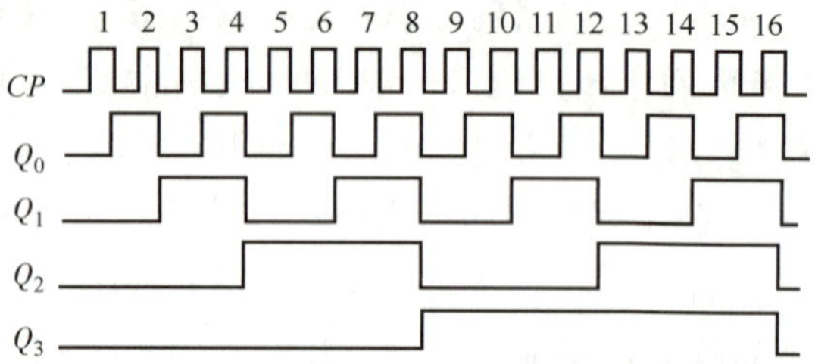

图 5-58　异步二进制加法计数器的工作波形

由图 5-58 可知，从 Q_0~Q_3输出信号的周期逐次增加 1 倍，脉冲频率依次是减半，所以又可称为分频器。由表 5-26 可知，4 位二进制加法计数器能计的最大十进制数为 $2^4-1=15$。

表 5-26　4 位二进制加法计数器的状态表

计数脉冲	Q_3	Q_2	Q_1	Q_0	十进制数	计数脉冲	Q_3	Q_2	Q_1	Q_0	十进制数
0	0	0	0	0	0	9	1	0	0	1	9
1	0	0	0	1	1	10	1	0	1	0	10
2	0	0	1	0	2	11	1	0	1	1	11
3	0	0	1	1	3	12	1	1	0	0	12
4	0	1	0	0	4	13	1	1	0	1	13
5	0	1	0	1	5	14	1	1	1	0	14
6	0	1	1	0	6	15	1	1	1	1	15
7	0	1	1	1	7	16	0	0	0	0	16
8	1	0	0	0	8						

同理，n 位二进制加法计数器能计的最大十进制数为（2^n-1）。

2）同步二进制加法计数器。在同步计数器中，各触发器的 CP 端同时受输入计数脉冲的控制，触发器状态的翻转是同步的。若用 JK 触发器，只需对各触发器的 J、K 端进行适当的控制，使触发器正确翻转即可。第 1 个触发器 F_0在每来 1 个计数脉冲时都翻转 1 次，为此，应使 $J_0=K_0=1$；第 2 个触发器 F_1只有当 $Q_0=1$ 时，在计数脉冲的作用下才翻转，所以可使 $J_1=K_1=$

Q_0；第 3 个触发器 F_2只有当 Q_0和 Q_1同时为 1 时，才允许在计数脉冲的作用下翻转，所以应使 $J_2=K_2=Q_0Q_1$；同理，对于第 4 个触发器 F_3，需使 $J_3=K_3=Q_0Q_1Q_2$。通过以上分析，由 JK 触发器组成 4 位同步二进制加法计数器如图 5-59 所示。因同步计数器的状态变换与计数脉冲同步，所以其计数的速度比异步计数器快。

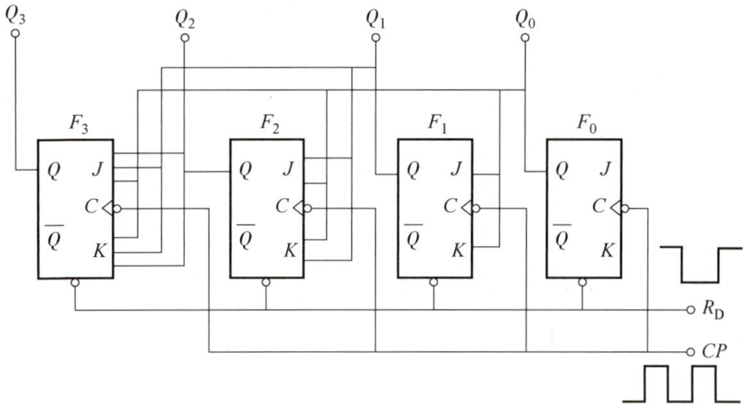

图 5-59　4 位同步二进制加法计数器

2. 十进制计数器

二进制计数器的优点是电路简单、易于理解和掌握。但是在日常生活中，人们还是习惯于使用十进制数。特别是当二进制数位数较多时，读数就比较困难。因此在数字系统中，凡是需要直接观察计数结果的，如数字式显示仪表，几乎都采用十进制计数器。在数字系统中，用二进制数码来表示十进制数码的方法称为二-十进制编码。其中，最常用的是 8421 BCD 码十进制加法计数器。表 5-27 为 8421 编码表。

表 5-27　8421 编码表

十进制数	8421 码			
0	0	0	0	0
1	0	0	0	1
2	0	0	1	0
3	0	0	1	1
4	0	1	0	0
5	0	1	0	1
6	0	1	1	0
7	0	1	1	1
8	1	0	0	0
9	1	0	0	1
权	8	4	2	1

二-十进制编码是用 4 位二进制数码来表示十进制的 0~9 这 10 个数码。从 4 位二进制数的 16 个状态中任意取其中的 10 个状态，可以得到多种不同的编码，这里只介绍常用的 8421 编码。由表 5-27 可见，这种编码方式是取 4 位二进制数 16 个状态中的前 10 个状态来表示 0~9 这 10 个数码。8、4、2、1 是指这种编码每一位所对应的“权”。

图 5-60 所示为由 4 个 JK 触发器组成的 8421 码异步十进制加法计数器。

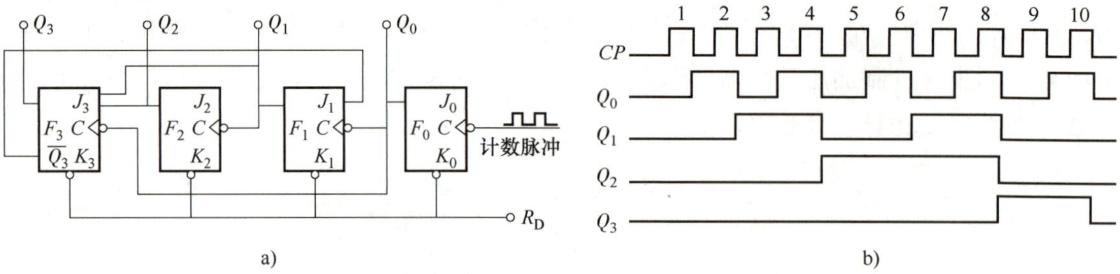

图 5-60　8421 码异步十进制加法计数器

a）逻辑电路图　b）波形图

下面分析电路的计数过程：

计数前先清 0，使 $Q_3=Q_2=Q_1=Q_0=0$，即计数器为 0000 状态。这时各个触发器的输入条件为 $J_0=K_0=1$；$K_1=1$，$J_1=\overline{Q}_3=1$；$J_2=K_2=1$；$K_3=1$，$J_3=Q_1Q_2=0$。

可见在 F_3翻转前，前 3 级（F_2、F_1、F_0）均处于计数触发状态，组成 3 位二进制计数器。计数开始后，前 7 个脉冲输入时，Q_3均为 0，$J_1=\overline{Q}_3=1$。计数器的状态转换和普通二进制计数器相同，$Q_3Q_2Q_1Q_0$由 0000→0001→0010→0011→…→0111。在这过程中，Q_0的输出脉冲虽然同时送到 CP_3端，但由于当 Q_0由 1 变成 0 时，$J_3=Q_2Q_1=0$，所以触发器 F_3仍维持 0 态不变。

当第 8 个计数脉冲的下降沿到来时，F_0翻转，Q_0由 1 变成 0，使 F_1翻转，Q_1由 1 变成 0，Q_1使 F_2翻转，Q_2由 1 变成 0。与此同时，因第 7 个计数脉冲已使 $J_3=Q_2Q_1=1$，所以当 Q_0由 1 变成 0 时，也使 F_3翻转，Q_3由 0 变成 1。整个计数器转换为 1000 状态。此时，$J_1=\overline{Q}_3=0$。

第 9 个计数脉冲下降沿使 F_0翻转，计数器的状态为 1001。第 10 个计数脉冲下降沿使 F_0翻转到 0 态，并作用于 F_1、F_3的 CP 端，此时 F_1的 $J_1=\overline{Q}_3=0$，故 F_1 仍维持 0 态不变。与此相应，F_2也维持 0 态不变：F_3的 $K_3=1$，$J_3=Q_1Q_2=0$，故在 CP 作用后，F_3翻转到 0 态。于是计数器由 1001 转换成 0000 状态，完成了十进制计数。由图 5-60b 的波形图可知，每输入 10 个 CP 脉冲，Q_3输出 1 个脉冲，所以这个电路也是一种十分频电路。

3. 任意进制计数器

能够实现 N 进制计数功能的计数器称为任意进制的计数器。在集成计数器中，只有二进制和十进制计数器两大系列，但常要用到如七、十二、二十四和六十进制计数等。一般将二进制和十进制以外的进制统称为任意进制。要实现任意进制计数，只有利用集成二进制或十进制计数器，采用反馈置零或反馈置数法来实现所需的任意进制计数。

要实现任意进制计数器，必须选择使用一些集成二进制或十进制计数器的芯片。表 5-28 给出了 4 位同步二进制计数器 74160 的主要功能。

表 5-28　4 位同步二进制计数器 74160 的主要功能

CP	$\overline{R}_D$	$\overline{LD}$	$\overline{EP}$	$\overline{ET}$	工作状态
×	0	×	×	×	置零
⎍	1	0	×	×	预置数
×	1	1	0	1	保持
×	1	1	×	0	保持（但 $C=0$）
⎍	1	1	1	1	计数

该集成计数器除具有二进制加法计数功能外，还具有预置数、保持和异步置零等附加功能。其中，$\overline{LD}$为预置数控制端，$D_0 \sim D_3$为数据输入端，C 为进位输出端，$\overline{R}_D$为异步置零（复位）端，EP 和 ET 为工作状态控制端。

假设已有 N 进制计数器，而需要得到的是 M 进制计数器。这时有 $M<N$ 和 $M>N$ 两种可能的情况。下面分别讨论两种情况下构成任意一种进制计数器的方法。

（1）$M<N$ 的情况　在 N 进制计数器的顺序计数过程中，设法跳跃 $N \sim M$ 个状态，就可以得到 M 进制。图 5-61a 所示的置零法适用于有异步置零输入端的计数器。它的工作原理：设原有的计数器为 N 进制，当它从全零状态 S 开始计数并接收了 M 个计数脉冲后，电路进入 S_M状态。如果将 S_M状态译码产生一个置零信号加到计数器的异步置零输入端，则计数器将立刻返回 S_0状态，这样就可以跳过 $N \sim M$ 个状态而得到 M 进制计数器。

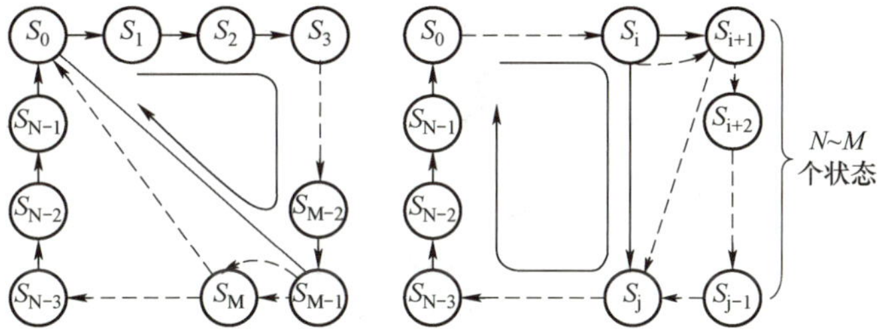

图 5-61　获得任意进制计数器的两种方法

a）置零法　b）置数法

由于电路一进入 S_M状态后立即被置成 S 状态，所以 S_M状态仅在极短的瞬时出现，在稳定的状态循环中不包括 S_M状态。

图 5-61b 所示的置数法与置零法不同，它是通过给计数器重复置入某个数值的方法跳跃 $N \sim M$ 个状态，从而获得 M 进制计数器。置数操作可以在电路的任何一个状态下进行。这种方法适用于有预置数功能的计数器电路。

【例题 5-14】　试将同步十进制计数器 74160 接成同步六进制计数器。

解：因为 74160 兼有异步置零和预置数功能，所以置零法和置数法均可采用。图 5-62 所示电路是采用异步置零法接成的六进制计数器。当计数器计成 $Q_3Q_2Q_1Q_0=0110$ 状态时，担任译码器的门 G 输出低电平信号给$\overline{R}_D$端，将计数器置零，回到 0000 状态。

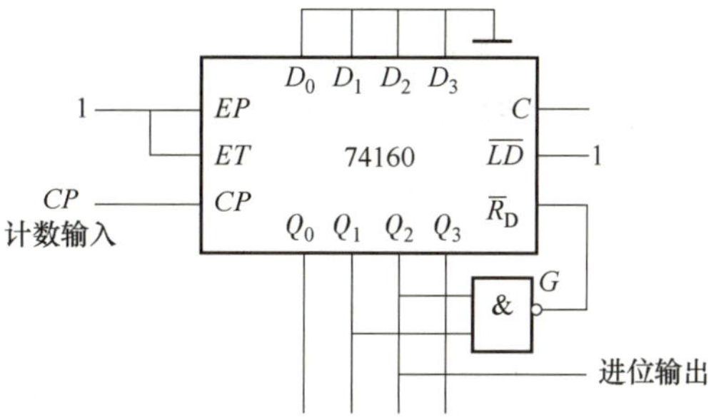

图 5-62　用置零法将 74160 接成六进制计数器

采用置数法时，可以从计数循环中的任何一个状态置入适当的数值而跳跃 $N \sim M$ 个状态，得到 M 进制计数器。图 5-63 给出了两个不同的方案，其中，图 a 是用 0100 状态译码产生$\overline{LD}=0$ 信号，下一个 CP 信号到来时置入 1001，从而跳过 0101 ~ 1000 这 4 个状态，得到六进制计数器。图 b 的接法是用 $Q_3Q_2Q_1Q_0=0101$ 状态译码产生$\overline{LD}=0$ 信号，下一个 CP 信号到达时置入 0000 状态，从而跳过 0110 ~ 1001 这 4 个状态，得到六进制计数器。

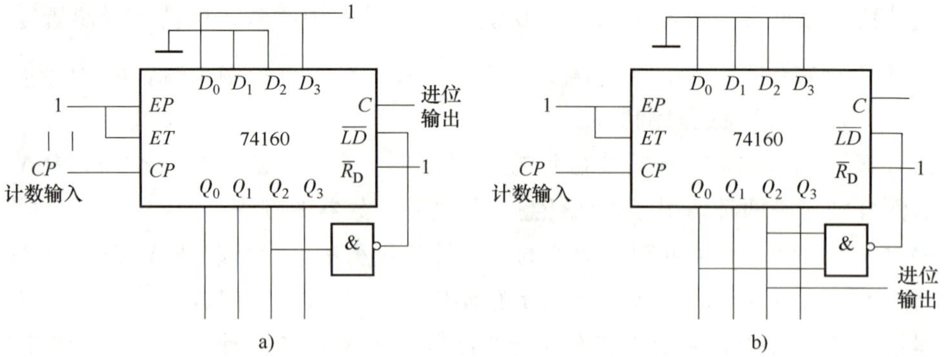

图 5-63 用置数法将 74160 接成六进制计数器

a）置入 1001 b）置入 0000

（2）*M*>*N* 的情况 必须用多片 *N* 进制计数器组合起来才能构成 *M* 进制计数器。各片之间的连接方式可分为串行进位方式、并行进位方式、整体置零方式和整体置数方式几种。下面仅以两级之间的连接为例加以说明。

【例题 5-15】 试将两片同步十进制计数器接成百进制计数器。

解： 图 5-64 所示为电路的并行进位方式。以第（1）片的进位输出 *C* 作为第（2）片的 *EP* 和 *ET* 输入，每当第（1）片计成 9（1001）时，*C* 变为 1，下个 *CP* 信号到达时，第（2）片为计数工作状态，计入 1，而第（1）片计成 0（0000），它的 *C* 端回到低电平。第（1）片的工作状态控制端 *EP* 和 *ET* 恒为 1，使计数器始终处在计数工作状态。

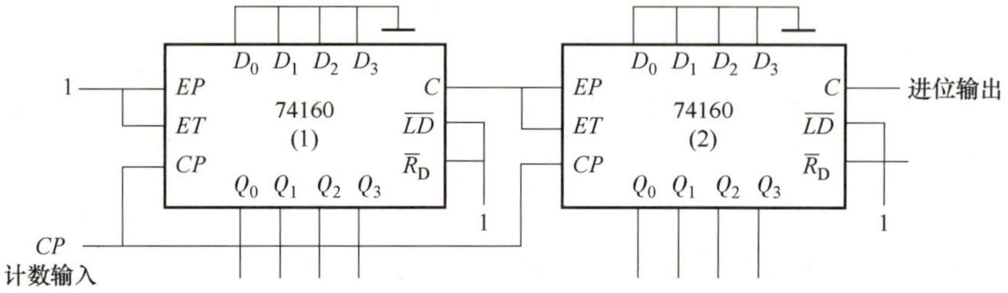

图 5-64 电路的并行进位方式

图 5-65 所示为电路的串行进位方式。两片的 *EP* 和 *ET* 恒为 1，都工作在计数状态。第（1）片每计到 9（1001）时，*C* 端输出变为高电平，经反相器后使第（2）片的 *CP* 端为高电平。下个计数输入脉冲到达后，第（1）片计成 0（0000）状态，*C* 端跳回低电平，经反相后使第（2）片的输入端产生一个正跳变，于是第（2）片计入 1。

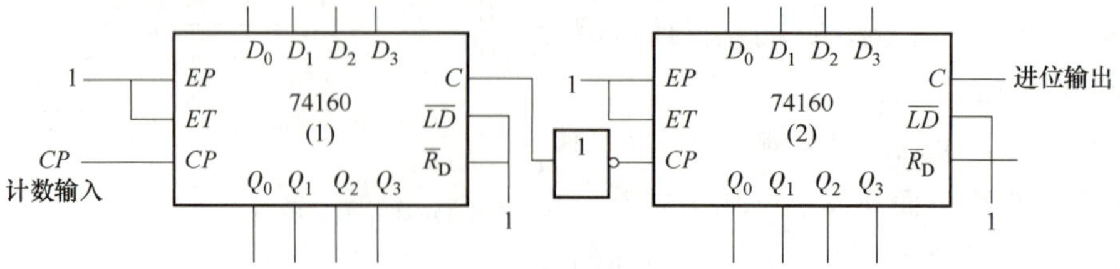

图 5-65 电路的串行进位方式

四、寄存器

寄存器是数字电路中的一个重要数字部件，具有接收、存放及传送数码的功能。

1. 数码寄存器

在数字系统中，用以暂存数码的数字部件称为数码寄存器。触发器具有两种稳态，可分别代表 0 和 1。一个触发器只能寄存 1 位二进制数，用 N 个触发器便可组成 N 位二进制寄存器。现以集成 4 位数码寄存器 74LS175 来说明数码寄存器的电路结构和功能。

74LS175 是用维持—阻塞触发器组成的 4 位寄存器，其逻辑图如图 5-66 所示。由图看出，它由 4 个 D 触发器组成，两个非门分别作为清零和寄存数码控制门。$D_0 \sim D_3$ 是数据输入端，$Q_0 \sim Q_3$ 是数据输出端。74LS175 的功能表见表 5-29，其功能如下：

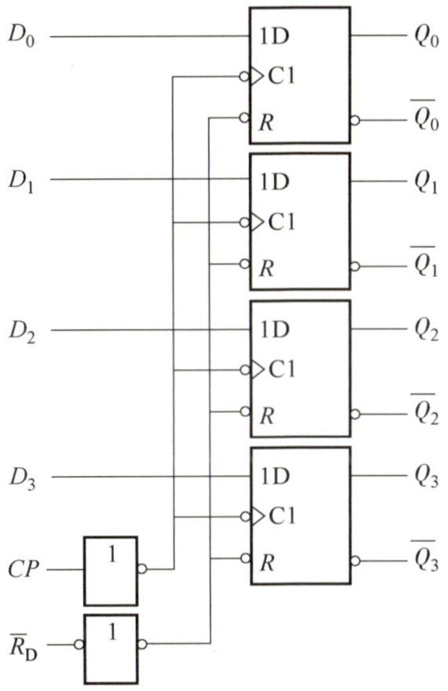

图 5-66　4 位寄存器逻辑图

表 5-29　74LS175 的功能表

输入			输出	
$\overline{R}_D$	CP	D	Q^{n+1}	$\overline{Q^{n+1}}$
0	×	×	0	1
1	↑	1	1	0
1	↑	0	0	1
1	0	×	Q^n	$\overline{Q^n}$

（1）异步清零　在 $\overline{R}_D$ 端加负脉冲，各触发器异步清零。清零后，应将 $\overline{R}_D$ 接高电平，以便不妨碍数码的寄存。

（2）并行数据输入　在 $\overline{R}_D=1$ 的前提下，将所要存入的数据 D 依次加到数据输入端，在 CP 脉冲上升沿的作用下，数据将被并行存入。

（3）记忆保持　将 $\overline{R}_D=1$，CP 无上升沿（通常接低电平），则各触发器保持原状态不变，寄存器处在记忆保持状态。

（4）并行输出　可同时并行取出已存入的数码及它们的反码。

2. 移位寄存器

移位寄存器不仅有存放数码的功能，而且还有移位功能，即每当移位脉冲（时钟脉冲）到来时，触发器的状态便向右或向左移位，也就是寄存的数码可以在移位脉冲的控制下依次进行移位。

图 5-67 所示为由 JK 触发器组成的 4 位移位寄存器，其中 FF_0 接成 D 触发器形式，数码由 D 端输入。设要寄存的二进制数为 1011，按移位脉冲（即时钟脉冲）的工作节拍从高位到低位依次串行送到 D 端：工作之前先清零，首先 $D=1$，第 1 个移位脉冲的后沿到来时，触发器 FF_0 翻转，$Q_0=1$，其他仍保持 0 态。接着 $D=0$，第 2 个移位脉冲的后沿来到时，FF_0 和 FF_1 同时翻转，由于 FF_1 的 J 为 1，FF_0 的 J 为 0，所以 $Q_1=1$，$Q_0=0$，Q_2 和 Q_3 仍为 0。同理，以后每移位 1 次存入 1 个新数码，直到第 4 个脉冲的后沿来到时，存数结束。这时，可以从 4 个口输出端由并行输出控制取得存入的 4 位二进制数码，也可以再输入 4 个移位脉冲，从位移数

码输出端得到存入的二进制数码，即再经过 4 个移位脉冲，所存的 1011 将逐位从输出端串行输出。

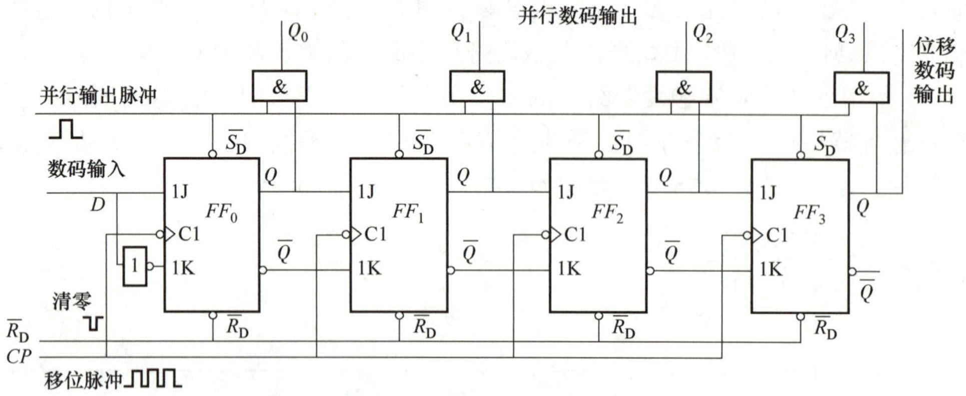

图 5-67　由 JK 触发器组成的 4 位移位寄存器

任务五　认知数/模和模/数转换

一、D/A 转换器

D/A 转换器的基本原理是将输入的每一位二进制代码按其权的大小转换成相应的模拟量，然后将代表各位的模拟量相加，所得的总模拟量就与数字量成正比，这样便实现了从数字量到模拟量的转换。

1. 二进制权电阻网络 D/A 转换器

二进制权电阻网络转换电路如图 5-68 所示。

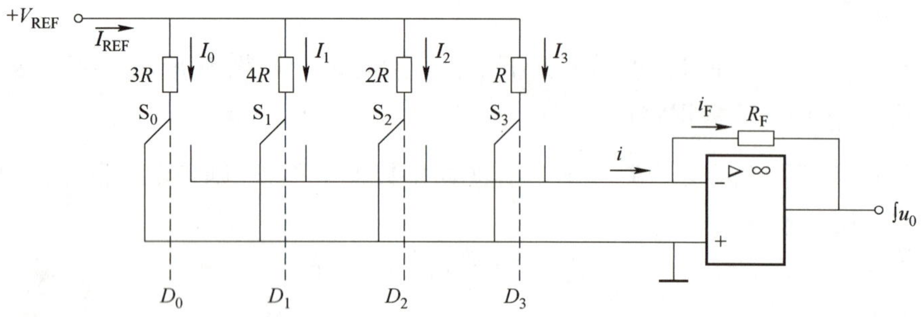

图 5-68　二进制权电阻网络转换电路

权电阻网络 D/A 转换电路的工作原理：不论模拟开关接到运算放大器的反相输入端（虚地）还是接到地，即不论输入数字信号是 1 还是 0，各支路的电流是不变的。

$$I_0=\frac{V_{REF}}{8R}\qquad I_1=\frac{V_{REF}}{4R}\qquad I_2=\frac{V_{REF}}{2R}\qquad I_3=\frac{V_{REF}}{R}$$

$$i_\Sigma=I_0+I_1+I_2+I_3=\frac{V_{REF}}{8R}D_0+\frac{V_{REF}}{4R}D_1+\frac{V_{REF}}{2R}D_2+\frac{V_{REF}}{R}D_3$$

$$=\frac{V_{REF}}{2^3R}(2^3D_3+2^2D_2+2^1D_1+2^0D_0)$$

可见，i_Σ 正比于输入的二进制数，所以实现了数字量与模拟量的转换。

2. R-2R 倒 T 形电阻网络 D/A 转换器

倒 T 形电阻网络转换电路如图 5-69 所示。

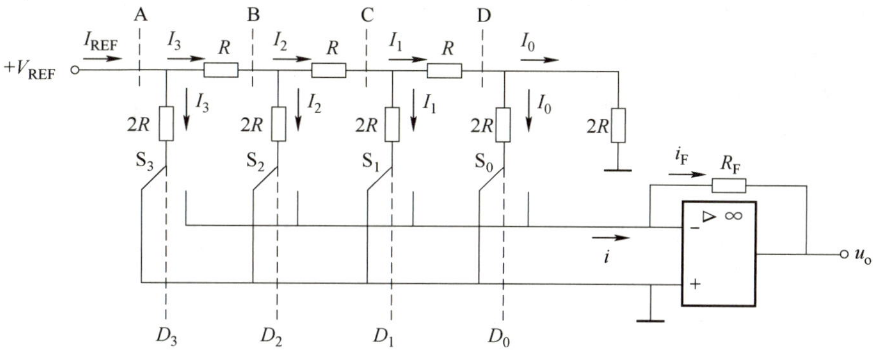

图 5-69　倒 T 形电阻网络转换电路

R-2R 倒 T 形电阻网络的特点及转换原理如下：

① 分别从虚线 A、B、C、D 处向右看的二端网络等效电阻都是 R。

② 不论模拟开关接到运算放大器的反相输入端（虚地）还是接到地，即不论输入数字信号是 1 还是 0，各支路的电流不变。

从参考电压端输入的电流为：

$$I_{REF}=\frac{V_{REF}}{R}$$

$$I_3=\frac{1}{2}I_{REF}=\frac{V_{REF}}{2R}\qquad I_2=\frac{1}{4}I_{REF}=\frac{V_{REF}}{4R}$$

$$I_1=\frac{1}{8}I_{REF}=\frac{V_{REF}}{8R}\qquad I_0=\frac{1}{16}I_{REF}=\frac{V_{REF}}{16R}$$

求和运算放大器的输出电压为

$$u_o=-R_Fi_F=-R_Fi=-\frac{V_{REF}R_F}{2^4R}(2^3D_3+2^2D_2+2^1D_1+2^0D_0)$$

当 $R_F=R$ 时，有

$$u_o=-\frac{V_{REF}}{2^4}(2^3D_3+2^2D_2+2^1D_1+2^0D_0)$$

3. D/A 转换器的主要参数

（1）分辨率　分辨率用输入二进制数的有效位数表示。在分辨率为 n 位的 D/A 转换器中，输出电压能区分 2n 个不同的输入二进制代码状态，能给出 2n 个不同等级的输出模拟电压。

分辨率也可以用 D/A 转换器的最小输出电压与最大输出电压的比值来表示。10 位 D/A 转换器的分辨率为

$$\frac{U_{LSB}}{U_{FSR}}=\frac{1}{2^{10}-1}=\frac{1}{1023}\approx 0.001$$

（2）转换精度　D/A 转换器的转换精度是指输出模拟电压的实际值与理想值之差，即最大静态转换误差。通常要求 D/A 转换器的误差小于 $U_{LSB}/2$。

（3）转换时间（输出建立时间）　从输入数字信号起，到输出电压或电流到达稳定值时所需要的时间，称为转换时间（输出建立时间）。

4. 集成 D/A 转换器 DAC0832

DAC0832 采用 20 引脚双列直插式封装结构，引脚排列如图 5-70 所示。值得注意的是 DAC0832 为电流输出型芯片，它的输出端要外接运算放大器，将输出模拟电流转换为模拟电压。其各引脚的功能如下：

DI_0 ~ DI_7：8 位数字量的输入端。

I_{out1}、I_{out2}：模拟电流输出端。

R_{fb}：反馈信号的输入端。

V_{CC}：电源输入端。电流电压可在 5 ~ 15V 范围内选择。当 V_{CC} = 15V 时，芯片的工作状态最佳。

V_{REF}：基准电源输入端。其取值范围一般为-10 ~ 10V。

DGND：数字部分接地端。

AGND：模拟部分接地端。

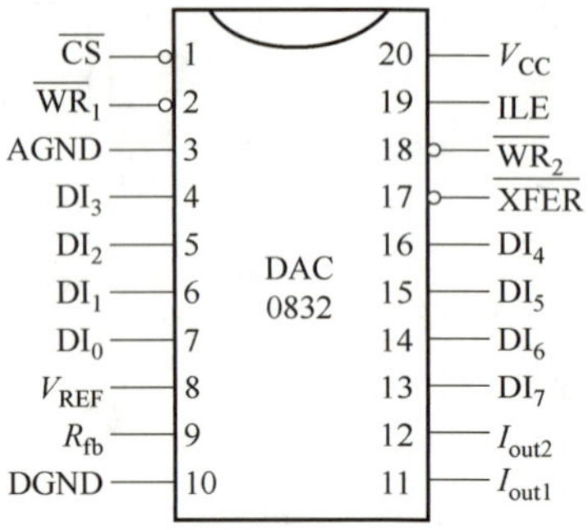

图 5-70 DAC0832 引脚排列图

在芯片内部，数字地与模拟地是分开的，以避免两者之间的相互干扰。使用时，可根据需要在芯片外部的适当部分将这两个地线连接起来。

二、A/D 转换器

A/D 转换器按照转换方法的不同主要分为 3 种：并联比较型，其特点是转换速度快，但精度不高；双积分型，其特点是转换精度较高，抗干扰能力强，但转换速度慢；逐次逼近型，其特点是转换精度高，速度快，在集成单元电路中用得最多。

1. A/D 转换器的基本原理

A/D 转换器的基本原理是模拟电子开关 S 在采样脉冲 CPS 的控制下重复接通、断开的过程。S 接通时，$u_{i(t)}$ 对 C 充电，为采样过程；S 断开时，C 上的电压保持不变，为保持过程。在保持过程中，采样的模拟电压经数字化编码电路转换成一组 n 位的二进制数输出，如图 5-71 所示。

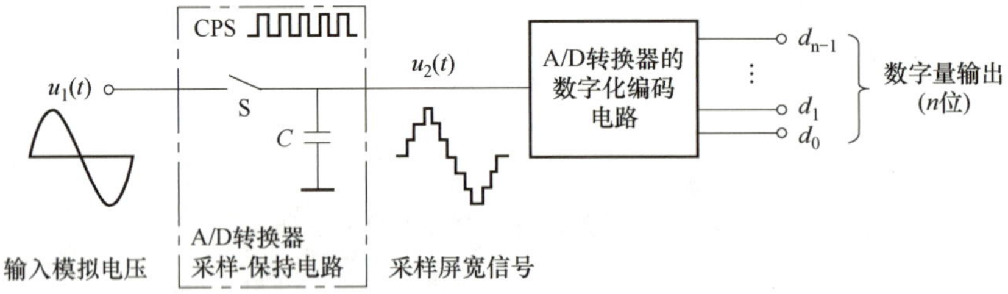

图 5-71 A/D 转换器的基本原理图

2. A/D 转换器的主要参数

（1）分辨率 用输出二进制数的位数表示，位数越多，误差越小，转换精度越高。例如，输入模拟电压的变化范围为 0 ~ 5V，输出 8 位二进制数可以分辨的最小模拟电压为 20mV。

（2）相对精度 在理想情况下，所有的转换点应当在一条直线上。相对精度是指实际的各个转换点偏离理想特性的误差。

（3）转换速度 转换速度是指完成一次转换所需的时间。转换时间是指从接到转换控制信号开始，到输出端得到稳定的数字输出信号所经过的时间。

3. 集成 A/D 转换器

ADC0804 是应用较多的逐次逼近型集成 A/D 转换器，是 CMOS 集成电路。其分辨率是 8

位，相对精度为 1LSB，转换速度约为 100μs。

ADC0804 采用 20 引脚双列直插式封装结构，引脚排列如图 5-72 所示。各引脚功能如下：

V_{CC}：电源电压端。该芯片由单一 5V 电源供电。

$V_{REF}/2$：参考电压端。它是芯片内部电阻网络所需用的基准电压，该电压应是输入电压范围的 1/2。如输入电压是 0.5~4.5V，则于该引脚处外加 2V 电压。当输入电压是 0~5V 时，该引脚可以悬空，基准电压可由 V_{CC}经内部分压得到。

DGND 和 AGND：分别是数字接地端和模拟接地端。两者分别设置是为了减小两部分电路之间的干扰。

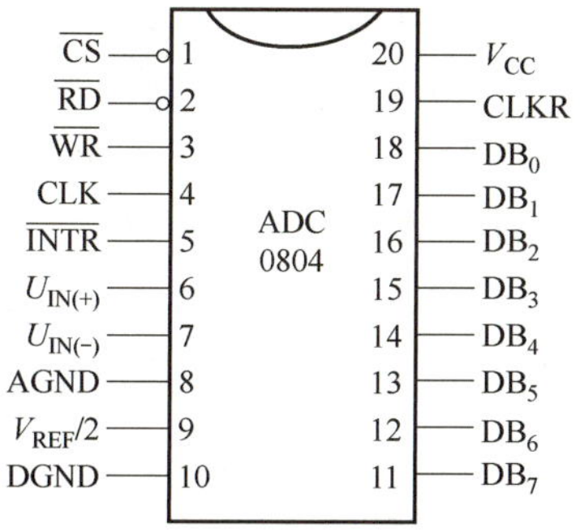

图 5-72　ADC0804 引脚排列图

$U_{IN(+)}$和 $U_{IN(-)}$：被转换的电压信号自该两端加入，此信号可为差动电压信号或不共地的电压信号。

DB_7~DB_0：8 位数字信号的输出端。可直接接至系统的数据总线上，无须加接口电路。

CLK 和 CLKR：时钟脉冲端。时钟脉冲的频率决定了芯片内部的工作节拍。

$\overline{CS}$：片选信号端，$\overline{WR}$：写入信号端，$\overline{RD}$：读出信号端，$\overline{INTR}$：转换结束信号端。这 4 个信号控制端都是低电平有效，它们相互配合完成写入和读出功能。

项目小结

1）由数字符号构成且表示物理量大小的数字和数字组合称为数码。多位数码中每一位的构成方法，以及从低位到高位的进制规则，称为计数制，简称数制。人们熟悉的是十进制，数字电路中常用的计数制是二进制。为了读取方便，计算机常采用八进制和十六进制。当任意进制数转换为十进制数时，应采用按位权展开求和的方法；十进制数转换为任意进制数时，应采用基数乘除法。

2）将一定位数的数码按一定的规则排列起来表示特定信息的对象，称为代码或编码。形成这种代码所遵循的规则称为码制。码制中分有权码和无权码，有权码包括 8421 码、5421 码和 2421 码等几种 BCD 码（属恒权码）；无权码包括余 3 码和格雷码。

3）仅有“0”和“1”两种取值的变量称为逻辑变量。按照逻辑变量的因果关系构成的逻辑代数式中，逻辑变量、逻辑函数都与数字量无关。基本的逻辑关系中有与逻辑、或逻辑、非逻辑和各种复合门逻辑。

4）逻辑代数中的基本公式、基本定律和重要规则，是逻辑函数化简的重要依据。

5）逻辑函数有多种表示方法，常用的逻辑函数表示方法有真值表、逻辑表达式、逻辑图、波形图、卡诺图和硬件描述语言表示法。各种表示方法可以互相转换。

6）数字电路中，半导体器件一般都工作在开关状态。半导体二极管利用其单向导电性：正向导通相当于一个闭合的开关，反向截止相当于一个断开的开关；晶体管和 CMOS 管作为电子开关工作在饱和状态时相当于开关闭合，工作在截止状态时相当于开关断开。

7）触发器是数字电路中极其重要的基本单元。触发器有两个稳定状态，在外界信号作用下，可以从一个稳态转变为另一个稳态；无外界信号作用时状态保持不变。因此，触发器可以作为二进制存储单元使用。

8）触发器的逻辑功能可以用特征方程、功能特性表、状态转换图和时序波形图等多种方式描述。触发器的特征方程是表示其逻辑功能的重要逻辑函数，在分析和设计时序电路时常用来作为判断电路状态转换的依据。

9）同一种功能的触发器，可以用不同的电路结构形式来实现；反过来，同一种电路结构形式，可以构成具有不同功能的各种类型的触发器。

10）触发器有电平触发、脉冲触发和边沿触发 3 种方式，其中，电平触发的钟控 RS 触发器存在空翻现象，为克服空翻现象给数字电路带来的不稳定因素，人们设计出了边沿触发方式的主从型 JK 触发器和维持阻塞型 D 触发器等。

思考与练习

一、填空题

1. 基本逻辑运算有________、或、非 3 种。
2. 两输入与非门输入为 0、1 时，输出为________。
3. 两输入或非门输入为 0、1 时，输出为________。
4. 逻辑变量和逻辑函数只有________和________两种取值，而且它们只是表示两种不同的逻辑状态。
5. 当变量 ABC 为 1、0、0 时，$AB+BC=$________，$(A+B)\ (A+C)=$________。
6. 描述逻辑函数各个变量取值组合和函数值对应关系的表格称为________。
7. 用与、或、非等运算表示函数中各个变量之间逻辑关系的代数式称为________。
8. 两个与非门构成的基本 RS 触发器的功能有________、________和________。电路中不允许两个输入端同时为________，否则将出现逻辑混乱。
9. 为有效地抑制空翻现象，人们研制出了________触发方式的________触发器和________触发器。
10. 主从型 JK 触发器具有________、________、________和________ 4 种功能。
11. D 触发器的输入端子有________个，具有________和________的功能。

二、简答题

1. 简述与门、或门和非门的逻辑功能，列写出它们的真值表，画出它们的逻辑符号。
2. 简述与非门、或非门和与或非门的逻辑功能，列写出它们的真值表，画出它们的逻辑符号。
3. 有 8 个输入端的与非门，其真值表中共有多少种输入变量的取值组合？有哪些输入变量的取值组合使该与非门输出低电平？
4. 简述二进制的特点。
5. 列出逻辑函数 $Y=\overline{A}BC+A\overline{B}C$ 的真值表。
6. 通过基本 RS 触发器的置 1 和置 0 过程说明，在置 1 和置 0 负脉冲消失之后，触发器为什么能够保持 1 或 0 状态不变。如何理解触发器具有“记忆”功能？
7. 对基本 RS 触发器的置 1 和置 0 端的输入信号有什么限制（禁用）？为什么？
8. 同步 RS 触发器在电路结构上有什么特点？时钟脉冲 CP 的作用是什么？说明其置 1 和置 0 过程。
9. 什么是电位触发方式？电位触发方式的特点是什么？
10. RS 触发器、D 触发器和 JK 触发器各有什么逻辑功能？分别写出它们的特性表。
11. 异步置 1 端和异步置 0 端的作用是什么？这种置 1 和置 0 的方式有什么特点？
12. 什么是边沿触发方式？边沿触发方式的特点是什么？

项目六

轨道交通基本测量工具的认知与使用

学习目标

知识目标：

1. 了解各类万用表的组成及测量电量的方法。
2. 掌握各类万用表的使用注意事项。

技能目标：

1. 能够使用万用表检测导线的通断。
2. 能够使用各类万用表各档位进行检测。

素养目标：

1. 培养勇于探索、追求真理的职业精神。
2. 养成坚持不懈、刻苦钻研的工作作风。

学习重点：

1. 数字万用表、指针式万用表的结构和性能。
2. 万用表的使用方法及注意事项。

学习难点：

1. 指针式万用表和钳形电流表的使用方法。
2. 万用表的使用方法及注意事项。

项目引言

轨道交通作为现代城市交通体系的重要组成部分，为人们提供了快捷、安全、高效的出行方式。要确保轨道交通系统的正常运行和安全性，测量工作是不可或缺的环节。轨道交通基本测量工具在这一过程中起着关键作用，通过它们精确测量、监测和分析，为轨道交通系统的建设、维护和管理提供了基础数据支持。

本项目将介绍轨道交通基本测量工具的种类、原理和应用，以及在轨道交通建设、运营和维护中的重要作用，将深入探讨各种测量工具的优势和局限性，并介绍其在轨道交通工程中的实际应用案例。通过了解和掌握这些测量工具的基本知识，能够更好地理解和应对轨道交通系统的复杂性，提升其运行效率和安全性，为城市的可持续发展做出贡献。

任务一　认知与使用指针式万用表

指针式万用表型号众多，功能各异，但其结构和原理基本相同。指针式万用表主要由表头、转换开关、表笔和测量电路等组成，如图 6-1 所示。

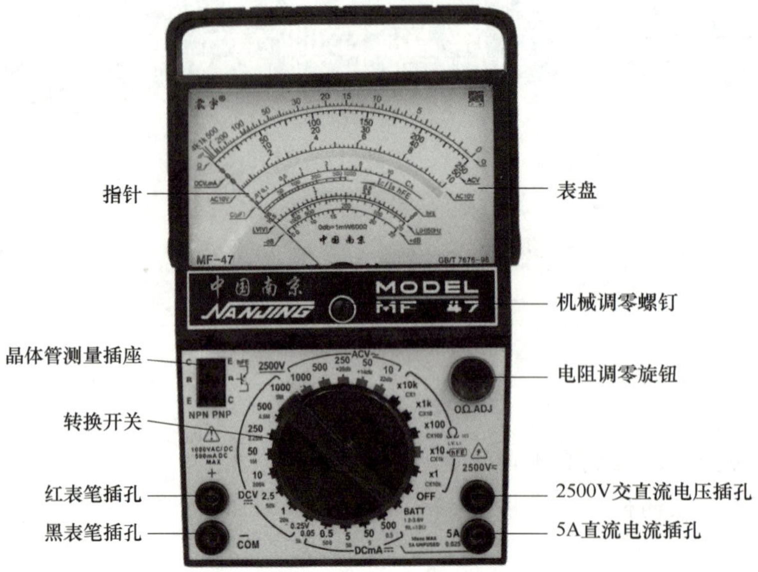

图 6-1　指针式万用表

指针式万用表刻度盘如图 6-2 所示。

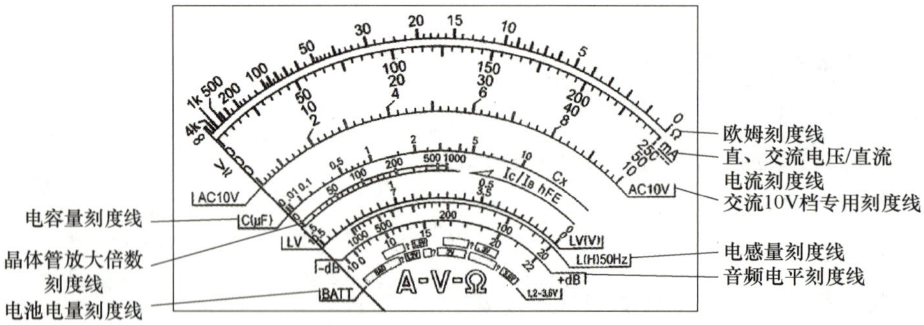

图 6-2　指针式万用表刻度盘

1. 指针式万用表主要部分的用途

(1) 表头　表头由指针和表盘组成。万用表的表头实际上是一个灵敏电流计，指针是测量的显示装置；表盘印有多条刻度线和数值。

(2) 转换开关　转换开关由多个档位和量程组成。转换开关用来选择被测电量的种类和量程（或倍率）。

(3) 表笔　表笔有红、黑各一支。使用时，红表笔插入标有“+”号的插孔中，黑表笔插入标有“-”号或“COM”的插孔中。某些型号指针式万用表提供 2500V 交直流电压扩大插孔以及 10A 的直流电流扩大插孔，使用时分别将红表笔移至对应的插孔中即可。

（4）调零装置　调零装置有机械调零螺钉和电阻档调零螺钉两种。机械调零螺钉主要用于测量前指针调零；电阻档调零螺钉用于电阻档测量指针调零。

2. 指针式万用表的测量对象

指针式万用表可以测量交直流电压、直流电流和电阻等参数，也可以测量各种电路元件和应用于电路故障检测。

3. 指针式万用表的测量方法

在使用前，应检查指针是否在机械零位上。如果不指在零位，可旋转调零螺钉，使指针指示在零位上。然后，将红、黑表笔分别插入“+”“-”插孔中。例如测量交直流 2500V 或直流 10A 时，红表笔应插到标有“2500V”或“10A”的插孔中。

（1）测量电阻的方法　装上电池（R14 型 2 号 1.5V 及 6F22 型 9V 各 1 块），转动开关至所需测量的电阻档，将表笔两端短接，调整电阻调零旋钮，使指针对准电阻档“0”位，然后分开表笔进行测量。测量电路中的电阻时，应先切断电源，如果电路中有电容应先进行放电。当检查有极性电解电容漏电电阻时，可转动开关至 R×1k 档，红表笔必须接电容器负极，黑表笔接电容器正极。注意：当 R×1k 档不能调至零位或蜂鸣器不能正常工作时，应更换 2 号（1.5V）电池。当 R×10k 档不能调至零位时，或者红外线检测档发光管亮度不足时，应更换 6F22（9V）层叠电池。

（2）测量直流电流的方法　测量 0.05~500mA 的直流电流时，转动开关至所需的电流档。测量 10A 的直流电流时，应将红表笔“+”插入 10A 插孔内，转动开关可放在 500mA 直流电流量限上，然后将表笔串接于被测电路中。

（3）测量直流电压的方法

1）将量程开关置于直流电压某档上。

2）将红表笔接直流电压的高电位（正端），黑表笔接直流电压的低电位（负端）。

3）看表针指示的格数，读出测量电压值，读数为第 2 条刻度（从左至右）。

4）读出实测电压值。

（4）测量交流电压的方法　测量交流 10~1000V 或直流 0.25~1000V 的电压时，转动开关至所需电压档。测量交直流 2500V 的电压时，开关应分别旋至交直流 1000V 位置上，而后将表笔跨接于被测电路两端。测量交流 10V 的电压时，读数应看交流 10V 专用刻度（红色）。

4. 注意事项

1）使用前，应仔细阅读指针万用表的说明书，熟悉功能及量程转换开关、输入插孔、专用插口、旋钮及附件的作用。

2）检查表笔绝缘棒有无裂纹、导线绝缘层是否破损、表笔位置是否插错，以确保操作人员和仪表的安全。

3）使用指针式万用表测量前，首先进行“机械调零”，使指针归零，使用电阻档测量电阻时还要进行欧姆调零。

4）每一次准备测量前，必须明确要测量的种类和测量方法，选择合适的测量种类和量程。在开始测量前，要再次核对测量种类、量程开关的位置和插孔位置。

5）若事先无法估计被测电压（电流）的大小，应先用最大量程试测，再选择合适的量程。

6）在测量过程中，不能更换档位，尤其是在测量高电压或大电流时。如需换档，应先断开表笔，换档后再测量。

7）万用表在使用时，尽可能水平放置，其倾斜角度不许过大，不许有振动，以免造成误差。同时，要注意避免外界磁场对测量值的影响。

8）测量完毕，应将量程开关拨到最高电压档；长期不使用时，应取出表内电池，以免电池腐蚀表内其他器件。

任务二 认知与使用数字万用表

自动量程数字万用表如图 6-3 所示。

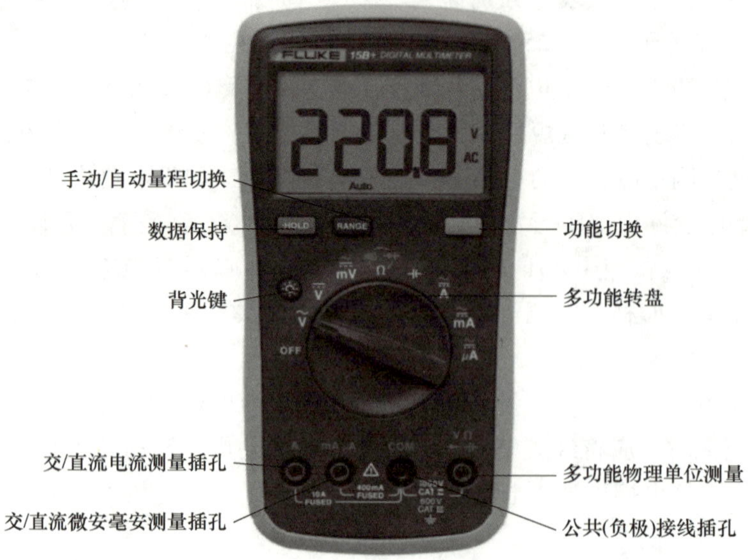

图 6-3 自动量程数字万用表

1. 数字万用表的功能

数字万用表是一种多用途的电子测量仪器，在电路检测等实际操作中有着重要的用途。它一般包含电流表、电压表和电阻表等功能，还有的具有测量温度、电容量、二极管和晶体管参数、频率、相序等功能。

2. 数字万用表的测量方法

（1）电阻的测量 将黑表笔插入 COM 孔，红表笔插入 VΩ 孔；将选择开关旋到“Ω”档，将两表笔跨接在被测电阻两端；读出 LCD 显示屏数字。

（2）电容的测量 将黑表笔插入 COM 孔，红表笔插入 VΩ 孔；将选择开关旋到“⊣⊢”档，将两表笔跨接在被测电容两端；读出 LCD 显示屏显示的数值。

（3）二极管的测量 将黑表笔插入 COM 孔，红表笔插入 VΩ 孔；将选择开关旋到⊳|档，将红表笔接二极管阳极，黑表笔接二极管阴极；读出 LCD 显示屏上显示的数值，若显示的数值为 0.17~0.7，则二极管正向导通；将两表笔换位，若显示数值为“1”，则二极管完好（反向截止）。

（4）交、直流电压的测量 将黑表笔插入 COM 孔，红表笔插入 VΩ 孔；将选择开关旋到$\overline{\mathrm{V}}$或$\widetilde{\mathrm{V}}$档；将两表笔并联在被测电路两端，如果被测电压值大小未知，对于多量程万用表，应从最高档依次手动换档（以免损坏万用表），逐步提高测试灵敏度，最后换到所需量程档位。显示数值为被测电压值。

（5）交、直流电流的测量 断开电路；先将黑表笔插入 COM 孔，将红表笔插入 A 或 mA 插孔；将选择开关旋到$\overset{\cong}{\mathrm{A}}$、$\overset{\cong}{\mathrm{mA}}$、$\overset{\cong}{\mu\mathrm{A}}$档；断开被测电路，将数字万用表串接到被测电路中；接通电路；读出 LCD 显示屏显示的数值，如图 6-4 所示。

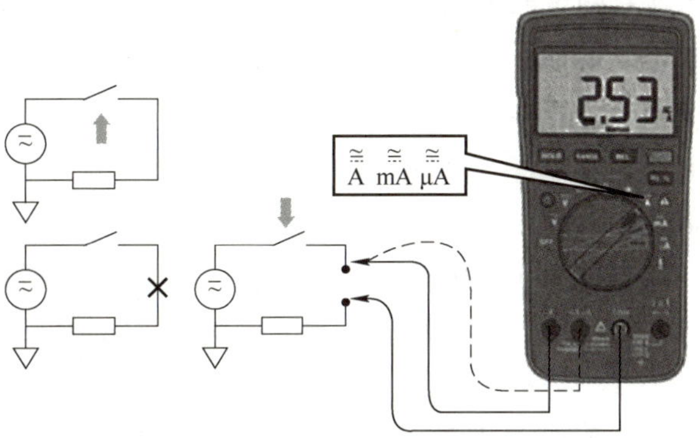

图 6-4　交、直流电流的测量

3. 注意事项

（1）电阻的测量　测量在线电阻时，需将电源关断，并将电容充分放电；对于多量程万用表，需要选择合适的量程，如果用高档位测量小阻值，测量精度会降低。如果被测电阻值超出所选量程，将显示超量程“1”，应使用更大的量程。对于大于 1MΩ 或更大的电阻，测量过程比较缓慢，表头最后显示的稳定数值为电阻值。两只手不能同时碰触被测电阻两端，因有人体电阻并联会影响测量精度。测量前短接两表笔，查看万用表内阻（包括表笔）是否为零。测量电阻时，不能带电测量。当没有连接好时，如开路，仪表显示为“1”。

（2）电容的测量　测量电容前、后均需对电容进行放电处理，否则可能损坏数字万用表。仪器本身已对电容档设置了保护，故在电容测试过程中不用考虑极性及电容充放电等情况。测量大电容时，稳定读数需要一定时间。

（3）二极管的测量　如果调换表笔前、后两次显示数值均为“1”，说明二极管已被击穿；如果调换表笔前、后两次显示数值均为“0”，说明二极管内部短路。正向导通电压为 0.6～0.7V 的二极管是硅管，正向导通电压为 0.2～0.3V 的二极管是锗管。在无法判断二极管正负极时，可依据表头显示数值判断二极管的正负极。

（4）交、直流电压的测量　选择开关调整至相应电压档；测量时，不能带电切换档位。当电压高于安全电压时，为了人身安全，应单手操作。多量程万用表表头若显示为“1”，表明量程太小，加大量程后再进行测量。直流电压测量时，若显示数值左边出现“-”，则表明红表笔接的是负极。当误用交流电压档测量直流电压，或者误用直流电压档测量交流电时，显示屏将显示“000”，或低位上的数字出现跳动。禁止在测量高电压（220V 以上）时切换量程，以防止产生电弧，烧毁开关触点。

（5）交、直流电流的测量　估算电路中电流的大小，若测量大于 400mA 的电流，则将红表笔插入 10A 插孔并将选择开关旋到$\overset{\approx}{\mathrm{A}}$档；若测量小于 400mA 的电流，则将红表笔插入 mA 插孔，将选择开关旋到$\overset{\approx}{\mathrm{mA}}$档。如果被测电流大小未知，从最高档依次手动调档，逐步提高测试灵敏度，最后换到所需电流档。将数字万用表串联在电路中，保持稳定，即可读数。多量程万用表若显示为“1”，那么需要加大量程。测量直流电流时，如果电流由红表笔流入，黑表笔流出，显示为正值，反之为负值。10A 量程无熔断器保护，测量时不能超过 15s。禁止在测量大电流（0.5A 以上）时切换量程，以防止产生电弧，烧毁开关触点。

（6）数字万用表使用注意事项　使用前，应仔细阅读数字万用表的说明书，熟悉电源开关、功能及量程转换开关、各功能键、输入插孔、专用插口、旋钮及附件的作用。检查表笔绝缘棒有无裂纹，导线绝缘层是否破损，表笔位置是否插错，以确保操作人员和仪表的安全。每一次准备测量前，必须明确要测量的种类、测量方法，选择合适的测量种类和量程。在开始测量前，要再次核对测量种类、量程开关的位置和插孔位置。若事先无法估计被测电压（电流）的大小，应先用最大量程试测，再选择合适的量程。若最高位显示“1”或“OL”，其他位均消隐，表明万用表已发生过载现象，应选择更高的量程。在测量过程中，不能更换档位，尤其是在测量高电压或大电流时，否则，会使数字万用表毁坏。如需换档，应先断开表笔，换档后再测量。刚开始测量时，数字万用表会出现数值跳数现象，应等显示值稳定后再读数。当数字万用表的电池电量即将耗尽时，液晶显示器左上角会出现电池电量低提示。如果有电池符号显示，此时电量不足，若仍进行测量，测量值会比实际值偏高。测量完毕，应将量程开关拨到最高电压档，并及时关断电源开关或置于 OFF 档；长期不使用时，应取出万用表内电池，以免电池腐蚀表内其他器件。

任务三 认知与使用钳形电流表

数字钳形电流表主要由电流感测钳、钳口开关、锁定读数按钮、功能盘、液晶显示屏、表笔插孔及部分附件构成，如图 6-5 所示。

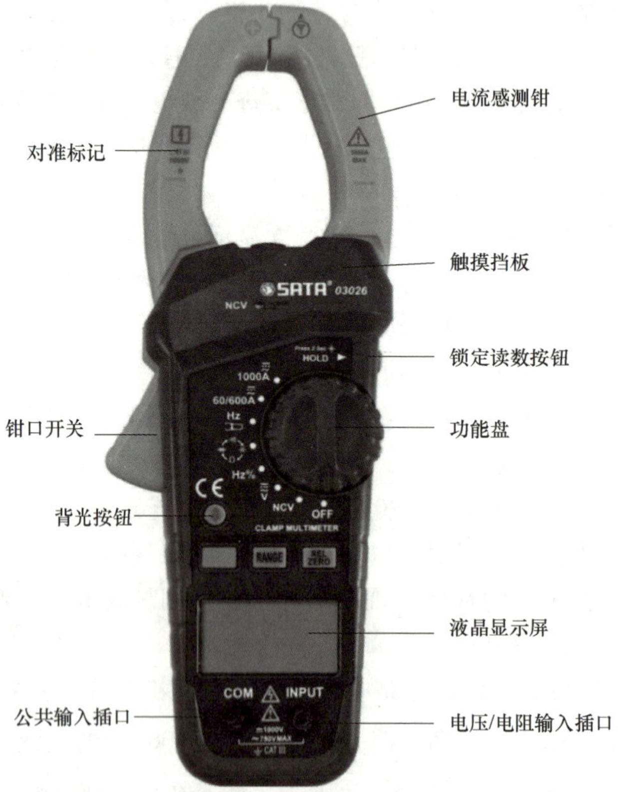

图 6-5 数字钳形电流表

1. 钳形电流表的工作原理

钳形电流表最初是用来测量交流电的，但是现在大部分钳形电流表已经集成了万用表的相关功能。钳形电流表可以通过转换开关的拨档，切换不同的测量项目及量程，但不允许带电进行拨档操作。钳形电流表测量电流时的准确度一般较低，通常为 2.5~5 级。

（1）电流感测钳　电流感测钳用于电流测量。它利用电磁感应原理测量电路中的电流。

（2）钳口开关　钳口开关控制钳口开闭。按下时，钳口张开；松开时，钳口闭合。

（3）锁定读数按钮　锁定读数按钮用来锁定测量数据，方便读取记录数据。

（4）功能盘　针对钳形表一表多用的特点，功能盘可进行不同检测项目及量程的切换。

（5）液晶显示屏　液晶显示屏用于显示检测数据、数据单位和数据类型等信息。

（6）表笔插孔　表笔插孔用于连接表笔。红表笔连接 VΩ 插孔，黑表笔连接接地端 COM。其使用方法同数字万用表。

钳形电流表由电流感测元件和电流表组合而成。电流感测元件的铁心在按压钳口开关时张开，放开后闭合，不必切断被测电流所通过的导线便可进行电流测量，穿过铁心的被测导线便成为电流感测元件的一次线圈，通过电流电磁效应便在二次线圈中感应出电流，从而使与二次线圈相连接的电流表显示数据——被测电路的电流。

2. 钳形电流表的测量对象

钳形电流表的测量对象是带电导体，包括电缆、电路、电机和变压器等。

3. 钳形电流表的测量方法

钳形电流表在测量电流时，不需要与待测电路连接，只需将一根通电导线穿过电流感测钳，便可直接进行电流的测量。

选择合适的量程。对于多量程钳形电流表，测量电流前应先估计被测电流的大小，再决定用哪一个量程。若无法估计，可先用最大量程档然后进行切换。不能使用小电流档去测量大电流，以防损坏仪表。

如果被测电流较小，可将载流导线多绕几圈放入电流感测钳内进行测量，将测量数值除以绕线圈数得到的才是实际的电流值。

测量三相对称电路时，可以单相逐一测量，也可以三相同时测量，此时表上显示数字应为零；当钳口内有两根相线时，表上显示数值为第三相的电流值。

测量结束后，将调节开关拨至最大量程档（或 OFF）。

现用的钳形电流表还具有普通万用表的其他功能。

4. 注意事项

1）测量前，一定要检查仪表的绝缘性能是否良好，即外壳应无破损，手柄应清洁、干燥。

2）测量时，应戴绝缘手套或干净的线手套。

3）测量时，应注意身体各部分与带电体保持安全距离（低压系统安全距离为 0.1～0.3m）。

4）钳形电流表不能测量裸导体的电流，以防触电和短路。

5）严禁在测量进行过程中切换钳形电流表的档位；若需要换档时，应先将被测导线从钳口退出，然后更换档位。

6）严格按照电压等级选用钳形电流表。严禁将钳形电流表用于其额定电压以上电路的电流测量。

7）测量结束后，把调节开关拨至最大量程档（或 OFF），以免下次使用时不慎过电流；仪表应保存在干燥的室内。

任务四　认知与使用绝缘电阻表

1. 绝缘电阻表的概述

绝缘电阻表俗称兆欧表、摇表，是一种测量高电阻的仪表，经常用于测量电气设备或供电电路的绝缘电阻值。它是一种便携式仪表，表盘刻度以兆欧（MΩ）为单位，传统的手摇发电式或绝缘电阻表外形如图 6-6 所示，它主要由高压手摇发电机、比率型磁电系测量机构及测量电路等组成。

绝缘电阻表的常用规格有 250V、500V、1000V、2500V 和 5000V 等。一般根据电气设备额定电压选择合适规格的绝缘电阻表，一般选择原则是：500V 以下的电气设备选用 500~1000V 的绝缘电阻表；绝缘子、母线、刀闸应选用 2500V 以上的绝缘电阻表。

绝缘电阻表有 3 个接线柱，“E”（接地）、“L”（电路）和“G”（保护环，或称为屏蔽端子）。“G”的作用是消除外壳表面“L”与“E”接线柱间的漏电和被测绝缘物表面漏电的影响。

测量电力电路或照明电路的绝缘电阻时，“L”端接被测电路上，“E”端接地线；测量电动机的绝缘电阻时，“E”端接电动机的外壳，“L”端接电动机的绕组；测电气设备内两绕组之间的绝缘电阻时，“L”端和“E”端分别接两绕组的接线端；当测量电缆的绝缘电阻时，“L”端接线芯，“E”端接外壳，“G”端接线芯与外壳之间的绝缘层。

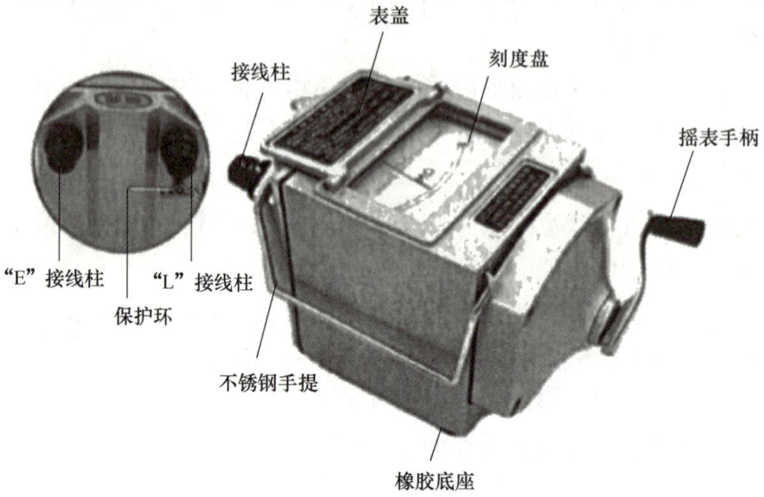

图 6-6 绝缘电阻表

2. 绝缘电阻表的测量对象

绝缘电阻表是电力、通信、机电安装和维修的常用仪表，适用于测量各种绝缘材料的电阻值及变压器、电动机、电缆等电气设备的绝缘电阻。

3. 绝缘电阻表的测量方法

绝缘电阻表使用前的准备工作如下：

1）选用合适规格的绝缘电阻表。

2）测量前，必须将被测设备电源切断，并对地短路放电，禁止设备带电进行测量，以保证人身和设备的安全。

3）对可能感应出高压电的设备，必须消除这种可能性后（绝缘电阻表使用时应放在平稳、牢固的地方，且远离大的外电流导体和外磁场）才能进行测量。

4）测量前，要检查绝缘电阻表是否处于正常工作状态，主要检查其“0”和“∞”两点，即顺时针摇动手柄至 120r/min，绝缘电阻表在“L”“E”短路时应指在“0”位置，但时间不宜过长；“L”“E”开路时应指在“∞”位置，如图 6-7 所示。

5）被测物表面要清洁，减少接触电阻，确保测量结果的正确性。

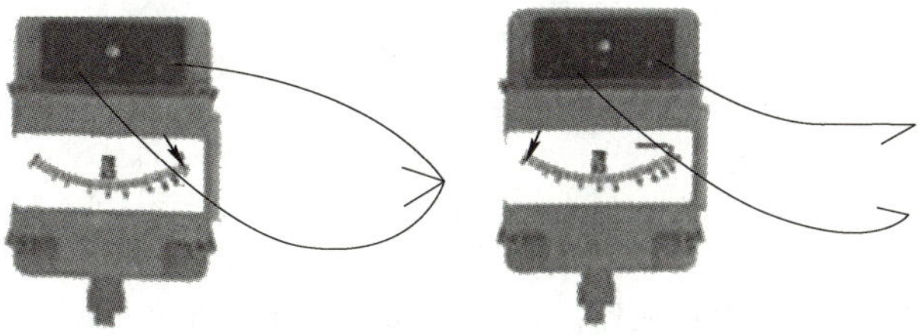

图 6-7 连接测试线和开路、短路检查

a）短路检查 b）开路检查

4. 绝缘电阻表的使用步骤

1）按照测量项目连接测量电路。

2）将绝缘电阻表保持水平，左手按住表身，右手匀速摇动手柄，一般规定为 120r/min，允许有±20%的变化，最多不应超过±25%。匀速转动 1min，待指针稳定后读取数值。

3）如果被测电路有电容器、电缆等大电容设备，先持续摇动一段时间，让绝缘电阻表对电容充电，待指针稳定后读取数值，测量完毕断开接线后才可停止摇动，否则电容电流将通过绝缘电阻表的线圈放电而烧损表计。

4）如果摇动手柄后指针即甩到零值，则表示绝缘已损坏，不能再继续摇，否则将使表内线圈烧坏。

5）测量完毕，应对设备充分放电，否则容易引起触电事故。

5. 注意事项

1）“L”“E”“G” 与被测物的连接线必须用单根导线，绝缘良好，不得绞合，表面不得与被测物体接触，并尽可能短些。

2）摇测过程中不得用手触及被试设备，还要防止外人触及。

3）绝缘电阻表未停止转动以前，切勿用手触及设备的测量部分或绝缘电阻表接线桩。拆线时，不可直接触及引线的裸露部分。

4）绝缘电阻表应定期校验。校验方法是直接测量有确定值的标准电阻，检查其测量误差是否在允许范围以内。

项目小结

1. 指针式万用表型号众多，功能各异，但其结构和原理基本相同，主要由表头、转换开关、表笔和测量电路等组成。

2. 万用表的表头实际上是一个灵敏电流计，指针是测量的显示装置；表盘印有多条刻度线和数值。

3. 数字万用表是一种多用途的电子测量仪器，在电路检测等实际操作中有着重要的用途。它一般包含电流表、电压表、电阻表等功能，还有的具有测量温度、电容量、二极管和晶体管参数、频率、相序等功能。

4. 数字钳形电流表主要由电流感测钳、钳口开关、锁定读数按钮、功能盘、液晶显示屏、表笔插孔及部分附件构成。

思考与练习

一、填空题

1. 指针式万用表主要由________、________、________和________等组成。

2. 万用表的表头实际上是一个灵敏电流计，指针是测量的显示装置；表盘印有多条________和________。

3. 数字钳形电流表主要由________、钳口开关、________、________、液晶显示屏、表笔插孔及部分附件构成。

二、判断题

1. 钳形电流表由电流感测元件和电流表组合而成。（　　）

2. 数字万用表是一种多用途的电子测量仪器，在电路检测等实际操作中有着重要的用途。（　　）

3. 钳形电流表可以通过转换开关的拨档，切换不同的测量项目及量程，但不允许带电进行拨档操作。（　　）

三、简答题

1. 简述指针式万用表的测量方法及注意事项。

2. 简述数字万用表的测量方法及注意事项。

3. 简述钳形电流表的测量方法及注意事项。

项目七
防雷设备的认知

学习目标

知识目标：

1. 了解雷云的形成。
2. 掌握防雷机理和技术。
3. 掌握接地网设计和施工。
4. 掌握低压供电系统的防雷技术。
5. 理解轨道交通车站的防雷技术。

技能目标：

1. 能够根据不同的环境和使用需求选择合适的防雷设备，并按照规范进行安装。
2. 能够进行防雷设备的维护，包括定期检查、清洁、保养等，确保防雷设备的正常运行。
3. 能够及时发现并处理设备故障，避免因设备故障导致的雷击事故。
4. 能够根据实际情况选择合适的设备，并正确使用。
5. 能够进行防雷设备的接地操作，包括接地体的制作、安装、检查等，确保设备的接地安全可靠。
6. 能够根据实际需求提出改进和优化建议。

素养目标：

1. 培养端正的科学精神和态度。
2. 拥有科学化、现代化、数字化、高效化的态度。

学习重点：

1. 防雷机理和技术。
2. 低压供电系统的防雷技术。

学习难点：

1. 接地网设计和施工。
2. 轨道交通车站的防雷技术。

项目引言

在现代化的时代，很多领域（航天航空、电力、军事、通信、民生）的防雷已经是重要话题，随着电子信息技术的广泛发展，防雷技术不断地更新和完善。

电子信息在近几十年来发展迅速，但是防雷技术滞后于电子信息的技术，在电子信息技术的规划设计中，要结合设备的特点，遵循雷电的机理和规律来制订电子信息系统的防雷设计，全面应用传统和现代的防雷技术。

本项目对雷云的形成、雷电形成机理和技术、接地网的设计和施工、低压供电系统的防雷技术、智能家居的防雷技术进行了系统性的讲解，多角度地讲述了防雷技术的应用，对学生在未来工作岗位和生活中防雷的实际应用具有指导意义。

任务一　认知雷云的基本概念

一、雷云的形成

带电的云层称为雷云。有关雷云形成的假说很多，但至今尚未有一种被公认为无懈可击的完整学说，这里仅介绍其中被认为比较完善并经常被推荐的假说。

根据大量科学测试可知，地球本身就是一个电容器，通常大地稳态时带负电荷 500000C 左右，而地球上空存在一个带正电的电离层，这两者之间便形成一个已充电的电容器，它们之间的电压为 300kV 左右，其场强为上正、下负。

当含水蒸气的空气受到炽热的地面烘烤受热而上升，或者较温暖的潮湿空气与冷空气相遇都会产生向上的气流。这些含水蒸气的气流在上升时温度逐渐下降形成雨滴、冰雹（称为水成物），这些水成物在地球静电场的作用下被极化，如图 7-1 所示，负电荷在上，正电荷在下。它们在重力作用下落下的速度比云滴和冰晶（这两者称为云粒子）要大，因此极化水成物在下落过程中要与云粒子发生碰撞。碰撞的结果是其中一部分云粒子被水成物捕获，增大了水成物的体积，另一部分未被捕获的被反弹回去。反弹回去的云粒子带走水成物前端的部分正电荷，使水成物带上负电荷。由于水成物下降的速度快，而云粒子下降的速度慢，因此带正、负两种电荷的微粒逐渐分离（称为重力分离作用）。如果遇到上升气流，云粒子不断上升，分离的作用更加明显。最后形成带正电的云粒子在云的上部，而带负电的水成物在云的下部，或者带负电的水成物以雨或雹的形式下降到地面。当带电云层一经形成，就形成雷云空间电场，空间电场的方向和地面与电离层之间的电场方向是一致的，都是上正、下负，因而加强了大气电场的强度，使大气中水成物的极化更严重，在上升气流存在的情况下加剧重力分离作用，使雷云发展得更快。

实际上气流并不仅是只有上下移动，而比这种运动更为复杂。因此，雷云电荷的分布也比上面讲的要复杂得多。典型的雷云中的电荷分布如图 7-2 所示。

二、雷电的形成

1. 雷电的形成条件

雷电形成的条件包括空气中有足够的水汽，有使潮湿空气强烈持久上升的气流，有使潮湿空气上升凝结成水珠或冰晶的气象、地理条件。

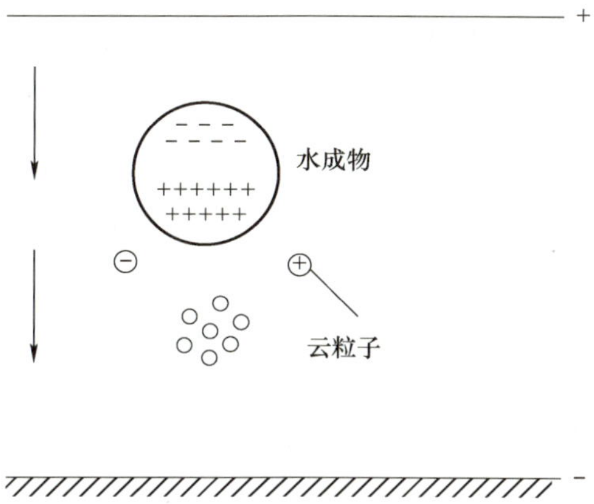

图 7-1　水成物在地球静电场的作用下被极化

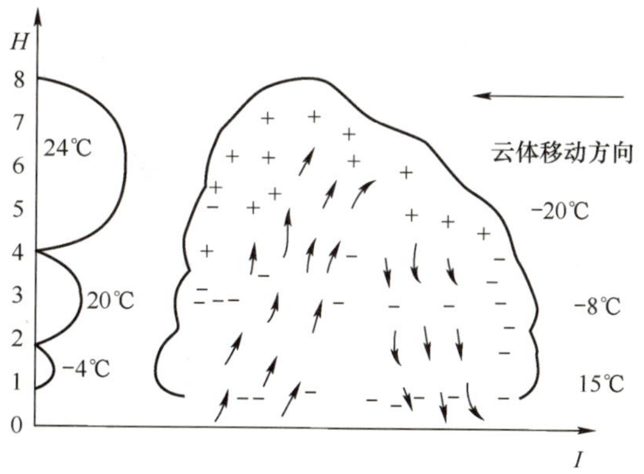

图 7-2　典型的雷云中的电荷分布

2. 雷电的形成过程

当潮湿空气上升到高空，由于高空气温较低，产生凝结，在上升气流运动过程中逐渐增大形成小水滴。由于上升气流的不稳定性，水滴在运动过程中相互摩擦、碰撞、分裂形成大小不等的水珠，大水珠带正电荷，小水珠带负电荷，小水珠容易被上升气流带到上层云层，大水珠则留在下层或降落到地面，这样便形成了电荷的分离过程。当带电荷云层逐步积累到足够的电荷量时，便产生闪电现象，形成雷电。

三、雷灾的特点

当人类社会进入电子信息时代后，雷灾出现的特点与以往有极大的不同，可以概括为：

1）受灾面不断扩大，从电力、建筑这两个传统领域扩展到几乎所有行业，特别是与高新技术关系密切的领域，如航天航空、国防、邮电通信、计算机、电子工业、石油化工、金融证券等。

2）从二维空间入侵变为三维空间入侵。从闪电直击和过电压波沿导线传输变为空间闪电的脉冲电磁场，从三维空间入侵任何角落，无孔不入地造成灾害，因而防雷工程已从传统防直击雷、感应雷进入现代的防雷电电磁脉冲（Lightning Electromagnetic Pulse，LEMP）阶段。前面是指雷电的受灾行业面扩大了，这里是指雷电灾害的空间范围扩大了。

3）雷灾的经济损失和危害程度大大增加了，它袭击的对象本身的直接经济损失有时并不太大，而由此产生的间接经济损失和影响是难以估计的。

四、电离层与地面间的电荷平衡及尖端放电

1. 电离层与地面间的电荷平衡

地球是一个表面带负电荷的球体，并且它所带的负电荷量长期稳定在 5×10^5C 水平，在地球上空的电离层上带有相等的正电荷，使电离层与地面之间的电压约为 300kV，如图 7-3 所示。因而在电离层与地面之间存在一个电场，晴天时在地面附加的电场强度为 120V/m。即使在晴天，大气中总有一些空气分子被电离，在电场的作用下形成放电电流。观测和计算的结果表明，全地球该放电电流强度为 1800A，如果长期如此，电离层与地面之间的电荷将很快放电完毕；然而事实上，它们之间大致长期保持恒定的电量和电压，这主要是由于雷暴的形成和雷击把正电荷从大地送回到电离层，起到对电离的正电荷充电的作用。

2. 尖端放电与雷击

由物理学可知，通常物体内部的正电荷和负电荷是相等的，所以从整体来看不显示带电现

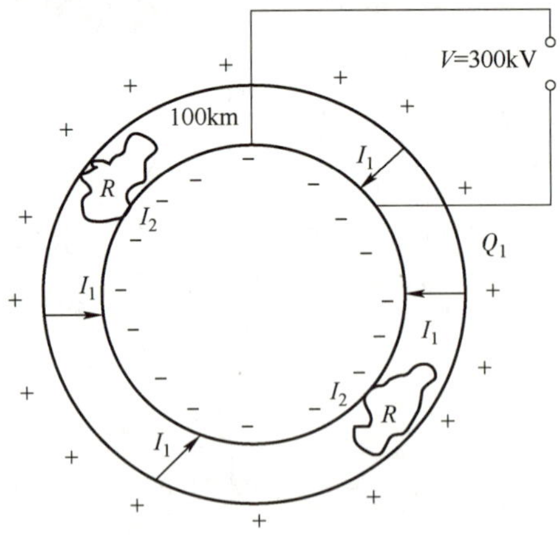

图 7-3 地球电场示意图

I_1—晴天电流（放电） I_2—补偿电流（充电） R—雷暴区，其余为晴天地区

V—电离层与地面之间的电压 Q—正电荷充电电量

象。当某一物体所具有的正、负电荷不相等时，这个物体就显示带电的特性，当物体内部的正电荷多于负电荷时，物体带正电，反之带负电。由于电荷都有异性相吸、同性相斥的特性，所以带电物体中的同性电荷总是受到互相排斥的电场力作用。以图 7-4 所示的尖端放电示意图为例，假设金属球带负电，由于电荷同性相斥的作用，电子总是分布到金属球的最外层表面，并且有“逃离”金属球表面的趋势。球的尖锋部分的电子受到同性电荷往外的排斥力最强，故最容易被排斥离开金属球，这就是通常说的“尖端放电”。此外，当带电物体周围的空气潮湿或带有与带电体相反电荷的离子时，带电体易放电。当天空中有雷云时，因雷云带有大量电荷，由于静电感应作用，雷云下方的地面和地面上的物体都带上与雷云相反的电荷，雷云与其下方的地面就成为一个已充电的电容器。当雷云与地面之间的电压高到一定时，便对地面上突出的物体放电。同时，天空带电的雷云在电场的作用下，少数带电的微粒（或水成物）向地面靠拢，这些少数带电微粒的靠拢，称为先驱注流，又称为电流先导。先驱注流的延续将形成电离的微弱导通，这一阶段称为先驱放电。开始产生的先驱放电是不连续的，是一个一个脉冲地相继向前发展。它发展的平均速度为10^5~10^6m/s，各脉冲间隔约为 30~90μs，每阶段推进约为 50m。先驱放电常常表现为分枝状，这是由于放电是沿着空气电离最强、最容易导电的路径发展的。这些分枝状的先驱放电通常只有一条放电分支达到大地。

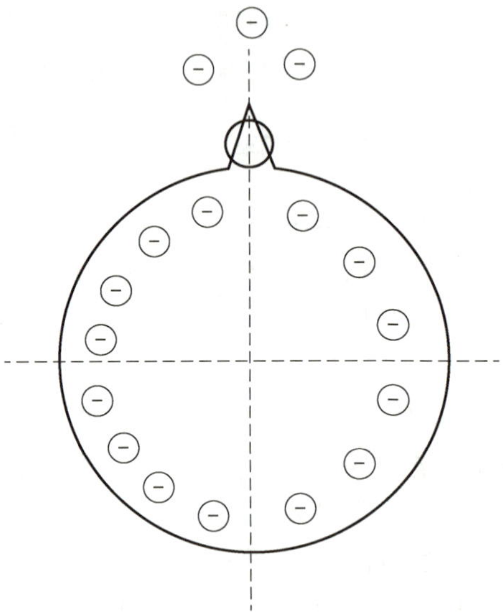

图 7-4 尖端放电示意图

当先驱放电到达大地或与大地放电迎面会合以后，就开始主放电阶段。在主放电阶段，雷云与大地之间所聚集的大量电荷通过先驱放电所开辟的狭小电离通道发生猛烈的电荷中和，放出能量，以致发出强烈的闪光和震耳的轰鸣。在雷击中，雷击点有巨大的电流流过。大多数雷电流峰值为几十千安，也有少数上百千安甚至几百千安的。雷电流峰值的大小与土壤电阻率的大小成反比关系，即土壤电阻率大，则雷电流峰值小；土壤电阻率小，则雷电流峰值大。

雷电流大多数是重复的，通常一次雷电包括 3~4 次放电。重复放电都是沿着第一次放电通路发展的。雷电之所以重复发生，是由于雷云非常大，它各部分密度不完全相同，导电性能也不一样，所以它所包含的电荷不能一次放完。第一次放电是由雷云最低层发出的，随后放电是从较高云层或相邻区发出的。

任务二　认知防雷技术

一、防雷技术的特点

现代防雷技术的理论基础：闪电是电流源，防雷的基本途径就是要提供一条雷电流（包括雷电电磁脉冲辐射）对地泄放的合理的阻抗路径，而不能让其随机选择放电通道，简言之就是控制雷电能量的泄放与转换。德国专家希曼斯基在《过电压保护理论与实践》中提出了现代防雷保护的3道防线：

1）外部保护：将绝大部分雷电流直接引入大地泄散。

2）内部保护：阻塞沿电源线、数据线或信号线侵入的雷电波危害设备。

3）过电压保护：限制被保护设备上的雷电过电压幅值。

这3道防线相互配合，各尽其职，缺一不可。在此基础上提出雷电的防护可分为两方面：直击雷的防护和感应雷的防护。

（1）直击雷的防护　直击雷防护的主要设计依据是国际电工委员会IEC 1312—1~3《雷电电磁脉冲的防护》《电子计算机机房设计规范》《电子设备雷击导则》和我国GB 50057—2010《建筑物防雷设计规范》等。目前，防直击雷都是采用避雷针、避雷带、避雷线或避雷网作为接闪器，然后通过良好的接地装置迅速而安全地把雷电流直接引入大地泄散。

（2）感应雷的防护　感应雷的防护是从整体上或在系统中建立起三维的防护体系，主要是在由被保护设备构成的系统中采取以下措施：

1）电源防雷。配电系统电源防雷应采用三级防护，避雷器采用的是（B、C、D）三级防雷的方式。第一级保护（B级）一般安装在建筑物输入电源总配电室内的进线配电柜上，或楼内单元输入电源的主配电盘上，主要用于保护整幢建筑物用电设备或楼内单元用电设备。第二级保护（C级）主要安装在设备配电柜上。第三级保护（D级）主要安装在各个用电设备的电源端，用于保护最终端的用电设备。

2）信号系统防雷。与电源防雷一样，信号系统主要采用通信避雷器防雷。目前，数据网络常采用的方式有电话线、专线、x.25、DDN和帧中继等，通信网络设备主要为调制解调器、DTU、路由器和远程中继控制器等。通常，根据通信线路的类型、通信频带、电路电平等选择通信避雷器，将通信避雷器串联或并联在通信线路上。

3）等电位连接。等电位连接是将正常不带电（或不传输信息）的、未接地或未良好接地设备的金属外壳、电缆的金属外皮、建筑物的金属构架、金属管线的桥架与接地系统进行电气连接，防止在这些物件上由于感应雷电高电压或接地装置上雷电入地高电位的传递造成对设备内部绝缘、电缆芯线的反击。等电位连接的目的是减小需要防雷空间内的各金属部件和各系统之间的电位差，防止雷电反击。

4）金属屏蔽及重复接地。在做好以上措施的基础上，还应采用有效屏蔽和重复接地等办法，避免架空导线直接进入建筑物内的配电系统和信号系统，尽可能采用埋地电缆引入，并用金属导管屏蔽。屏蔽金属管在进入建筑物或机房前重复接地，可最大限度衰减从各种线缆上引入的雷电高电压。

二、多层分级（类）保护

多层分级（类）保护的原则是根据电气、微电子设备的不同功能及不同受保护程度和所属保护层（区）确定防护要点并做分类保护。根据雷电和雷电过电压危害的可能通道，从电源线到数据通信线路都应做多层分级保护。

（1）外部无源保护　外部进行无源保护（0级保护区防护），主要采用外部防雷装置，主要由避雷针（网、线、带）引下线和接地装置（接地线、地极）构成。其保护原理是当雷云放电接近地面时，在避雷针（线）顶部形成局部电场强度畸变，以影响雷电先导放电的发展方向，引导雷电向避雷针（线）放电，再通过接地引下线、接地装置将雷电流引入大地，从而使被保护物免受雷击。在0级保护区内建筑物的所有外露金属构件（管道），都应与防雷网（带、线）做可靠的电气连接。

（2）内部防护

1）电源部分防护。对引入建筑物的电力电路和建筑物内的配电系统应进行过电压保护，按国家规范应分为三部分。在电力变压器低压侧输出端至建筑物总配电盘间的电缆内芯线两端应对地加避雷器，作为一级保护；在建筑物总配电盘至各分配电箱间的电缆内芯线两端应对地加装避雷器，作为二级保护；在所有重要的、精密的设备以及UPS的前端应对地加装避雷器，作为三级保护。其目的是用分流（限幅）技术［采用高吸收能量的分流设备（避雷器）将雷电过电压（脉冲）能量分流泄入大地］来达到保护目的，所以，在分流（限幅）技术中采用的防护器的品质、性能的好坏直接影响整体防护系统的性能。因此，选择适合被保护设备特性的避雷器是至关重要的。

2）信号部分保护。信息系统中信号部分的防护分为粗保护和精细保护。粗保护的量级根据所属保护区的级别确定，精细保护要根据电子设备的敏感度来进行确定，如卫星接收系统、电话系统、网络专线系统、监控系统等。应在所有信息系统进入建筑物的电缆内芯线端对地加装避雷器，电缆中的空线应接地，并做好屏蔽接地。应注意系统设备的额定电压、传输速率和接口类型等，以确保系统正常工作。

（3）接地处理　在防雷系统的设计和建设中，要求有一个良好的接地系统，因为所有防雷设施都需要通过接地系统把雷电流泄入大地，从而保护设备和人身安全。如果接地系统做得不好，不但会引起设备故障、烧坏元器件，严重的还将危害工作人员的生命安全。电子设备为抗干扰采用的屏蔽技术、防静电技术、滤波技术等都需要建立一个良好的接地系统。一般整个建筑物的接地系统有建筑物地网（与法拉第笼网相接）、电源地（要求接地电阻小于10Ω）、逻辑地（也称为信号地）、防雷地等，还有的电子设备要求另设专用独立接地系统，并要求接地电阻小于1Ω。若各接地系统必须独立，如果相互之间距离达不到规范要求，则容易出现地电位反击事故，因此，各接地系统之间的距离达不到规范的要求时，应尽可能连接在一起，实际情况不允许直接连接的，可通过地电位均衡器实现等电位连接。为确保系统正常工作，应每年定期用精密地阻仪检测接地阻值。接地装置由接地极、接地线和一些附件、辅助材料组成。接地装置的选材和施工主要决定于接地装置埋设处的土质结构，即土壤的地阻率ρ。不同的土质（因土壤的电阻率ρ不同）结构应设置不同结构的接地装置，在土壤电阻率较高的地区，为增加接地装置使用效率，应考虑使用长效降阻剂。

三、防雷技术水平的提高

目前，提高防雷技术需从两个方面开展工作，一是不断探讨和完善现代防雷理论，二是开发和研制新一代的防雷产品。对于现代避雷器应同时具有以下技术性能：

1）具有完全的防雷功能，即对雷电陡波和雷电幅值同样有限压保护作用。

2）其防雷保护作用不会造成网络接地故障或线间短路故障，这是保证网络正常、安全运行的重要要求。

3）动作特性应具有长期运行稳定性，免受暂态过电压危害。

4）应具有连续雷电冲击保护能力。

5）应有较小的外形尺寸，小型化、轻量化，便于安装。

6）具有高的技术性能指标和低的损耗。

7）应具有超过20年的使用寿命。

阅读角

弗莱明出生在苏格兰的亚尔郡，他的父亲是个勤俭诚实的农夫，生了8个孩子，弗莱明是最小的一个。由于家道中落，他不能完成高等教育，16岁便要出来谋生；在20岁那年，继承了姑母的一笔遗产，才得以继续学业；25岁医学院毕业之后，便一直从事医学研究工作。

在1928年，弗莱明在伦敦大学讲解细菌学，无意中发现霉菌有杀菌作用。这种霉菌在显微镜下看来像刷子，所以弗莱明便叫它为“盘尼西林”（Penicillin的原意是有细毛的）。从这时开始，弗莱明便对盘尼西林进行系统的研究，到了1938年，盘尼西林才正式在病人身上使用。在第二次世界大战期间，盘尼西林挽救了无数人的生命。

弗莱明是一个脚踏实地的人。他不尚空谈，只知默默地工作。起初人们并不重视他，他在伦敦圣玛丽医院实验室工作时，那里许多人当面叫他小弗莱，背后则嘲笑他，给他起了一个外号叫“苏格兰老古董”。

有一天，实验室主任赖特爵士主持例行的业务讨论会。一些实验工作人员口若悬河，哗众取宠，唯独小弗莱一直沉默不语。赖特爵士转过头来问道:?“小弗莱，你有什么看法?”

“做。”小弗莱只说了一个字。他的意思是说，与其这样不着边际地夸夸其谈，不如立即恢复实验。

到了下午5点，赖特爵士又问他：“小弗莱，你现在有什么意见要发表吗?”“茶。”原来，喝茶的时间到了。

这一天，小弗莱在实验室里就只说了这两个字。

弗莱明像往日那样细心地观察培养葡萄球细菌的玻璃罐。

“唉，罐里又跑进去绿色的霉!”弗莱明皱了眉头。

“奇怪，绿色霉的周围，怎么没有葡萄球细菌呢？难道它能阻止细菌的生长和繁殖?”细心的弗莱明不放过任何一个可疑的现象，苦苦地思虑。

他进行了一番研究，证实这种绿色霉是杀菌的有效物质。他给这种物质起个名字：青霉素。后来，青霉素挽救了许多生命。

任务三　认知防雷设备

一、避雷针

1. 避雷针的原理和结构

雷电引起的电力系统过电压是由雷云对地放电引起的。当雷云与大地之间场强大于大气游离临界强度时，就产生局部放电通道，由雷云边缘向大地发展，即先导放电。当雷云先导电流接近地面时，地面上高耸物体顶部周围的电场达到能使空气电离和产生流注的强度，在它们的顶部发出向上发展的迎面先导，而避雷针安装在这些高耸物体的顶部，其高度高于这些物体，并且避雷针的顶部是尖端导体，尖端处电荷面密度大。因此，避雷针顶部会先于周围物体出现迎面先导，最容易接通下行先导，使下行先导的发展方向走向避雷针，使其仅对避雷针放电，从而使避雷针附近的物体得到保护，免遭雷击。吸引雷电击于自身，并使雷电流泄入大地，这就是避雷针的保护作用原理。

避雷针系统属于结构最简单的防雷装置，由接闪器、引下线和接地装置构成，如图 7-5 所示。根据其作用原理，其构成的基本思路是利用接闪器高出被保护物的突出地位，将雷云放电通道引向自身，然后通过引下线和接地装置将雷电流泄入大地。

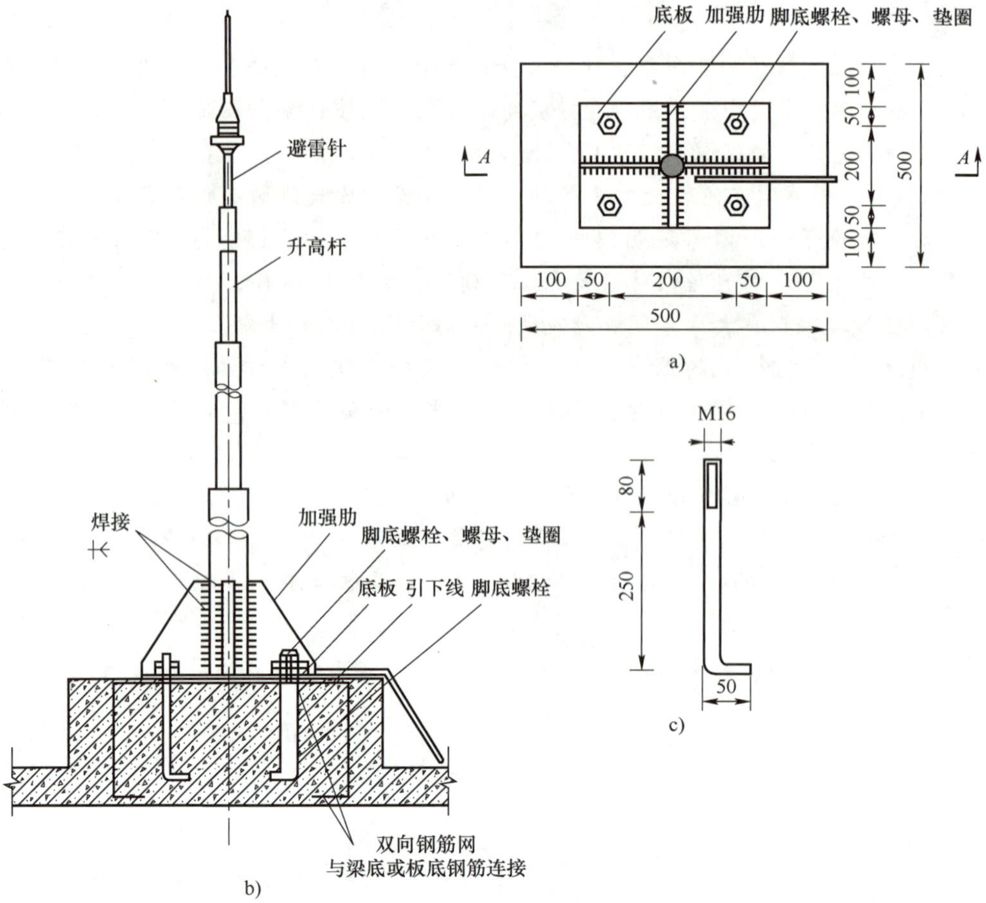

图 7-5 避雷针的结构

a）底部平面图 b）A—A 剖面图 c）脚底螺栓

（1）接闪器 接闪器是直接承受雷击的部分，它实质上是“引雷器”，以截获通向被保护物的闪击为任务。

接闪器主要用来保护露天发电、变配电装置和建筑物，一般用镀锌圆钢或钢管制成。长 1m 以下的，圆钢直径不得小于 12mm，钢管直径不得小于 20mm；长 1~2m 的，圆钢直径不得小于 12mm，钢管直径不得小于 25mm。

为防止腐蚀，接闪器应镀锌或涂漆。在腐蚀性较强的场所，还应采取加大截面面积的方法或其他防腐措施。接闪器焊接处应涂防腐漆，其截面锈蚀 30%以上时应予以更换。

（2）引下线 引下线是连接接闪器与接地装置的金属导体，其作用是构建雷电流向大地泄放的通道。引下线选用经过防腐处理的圆钢或扁钢等耐腐蚀、热稳定好的材料制成，还需满足机械强度的要求，圆钢直径不得小于 12mm，扁钢截面不得小于 25mm×4mm。

引下线可以专门敷设，也可以利用建筑物的金属构件。建筑物的消防梯和钢柱等金属构件均可作为引下线，但其各部件之间均应连成电气通路。引下线在铺设时应沿支持构架及建筑物外墙以最短路径入地，使雷电流以最短时间导入大地，减小雷电流在引下线上产生的电压降。在易受机械损坏和防止人身接触的地方，地面上 1.7m 至地面下 0.3m 的一段接地线应采取暗敷或外套镀锌钢管、改性塑料管或橡胶管的保护措施。

要经常性检查引下线各部分连接是否良好，检查其上有无闪络或烧损痕迹。引下线截面锈蚀超过30%的应予以更换。

（3）接地装置　接地装置是接地体和接地线的总和，其作用是将引下线引下的雷电流迅速泄流到大地土壤中，是避雷针系统将雷电流导入大地的最后装置。

1）接地体是指埋入土壤中或混凝土基础上作为散流用的金属导体。接地体分为人工接地体和自然接地体两种。自然接地体兼作为接地用的直接与大地相接触的各种金属构件和结构，如建筑物的钢结构、行车钢轨、埋地的金属管道。在装设接地装置时，首先应充分利用自然接地体，以节约成本。

若经实地测得自然接地体电阻不能满足规范要求，应考虑添加、装设人工接地体作为补充。人工接地体是专门作为接地用的按照规范工艺加工过的各种型钢或钢管等，按照其敷设方式可分为垂直接地体和水平接地体。垂直接地体一般为垂直埋入地下的角钢、圆钢和钢管等，一般采用管形金属；水平接地体是水平敷设于土壤中的镀锌扁钢或镀锌圆钢。接地体埋设要符合一定的埋设深度，接地体之间要有一定的间距。

对接地电流系统，当 $IR \leqslant 2000\text{V}$ 时，对人身和设备是安全的，所以接地电阻要求要足够小，以保证安全。

2）接地线是从引下线断接卡子或换线处接至接地体的连接导体。接地线分为人工接地线和自然接地线两种。人工接地线在一般情况下采用扁钢或圆钢，并应敷设在易于检查的地方，且应有防止机械损伤及防止化学腐蚀的保护措施。

对接地装置进行定期检查的主要内容：各部位连接是否牢固、有无松动、有无脱焊、有无严重锈蚀；接地线有无机械损伤或化学腐蚀、涂漆有无脱落；人工接地体周围有无堆放强烈腐蚀性物质；地面以下50cm以内接地线的腐蚀和锈蚀情况，接地电阻是否合格。

2. 避雷针的保护范围

避雷针的保护范围是用模拟试验及运行经验确定的。滚球法是国际电工委员会（IEC）推荐的接闪器保护范围计算方法之一。GB 50057—2010《建筑物防雷设计规范》把滚球法强制作为计算避雷针保护范围的方法。滚球法是以 h_r 为半径的一个球体沿着需要防止直击雷的部位滚动，当球体只触及接闪器（包括被用作接闪器的金属物）或只触及接闪器和地面（包括与大地接触并能承受雷击的金属物）而不触及需要保护的部位时，该部分就得到接闪器的保护。滚球法确定的接闪器保护范围见表7-1。

表7-1　滚球法确定的接闪器保护范围

建筑物防雷类别	滚球半径 h_r/m	避雷网网格尺寸
第一类防雷建筑物	30	≤5m×5m或≤6m×4m
第二类防雷建筑物	45	≤10m×10m或≤12m×8m
第三类防雷建筑物	60	≤20m×20m或≤24m×16m

应用滚球法计算保护范围的具体方法包括单只避雷针、等高双避雷针和其他避雷针配置组合。

（1）单只避雷针的保护范围　单只避雷针的保护范围如图7-6所示。

1）$h \leqslant h_r$ 时。距地面 h_r 处作一平行于地面的平行线。以针尖为圆心，h_r 为半径，作弧线交平行线于 A、B 两点。以 A、B 为圆心，h_r 为半径作圆弧，该弧线与针尖相交并与地面相切，这两条弧线之间的范围就是单支避雷针的保护范围。由图7-6可知，在距地面越来越高时，保护半径越小，由数学知识可得

$$r_x = \sqrt{h(2h_r - h)} - \sqrt{h_x(2h_r - h_x)}$$

当 $x=0$ 时：$r_0 = \sqrt{h(2h_r - h)}$

式中 r_x——避雷针在 h_x 高度的水平保护半径，单位为 m；

h_r——滚球半径，单位为 m；

h_x——被保护物的高度，单位为 m；

r_0——避雷针在地面上的保护半径，单位为 m。

2）$h>h_r$ 时。在避雷针的竖直延长线上取距地面高度 h_r 的一点代替避雷针针尖并作为圆心，其余的计算方法与 $h\leqslant h_r$ 相同。

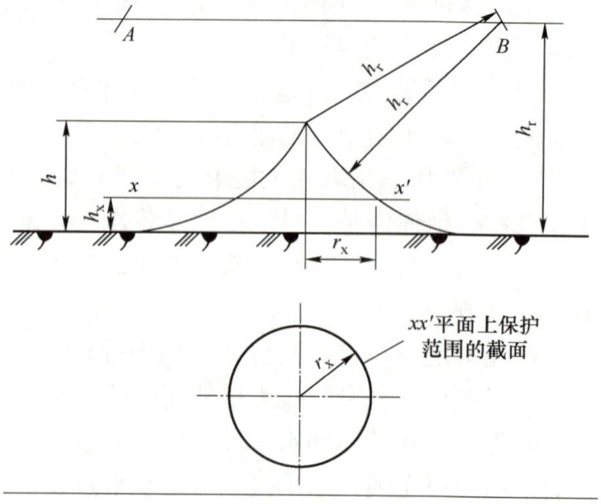

图 7-6 单只避雷针的保护范围

(2) 避雷针（带、网）的检查与维护 避雷针等防雷装置都需要进行定期的检查和维护，保证设备能够安全运行并延长设备的使用寿命。对避雷针（带、网）进行维护的主要内容如下：

1）检查接闪器有无因遭受雷击而熔化或折断的情况；检查引下线是否短而直，引下线距地 2m 一段的保护处有无破损情况；检查断接卡子有无接触不良的情况。

2）检查接地装置周围的土壤有无沉陷情况，检查有否因挖土方敷设其他管道与种植树木等而挖断或损伤接地装置。

3）检查是否由于修缮建筑物或建筑物本身变形，而使防雷保护装置受到影响或发生变化；检查木质结构的接闪器支架有无腐朽现象。

4）检查避雷针（线、带、网）各处明装导体是否有裂纹、歪斜与锈蚀，或因机械力损伤而发生折断等现象，检查各导线部分的电气连接是否紧密牢固。发现接触不良或脱焊时，应及时进行检修。

二、避雷线

1. 避雷线的保护范围

避雷线是接闪器的一种，它的原理及作用与避雷针基本相同，主要用于保护电力电路或狭长的建筑物及设备。避雷线的材料为镀锌钢线，分为单根和双根两种，双根的保护范围大一些。避雷线一般架设在架空电路导线的上方，用引下线与接地装置连接，以保护架空电路免受直接雷击。

单根避雷线的保护范围如下：

当 $h\geqslant 2h_r$ 时，无保护范围。

当 $h<2h_r$ 时，在无法确定弧垂的情况下，当等高支柱间的距离小于 120m 时，架空避雷线中点的弧垂宜采用 2m，距离为 120~150m 时宜采用 3m。

1）距地面 h_r 处作一平行于地面的平行线。

2）以避雷线为圆心、h_r 为半径，作弧线交于平行线的 A、B 两点。

3）以 A、B 为圆心，h_r 为半径作弧线，该两弧线相交或相切并与地面相切。从该弧线起到地面止就是保护范围。

4）当 $h_r<h<2h_r$ 时，如图 7-7 所示，保护范围最高点的高度 h_0 为

$$h_0=2h_r-h$$

5）当 $h<h_r$ 时，如图 7-8 所示，避雷线在 h_x 高度的 xx' 平面上的保护宽度为

$$b_x=\sqrt{h(2h_r-h)}-\sqrt{h_x(2h_r-h_x)}$$

式中　b_x——避雷线在 b_x 高度的 xx' 平面上的保护宽度，单位为 m；

h——避雷线的高度，单位为 m；

h_r——滚球半径，单位为 m；

h_x——被保护物的高度，单位为 m。

双根等高避雷线的保护范围如下：

1）当 $h \leqslant h_r$ 时，如图 7-9 所示。

① 当 $D \geqslant 2\sqrt{h\ (2h_r-h)}$ 时，按单根避雷线所规定的方法确定。

② 当 $D<2\sqrt{h\ (2h_r-h)}$ 时：

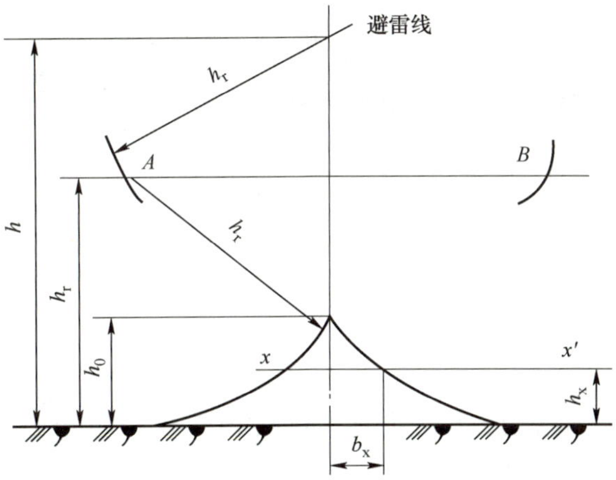

图 7-7　$h_r<h<2h_r$ 情况下单根避雷线的保护范围

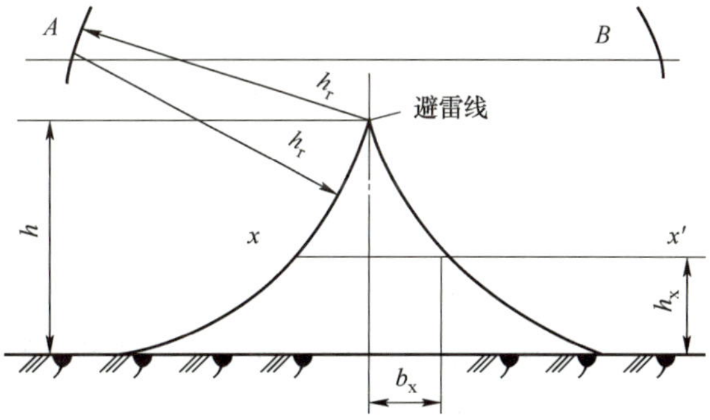

图 7-8　$h<h_r$ 情况下单根避雷线的保护范围

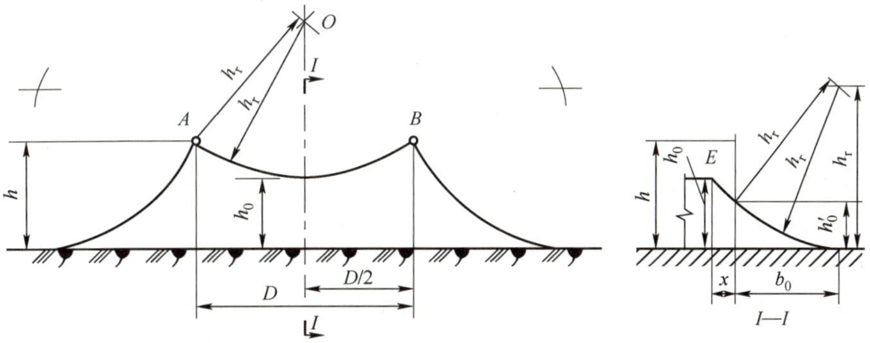

图 7-9　$h \leqslant h_r$ 情况下双根避雷线的保护范围

a. 两根避雷线的外侧，各按单根避雷线的方法确定。

b. 两根避雷线之间的保护范围按以下方法确定：以 A、B 两避雷线为圆心，h_r 为半径作圆弧交于 O 点，以 O 点为圆心、h_r 为半径作圆弧交于 A、B 点。

c. 避雷线之间保护范围最低点的高度 h_0 为

$$h_0=\sqrt{h_r^2-\left(\frac{D}{2}\right)^2}+h-h_r$$

d. 避雷线两端的保护范围按双支避雷线的方法确定，但在中线上 h_0 线的内移位置的确定方法为：以双根避雷线所确定的保护范围中点最低的高度 $\sqrt{h_r^2-\left(\frac{D}{2}\right)^2}$ 作为假想避雷线，将其保护范围的延长弧线与 h_0 线交于 E 点。内移位置的距离 x 为

$$x=\sqrt{h_0(2h_r-h_0)}-b_0$$

式中的 b_0 可按图 7-10 的 $I—I$ 剖面图来确定。

2）当 $h_r<h<2h_r$ 且 $2\left|h_r-\sqrt{h(2h_r-h)}\right|<h<2h_r$ 时，如图 7-10 所示。

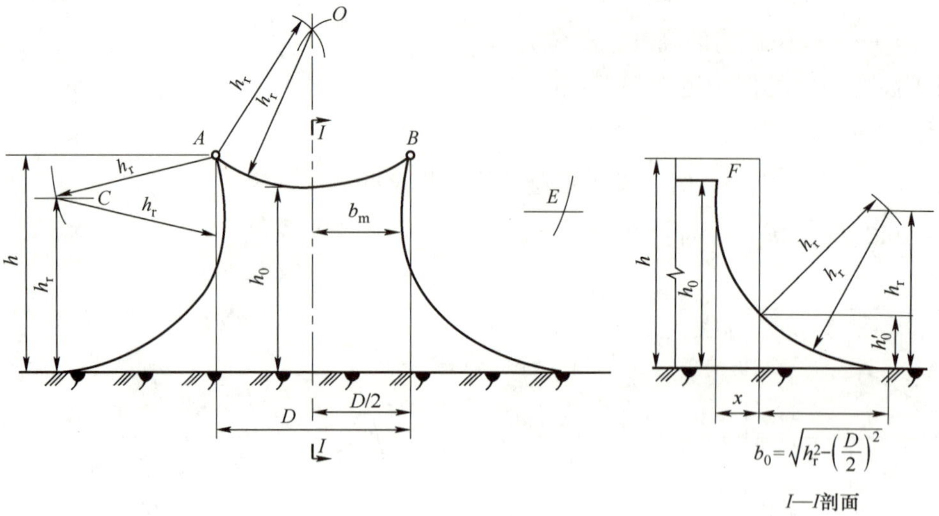

图 7-10 $h_r<h<2h_r$ 情况下双根避雷线的保护范围

① 距地面 h_r 处作一与地面平行的线。

② 以避雷线 A、B 为圆心，h_r 为半径作弧线相交于 O 点并与平行线相交或相切于 C、E 点。

③ 以 O 点为圆心、h_r 为半径作弧线交于 A、B 点。

④ 以 C、E 为圆心，h_r 为半径作弧线交于 A、B 并与地面相切。

⑤ 两避雷线之间保护范围最低点的高度 h_0 为

$$h_0=\sqrt{h_r^2-\left(\frac{D}{2}\right)^2}+h-h_r$$

⑥ 最小保护宽度 b_r 位于高处，即

$$b_m=\sqrt{h(2h_r-h)}-\frac{D}{2}-h_r$$

⑦ 避雷线两端的保护范围按双支高度 h_r 的避雷针确定，但在中线上线 h_0 的内移位置的确定方法为：如图 7-10 所示的 $I—I$ 剖面，以双支高度 h_r 的避雷针所确定的中点保护范围最低点的高度 $h_0=h_r-\frac{D}{2}$ 作为假想避雷针，将其保护范围的延长弧线与 h_r 线交于 F 点。内移位置的距离 x 为

$$x=\sqrt{h_0(2h_r-h_0)}-\sqrt{h_r^2-\left(\frac{D}{2}\right)^2}$$

2. 避雷线的检查与维护

除了避雷针（网、带）检查与维护的内容，避雷线的检查与维护还包含以下内容：

1）检查避雷线是否每基杆塔处都可靠接地，以及是否与避雷器的接地线共同接地；检查接地装置周围的土壤有无沉陷情况，是否有因挖土方敷设其他管道与种植树木等而挖断或损伤接地装置。

2）通常为了保护绝缘子和避雷线的耐压水平基本保持稳定，避雷线的绝缘子采用无裙绝缘子并联火花间隙的结构。在感应高电压的作用下，无裙绝缘子及其放电间隙会发生误放电

（不正常放电），使绝缘子烧坏、炸裂，引起避雷线落地等故障。

3）间隙值要注意及时检查和调整。若经实测，感应电压确实过高，常使间隙发生错误动作，应采取避雷线“合理勤换位”的办法，予以降低。

4）对无裙绝缘子应定期检测。由于运行过程中瓷质的老化变质，内绝缘性能会不断下降，最后致使击穿电压值小于干闪和湿闪值，成为所谓的低值或零值绝缘子。这种低值或零值的绝缘子，在避雷线上落雷时，不是间隙首先击穿，而是绝缘子内绝缘击穿，接着在绝缘子内部就流过冲击性雷电流和导线与避雷线间的工频电容电流。冲击性的雷电流随着雷击过程的结束而很快消失了，而工频性的电容电流（约为 1~20A）一直在绝缘子内部通过，直到把绝缘子烧坏、避雷线烧断落地为止。因此，对这种无裙绝缘子，应严格按导线上的绝缘子检测要求进行定期检测。

三、避雷器

避雷针、避雷线、避雷带（网）都属于接闪器，直接防止雷击，防止雷击引起的大气过电压沿着输电线侵入发电厂或变电所，直接危及变压器等电气设备，造成事故。大气过电压的幅值可达 100 万~200 万 V，为了保护电气设备的安全，必须限制出现在电气设备绝缘上的过电压峰值，这就需要装设一种过电压保护装置——避雷器。

1. 避雷器的工作原理

当过电压强度超过电气设备的耐压水平时，电气设备就可能遭到破坏，这时需要对电气设备进行保护。避雷器是中、高压系统最主要的过电压保护器件。理想避雷器的工作原理接线图如图 7-11 所示，它并联在被保护设备或设施上，正常时处在不通的状态，阻抗为无穷大。出现雷击过电压时，避雷器先于设备导通，相当于对地短路，阻抗为零，将雷电流泄入大地。严格来说，避雷器的工作过程可分为 3 个阶段：限压、熄弧和恢复。雷电过电压在导体上是以行波的形式传输的，当作用在避雷器上的过电压行波通过后，即避雷器已起到限制过电压的幅值，雷电流已泄入大地后，避雷器仍处于导通状态。这时在系统正常工频电压的作用下，避雷器中可能有工频电流通过，称为工频续流。一般要求在工频续流第一次过零时就将其断开（称为熄弧），否则会引起继电器保护动作或烧毁避雷器，最后，避雷器恢复绝缘状态。

常用的避雷器有管式避雷器、阀式避雷器、磁吹避雷器和金属氧化物避雷器。

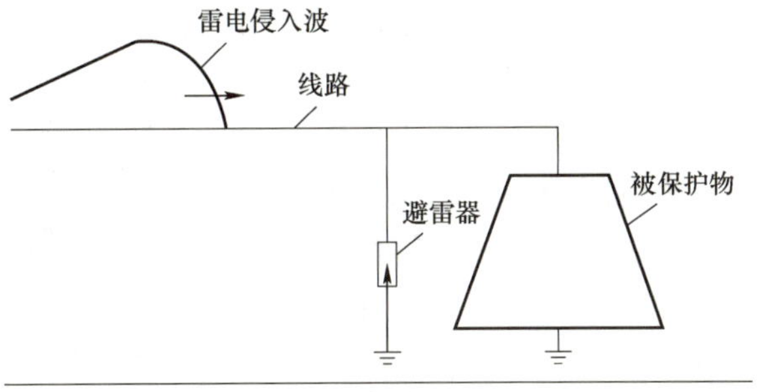

图 7-11　理想避雷器的工作原理接线图

2. 避雷器的种类

（1）管式避雷器　如图 7-12 所示，管式避雷器由产气管、内部间隙和外部间隙 3 部分组成。外部间隙暴露在大气中，而内部间隙装在产气管内，又称为灭弧间隙，其电极一个为棒形，另一个为环形。产气管由纤维、有机玻璃或塑料等产气材料制成。图中，S_1 为管式避雷器的内部间隙，S_2 为装在管式避雷器与运行带电的线路之间的外部间隙。

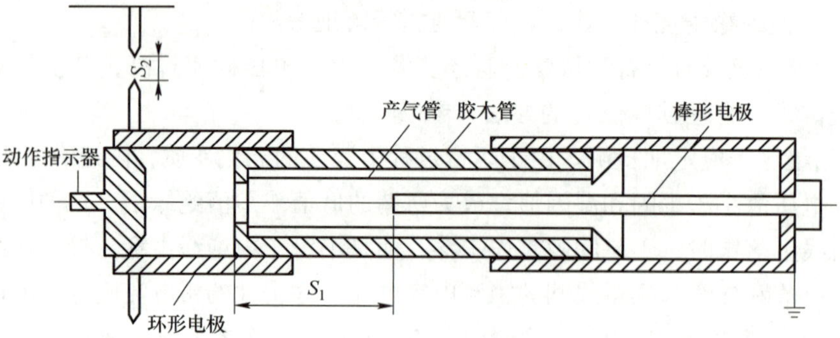

图 7-12 管式避雷器

S_1—内部间隙 S_2—外部间隙

正常运行情况下，S_1 与 S_2 均断开，管式避雷器不工作。当线路上遭到雷击或发生感应雷时，大气过电压使管式避雷器的外部间隙被击穿（此时无电弧），接着管式避雷器内部间隙被击穿，强大的雷电流便通过管式避雷器的接地装置入地。强大的雷电流和很大的工频续流会在产气管内部间隙发生强烈电弧，在电弧高温下，管壁产生大量气体，由于产气管容积很小，所以产气管内形成很高的压力，将这些气体从环形电极的排气孔中冲出，对内部间隙电弧形成吹弧作用，在电流经过零值时，电弧熄灭。这时外部间隙的空气恢复绝缘，使管式避雷器与运行线路相隔离，恢复正常运行。外部间隙的作用是防止正常工作时内部间隙泄漏电流使管壁温度上升，影响使用寿命。

管式避雷器的灭弧能力取决于产气量，而产气量取决于电弧电流（主要是工频续流）的大小。若续流太大产气过多，管内气压太高将造成产气管炸裂；续流太小产气过少，管内气压太低不足以熄弧，故管式避雷器熄灭工频续流有上、下限的规定。使用时，应确认安装处实际短路电流在避雷器所给出的熄弧电流上、下限的允许范围之内。

管式避雷器的伏秒特性陡峭，不容易与被保护设备绝缘配合，动作后电压急剧下降，形成陡峭的截波，威胁被保护设备的匝间绝缘，且特性受气象条件的影响较大，因此一般用于线路的保护，以泄放过电压能量为主要任务。

管式避雷器一般装于线路上，变电站、配电所内一般都用阀式避雷器。

（2）阀式避雷器 SiC 阀式避雷器内部由火花间隙和碳化硅制造的非线性电阻片组成。间隙元件由多个统一规格的单个间隙串联而成，串联间隙数量与电压等级有关。同样，非线性电阻由多个非线性阀片电阻串联而成，间隙与非线性电阻元件串联，如图 7-13 所示。

在系统正常工作时，间隙将电阻阀片与工作线路隔离，避免工作电压在阀片电阻中产生的泄漏电流使阀片烧坏。当系统中出现过电压且幅值超过间隙放电电压时，间隙先击穿使设备得到保护，冲击电流通过阀片流入大地。由于阀片的非线性特性，其电阻在流过大的冲击电流时变得很小，故在阀片上产生的压降将得到限制，使其低于被保护设备的冲击耐压，从而使设备得到保护。过电压消失后，间隙中由工作电压产生的工频续流仍将继续流过避雷器，此续流远小于冲击电流，故阀片电阻值变得很大，限制了工频续流的数值，使间隙能在工频续流第一次过零时就将电弧切断。

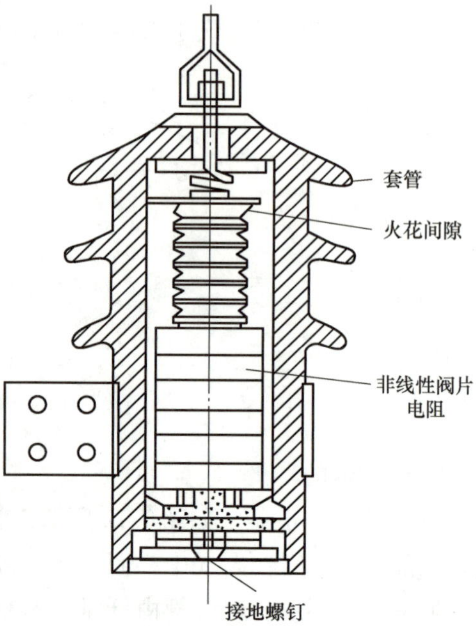

图 7-13 SiC 阀式避雷器的构造

（3）磁吹避雷器　磁吹避雷器主要通过对阀式避雷器的间隙进行改进而改善避雷器的保护性能。普通型阀式避雷器的熄弧完全依靠间隙的自然熄弧能力，没有采取强迫熄弧的措施，其阀片的热容量有限，不能承受持续时间较长的内过电压冲击电流，因此通常不允许在内过电压下动作。目前，只使用于220kV及以下系统限制大气过电压。

磁吹避雷器利用磁场对电弧的电动力使电弧运动强制熄弧，其单个间隙的熄弧能力较强，能在较高恢复电压下切断较大的工频续流。与普通阀式避雷器相比，磁吹避雷器在改进了间隙切断能力的同时增大了阀片的通流容量，因此其冲击放电电压和残压较低，保护性能较好。

磁吹间隙有很多种，按电弧运动方式可分为两大类：一类是电弧被动力拉长或拉入灭弧栅中；另一类是电弧只旋转，并不拉长。

1）拉长电弧型磁吹间隙。拉长电弧型磁吹间隙的原理如图7-14所示。它主要利用磁场将电弧拉得很长，且将电弧驱入灭弧盒狭缝使其受到挤压和冷却，因此电弧电阻变得很大。电弧被拉到远离击穿点的部位，因此，击穿点的绝缘强度能够得到很好的恢复。由于电弧被拉得很长且处于去游离很强的灭弧栅中，所以电弧电阻很大，可以起到限制续流的作用，因而拉长电弧型磁吹间隙又称为限流间隙。

2）旋转型磁吹间隙。旋转型磁吹间隙的原理如图7-15所示。一般间隙可切断80A续流，而旋转间隙可切断300A电流，切断比为1.5。由于电弧不像一般间隙中那样停留在电极的某一点上，因此可以通过较大的续流值而不会使电极烧坏，续流过零后介质强度比一般间隙恢复得快。

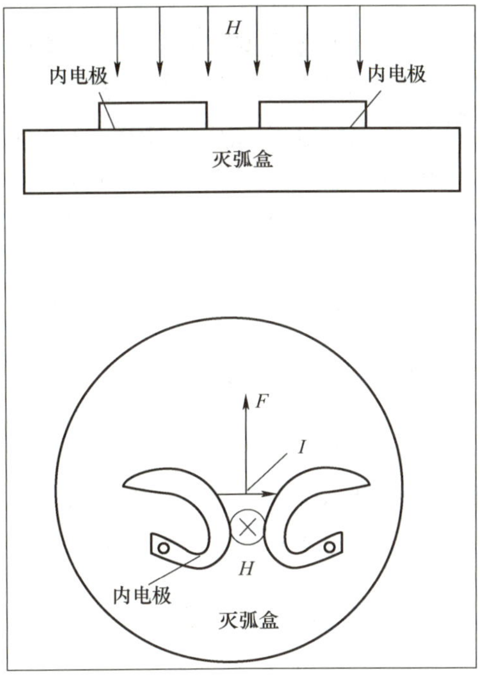

图7-14　拉长电弧型磁吹间隙的原理

H—磁力线　*I*—续流　*F*—电弧拉长方向

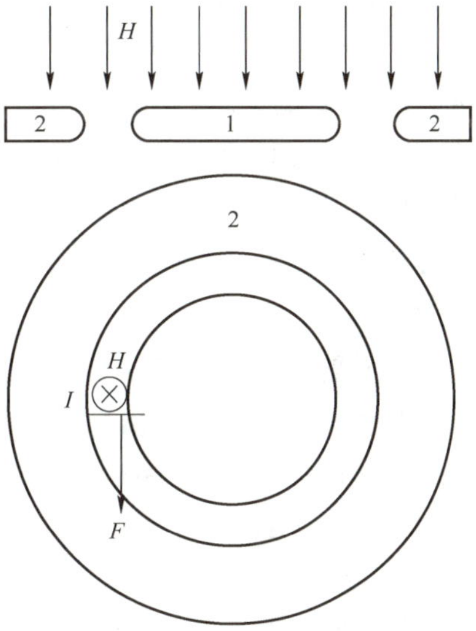

图7-15　旋弧型磁吹间隙的原理

1—内电极　2—外电极　*H*—磁力线　*I*—续流　*F*—电弧运动方向

任务四　接地网的防雷设计和施工

一、接地分类和目的

防雷工程设计的两个重要环节是接地设计和引下线的布线设计，整个防雷工程的效果甚至防雷器件是不是起作用都取决于此。

电力、电子设备的接地，是保障设备安全、操作人员安全和设备正常运行的必要措施。可以认为，凡是与电网连接的所有仪器设备都应当接地；凡是电力需要到达的地方，就是接地工程需要做到的地方。

一方面，随着时代的进步，强功能、高价值设备的广泛使用，要求提供可靠的接地保护；另一方面，微电子技术的推广，使现代设备要求更低的接地电阻，往往还需要抗干扰。实践要求有更加系统的接地理论来对工程实际进行指导。接地工程设计的原则如下：

1）接地连接方式和接地参数并重。

2）以减小或消除同系统中不同性质接地（如防雷地、工作地、外壳接地、静电地、信号地等）之间的电位差为目的，选用适当的布线方式。

3）根据地网所在地的接地电阻和土层分布等地质情况，尽量进行准确设计。

接地的作用可以分为两个：保护人员和设备不受损害的称为保护接地；保障设备正常运行的称为工作接地。这里的分类是根据接地工程设计施工中考虑的各种要求，并不表示每种“地”都需要独立。相反，除了有地电信号抗干扰、设备本身专门要求等特殊原因之外，应尽量采用联合接地的方案。

1. 保护接地

防雷接地是受到雷电袭击（直击、感应或线路引入）时，为防止造成损害的接地系统。防雷地常有信号（弱电）防雷地和电源（强电）防雷地之分，区分的原因不仅是因为要求接地电阻不同，而且在工程实践中信号防雷地常要求独立地，应与电源防雷地分开建设。机壳安全接地是将系统中平时不带电的金属部分（机柜外壳、操作台外壳等）与地之间形成良好的导电连接，以保护设备和人身安全。其原因是系统的供电是强电供电（380V、220V 或 110V），通常情况下机壳等是不带电的，当故障发生（如主机电源故障或其他故障）造成电源的供电相线与外壳等导电金属部件短路时，这些金属部件或外壳就形成了带电体，如果没有很好地接地，那么这带电体和地之间就有很高的电位差，如果人不小心触到这些带电体，就会通过人身形成通路，发生危险。因此，必须将设备的金属外壳和地之间做好连接，使其与地等电位。此外，保护接地还可以防止静电的积聚。

2. 工作接地

工作接地是为了使系统以及与之相连的电子设备均能可靠运行并保证测量和控制精度而设的接地。它分为机器逻辑地、信号回路接地、屏蔽接地，在防爆系统中还有本安接地。

1）机器逻辑地，也称为主机电源地，是计算机内部的逻辑电平负端公共地，也是 5V 等电源的输出地。

2）信号回路接地，如各变送器的负端接地、开关量信号的负端接地等。

3）屏蔽接地，是电子设备的屏蔽罩或层、线缆的屏蔽层或金属保护管的接地。

4）本安接地，是本安仪表或安全栅的接地。这种接地除了抑制干扰外，还是使仪表和系统具有本质安全性质的措施之一。本安接地会因采用设备的本安措施不同而不同，下面以齐纳式安全栅为例，说明其接地内容。

安全栅的作用是保护危险现场端永远处于安全电源和安全电压范围之内。第一种情况是，如果现场端短路，则由于负载电阻和安全栅电阻 R 的限流作用，会将导线上的电流限制在安全范围内，使现场端不至于产生很高的温度，引起燃烧。第二种情况是，如果计算机一端产生故障，则高压电信号加入了信号回路，由于齐纳二极管的钳位作用，使电压处于安全范围。

值得注意的是，由于齐纳安全栅的引入，使信号回路上的电阻增大了许多，因此，在设计输出回路的负载能力时，除了要考虑真正的负载要求以外，还要充分考虑安全栅的电阻，应留有余地。

除了上述几种接地外，在很多场合下容易引起混乱的还有一个供电系统地，也称为交流电源工作地，它是电力系统中为了运行需要而设的接地（如中性点接地）。

二、接地要求和方法

在很多企业，特别是电厂和冶炼厂等，其厂区内有一个很大的地线网，而通常供电系统的地是与地线网连在一起的。有的厂家强调计算机系统的所有接地必须和供电系统地以及其他地（如避雷地）严格分开，而且之间至少应保持15m以上的距离。为了彻底防止供电系统地的影响，建议供电回路采用隔离变压器隔离。这对那些电力负荷很重，而且负荷经常启停的单位是应注意的。从抑制干扰的角度来看，将电力系统地和计算机系统的所有地分开是有好处的，因为一般电力系统的地线是不太“干净”的。但从工程角度来看，在有些场合下单设置计算机系统地，并保证其与供电系统地隔开一定距离是很困难的，这时可以考虑能否将计算机系统的地和供电系统地共用一个，但这要考虑以下因素：

1）供电系统地上是否干扰很大，如大电流设备启停是否频繁，对地产生的干扰是否大。

2）供电系统地的接地电阻是否足够小，而且整个地网各个部分的电位差是否很小，即地网各部分之间的电阻值是否很小（$<1\Omega$）。

3）计算机系统的抗干扰能力以及所用到的传输信号的抗干扰能力，如有无小信号（热电偶、热电阻）的直接传输等。

计算机接线涉及的接地一般采用一点接地方式，在这一点上，也有很多争议。有的设备厂商提出几个地，如逻辑地、屏蔽地（又称为模拟地）、信号地、保护地分别独立设置接地装置，而大部分设备厂商要求各种地在机柜内部分别接地，汇于一点，然后用较粗的导体（铜）将各汇地点连起来，接到一个公共的接地体上。

这里有几点需要注意的是：电子信息系统本身是由多台设备组成的，除了主站以外，还包括很多外设和前端及终端设备，这就涉及多台设备、多种接地的问题。此外，一般系统的供电是各站（控制站、操作员站等）用专门一条线单独供电，即彼此之间不相互供电。图7-16所示为一种有代表性的分布式控制系统接地图。

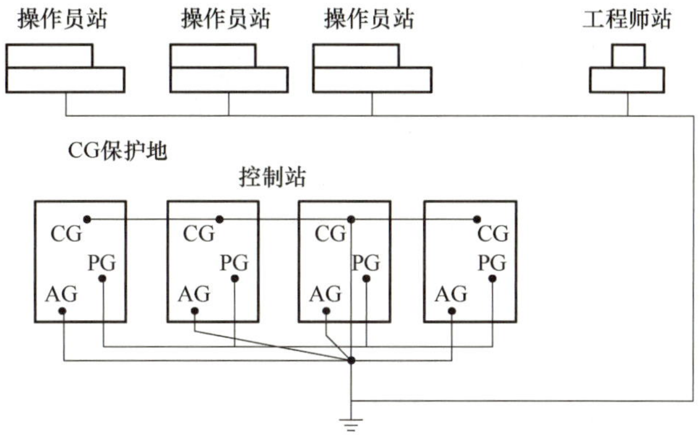

图7-16　分布式控制系统接地图

CG—机壳地（保护地）　PG—逻辑地（电源地）　AG—屏蔽地（模拟地）

（1）保护地　系统的所有设备均有一个保护地（CG），该保护地一般在机柜和其他设备设计加工时就已在内部接好，有的系统中已将该保护地在内部同电源进线的保护地（三芯插头的中间头）连在一起，有的不允许将保护地同该线相连。不管哪种方式，CG 必须将一台设备（控制站、操作员站等）上所有的外设或系统的 CG 连在一起，然后用较粗的绝缘铜导线将各站的 CG 连在一起，最后从一点上与大地接地系统相连。还有一点值得注意的是，同一系统的所有外设必须从一条供电线上供电，而且一台设备（如操作员站所连接的所有外设和主机系统）的电源必须从设备的供电分配器上供电，而不允许从其他地方供电，否则可能会烧坏接口甚至设备，对于不得不用长线连接的场合，或用较粗导线提供供电，或采取通信隔离措施。

各站的 CG 在连接时可以采用辐射连接法，也可以采用串行接法。首先，各站内的逻辑地必须位于一点 PG，再采用粗绝缘导线以辐射状接到一点上，然后接到大地接地线上。在有些系统中，所有的输入、输出均是隔离的，这样其内部逻辑地就是一个独立的单元，与其他部分没有电气连接，这种系统中往往不需要 PG 接地，而是保持内部浮空。所以，用户在设计和施工接地系统时，一定要仔细阅读产品的技术要求和接地要求。

（2）模拟地（AG） 模拟地（又称为屏蔽地）是所有的接地中要求最高的一种。几乎所有的系统都提出 AG 一点接地，而且接地电阻小于 1Ω。DCS（Distributed Control System，分布式控制系统）在设计和制造过程中，已在机柜内部都安置了 AG 汇流排或其他设施。用户在接线时将屏蔽线分别接到 AG 汇流排上，在机柜底部用绝缘的铜辫连到一点，然后将各机柜的汇流点用绝缘的铜辫或铜条以辐射状连到接地点。大多数的 DCS 要求各机柜 AG 对地电阻要小于 1Ω，而且各机柜之间的电阻也要小于 1Ω。

信号地的处理：原则上不允许各变送器和其他的传感器在现场端接地，而应将其负端在计算机端子处一点接地。但在有些场合，现场端必须接地，这时禁止原信号的输入端子和计算机的接地线有任何电气连接，而计算机在处理这类信号时，必须在前端采用有效的隔离措施。

（3）安全栅的接地 图 7-17 所示为安全栅接地电路。从图中可以看出有：B、E、D 3 个接地点，通常点 B 和 E 都在计算机这一侧，可以连在一起，形成一点接地。而点 D 是变送器外壳在现场的接地。若现场和控制室两接地点间有电位差存在，那么，点 D 和 E 的电位就不同了。假设以点 E 作为参考点，假定点 D 出现 10V 的电势，此时点 A 和 E 的电位仍为 24V，那么点 A 和 D 间就可能有 34V 的电位差了，已超过安全极限电位差，但齐纳二极管不会被击穿，因为点 A 和 E 间的电位差没变，因而起不到保护作用。这时如果将现场的信号线碰到外壳上，就可能引起火花，可能会点燃周围的可燃性气体，这样的系统就不具备本安性能了。所以，在涉及安全栅的接地系统设计与实施时，一定要保证点 D 和 B（E）的电位近似相等。在具体实践中可以用以下方法解决此问题：用一根较粗的导线将点 D 与 B 连接起来，来保证点 D 与 B 的电位比较接近；或者利用统一的接地网，将它们分别接到接地网上，这样，接地网的本身电阻很小，再采用较好的连接，也能保证点 D 和 B 的电位近似相等。但应注意，此接地一定不要与上面几种接地发生冲突。

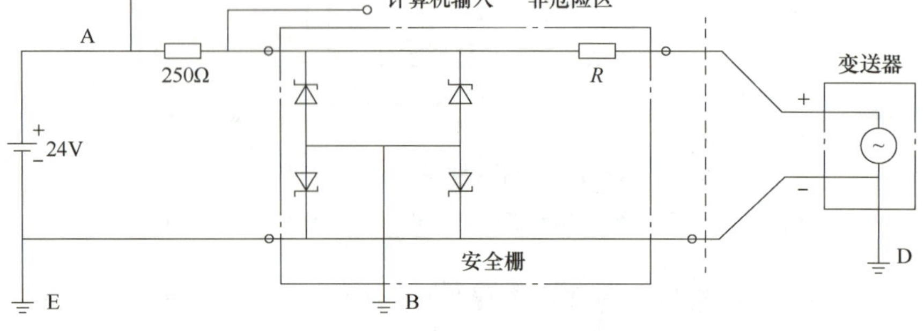

图 7-17 安全栅接地电路

以上讨论了几种接地的方法和注意事项。在不同的系统中，对这几种接地的组态要求不同，但大多数系统对 AG 的接地电阻一般要求小于 1Ω，而安全栅的接地电阻应小于 4Ω，最好小于 1Ω，PG 和 CG 的接地电阻应小于 4Ω。

三、接地网的建设

接地网是接地系统的基础，由接地环（网）、接地极（体）和引下线组成。以往常有种误解，把接地环作为接地的主体，很少使用接地体，在接地要求不高或地质条件优越的情况下，接地环也能够起到接地的作用，但是通常的情况下，这是不可行的。接地环可以起到辅助接地的作用，主导作用是由接地体来完成的。

GB 50057—2010 规范中具体而详尽地描述了合格的接地装置，并规定了各类防雷建筑所限定的接地电阻值，有的必须低于 5Ω，有的必须低于 10Ω。

（1）接地装置　常用接地装置为接地棒。接地棒是通过电镀技术，将镀锌（铜）与钢芯完全分子结合，只有锌（铜）与钢完全分子结合才有效，如果两者结合不密，在通电的情况下，会发生原电池反应，阳极金属铁发生氧化反应变成铁离子流失，反而会加快钢芯受蚀。

接地棒与接地连线应采用热熔焊剂焊接，使接地装置完全处在锌（铜）的保护下，成为真正的免维护接地装置。3 种接地材料在相同时间内受腐对比图如图 7-18 所示。

（2）深埋接地　深埋接地可获恒定的低电阻，深埋接地方法在国外早已使用，并在实际应用中已取得了良好的效果，我国近年来也开始采用这种方法，并在逐步推广。深埋接地方法有以下几个优点：

① 不受地方和环境的限制，尤其是在建筑物拥挤、埋设地网区域狭窄的场合。

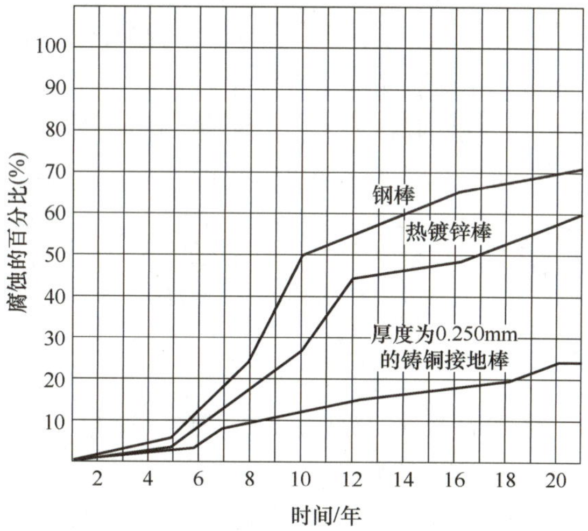

图 7-18　3 种接地材料在相同时间内受腐对比图

② 深埋接地体受季节变化影响小，可以获得稳定的接地电阻。

③ 深埋接地体可以获得最佳土壤电阻（土壤电阻随着深度的增加而大大减小）。

（3）降阻剂　降阻剂是新研制的接地专用高新技术产品，该产品利用膨润土中的稀土金属元素成分和半导体材料，以及土壤的能量密集性，添加高分子导电材料和无机缓蚀剂等组合成高性能长效降阻剂，具有较高的导电性、吸水性和保水性等，是接地工程中实现降阻的首选产品。

降阻剂具有以下优点：

1）有较低的电阻率、较高的吸水性和保水性，因而具有的较好的稳定降阻作用。

2）有较好的防腐性和稳定性，对接地网有良好的保护作用，具有长效性。

3）有很好的冲击特性和均压效果，使其不但具有降低工频接地电阻的作用，而且具有降低冲击接地电阻的功效。

4）不仅对中小型接地系统具有较大的降阻功能，而且对大型接地系统也能实现一定的降阻功能，更主要的是其防腐作用和均压效果使接地网系统具有很高的性能指标。

四、接地网的设计

要达到设计接地电阻要求，克服环境条件的制约，达到良好、稳定的接地效果，应从以下3个方面入手进行施工设计：

（1）因地制宜的设计方案　接地工程本身的特点决定了周围环境对工程效果有决定性的影响，脱离了工程所在地的具体情况来设计接地是不可行的。接地工程设计的优劣取决于对当地土壤环境的诸多因数的综合考虑。土壤电阻率、土层结构、含水情况、季节因数、气候以及可施工面积等因素决定了接地网形状、大小和工艺材料的选择。

（2）接地网形状　接地网的形状直接影响接地达到的效果和达到设计要求所需要的接地网占地面积。首先应建立接地环（或接地面），提倡使用水平接地极（常用的是外部接地环）和垂直接地体配合使用。在很容易达到接地目的、要求低的接地中可以选用平面的接地方法（接地环接地）；一般应将接地体和接地环配合使用，形成三维结构。在设计中还应考虑接地网集肤效应和跨步电压等因数。

（3）岩土条件

1）岩土类型。岩土直接关系接地的难度，设计中最重要的参数之一就是岩土的土壤电阻率，但仅考虑土壤这个参数是不够的，还要考虑开挖（钻进）难度、破碎还是整体岩石、持水能力等因数。有的岩土电阻率高，但是在整体岩石之间常有较好的土壤间隙层，在这样的环境中，避开整体岩石，在间隙中开挖灌注降阻剂效果很好。

2）地形制约。施工环境常常受到各种情况的制约，按照理想的模式考虑大面积的地网是不现实的。当地形局限时，可以考虑接地网的纵深方向，使用离子接地系统或深井施工工艺。

3）含水情况。一般来说，湿润的土壤导电性较好，但是，当含水量过多时，接地效果反而不好。

五、接地网施工工艺

（1）接地材料的选型　接地材料是接地的工作主体，材料的选择很重要。广泛使用的接地工程材料有各种金属材料（最常用的如扁钢）、接地体、降阻剂和离子接地系统等。

金属材料如扁钢，也常用铜材替代，主要用于接地环的建设，这是大多数接地工程都选用的。

接地体有金属接地体（角钢、铜棒和铜板）和非金属接地体。金属接地体使用寿命较短，接地电阻上升快，地网改造频繁（有的地区每年都需要改造），维护费用比较高，但是从传统金属接地极（体）中派生出来的特殊结构的接地体（带电解质材料）使用效果比较好，一般称为离子接地系统。非金属接地体使用比较方便，几乎没有使用寿命约束。

降阻剂分为化学降阻剂和物理降阻剂，化学降阻剂自从发现有污染水源事故和腐蚀地网的缺陷以后基本上不使用了，现在广泛接受的是物理降阻剂（也称为长效型降阻剂）。物理降阻剂是接地工程广泛接受的材料，属于材料学中的不定性复合材料，可以根据使用环境形成不同形状的包裹体，所以使用范围广，可以和接地环或接地体同时运用，包裹在接地环和接地体周围，以达到降低接触电阻的作用。并且，降阻剂有可扩散成分，可以改善周边土壤的导电属性。现在的较先进降阻剂都有一定的防腐能力，可以延长接地网的使用寿命。

离子接地系统是从传统的金属接地改进而来的，从工作原理到材料选用都有较大的变化，现已有各种结构和形状的离子接地系统。离子接地系统在结构上采用防腐性较好的金属，内填充电解物质及其载体组成的内填料，外包裹导电性能良好的不定性导电复合材料，一般称为外填料。

接地材料各有优势，但是都有自身的局限。在接地工程设计中，可通过选择适当的接地材料来满足不同环境条件对接地系统的技术要求。表 7-2 给出了不同环境和使用条件下接地体材料的特点。

表 7-2　不同环境和使用条件下接地体材料的特点

应用特性	接地网类型			
	采用降阻剂的接地网	采用非金属接地体的接地网	采用中空接地棒的接地网	传统接地的接地网
新建接地网施工	简单	简单	较简单	简单
改造接地网施工	复杂	简单	较简单	复杂
适用环境	普通接地网通用	恶劣地质条件腐蚀环境较高要求接地网	地网面积小的城市或复杂山岩环境	通用
价格比较	低	较高	较高	地好则要求低，便宜；地坏则要求高，较贵或很贵
抗腐蚀	有防腐作用	不被腐蚀	较好抗腐能力	低
气候稳定性	普通	优异	较好	不好
使用寿命	较长	最长	长	短，常需要改造

（2）接地布线　接地布线的原则是提供良好的接地通路，并且尽量降低各系统的电位差，使其等电位，以防止接地信号干扰。室内的接地系统通过接地引下线与接地网联系，建筑内的线路排布直接影响接地系统是否真正有效地工作。如果处理不好线路的排布，常常造成设备的损坏。

任务五　认知轨道交通车站防雷技术

一、轨道交通车站的防雷

轨道交通车站中线缆密布、系统设备繁多，微电子装备复杂，且防护能力单薄，为保证系统、设备安全正常运行，必须采取专门、特殊的措施加以保护，而防雷、接地、抗干扰是重要的、必备的、有效的保护手段。

1. 轨道交通车站的雷电防护

对于智能化车站而言，除雷电直击外，最具破坏作用的是雷电二次效应。由于雷电具有高电位、大冲流和瞬时性的特点，强大的闪电会产生静电场、交变电磁场和电磁辐射，以及雷电波侵入、地电位反击等。由于雷电流变化梯度大，能产生强大的交变电磁场，使周围的金属物产生感应电势和感应电流。一方面严重干扰无线、有线通信；另一方面，一旦侵入微电子设备的信号入口，将使电子设备器件被击穿、烧毁，从而使网络瘫痪，设备报废。

1）天线防雷。天线装设在建筑物屋顶，须与屋面上的防雷接地装置连在一起，且连接点不得少于两处。如果天线的突出部分超出建筑物的防雷保护范围，应装设独立的避雷针，并应与天线避雷接地装置可靠连接，天线的馈线应装设天线馈线避雷器。

2）进出车站建筑物管、线、缆的防雷。进出建筑物的各种金属管、电缆、引入线应在进出处与建筑物的防雷接地装置相连；电缆进出线应在进出口处，将电缆金属外皮、钢套管等与电气设备接地相连。如果电缆转换成架空线，应在转换处装置避雷器。

3）对于信息系统的保护。应分级保护，根据电子设备的敏感性及不同部位分别对待，妥善处理。

4）对于电源系统的保护。采用避雷器进行分级保护，从高压柜、低压柜、主配电箱、分配电箱逐级保护，把雷电过电压降到设备能够承受的水平。

5）对电子设备的保护。针对雷电脉冲侵入电子设备的不同途径，采取相应的措施进行综合防治。可采取的措施：对系统设备实行等电位连接；电源线缆和信号传输线缆采用穿金属管敷设方式，加强屏蔽、减小感应效应；实行设备屏蔽、机房屏蔽、建筑物屏蔽；加装避雷器，限制侵入电子设备的雷电过电压的幅值。

2. 智能建筑的接地

接地问题是强电、弱电、智能化系统带有的普遍性问题。就智能建筑的接地而言，可有以下不同划分方法：

1）车站建筑物的接地按接地作用可分为功能性接地和保护性接地两大类。

① 功能性接地有系统接地、工作接地、逻辑接地和屏蔽接地。

② 保护性接地有保护接地、防雷接地、静电接地、重复接地等。

2）车站建筑物的接地按连接方式可分为独立接地和联合接地。

① 独立接地是把直流接地、保护接地、防雷接地分开设置。这样做的目的是排除来自地线的干扰源。这是根据电子计算机设备要求独立接地或通信系统要求单独接地而采取的接地措施。

为避免不同的接地系统引入不同电位，导致人身和设备事故，根据规范要求，各接地系统的距离必须大于 20m，且它们的接地极与地线之间要保持绝缘，绝缘电阻应在 2MΩ 以上，接地电阻小于 4Ω。

② 联合接地是将各种接地通过接地线连接在同一接地装置上。除特殊情况外，一个建筑物只能存在一个接地系统，以免引入不同电位而导致人身和设备事故。智能建筑中的智能系统设备如无特殊要求，应采取联合接地。

二、轨道交通车站的抗干扰

在建筑物和建筑群以外的自然环境和建筑内部设备的环境中存在着大量的电磁干扰，电磁干扰将会使智能化系统设备产生误码和错码，产生误动作；使信号系统受到污染、产生噪声。强大的脉冲干扰还会导致电子元器件和设备的损坏。在实际工作中，使设备性能下降、无法工作的现象时有发生。因此，必须净化建筑物电磁环境，防止杂散电磁波干扰以及提高建筑物内电子信息系统和设备的抗干扰能力。

1. 干扰源

1）广播、通信、雷达、导航发射设备的信号频谱。这些设备的发射功率很大，它的基波可以产生有用信号干扰，谐波可以构成无用信号干扰。

2）工业、科学、医疗、感应加热设备的辐射场强。这些设备功率大，屏蔽不够好，功率泄漏大，高次谐波成分强。

3）架空电力线及电气牵引系统的电磁干扰。主要是导线电晕、接触不良以及在滑动受电时偶尔产生火花或微弧。

4）汽车点火系统及日光灯照明设备的电磁干扰。汽车的干扰主要来自点火系统、发电机、风扇和电动机等。日光灯启动时产生电击穿脉冲，造成射频干扰，可通过灯管本身及供电电源线而产生辐射，也可通过电源线注入公用电源，构成比较强的传导干扰；日光灯在工作时由于镇流器而产生的工频谐波干扰，大大增加了供电电源的谐波成分，造成供电质量下降。

5）公用电源、静电放电、电磁脉冲。由于公用电源内阻并不等于“零”，因此，公用电源既提供给设备有用的电能，同时提供了干扰源。

2. 干扰途径

无论是设备还是系统内部的干扰都是以电容耦合、电感耦合、电磁波辐射、公共阻抗（接地系统）和导线（电源线、信号线、输出控制线等）的传导方式对设备产生干扰。因此，消除和抑制干扰的方法有电场屏蔽、磁场屏蔽、电磁屏蔽、电子设备接地、等电位和滤波。

3. 抗干扰措施

常见的抗干扰措施如下：

1）在电源的进、出线端口处设置低通滤波器，消除电网中的高频干扰。

2）为防止市电电网急剧变化或雷击出现过电压，电子设备应使用串联型稳压电源供电。

3）接地及公共阻抗带来的干扰，其抑制方法是使各种接地之间不构成回路。

4）智能化系统机房远离强功率发射源及电梯机房。

5）根据周围环境电磁场干扰的情况，决定有效屏蔽的方法。

6）采用屏蔽线缆，并使线缆的屏蔽层可靠接地。

7）运用隔离技术，如隔离变压器、光电耦合器，采用光纤数字传输技术。

8）建筑物结构内的钢筋要求保持电气的连续性，如采取焊接连通。

9）在照明装置的供电电路上设置电源电路滤波器，对电源接线端子进行屏蔽。

10）对易受干扰电路和产生干扰电路采用屏蔽或隔离措施。

三、轨道交通车站弱电系统防雷设计

在GB 50057—2010《建筑物防雷设计规范》（以下简称《规范》）中增加了防雷击电磁脉冲和建筑物的防雷措施中的“信息系统”部分。国标防雷标准把计算机、通信设备和控制系统定名为信息系统，而信息系统定位于弱电范畴。统计资料表明由雷电造成的信息系统损坏呈上升趋势，所以防雷设计应遵循《规范》要求，全面考虑计算机和弱电设备的系统防雷。

《规范》中重点提出“防雷击电磁脉冲”的概念。防雷击电磁脉冲是指防雷装置接闪或外来电路中的雷电感应都是建筑物内微电子设备的干扰源，这种干扰称为雷电电磁脉冲，它会给弱电系统中的微电子设备造成很大的直接和间接损失。

《规范》中对屏蔽、接地和等电位连接提出新的要求，强调了电气设计中电缆穿金属管道的屏蔽作用，即可有效地防止雷击电磁脉冲的干扰。

在智能建筑的接地网中强电的公共地线和弱电计算机地线应采用共同接地体。若这两个接地网各自独立接地，将违背《规范》要求。在具体设计时应采取相应措施，可选用地电位均衡器将两个独立地做有效的连接。平时两个接地网相互独立，并满足独立接地要求。在有雷电的情况下相互导通，满足联合接地要求。

在设计中，应按《规范》要求在计算机机房等重要部位预埋、预留等电位连接件，并执行《规范》。

1）环形接地体和内部环形导体应连到钢筋或金属立面等其他屏蔽构件上，宜每隔 5m 连接 1 次。

2）铜等电位连接带的截面不应小于 $16mm^2$，镀锌钢等电位连接带的截面不应小于 $50mm^2$。

3）《规范》对电涌保护器和其他的要求中应注意的是："在一般情况下，当在电路上多处安装 SPD 且无准确数据时，电压开关型 SPD 与限压型 SPD 之间的电路长度不宜小于 10m，限压型 SPD 之间的电路长度不宜小于 5m。"设计中，应注意多处分级安装 SPD 之间电路的长度限制。在第一级和第二级电源避雷器之间的供电电路应有 10m 以上的间距，间距如果达不到，应加装解耦器件。楼内只有一处配电柜时，应优先选用两级合一的复合型避雷器。

四、轨道交通车站综合布线结构

综合布线系统包括工作区子系统、水平子系统、管理子系统、垂直子系统、设备间子系统和建筑群子系统 6 个子系统。

1. 工作区子系统

工作区子系统是由工作区（各个办公室）内终端设备连接到信息插座之间的设备组成的。每个五类数据点含 1 个 RJ—45 插座，三类语音点含 1 个 RJ—45 插座。连接计算机网络的数据点，在管理子系统中已经采取了保护措施，一般不需要加装防雷设施。若需要利用调制解调器通过语音点连接计算机，由于语音线路与外线连接，有必要安装信号避雷器，作为末级防雷措施。

2. 水平子系统

水平子系统布置在同一楼层上，一端接在信息插座上，另一端接在楼层配线间的跳线架上，连接管理子系统与工作区子系统的电缆，要求敷设在金属桥架或金属线管内。与联合接地系统相连的金属桥架和金属管线充当了屏蔽层，两端或连接到网络设备或连接到垂直干线，不必再加装防雷设施。

3. 管理子系统

管理子系统区域布置有布线系统的设备，包括水平和主干布线系统的终端设备和交换线路。管理子系统的数据部分安装在一个 19in 的机柜中，材料包括五类配线架、光纤配线架、绕线环和标签等，采用双绞线作为垂直主干线，需要在机柜中安装计算机网络防雷器，作为计算机网络第二级防雷措施，防护由于引下线泄放雷电流而形成的电磁场突变产生的感应雷。语音部分采用 BLX 安装架固定在墙面上，罩上防尘盖，材料包括 25 对接线板、绕线环和标签等。管理子系统需要装信号避雷器，作为通信线路第二级防雷措施。

4. 垂直子系统

通常，垂直子系统包括主设备间（如计算机机房、程控交换机房）至各层管理间的大对数的电缆馈线或光缆，电缆馈线或光缆两端接在主设备间和管理间的跳线架上，为建筑物提供干线电缆路由。

语音主干线按照程控交换机和电信系统的标准和做法，采用三类非屏蔽大对数双绞电缆。因为已在管理子系统安装了信号避雷器，所以一般不需要再装防雷设备。

数据传输主干线采用大对数双绞电缆，因为已在管理子系统安装了信号避雷器，所以一般不需要再安装防雷设备。

采用光纤作为数据传输主干线，可满足 FDDI、ATM、快速以太网、光纤以太网的传输要求。用光纤作为计算机网络主干线，避免了由于防雷引下线泄放雷电流而形成的电磁场突变产生的感应雷，是最好的防雷措施。

5. 设备间子系统

设备间子系统是整个布线系统的中心，所有楼层的信息都由光纤和电缆传送至此。通常，此系统安装在计算机主机房或程控交换机房内，分为语音管理和数据管理两部分。

1）语音设备管理子系统连接建筑物外各种线路，主要处理电话、X25、DDN 进线等，经与垂直干线子系统跳接后，连通各语音管理子系统。采用安装通信避雷柜（保安配线柜）连接进出建筑物的通信线路，覆盖了进出建筑物的所有通信线。进出通信避雷柜的大对数通信电缆必须埋地敷设，防护由于进出建筑物的通信线路引入的感应雷。

2）数据设备管理子系统应与建筑物计算机机房在同层，以方便操作和管理，是计算机网络中心，采用光纤作为计算机网络主干线，绝对避免了雷电影响，是最好的防雷措施。若采用大对数双绞电缆作为数据传输主干缆，需要在机柜中安装计算机网络防雷器，作为计算机网络第一级防雷措施。

6. 建筑群子系统

建筑群子系统是将多个建筑物的数据通信信号连接成一体的布线系统。采用光纤作为建筑物间网络连接介质，不需要安装避雷器，甚至可以架空敷设；若采用电缆，必须埋地敷设。在进入建筑物内敷设时，电缆必须单独敷设在弱电金属桥架或金属管内。金属桥架和金属管线与联合接地系统良好相连，充当导线的屏蔽层，不能共用强电金属桥架或金属管线。强电金属桥架及金属管线与弱电金属桥架及管线平行敷设时，净距离不小于 20cm。

进出建筑物的通信线不能通过架空线进出建筑物，必须埋地敷设，并且需要加装金属护套或屏蔽层。

五、轨道交通车站综合布线系统的屏蔽技术

（1）综合布线系统的干扰源　在建筑物内部存在配电箱和配电网产生的高频干扰、大功率电动机电火花产生的谐波干扰、荧光灯管、电子启动器、电源开关、电话网的振铃电流、信息处理设备产生的周期性脉冲等干扰源，在不能保持安全间距时应采用屏蔽系统。

综合布线网络在建筑物外部存在雷达、无线电发射设备、移动电话基站、高压电线、电气化铁路、雷电等干扰源，在处于较高电磁场强度的环境应采用屏蔽系统。

综合布线系统周围环境的干扰信号场强或综合布线系统的噪声电平超过下列规定时，应采用屏蔽系统：

① 对于计算机局域网，引入 10kHz～600MHz 的干扰信号，其场强为 1V/m；600MHz～2.8GHz 的干扰信号，其场强为 5V/m。

② 对于电信终端设备，通过信号直流或交流等引入线引入 15～80MHz 的干扰信号，其场强为 3V/m（幅度调制 80%，1kHz）。

③ 具有模拟/数字终端接口的终端设备，提供电话服务时，噪声电平超过 40dB 的带宽总和应小于 200MHz。

④ 当终端设备提供声学接口服务时，噪声电平超过基准电平的带宽总和应小于 200MHz。

（2）减少电磁感应的屏蔽措施

1）当电子信息系统的导电金属物、电缆屏蔽层及金属线槽（架）等进入框架或钢筋混凝土的建筑物时，应就近做等电位连接。对信息系统所处的防雷区宜进行磁场强度的衰减计算，根据计算结果采用相应的屏蔽措施。

2）信息系统的机房应避免设在建筑物的高层，宜选择在大楼的低层中心部位，信息设备尽量远离建筑物的外墙结构柱子，设置在雷电防护的最高级别（LPZ2 或 LPZ3）区域内。应根

据防雷分区和信息设备的要求，采取相应的屏蔽措施，使雷击产生的电磁场向内层层衰减。

3）信息系统设备为非金属外壳且建筑物屏蔽未达到要求时，根据信息系统设备的重要性，可对机房或设备加装金属屏蔽网或金属屏蔽室，金属屏蔽网或金属屏蔽室应与等电位连接带连接。

（3）户内、外线路屏蔽

1）在需要保护的空间里（如户外），应采用屏蔽电缆。其屏蔽层的两端要做等电位连接，在屏蔽层两端及雷电防护区交界处要做等电位连接。

2）使用含有金属部件的光缆，在入户处应将所有金属插头、金属挡潮层、金属加强芯等金属构件进行等电位连接。

3）建筑物之间的互连电缆应敷设在金属管道内。金属管道的两端应连到各建筑物的等电位连接带上。管道内的电缆屏蔽层应做等电位连接。当互相邻近的建筑物之间有电力和通信电缆连通时，应将其接地装置互相连接。

4）加强布线系统内在的结构及材料的抗干扰性。

5）注重设备、传输线路与不同干扰源间距的影响。综合布线系统除采用屏蔽做好接地，以提高自身的抗干扰、防辐射能力外，还需尽可能地远离干扰源，以减少其对系统正常运行的影响，提高设备和系统的可靠性，使综合布线系统在智能建筑中真正成为标准、灵活无误的布线系统。

项目小结

1）由于雷云体积非常大，它各部分密度不完全相同，导电性能也不一样，所以它所包含的电荷不能一次放完，第一次放电是由雷云最低层发出的，随后放电是从较高云层或相邻区发出的。

2）防雷技术的应用要考虑到过电压，材料的大小、结构、使用年限。

3）接地网的防雷设计和施工要从接地分类和目的来考虑，不同的应用场景有不同的接地方式。

4）轨道交通车站的防雷需要考虑的是弱电和感应电部分。

思考与练习

一、填空题

1. 强大的脉冲电流对周围的导线或金属物因电磁感应而产生高电压，以致发生闪击的现象，称为“二次雷”或________。

2. 避雷针、避雷线、避雷带（网）都属于________。

3. 避雷器的工作过程可分为 3 个阶段，即________、________和________。

二、简答题

1. 简述雷电形成的条件。

2. 简述工作接地的作用。

3. 轨道交通车站综合布线系统有哪些？

4. 安全栅的作用是什么？

参 考 文 献

[1] 易凡，季小峰，郭成军. 电工电子技术基础与应用［M］. 北京：航空工业出版社，2023.
[2] 宋强，黄丹宇，李旭然. 电工电子技术［M］. 上海：上海交通大学出版社，2016.
[3] 张淼，马明骏，许迎莹. 电工电子技术与技能［M］. 北京：航空工业出版社，2016.
[4] 张琳，彭仁明. 电工电子技术［M］. 北京：北京大学出版社，2008.
[5] 葛中海. 电工基础［M］. 北京：电子工业出版社，2012.
[6] 张万成，秦公平，余金玲. 电工基础［M］. 北京：北京交通大学出版社，2019.
[7] 袁成华，陈佳彤. 电工基础［M］. 北京：人民邮电出版社，2014.
[8] 秦雯. 电工技术基础［M］. 北京：机械工业出版社，2017.
[9] 任元吉，曾一新，陈吹信. 电工基础［M］. 北京：航空工业出版社，2015.
[10] 曾令琴，薛冰. 电工电子技术［M］. 北京：人民邮电出版社，2021.
[11] 俞艳. 电工基础［M］. 北京：人民邮电出版社，2022.
[12] 周志敏，纪爱华. 电子信息系统及接地实用技术［M］. 北京：电子工业出版社，2014.
[13] 金丽斯，张再利. 轨道交通电工电子技术［M］. 北京：中国铁道出版社有限公司，2022.
[14] 曾令琴，陈维克. 电子技术基础［M］. 北京：人民邮电出版社，2019.
[15] 苏士美. 模拟电子技术［M］. 北京：人民邮电出版社，2014.
[16] 李伟廷，汝晓艳，岳涵. 电工电子技术［M］. 北京：航空工业出版社，2020.
[17] 谷立新，齐俊平. 电工电子技术［M］. 北京：航空工业出版社，2011.
[18] 卢菊洪，宇海英. 电工电子技术基础［M］. 北京：北京大学出版社，2007.
[19] 李晓明. 电工电子技术［M］. 北京：高等教育出版社，2003.
[20] 曾赟，曾令琴. 模拟电子技术微课版教程［M］. 北京：人民邮电出版社，2021.
[21] 张学亮. 模拟电子技术基础［M］. 北京：人民邮电出版社，2016.